财 政 部 规 划 教 材

全国高职高专院校财经类教材

经济学基础

赵水根　孙天立　主编

经 济 科 学 出 版 社

图书在版编目（CIP）数据

经济学基础 / 赵水根，孙天立主编. —北京：经济科学出版社，2010.6 （2014.2 重印）
财政部规划教材. 全国高职高专院校财经类教材
ISBN 978 - 7 - 5058 - 9382 - 5

Ⅰ. ①经… Ⅱ. ①赵…②孙… Ⅲ. ①经济学 - 高等学校：技术学校 - 教材 Ⅳ. ①F0

中国版本图书馆 CIP 数据核字（2010）第 086167 号

责任编辑：凌 敏
责任校对：杨晓莹
版式设计：代小卫
技术编辑：李 鹏

经济学基础
赵水根 孙天立 主编
经济科学出版社出版、发行 新华书店经销
社址：北京市海淀区阜成路甲 28 号 邮编：100142
教材编辑中心电话：88191343 发行部电话：88191540
网址：www. esp. com. cn
电子邮件：espbj3@ esp. com. cn
北京密兴印刷厂印装
787 × 1092 16 开 14. 75 印张 340000 字
2010 年 8 月第 1 版 2014 年 2 月第 3 次印刷
ISBN 978 - 7 - 5058 - 9382 - 5 定价：26. 00 元
（图书出现印装问题，本社负责调换）

编 审 说 明

本书由财政部教材编审委员会组织编写并审定，同意作为全国高职高专院校财经类通用教材出版。书中不足之处，请读者批评指正。

财政部教材编审委员会

编写说明

《经济学基础》是高职高专院校学生的一门经济学基础教材，教材遵循高等职业教育规律，突出财经类高职高专院校教材的特色，强调以应用为目的，以必须、够用为度，以讲清概念、强化应用为教学重点，体现知识、能力、素质三位一体的培养模式，着力培养生产、建设、管理、服务一线所需要的高素质、高技能应用型人才。教材以邓小平理论、“三个代表”重要思想为指导，全面落实科学发展观，突出本学科特点，致力于教学内容的改进与完善，注重培养学生掌握经济学的基本知识、基本理论和基本分析方法，使学生在掌握基础知识的前提下，培养逻辑思维能力与综合实践应用能力。在编写过程中，教材坚持了以下基本原则：一是理论与实践相结合，力求从我国现实生活中提取理论观点，并以理论解释现实，以保持教材生命力；二是继承与发展相结合，保留传统经济学中的科学思想，并结合我国经济社会实际进行创新与发展。

《经济学基础》由河南财政税务高等专科学校赵水根、孙天立担任主编，河南财政税务高等专科学校肖芸担任副主编。参与本书编写的有：连云港财经高等职业技术学校王明高，湖南财经高等专科学校黄华绮，徐州财经高等职业技术学校吕雪峰。具体编写分工为：赵水根编写第一章、第二章、第八章；孙天立编写第三章、第五章、第十一章；王明高编写第六章；肖芸编写第四章、

第七章、第九章；吕雪峰编写第十章；黄华绮编写第十二章。

本书是财政部规划教材，由财政部教材编审委员会组织编写、修订并审定，作为全国高职高专院校财经类教材。也可满足自学考试和广大企业工作人员以及后续教育学习需要。

本书在编写过程中，得到了财政部干部教育中心教研处领导、经济科学出版社的指导与支持，教材还参考和借鉴了许多专家学者的研究成果，在这里一并表示诚挚的谢意！由于编者水平有限，书中疏漏与不足之处在所难免，恳请专家和读者批评指正。

编者

目录

第一章

导论

学习要点

- 经济学的产生与发展
- 经济学的作用
- 经济学的研究对象和任务
- 学习经济学的方法和意义

第一节 经济学的产生与发展

一、什么是经济学

什么是经济学，要了解这个问题，必须从人类最基本的生存条件谈起。

人类最基本的生存条件是必须满足自身生存的需要。人类的需要有多种多样，但最基本的是物质生活的需要，物质生活的需要是其他需要的基础，能满足人类物质生活需要的物质资料或物质财富，只能靠人类从事物质资料生产活动获得。

物质资料生产是人类社会存在的基础。人们要生存下去，首先就要解决吃、穿、住等问题，这需要一定的物质生活资料作保障。马克思说："任何一个民族，如果停止劳动，不用说一年，就是几个星期也要灭亡，这是每一个小孩都知道的。"① 同时，人类社会的发展，也依赖于物质资料的生产。人类社会除了生产活动以外，还有政治、科学、文化、教育、艺术、体育等社会活动。这一类活动占用的人力、物力、财力越多，标志着人类社会越进步。而这些社会活动的扩展，只能建立在物质资料生产发展的基础上。所以，物质资料生产活动

---

① 《马克思恩格斯选集》第4卷，人民出版社1972年版，第368页。

是人类社会最基本的实践活动，是决定其他一切活动的基础，也是人类社会由低级向高级发展的基本动因。

近代一些西方经济学家和学者从人类欲望的无限性出发也对此做过阐述。西方心理学家马斯洛认为，人的欲望或需要可以分成五个层次。它们由低到高分别是：基本生理的需要、安全和保障的需要、社会的需要（如爱情、归属感等）、尊重的需要、自我实现的需要。当人们较低层次的需要一旦得到全部或部分满足时，就会产生高一个层次的需要。人类的欲望是永无止境的，而每一个层次需要的满足无一不依赖于物质资料生产活动的发展。

创造物质资料或物质财富的过程，就是物质资料生产的过程，人类社会要进行物质资料生产必须具备三个基本要素：劳动、劳动资料和劳动对象。

劳动，就是劳动者按照预定的目的，运用劳动资料对劳动对象进行加工，以改变劳动对象的形状、性质或地理位置，使其适合于人们需要的过程。人的劳动就是劳动力的支出，没有人的劳动，就不会生产出人们所需要的物质资料。随着人类社会的发展，人类的劳动技能不断提高，劳动经验不断丰富，劳动能力越来越高。

劳动资料，又称劳动手段，是人们在生产中用来影响和改变劳动对象的一切物质手段和物质条件，它包括生产工具、土地、生产建筑物、道路、运河、仓库等，其中最主要的是生产工具。生产工具的发展水平，是人类控制自然能力的尺度，也是衡量社会生产力发展水平的物质标志。随着社会生产的发展，劳动资料的质与量都在不断发展，范围在不断扩大，使用效能也在不断提高。

劳动对象，是指人们把自己的劳动加于其上的一切东西。它分为两类；一类是未经人们劳动加工过但可以纳入生产过程的自然物，如原始森林中的树木、地下埋藏的矿石和石油、天然水域中的鱼类等；另一类是经过人类劳动加工过的物质资料，如纺纱工人用的棉花、炼钢工人用的生铁等。这种经过人类劳动加工过的劳动对象，又称作原材料。随着生产的发展，特别是科学技术的不断进步，劳动对象的质量越来越高，范围日益扩大，数量不断增多，由此促进社会生产不断向深度和广度发展。

生产过程的三要素是人们从事物质资料生产的基本条件。无论任何社会形态，劳动过程都必须具备这三个基本要素，否则，根本不可能进行物质资料生产活动。其中，人的劳动是生产过程中能动的起主导作用的主观因素，劳动资料和劳动对象总称为生产资料，是生产过程的客观因素。物质资料生产过程就是劳动者在一定社会形态下，通过自己有目的的活动，借助于劳动资料，使劳动对象发生预定变化，创造出物质产品和劳务以满足人类自身生存和发展需要的全过程。

物质资料生产不可能生产出无穷无尽的物质生活资料，不可能满足人类的一切需要，需要的无限性和满足需要的物质资料的有限性，是伴随人类社会发展始终的问题，物质生活资料的稀缺，反映的是经济资源的稀缺。

人类社会进行物质资料生产活动所需要的诸种要素统称为资源。资源按其丰裕程度分为经济资源和自由取用资源。前者是稀缺的，以至于人们使用它就必须付出一定的代价；后者如空气，其数量是丰富的，以至于人们不付任何代价便可以得到它。在现实社会中，能够用于生产满足人类生存、发展需要的物质产品的资源绝大部分都是经济资源。经济资源的稀缺性，既不是指这种资源的不可再生或可以耗尽，也与这种资源的绝对量大小无关，它是指在特定的时间和特定的技术条件下，与人的需要无限多样性相比，其供给量是相对不足的。这种资源的稀缺性在任何社会形态下都存在，因而，无论在何种社会形态下，人的需要都不可能得到充分满足。唯一的区别仅在于满足的程度大小不同。

需要的无限性和经济资源的有限性，使得人类不断探索经济资源如何有效使用的问题，从而形成了以探索经济资源高效使用为中心的科学即经济学。由此可见，经济学就是研究如何有效使用经济资源的科学，它告诉我们如何用有限的经济资源创造出更多的物质资料或物质财富，以满足人们日益增长的需要。

人类需要的无穷尽性和经济资源的稀缺性之间构成了一对矛盾。解决这对矛盾的根本途径就是把这些有限的资源利用好，使其配置合理，以便生产出各种各样的产品或劳务，更好地满足人类的各种需要。这就是资源配置问题。所谓资源配置，就是对包括物质资源和人力资源在内的经济资源，在各种可能的生产用途之间作出选择的过程。资源配置所要达到的具体目标是：第一，使各种资源配置形成供给的比例能适应社会需求的比例，即导致社会经济结构优化，避免由供给与需求之间的不相适应而造成的浪费和损失；第二，使得各种资源最有效地利用，即造成资源耗费的减少、占用的减小和周转的加快，促使社会经济效率的提高。结构优化和效率增长的综合，就是社会经济效益的提高。

要实现资源配置的上述目标，人类社会必须解决好以下五个方面的问题；(1) 生产什么和生产多少。即社会必须决定该社会的全部资源应分配到哪些产品和劳务的生产上，各种产品和劳务的生产应占多大的比重，才能使人类的需要得到最大限度的满足。(2) 怎样生产。即社会必须决定采用什么样的生产方法和组合方式来生产预期水平和构成的产品及劳务。(3) 为谁生产。即社会必须决定所生产的产品和劳务如何在社会成员之间进行分配。(4) 规定经济增长目标。即社会必须决定自己能够达到的经济增长率。(5) 保证和促进资源的利用。即社会必须决定怎样使该社会的全部资源都得到充分地利用，或者说，把资源的闲置、浪费降低到最低限度。这五个方面的问题，是任何社会都共同面临并必须解决的最基本的经济问题。其中，前三个问题属于微观经济问题，后两个问题属于宏观经济问题。

经济资源的有效配置要靠一定的方法、手段、制度和原则，也即一定的方式来实现。

任何社会都无一例外地存在着经济资源配置问题，但在不同的社会经济活动方式中，资源配置的方式却大不相同。在现代社会化大生产中，资源配置的基本方式有两种：一是借助市场机制的作用，自发进行资源配置，叫做市场方式或市场经济；二是依靠社会计划机关事先编制的计划或规则，自觉进行资源配置，叫做计划方式或计划经济。

思考一下：在现代市场经济条件下资源配置的最好方式是什么？

市场经济是以分散决策为基础的，通过市场交易和相对价格的形成，向每一个经济活动当事人提供信息，使这些追求自身效益最大化的当事人据此自主、自愿地进行各种资源的有效配置。市场经济对资源的有效配置有两个必要前提：(1) 企业数目足够多并能自由进入市场，即完全竞争假定。这样才能够保证资源充分自由地得以流动。(2) 价格充分灵活，能及时反映资源的稀缺程度，即价格灵敏性假定。这样才能够保证经济信息准确通畅地被当事人所了解。

计划经济则以集中决策为基础，中央计划机关通过行政手段对整个社会的资源进行自觉地配置，以期达到资源的最为有效地利用，从而满足各种不同的需要。这也需要两种假定前提：(1) 中央机关对全社会一切经济活动，包括人力、物质资源状况以及需求结构等拥有全部信息，即完全信息假定，这样才能编制出合理的计划来配置资源；（2）全社会利益一体化，不存在相互分离的利益主体和不同的价值判断，即单一利益主体假定。这样，中央的计划才能被不折不扣地完全执行，资源的配置才能在现实经济生活中得以实现最优化。

经过资本主义几百年市场经济运行及近百年社会主义计划经济运行的实践，人们认识到这两种资源配置方式所要求的前提条件都是不可能完全达到的。资本主义市场经济中，垄断已大量存在，市场失灵也层出不穷；社会主义计划经济中，现代社会中数以亿万计的经济信息不可能为计划机关全部掌握，而且商品经济阶段不可逾越，全社会利益一体化远未达到。但实践又告诉我们，这两种不具备又有着极大的不同，前者虽不可能完全具备，但通过政府的有效宏观调控，有可能基本具备，而后者则是完全不可能具备的。因此，以市场配置资源为基础，加上政府的宏观调控，就成为现代市场经济国家对资源配置方式的共同选择。

二、经济学的产生与发展

人类社会在物质资料生产活动中遇到的基本经济问题，迫使人们去研究解决问题的方法。经济学正是为适应这一需要而产生的一门学问。这门学问从萌芽到形成经济理论，大约经历了2000多年的时间，而最终成为一门独立的学科，则是近几百年的事情。

在古代的中国、埃及、希腊、罗马、印度等国都曾有过许多思想家提出过许多有见地的经济思想，但大多散见于这些思想家的各种论著中，而且是与其他问题并列研究的。直到西欧奴隶社会产生后，在古希腊才出现了人类历史上第一部经济学著作，这就是思想家色诺芬（约公元前430～公元前354年）的《经济论》。在这部著作中，色诺芬认为，经济学是研究善良的主人如何管理好自己的财产问题的学问。虽然，这部著作远未形成现代意义上的科学系统的经济学，但其中已包含了丰富的经济思想，是经济学的萌芽。其后又有一些经济学著作相继问世，如亚里士多德（公元前384～公元前322年）的《政治论》，就详细探讨了经济学的对象和任务，认为经济学是研究家务，即奴隶主家庭经济问题的学问。他的这一观点在欧洲流行近2000年。经济学成为一门独立的科学，是随着资本主义生产方式的产生与发展而形成的。17世纪初，法国重商主义经济学者安德·蒙克莱田第一次在一部名为《献给国王和王太后的政治经济学》著作中使用了“政治经济学”一词，表明其论述的经济问题是关于国家或社会的经济问题。因而这部著作及蒙克莱田本人深受国王的赏识。于是，其他经济学家也纷纷在自己的经济学著作前冠以“政治”二字。这样，政治经济学一词便逐渐被广泛使用，表示对整个社会经济问题的研究。

经济学自成为一种独立的思想体系，最先经历了重商主义时代。重商主义经济学产生于资本原始积累时期。新兴的资产阶级为发展资本主义急于聚敛大量的货币财富，而当时欧洲的海外贸易比较发达，商业资本在社会经济生活中起着非常重要的作用。重商主义经济学是为适应新兴资产阶级的需要为其聚敛财富提供对策研究而产生的。重商主义虽然是“对现代生产方式的最早的理论探讨”，但它只涉及流通领域的一些表面现象，未能揭示社会经济关系的本质和社会财富的真正源泉。因而重商主义经济学还不能算作真正的近代经济学。

真正的近代经济学是在理论研究从流通领域转入生产领域以后开始的。完成这一转变的是资产阶级古典经济学。古典经济学是指西欧资本主义处在反对封建专制及其残余势力时期和产业革命时期的资产阶级经济学说，其主要代表人物是英国的亚当·斯密（1723～1790年）和大卫·李嘉图（1772～1823年）。古典经济学的主要贡献是把政治经济学的研究对象从流通领域转到生产领域，提出了劳动创造价值和“劳动是财富之父，土地是财富之母”，以及如何进行国际间贸易等科学观点。最为可贵的是古典经济学对市场经济运行机制进行了深入分析，即著名的“斯密信条”。古典经济学还对资本主义的生产关系进行了初步的科学分析。但是，受阶级和时代的局限，其中不免存在着许多庸俗的不科学的见解。

18 世纪后期，特别是 19 世纪，资本主义生产方式已完全地建立，无产阶级和资产阶级的矛盾日益激化，“阶级斗争在实践方面和理论方面采取了日益鲜明和带有威胁性的形式。它敲响了科学的资产阶级经济学的丧钟。现在的问题不再是这个或那个原理是否正确，而是它对资本是有利还是有害，方便还是不方便，违背警章还是不违背警章。不偏不倚的研究让位给豢养的文丐的争斗，公正无私的科学探讨让位给辩护士的坏心恶意。”① 于是，古典经济学开始瓦解，取而代之的是庸俗经济学。庸俗经济学者如萨伊、詹姆斯·穆勒等人，为了替资本主义制度辩护以缓解无产阶级和资产阶级的矛盾，打着对古典经济学诠释、注解的名义，实则是继承古典经济学中的庸俗成分，并逐步取代古典经济学而成为正统的经济学说。后来马歇尔在对各种庸俗经济理论进行折中的基础上，于 1890 年出版了《经济学原理》一书，形成所谓的“新古典主义经济学”，并占据了庸俗经济学的正统地位。

20 世纪 30 年代，资本主义世界爆发了一场空前的大危机。这场大危机使各主要资本主义国家的生产力遭到极大破坏，大批工厂倒闭，大批工人失业，社会经济生活陷入极端混乱之中，从而粉碎了资本主义制度完美无缺的神话，也敲响了资产阶级庸俗经济学的丧钟。为适应资产阶级缓和矛盾、抑制危机、维护资本主义制度的需要，资产阶级经济学发生了一场被称为“凯恩斯革命”的变革，凯恩斯主义替代了新古典主义的正统地位。凯恩斯经济学后经过各种流派的补充、修改而逐步发展成为现代经济学，亦称“当代西方经济学”。当代西方经济学是由微观经济学、宏观经济学、国际经济学组成的理论体系。正如后凯恩斯主义主流经济学的代表人物萨缪尔森所说：当代西方经济学是研究“人和社会如何作出最终抉择，在使用或不使用货币的情况下来使用可以有其他用途的稀缺的生产性资源，来在现在或将来生产各种商品，并把商品分配给社会的各个成员或集团以供消费之用。它分析改善资源配置形式所需的代价和可能得到的利益”。② 由这一定义可以了解到，当代西方经济学主要研究在私有制为基础的市场经济条件下，运用什么样的资源配置形式实现资源最佳配置，解决资源稀缺性与人的欲望无限性的矛盾。这些理论成果为我国发展市场经济提供了可资借鉴的经验。

20 世纪 70 年代初以来，由于资本主义市场经济发展中多种矛盾交织并发，导致凯恩斯主义“失灵”。如何解决现实发展中的矛盾，西方经济学者众说纷纭，争论不休，由此形成了各种学派。其中后起的主要有“现代货币主义”、“理性预期学派”、“供给学派”等。这些学派实质未变，但在对市场经济运行机制的研究，为政府经济决策提供对策的研究方面积累了较丰富的经验。

与西方经济学有着本质区别的马克思主义经济学创立于 19 世纪中叶。马克思、恩格斯为服务于无产阶级反对资产阶级斗争的需要，在批判地继承古典经济学科学遗产的基础上，运用辩证唯物主义和历史唯物主义的世界观和方法论，深入研究了资本主义社会的经济结

① 《马克思恩格斯全集》第 23 卷，人民出版社 1972 年版，第 17 页。
② 萨缪尔森：《经济学》（上），商务印书馆 1979 年版，第 5 页。

构，揭示了资本主义经济关系的本质、矛盾及其运动规律，以增值价值学说为基石，创立了马克思主义政治经济学。马克思主义政治经济学诞生的标志是马克思科学巨著《资本论》的问世。马克思主义政治经济学的创立，使经济学发生了根本性的变革。因为它第一次从一切社会关系中划分出了生产关系，指明它是一切社会关系中最根本最本质的关系；它第一次指出经济学研究的不是物，而是在物的外壳掩盖下的人与人之间的关系，这种关系在阶级社会中表现为阶级关系，并通过对资本主义社会阶级关系的分析，创立了增值价值这一新的经济范畴，揭露了无产阶级和资产阶级对立的经济根源。不过，由于马克思的经济学说以服务于当时无产阶级反对资产阶级的阶级斗争需要为目的，偏重于对经济关系的本质分析，而对市场经济关系的一般规律及其运行机制的研究则较为欠缺。

19 世纪末 20 世纪初，资本主义由自由竞争进入垄断阶段。列宁依据马克思主义的基本立场、观点和方法，通过对垄断资本主义基本经济特征的分析，写下了《帝国主义是资本主义的最高阶段》这一名著，揭示了垄断阶段资本主义经济政治发展不平衡规律，提出了社会主义可以首先在一国取得胜利的学说，丰富和发展了马克思主义的经济学说。

俄国十月革命胜利以后，社会主义由理论变成了现实。但在什么是社会主义，怎样建设社会主义问题上，先后取得社会主义胜利的各国马克思主义者进行了长期的曲折探索。斯大林根据他领导苏联 30 多年社会主义革命和建设的实践经验，于 1952 年出版了《苏联社会主义经济问题》一书。在这本书中，他第一次系统地阐述了社会主义经济制度的基本特征，包括生产资料公有制和公有制的两种基本形式；人与人之间在生产过程中的平等互助合作关系；个人消费品的按劳分配制度；社会主义经济运行的计划性和商品货币关系的逐步消亡，等等。这些社会主义经济理论，在很长时期内成为所有社会主义国家构建本国经济制度和经济体制模式的理论依据。同时，它们与马克思主义关于资本主义经济制度的分析相结合，构成了传统的马克思主义经济学理论体系。

毛泽东同志在领导我国社会主义革命和建设的过程中，结合我国的实际，也提出了一些有价值的经济理论观点，如农、轻、重为序发展国民经济的方针，正确处理社会主义国民经济中的各种比例关系等，补充和发展了传统马克思主义经济学的理论内容。

作为社会主义国家计划经济体制理论表现的传统马克思主义经济学，虽然在一定历史时期内发挥了重要的历史作用，但是，随着 20 世纪 70 年代中后期以来各个社会主义国家经济体制改革的深入，传统经济学面临着改革和创新的历史任务。以邓小平同志为代表的中国共产党人，在改革开放的实践中为马克思主义经济学的中国化和现代化建设进行了不懈地探索，取得了重大进展。新中国成立 60 年来，无论前 30 年的社会主义改造和建设，还是后 30 年的改革与发展，都是在马克思主义经济理论的指导下实现的。随着经济实践的发展，马克思主义经济学也在不断发展与创新。新中国成立以来社会主义事业的发展，是和我国在理论上坚持、发展和创新马克思主义经济学分不开的。其主要的理论创新包括：

（1）社会主义经济是公有制基础上有计划的商品经济理论。这一理论确认了商品经济是社会主义经济的内在属性，它的充分发展是社会经济发展不可逾越的阶段。从而突破了传统经济学关于商品经济在社会主义社会的“消亡论”、“外壳论”、“补充论”等观点，也破除了长期以来把计划经济与市场经济对立起来的传统观念，是对马克思主义经济理论的划时代的重大发展，成为我国 20 世纪 80 年代经济体制改革的重要理论基础。

（2）社会主义初级阶段理论。这一理论从我国的社会主义社会脱胎于半封建半殖民地社会，因而生产力落后，商品经济不发达，面临着完成别的许多国家在资本主义条件下实现的工业化和生产的商品化、社会化和现代化的历史任务出发，提出了我国将经历上百年的社会主义初级阶段的科学论断，明确了我国社会主义初级阶段的主要矛盾是人民日益增长的物质文化需要同落后的社会生产之间的矛盾，解决这一矛盾的根本途径是大力发展生产力，并且为此而改革生产关系和上层建筑中不适应生产力发展的某些环节和方面。社会主义初级阶段理论是对我国基本国情的科学概括，既是建设有中国特色社会主义的理论支柱，又是我国在建设和改革开放过程中反对“左”的和右的错误倾向的有力思想武器，极大地丰富和发展了马克思主义的科学社会主义理论。

（3）社会主义本质理论。这一理论明确提出了社会主义的本质就是解放生产力，发展生产力，消灭剥削，消除两极分化，最终达到共同富裕。这就从生产力和生产关系相统一的角度以及社会发展目标三个方面，科学地回答了什么是社会主义这个首要问题，突破了传统经济学把马克思主义经典作家的某些设想、社会主义社会的某些阶段性特征，甚至是后人强加上去的某些非社会主义的东西，都当做社会主义本质属性的狭隘认识，为社会主义社会的改革和发展开辟了广阔的道路。

（4）社会主义市场经济理论。计划经济和市场经济作为社会化大生产条件下的资源配置方式，本无所谓姓“社”姓“资”的经济制度属性。但是，由于马克思主义经典作家对未来社会主义社会曾经做过某些原则性预测，加上社会主义国家长期普遍采用了计划经济的体制模式，从而使人们长期以来形成了把计划经济等同于社会主义，把市场经济等同于资本主义的传统观念。传统的社会主义经济理论正是以计划经济为基本实践依据而建立起来的。邓小平同志坚持实事求是的科学态度，总结了世界各国经济发展的经验与教训，在我国改革面临着方向性选择的关键时刻，对社会主义能否搞市场经济作出了精辟的科学论断，指出“计划经济不等于社会主义，资本主义也有计划；市场经济不等于资本主义，社会主义也有市场。计划和市场都是经济手段”①。邓小平同志关于市场经济的新思维，不仅为我国经济体制改革目标模式的确立奠定了理论基础，其理论意义更是不可低估，可以说是继《资本论》发表以来马克思主义经济理论的又一次历史性飞跃，为马克思主义经济学的现代化建设提供了一个新视野，找到了一个切入点。

（5）社会主义所有制理论。在社会主义所有制问题上，传统经济学把公有制作为唯一的社会主义所有制形式，而且认为公有化程度越高越优越，私有制与社会主义是水火不相容的。随着我国改革开放实践的发展，传统观念逐步被打破，社会主义所有制理论研究不断取得突破性进展。在党的十五大之前，我们党已先后提出了社会主义初级阶段实行以公有制为主体，多种所有制经济共同发展的所有制结构、发展股份制经济、公有制可以同市场经济兼容、公有制企业要转向建立现代企业制度的改革等重大的理论和实践命题，党的十五大报告高举邓小平理论的伟大旗帜，总结我国近20年改革开放和现代化建设的实践经验，坚持生产力标准，在关于社会主义所有制的一些基本认识问题上又有了一系列新的重大突破，主要有：①关于公有制经济的含义。提出“公有制经济不仅包括国有经济和集体经济，还包括混合所有制经济中的国有成分和集体成分”。②关于公有制经济的“主体”、“主导”地位。提出“公有资产占优势，要有量的优势；更要注重质的提高。国有经济起主导作用，主要

---

① 《邓小平文选》第3卷，人民出版社1993年版，第373页。

体现在控制力上”。③关于公有制经济的实现形式。提出“公有制实现形式可以而且应当多样化。一切反映社会化生产规律的经营方式和组织形式都可以大胆利用”。并特别肯定了股份制形式和股份合作制形式。④关于非公有制经济的性质和地位。不仅强调了“非公有制经济是我国社会主义市场经济的重要组成部分，而且明确提出“要坚持和完善社会主义公有制为主体，多种所有制经济共同发展的基本经济制度”。党的十一届三中全会以来尤其是党的十五大在所有制问题上的重大理论突破，不仅为我国的所有制改革指明了方向，也为形成全新的、具有中国特色的社会主义所有制理论奠定了基础。

(6) 社会主义发展理论。在资源、人口、环境当代人类面临的三大问题日益严重的情况下，各国都在探索如何促进经济社会和谐发展问题，胡锦涛总书记在坚持“发展才是硬道理”，“发展是我党执政兴国的第一要务”这些科学理论的基础上，提出了以坚持以人为本、构建和谐社会为本质和核心的科学发展观。这一论断强调既要按照经济社会发展规律全面推进经济建设、政治建设、文化建设和社会建设，又要遵循自然规律推动人与自然的和谐发展，实现经济发展与资源、人口、环境相协调。这一论断集中反映了社会主义建设的内在规律，创造性地回答了什么是发展、为什么要发展和怎样发展的重大问题，开辟了马克思主义理论发展的新境界。

改革开放以来，经济学的概念和理论也不断拓展。包括如经济体制改革、经济运行机制、虚拟经济、社会主义资本、社会主义劳动力市场、公有制的实现形式、经济增长方式与发展方式的转变、产业结构优化、科学发展观、经济全球化等，成为经济理论界进行研究并获得系统成果的理论与现实问题。这些内容丰富了马克思主义经济学的研究内容。

改革开放以来，我国在马克思主义经济学的现代化、中国化建设上，虽然取得了重大进展，但距离建立起一个体系完整、逻辑一致、符合实际，并能为我国的改革开放和经济发展提供理论指导的新型学科体系尚相差甚远。这是一个需要长期努力探索的重大课题，需要我国广大经济理论工作者在经济改革和发展实践中，认真总结经验，运用马克思主义的立场、观点和方法，广泛吸收包括马克思主义经济学和当代西方经济学在内的一切经济理论研究的优秀成果，对传统经济学进行大胆的理论创新和体系重构，完成时代和实践所赋予的历史使命。

三、经济学的作用

物质资料生产活动的重要性和经济学在解决社会基本经济问题方面的特有功能，决定了经济学在人类社会发展中的特殊地位和不可替代的作用。

首先，经济学是社会科学的皇冠。对此，许多著名经济学家都做过精辟的论述：

马克思曾经指出：“法的关系正像国家的形式一样，既不能从它们本身来理解，也不能从所谓人类精神的一般发展来理解，相反，它们根源于物质的生活关系。这种物质的生活关系的总和，黑格尔按照18世纪的英国人和法国人的先例，称之为‘市民社会’，而对市民社会的解剖应到政治经济学中去寻求。”① 正是由于意识到政治经济学在整个社会科学中所占有的重要地位，马克思才把自己的研究领域由最初的法学、历史学和哲学转移到了政治经济学方面，并为此付出了毕生精力。

列宁在谈论马克思主义理论体系构成时，曾高度评价了政治经济学在马克思主义整个理

---

① 《马克思恩格斯全集》第3卷，人民出版社1972年版，第373页。

论体系中的重要地位，认为"马克思主义的主要内容即马克思的经济学说"①，"马克思的经济学说就是马克思理论最深刻、最全面、最详细的证明和运用"②。

20世纪西方最有影响的经济学家凯恩斯曾经说过：经济学家的思想无论是否正确，其力量之大都超过对它们的正常理解。事实上，世界总是受这些思想统治的。许多自以为不受任何理论影响的实践家却往往是某个已故经济学家的奴隶。

其次，经济学是其他各类经济学科之母。在20世纪以前，政治经济学与经济科学几乎是同义语，不存在政治经济学之外的经济科学。自进入20世纪以来，在政治经济学基础上发展起来的各种门类的经济学科，如雨后春笋般破土而出。现在，经济科学已经成为拥有数百个分支学科的庞大体系：有研究社会生产力合理组织和布局问题的生产力经济学；有研究社会再生产过程中某一方面问题的流通经济学、分配经济学、消费经济学等；有研究国民经济各部门经济问题的工业经济学、农业经济学、商业经济学等；有研究经济理论实际应用问题的技术经济学，如经济计量学、会计学、统计学、市场学等；有研究区域经济问题的区域经济学，如城市经济学、农村经济学等；有研究发展水平相同的国家经济问题的经济学，如发展经济学、国际经济学、国际贸易学；还有从历史角度研究经济问题的经济学科，如经济史学、经济思想史学等。另外，近20年来，研究边缘经济问题的边缘经济学科更是数不胜数，如人口经济学、生态经济学、教育经济学、体育经济学、卫生经济学等。在所有这些经济学科中，政治经济学既是其他经济学科赖以产生的基础，又是其他经济学科不断丰富和发展的共同的理论基础。当然，其他经济学科在各个不同领域的研究成果，也进一步丰富和发展着政治经济学的内容。

最后，经济学是社会启蒙和社会设计的科学。在人类社会经济实践中，经济学具有社会启蒙和社会设计的作用：它能够使人们在经济活动中拥有沟通思想的共同语言；能够使人们在经济活动中成为一个精明的投资者和聪明的消费者；能够帮助人们认识社会的性质和组织结构；能够为企业、部门、国家的决策行为提供理论指导。在人类社会的发展中，经济学所起的作用已为历史所证明：亚当·斯密的《国富论》奠定了长达200多年的自由市场经济时代的理论基础；马克思的《资本论》改变了无产阶级的历史命运，极大地影响了世界历史的进程；凯恩斯的《就业、利息和货币通论》成了罗斯福推行"新政"的理论依据，并推动着市场经济由自由竞争发展到宏观调控的新时代；邓小平关于社会主义市场经济的新思维在中国大地上引发了一场新的思想解放运动，为中国经济的繁荣和振兴找到了一个高效快捷的体制模式；胡锦涛的坚持科学发展观、构建和谐社会的理论，正在引领着中国社会主义经济又好又快的发展……所有这一切都说明了经济学在社会发展中的强大影响力。

但是，我们必须说明两点：其一，经济学的生命力在于能够指导实践，在于能够与时代的脉搏一起跳动。近几年由于传统经济学未能适应我国经济体制转轨的需要及时调整自己的方位，因而在改革开放、经济快速发展、市场经济已成为全球统一的经济形势的今天，人们感到传统经济学对现实越来越缺乏解释力了，从而使传统经济学在整个经济学科体系中的地位也受到了严峻挑战。从目前情况看，传统经济学的缺陷突出表现在它与在它的"基础"上发展起来的应用经济学理论的内在联系正在不断弱化。一方面，只要我们翻开货币银行

① 《列宁选集》第2卷，人民出版社1972年版，第580页。

② 同上，第588页。

学、国际贸易、国际金融、市场营销等应用类经济学教科书，就会发现越是与市场经济运行结合紧密的学科离现行的反映市场经济不充分的传统经济学越远，因而，这些应用经济学科便纷纷改换门庭，使自己与现代西方经济理论挂钩；另一方面，由于自身理论体系的局限不能为应用经济学提供理论支持的传统政治经济学，则由于它的分支学科纷纷与其脱钩而使自己的基础地位不得不处于虚置状态。理论经济学之所以存在如此糟糕的情况，主要是我们长期固守在老祖宗遗留下来的那些"家业"上，无视当代的科学大发展，不思变革的结果。要改变这种状况，政治经济学要适时调整自己的方位，与时代同呼吸共命运，密切关注现实、总结现实、服务现实，以恢复其应有的地位。其二，政治经济学是基础理论经济学，它能够为人类进行物质资料生产活动提供解决基本经济问题的方法、立场、观点，而不是一把万能的钥匙。经济问题是最复杂的问题，它涉及经济生活的方方面面。同样的经济问题因国情或具体条件的差异，其解决的办法就不同。因而无论哪一门经济学科都无力担负解决全部经济问题的办法。理论经济学力所能及的是为人们解决具体经济问题提供方法、思路和应具备的基本条件、基本知识。

第二节　经济学的研究对象和任务

一、经济学研究的出发点

人类要生存，就必须从事物质资料生产。人类在物质资料生产过程中，要发生两个方面的联系：一方面要同自然界发生联系；另一方面人类彼此之间也要发生一定的联系。前者构成社会生产力，后者构成社会生产关系。生产力和生产关系的辩证统一，构成物质资料生产方式。所以，物质资料生产方式是指人类在一定社会关系上，运用已有的生产能力，谋取物质资料的方式。物质资料生产方式是经济学研究的出发点。

生产力是人们在物质资料生产过程中，在保护生态环境的前提下，征服自然、改造自然、生产物质资料的能力。生产力反映着社会生产中人与自然界的关系。生产力是人类社会发展的最终决定力量。生产力的状况标志着人类社会的进步程度，也标志着人类改造和控制自然的广度和深度。

生产力是参与社会物质资料生产和再生产过程的一切物质的、智能的要素的总和，是一个结构复杂的大系统。构成生产力的实体性要素主要有劳动者、劳动资料和劳动对象。其中具有一定生产经验和劳动技能的劳动者是生产力中起主导作用的因素。劳动者是首要的生产力。劳动资料和劳动对象作为生产力中物的要素，同样具有重要的作用。劳动资料中的生产工具作为人类劳动器官的延伸和扩张，是衡量生产力水平的客观尺度。它的发展状况，是生产力发展水平和发展状况的物质标志，也是划分不同经济时期的主要标志。生产力的发展，首先是从生产工具的改进开始的。此外，劳动对象特别是新材料、新能源的开发和利用，在生产力发展中的作用也越来越重要。

生产力的实体要素无一不同一定的科学技术密切联系在一起。科学（主要是指自然科学）是人们从生产实践和科学实验中总结出来的系统经验，属于意识形态。技术是科学知识的物化和应用，渗透于生产力系统的各个实体要素中。科学技术本身不构成生产力的独立要素，但它作为生产力的智能性要素应用于生产过程可以通过劳动者劳动技能的提高、生产工具的改进和创新、先进生产工艺的推广、劳动对象质量的提高和范围的扩大，以及生产过程组织管理的科学化等，转化为现实的、直接的生产力。

在现代社会化大生产中，科学技术在生产力发展中的作用越来越大，日益成为生产力发展和社会进步的决定因素。据此，邓小平同志提出了“科学技术是第一生产力”的论断，进一步丰富和发展了马克思主义关于科学技术和生产力关系的理论。科学技术作为第一生产力主要表现在：首先，当代科学技术的发展推动着社会生产力结构日益高级化。在当代世界新技术革命的影响下，劳动者的素质日益提高，智力劳动者阶层在劳动者总体中所占比重日益扩大；由电子计算机操纵和控制的自动化机器体系日益普及，许多前所未有的生产领域被开辟，高新技术产业在发达国家日益成为主导产业。其次，当代科学技术的发展为增加社会财富提供了强有力的手段。据统计，20 世纪初，发达国家国民生产总值的增长，只有 5% ~ 10% 是由科技进步因素引起的，而到 20 世纪 80 年代以来，这一比重已达到 60% ~80%。最后，当代科学技术的发展已成为推动人类社会发展和变革的巨大力量。在当代世界新技术革命的影响下，世界各国从社会结构、国际经济政治关系到人们的思维方式、行为方式、生活方式、价值观念、道德准则都发生了深刻的变革，从而加快了人类社会发展的进程。

在近代和现代的社会化大生产中，劳动过程的组织管理对劳动效率的提高、生产力的进步起着举足轻重的作用。合理的劳动组织和科学的管理方法，能够节约社会劳动，提高产品质量，在越来越大的程度上促进生产力的发展。

上述生产力中的实体要素和技术性要素以及组织管理因素之间的关系可用公式表示如下：

生产力 = [（劳动者 + 劳动资料 + 劳动对象）× 科学技术] × 生产过程的组织管理

社会生产力的发展是循着由低级到高级的途径前进的。劳动者与劳动资料、劳动对象之间的矛盾是生产力发展的内部动力。生产力总是要发展的，任何力量都阻止不了它向前发展的趋势，而只能影响它的发展速度。而且由于科技发展呈现着加速的趋势，从而生产力自身也存在着加速发展的趋势。这是生产力发展的内在规律性。

人类社会的物质资料生产从来就是社会性的，孤立的个人是无法同自然界相抗衡的，人们只有以一定的方式结合起来，在相互联系中才能从事物质资料生产。人们在社会生产过程中所发生的相互关系就叫做生产关系。

生产关系也叫经济关系，是一个内容丰富的复杂系统，就其基本内容来看，可以划分为两个相互联系的分系统：一是纵向生产关系系统；二是横向生产关系系统。

纵向生产关系系统是按照物质资料生产总过程所经历的环节划分的。人们在物质资料生产总过程各个环节上所结成的相互关系就是纵向生产关系系统。物质资料生产总过程包括生产（即直接生产过程）、分配、交换、消费四个环节。其中生产是物质资料生产总过程的起点，也是起决定作用的环节，它决定着分配、交换、消费的对象、方式、数量和性质；分配和交换是物质资料生产总过程的中介环节，是联结生产和消费的桥梁和纽带，并对生产和消费起重要的影响作用；消费是物质资料生产总过程的终点，是社会生产的最终目的和动力。人类社会的物质资料生产就是这四个环节在不断更新基础上的循环往复。人们在物质资料生产的各个环节上都必然发生一定的经济联系，人们在直接生产过程中结成的相互关系是狭义的生产关系。在直接生产过程生产出产品之后，人们还要按各自在社会再生产中所处的地位和享有的权利，分得自己应得的部分，这就形成了人们对物质产品的分配关系。在社会分工存在的条件下，人们所获得的产品往往不是或不完全是自己所直接需要的，必须通过交换来满足自己的需要，这就形成了人们之间的交换关系。人们把通过分配和交换所获得的产品用于个人消费，这就形成了消费关系；人们在社会生产总过程的四个环节上所结成的这些相互关系，属于广义的生产关系，或称纵向的生产关系。

人们在生产总过程中结成的生产、分配、交换、消费诸方面的经济关系，都是建立在一定的生产资料所有制基础上的。生产资料所有制是对社会生产中人们在生产资料的所有、占有、支配和使用上所结成的关系的制度规定。不同的生产资料所有制，决定着劳动者和生产资料不同的结合方式，决定着人们在生产过程中的地位和相互关系，也决定着产品的交换形式、分配形式，它们共同制约着人们的消费关系。因此，生产资料所有制是生产关系的基础，它决定着生产关系的性质，也是区别不同生产关系类型的主要标志。同时，生产资料所有制又总是通过生产、分配、交换、消费各个环节来实现，这些环节上的关系对生产资料所有制起着瓦解或是巩固的反作用。

横向生产关系系统是按照生产关系在某一社会形态下所包含的层次划分的。在任何社会形态下，生产关系都存在着不同的层次。其中与生产力发展的某一阶段相联系，并由该阶段生产力性质所决定的人们经济活动的基本联结方式叫经济形式。经济形式是生产关系的自在状态，如自然经济、商品经济等。经济形式在生产关系体系中处于最基础的层次，它可以存在于不同的社会形态中，不反映生产关系的最基本的性质。在不同的社会形态中，生产资料的所有者根据自身利益的要求和为了实现增进自身利益的经济目标，而对人们在生产资料占有关系、劳动力与生产资料的结合方式、社会物质财富的分配关系等方面所作的原则规定，并据此建立起来的有法律保障的制度，叫经济制度。经济制度是反映某种社会形态最基本、最本质的经济关系，是生产关系的最高层次，它反映着不同社会经济形态的本质区别。在一定社会经济制度下，在生产关系中居于统治地位的人们为了实现自身利益要求和目标，根据经济形式的客观状况而建立起来的，在经济形式的运行和发展中起组织和协调作用的体系，叫经济体制。经济体制是社会生产关系系统的中介层次，它联结着经济形式和经济制度，合理的经济体制更多地反映着经济形式的客观状况和内在要求，并促进着经济制度基本目标的实现。经济体制本身并不带有经济制度的属性，它只是在与某种经济制度联系在一起时，在外在形态上，显示出某些制度特征。

经济形式、经济体制、经济制度之间的关系是：经济形式决定经济体制，并构成经济制度的生存环境；经济体制体现经济形式的要求，并促进经济制度基本目标的实现；经济制度在一定的经济形式下存在，并且只有选择了合适的经济体制后才能巩固和发展。

生产关系的纵向系统和横向系统的有机结合，构成了生产关系的庞大体系。

生产力和生产关系是社会生产过程中不可分割的两个方面，其中，生产力是生产的物质内容，生产关系是生产的社会形式，二者的有机统一构成社会生产方式。在社会生产方式中，生产力和生产关系的相互关系是：生产力决定生产关系，生产关系反作用于生产力。

生产力决定生产关系，主要表现在两个方面：第一，生产力的性质决定生产关系的性质，即有什么样的生产力，就要求有什么样的生产关系与之相适应。或者说，一定的生产关系是适应一定的生产力水平的要求而产生并存在的。"手推磨产生的是封建主为首的社会，蒸汽磨产生的是工业资本家为首的社会。"[①] 第二，生产力的发展和变化决定着生产关系的发展和变化。这种变化关系有三种情况：一是生产力的变化决定着生产关系的全部质变，即决定着旧的生产关系被新的生产关系所代替。这是在生产力发展到一定阶段，原有的生产关系由促进生产力发展的形式，变为阻碍生产力发展的桎梏时发生的。二是生产力的变化决定着生产关系的部分质变，即在一定的生产关系根本性质不变的情况下，随着生产力的发展，生产关系的某些环节或某些方面，或者是具体实现形式，出现与生产力发展水平不相适应的情况，这时需要按照生产力发展的要求，通过对生产关系的必要调整和经济体制改革等途径，使生产关系适应生产力。三是生产力的变化决定着生产关系可能变化的程度。生产关系只能适应生产力的现有状况而发展变化，生产关系是部分调整，还是进行整体变革，都只能以现有的生产力状况为标准而定。如果脱离生产力标准，人为地过早地变革生产关系，反而不利于生产力发展。

生产关系并不是被动地受生产力制约，相反，生产关系对生产力有巨大的反作用。这也表现在两个方面：一方面，当生产关系适合或基本适合生产力的发展状况和要求时，就能促进生产力的发展；另一方面，当生产关系不适合或基本不适合生产力的发展状况和要求时，就会阻碍甚至破坏生产力的发展。这里的"不适合"有两种情况：一是落后于生产力现有状况的生产关系；二是超越于生产力现有状况的生产关系。

由上可以看出，在生产力与生产关系的关系中，存在着一个相互作用的客观规律，即生产关系一定要适合生产力状况的规律。这个规律的主要内容可以归纳如下：在社会生产方式中，生产力是最革命、最活跃的因素，是经常发生变化的，而生产关系则是相对稳定的。随着生产力的发展变化，生产关系迟早会发生相应变革。生产力发展到一定阶段，便同现存的生产关系发生矛盾，不适合生产力状况的生产关系最终将被适合生产力状况的新的生产关系所代替。而适合生产力状况的新的生产关系一经建立，就会促进社会生产力以前所未有的速度发展。

生产关系必须适合的生产力"状况"，包括生产力的性质和水平两个方面。生产力性质是生产力质的规定性，它是由劳动资料特别是生产工具的性质决定的。生产力水平是生产力量的规定性，包括各种生产工具在社会生产中的数量比例、生产力的分布状况、能源动力的利用程度、劳动者的素质等因素。考察生产关系是否适合生产力，就要综合考察生产力的性质和水平。

生产关系一定要适合生产力状况的规律，首先要求生产关系的变革必须同生产力性质的变化相适应，只有生产力的性质发生了质的飞跃时，生产关系才具备根本变革的客观物质基础。生产关系一定要适合生产力状况的规律，还要求生产关系的具体形式即经济体制，也必须同生产力的性质和水平相适应。适应生产力性质的生产关系只有在恰当地选择了经济体制时，才能更好地发挥其对生产力发展的促进作用。生产关系一定要适合生产力状况的规律，还要求在一定的经济体制下选择与之相适应的经济运行机制。经济运行机制指社会经济有机体内各构成要素之间相互联系、相互作用的制约关系和运行功能，是联结生产力运动和生产关系运动的综合机制。只有实现经济运行机制的合理化，生产关系与生产力才能有机地结合起来，推动经济发展和社会进步。

生产关系一定要适合生产力状况的规律，是人类社会发展的根本规律。人类历史上一切

---

① 《马克思恩格斯选集》第 1 卷，人民出版社 1995 年版，第 142 页。

社会形态的更替，都是由这一规律的作用引起的，它决定着人类社会由低级形态向高级形态的发展，也决定着同一社会形态内部由低级阶段向高级阶段的发展。

二、经济学的研究对象

任何社会的物质资料生产都是在一定的生产关系中进行的。把物质资料生产作为研究出发点的经济学，其研究的对象就是生产关系。

生产关系不仅是物质生产力存在和发展的社会形式，而且作为物质生产关系，它又是一切社会关系中最原始、最基本的关系。在马克思主义产生以前，一些思想家往往用政治的、法律的、意识形态方面的关系来解释一切社会现象，来说明社会形态的存在、发展以至一种社会形态被另一种社会形态所代替。结果就把社会“看成可按长官的意志随便改变的、偶然产生和变化的、机械的个人结合体”。这显然是十分荒谬的。马克思通过对资产阶级历史唯心主义的分析和批判，确立了唯物史观，并得出这样的结论：“人们在自己生活的社会生产中发生一定的、必然的、不以他们意志为转移的关系，即同他们的物质生产力的一定发展阶段相适合的生产关系。这些生产关系的总和构成社会的经济结构，即有法律的和政治的上层建筑竖立其上并有一定的社会意识形态与之相适应的现实基础。”①

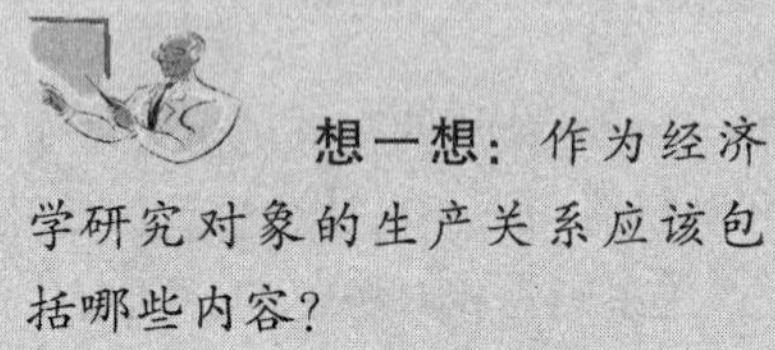

想一想：作为经济学研究对象的生产关系应该包括哪些内容？

生产关系是一种物质利益关系。人们在社会生产中的地位和他们的经济生活状况，都决定于生产关系。生产关系的总和，即在一定社会中占统治地位的生产资料所有制形式基础上建立起来的生产、分配、交换、消费关系的总和，以及经济形式、经济体制、经济制度的总和，构成一个社会的经济基础。由经济基础决定并建立在这个基础之上的政治、法律制度，如国家政权、军队、警察、法庭、监狱，以及同经济基础相适应的社会意识形态，如哲学、政治、法律、道德、艺术等方面的观点，则构成这个社会的上层建筑。经济基础和上层建筑的有机结合形成一定的社会形态。既然由物质生产力决定的，并且是生产力存在和发展的社会形式的生产关系，决定着政治、法律和意识形态等其他社会关系，那么，政治经济学只有研究生产关系，才能阐明一切社会现象，揭示社会本质、特点及其运动规律。

但是，经济学对生产关系的研究，不能局限于对生产关系本质及其规律的表述，还应重视对经济体制和经济运行机制的研究。政治经济学在研究揭示生产关系本质时，结合对一定的经济体制和经济运行机制的分析和阐述，就可以从比较具体的经济运动过程和趋势中更准确、更好地把握一定经济制度的运动和发展规律，从而使经济学的研究对象趋于丰富和完善，更好地实现政治经济学的历史使命及其功能。

经济学研究生产关系必须联系生产力，生产力决定生产关系，生产关系对生产力具有反作用。只有这样，才能找到人类社会历史上各种生产关系存在的客观依据，才能说明各种生产关系产生、发展和消亡的根本原因，才能正确判断一种生产关系是否优越和优越的程度如何。

经济学研究生产关系还必须联系上层建筑。在经济基础和上层建筑之间，经济基础决定上层建筑，上层建筑反作用于经济基础。因此，经济学只有联系上层建筑来研究生产关系，

---

① 《马克思恩格斯选集》第2卷，人民出版社1972年版，第82页。

才能说明生产关系变革的曲折性和复杂性，才能全面揭示生产关系的运动规律。

三、经济学的研究任务

经济学的研究任务就是要揭示社会经济运动过程中客观存在的经济规律，并探讨利用经济规律为人类谋利益的途径和方法。

经济规律就是社会经济运动过程中各种经济现象之间内在的、本质的、必然的联系。经济规律表示社会经济运动的必然趋势。

经济规律是不以人的意志为转移的客观存在。它的客观性在于：（1）经济规律产生的基础是客观的。经济规律是在一定经济条件的基础上产生的。经济条件，主要是指生产关系。只要某种经济条件存在，与这种经济条件相联系的经济规律就必然存在；当某种经济条件消失以后，在这种经济条件基础上产生的经济规律才会随之消失。所以，人们既不能创造或取消经济规律，也不能“改造”经济规律。（2）经济规律的作用是客观的，不论人们对它认识不认识，喜欢不喜欢，它总是在经济运动中按照本身固有的要求起作用，强制地支配着人们的经济活动，决定着经济发展的基本趋向。

经济规律虽然是独立于人的意识之外的客观存在，但并不是说人们在经济规律面前就无能为力了。人们可以通过发挥自己的主观能动性，在拥有丰富的科学知识特别是经济学知识的前提下，运用正确的思维方法，在经济实践活动中经过周密系统的调查研究，深刻分析经济现象的各种矛盾，从而揭示出经济运动过程中的内在规律性。并在此基础上，顺应经济规律的要求，利用它为社会经济发展服务。

与自然规律相比经济规律有两个重要特点：（1）自然界的各种物质运动规律，是完全脱离人们的活动而独立存在和发生作用的，而经济规律则总是和人们的经济活动联系在一起的。因而，人们在利用经济规律时经常会受到认识能力和经济关系的限制，从而使经济规律的作用受到干扰。（2）自然界物质运动规律大多是长久不变的，而绝大多数经济规律并不是长久不变的。经济规律在一定的经济条件下产生和发生作用，随着这种经济条件的消失，这些经济规律也会随之消失。

由于经济规律赖以产生和发生作用的经济条件不同，经济规律大体可分为三种类型：(1) 在人类社会各个发展阶段共同起作用的经济规律。它表现了一切社会生产的某种共同的本质的联系，如生产关系一定要适合生产力状况的规律，只要存在社会生产，这一规律就必然存在并发生作用。(2) 几种社会形态共有的经济规律。它表现了某几个社会形态在生产关系方面的共同的本质的联系。如价值规律，只要社会生产采取商品生产的形式，这一规律就必然存在并发生作用。(3) 某种社会形态特有的经济规律。它表现了该社会生产关系的特有的本质联系。如资本主义社会的增值价值规律，社会主义社会的按劳分配规律等，都属于这种情况。

现代经济学所揭示的，是当代两种基本社会形态即资本主义社会和社会主义社会的经济规律。这两种性质对立的社会生产关系，具有各自不同的本质规律。但它们都以商品经济作为共同的社会经济形式，以市场经济作为共同的资源配置方式，因而在两种不同的社会经济形态中，存在着某些共同的经济关系（商品经济关系）和大体相同的经济运行机制（市场经济运行机制）等。现代经济学的任务，不仅要揭示两种社会生产关系相区别的本质规律，而且要揭示两种社会生产关系中共同存在的经济规律和经济运行机制，更要探索利用这些规律和机制促进社会主义经济发展和社会进步的途径和方法。

第三节　学习经济学的方法和意义

一、经济学的研究方法

唯物辩证法是经济学的基本方法。运用唯物辩证法研究社会经济运动，就是运用对立统一规律、量变质变规律和否定之否定规律，来分析社会经济现象和经济过程的矛盾运动，分析其变化发展过程，从而揭示经济现象和经济过程的本质及其客观规律性。它在经济学研究中的具体运用，要通过以下几种方法来实现：

第一，科学抽象法。科学抽象法就是人们运用思维的抽象力，从大量的社会经济现象中，抽象掉外部的偶然的非本质的联系，找出其内在的必然的本质的联系，并加以概括，得出概念、范畴，揭示经济规律，形成科学理论体系的方法。它一般包括研究方法和叙述方法。研究方法是从具体到抽象、从现象到本质的认识方法。它要求从错综复杂的经济现象出发，详尽地占有材料，通过分析思考，从感性认识上升到理性认识，找出规律，形成经济范畴。叙述方法是从抽象上升到具体、从简单上升到复杂的逻辑方法。从具体到抽象的研究工作完成之后，还要把作为理论研究成果的多种经济范畴，按照从简单到复杂的顺序进行理论叙述，使客观存在的具体经济关系再现出来，形成经济学的科学理论体系。

第二，逻辑和历史相统一的方法。经济学研究中的逻辑方法，就是在研究社会经济现象时所采取的思维推理方法，即按照思维逻辑的进程，按照经济范畴的逻辑联系，从比较简单的经济关系和经济范畴，逐步上升到比较复杂的具体的经济关系和经济范畴，阐明社会经济现象和经济过程的发展过程。逻辑的方法和历史的方法是一致的。恩格斯指出："历史从哪里开始，思想进程也应当从哪里开始，而思想进程的进一步发展不过是历史过程在抽象的、理论上前后一贯的形式上的反映。"① 经济学上的这种逻辑研究方法与历史研究方法是统一的，也是一种科学的抽象方法。

第三，系统方法和数理统计方法。系统方法是一种把研究的对象作为一个有机的系统，进行定量化、模型化和择优化研究的科学方法。系统方法是研究复杂的经济问题，特别是研究宏观经济问题的科学方法。社会经济现象是一个极为复杂的系统，特别需要从总体上、从整体和部分的辩证关系上进行研究；需要对各个部分之间的相互影响以及它们各自对整体的影响上进行科学分析。

数理统计方法是研究事物数量关系的科学方法。经济过程和经济现象，不仅有质的规定，而且有量的特征，也可用数学语言来分析表述。经济学研究中运用数理统计方法从量的方面分析经济的运行和发展，不仅可以说明经济现象是什么，还可以说明是多少；不仅可以说明趋势，还可以说明趋势的量的程度，增强经济学的致用性。

第四，实证分析和规范分析相结合的方法。经济学研究中的实证分析方法，是通过对客观现实的描述和分析，说明经济现象和过程"是什么"的问题。规范分析方法是从某种价

---

① 《马克思恩格斯选集》第2卷，人民出版社1995年版，第43页。

值判断标准出发，说明社会经济运动“应该是什么”和“如何做”的问题。经济学研究必须把实证分析和规范分析结合起来，才能不仅反映经济现实，揭示经济运动中客观存在的规律性，而且还能按照一定的价值标准规划现实，使社会经济运动沿着一定的轨道前进，达到预期的目的。现代马克思主义经济学的历史使命要求它更应注重这二者的结合。只有这样，才能圆满完成它的神圣历史使命。

二、学习经济学的意义

讨论一下：为什么说经济学是我们学习其他经济学科的专业基础课？

经济学是我们建设有中国特色社会主义的理论基础。它不仅揭示了社会主义经济制度的基本特征，而且揭示了社会化大生产和市场经济运动的一般规律及其运行机制。因此，它是社会主义国家进行经济建设、发展和完善社会主义生产关系、进行经济体制改革的理论基础。我国正处在社会主义初级阶段，在这一阶段上，不仅有社会主义基本经济制度的一般性特征，如生产资料公有制、按劳分配、共同富裕等，而且又有我国社会主义初级阶段基本经济制度的特殊性特征，即以公有制为主体、多种经济成分和多种经营方式并存，以按劳分配为主体、多种分配方式并存，先富带后富的共同富裕之路等。因此，必须从我国实际出发，走自己的路，才能更好地建设有中国特色的社会主义。

经济学还是我们学习其他经济学科的专业基础课。在历史上，直到 20 世纪之前，政治经济学与经济科学是同义语，不存在政治经济学以外的经济科学，而目前，经济科学已发展成为拥有数百个分支学科的庞大学科体系，其中政治经济学和生产力经济学一起构成了理论经济学，成为其他各经济学科的理论基础，特别是政治经济学，是一切经济学科赖以产生的基础，只有掌握了经济学的基本原理和基本知识，才能为掌握专门经济知识奠定坚实的理论基础。

经济学也是普及市场经济知识的必修课。市场经济是商品经济发展的必然结果，是生产社会化的必然要求，是优化资源配置的一种手段，这是我们党经历了半个世纪的社会主义建设实践，总结了丰富的经验和教训才得出的结论。只有认真学习经济学，才能系统了解市场经济的基本知识，为发展社会主义市场经济作出自己的贡献。

阅读材料

新中国60年中国经济学发展评析

李义平

服务对象和研究目的的变化及发展

改革开放前，在高度集中的计划经济体制下，经济学的服务对象主要是中央政府。相当一段时期，整个社会如同马克思所预言的是一个社会化的大工场，没有宏观和微观的区别。占社会主流的价值取向主张限制甚至取消商品货币关系。经济学（主要是政治经济学）研究的目的是如何做好计划经济工作。

改革开放至今，经济学服务的对象和研究目的发生了天翻地覆的变化。这种变化集中体现在我们选择了社会主义市场经济，整个社会以经济建设为中心，企业成为经济发展的微观主体，市场在配置资源中起着基础性作用。这就使得经济学不仅要为中央政府服务，也要为区域经济、企业发展服务。在当代，经济学服务的目的是促进区域、企业以及整个社会的经济发展。社会更需要“临床”经济学，需要解决实际经济问题。

经济学研究内容的变迁

新中国初期到改革开放前，经济学（主要是政治经济学）研究的内容充分反映了那个时代的特点，主要是证明向公有制过渡的必然性和正确性。政治经济学的社会主义部分主要阐述有计划按比例规律、按劳分配规律及社会主义基本经济规律。在学术层面则讨论生产劳动和非生产劳动、价值理论，如何自觉利用价值规律和贯彻按劳分配原则等。

改革开放以后，经济学主要研究中国改革、经济体制的演进、经济增长模式的选择、对外开放和宏观调控以及资本市场等。在此时期，经济学的划时代贡献就是证明和选择了社会主义市场经济。从此，中国经济开始了波澜壮阔的发展。伴随着对体制变革和体制选择的研究，在微观层面，经济学对国有企业的放权让利和企业股份制改造、对民营企业发展、对所有企业的良性运行和品牌建设也作出了深入研究。在当前，经济学更是全力以赴地研究如何应对危机、如何转变经济发展方式、提高经济增长的质量、研究经济的科学发展。

经济学研究方法和武器的演变

尽管马克思在《资本论》第一卷的序言中曾经深刻地指出，“分析经济形式，既不能用显微镜，也不能用化学试剂。二者都必须用抽象力来代替”。然而，改革开放前的经济学，特别是新中国初期的经济学更多的不是对实际经济现象的归纳和抽象，而是从马克思在《资本论》里的既定结论出发，从公有制必然优越和人们必然大公无私，以及同志式的互助合作关系等这些天然假设出发的演绎和推理。这种研究方式的关键是前提正确。如果前提有问题，推论的过程再正确，结论都会存在不同程度的问题。从科学哲学的层面讲，演绎式的研究很难有大的创新，从实际出发的归纳，或归纳和演绎的结合才可能有创新和发展。经济学发展到今天，更多是从实际出发，是规范和实证的结合、归纳和演绎的结合、历史和现实的结合，既有理论的归纳，也更重视操作层面的研究。

经济学研究方法的演变同时伴随着经济学武器的演变。从一定意义上讲，中国的经济学武器都是舶来品。这是因为现代经济学是与商品经济、市场经济相伴而生的，是对市场的各种关系和市场健康运行规律的理论抽象，因而最先是发端于英国的古典经济学。威廉·配第、亚当·斯密、大卫·李嘉图等古典经济学的代表人物和马克思不约而同地研究了英国最初的商品经济。但由于立场不同，观察角度不同，得出的结论也不一样。没有商品经济和市场经济这样的经济基础是产生不了现代经济学的。

新中国初期和改革开放前的经济学武器是马克思的经济学，是马克思的《资本论》和以其为基础的政治经济学。那时经济体制设计是以马克思经济学得出的结论为蓝本的，不仅是计划经济，而且认为只有生产物质产品的劳动才是生产劳动，才创造社会财富，文教、卫生、服务等部门不过是对生产性劳动所创造的社会财富的再分配。国民经济的核算体系严格由此出发，没有GNP、GDP这样的概念。古典经济学以外的西方经济学被称为庸俗经济学。大学的经济学教学中以马克思经济学为主体进行课程设计，少有西方经济学的地位。即使介绍了西方经济学的某些观点，也只是为了用马克思的经济学加以批判。

改革开放以来，随着经济学面临的任务的变迁，经济学所使用的武器也在相应地变化。首先，马克思经济学依然在发挥着指导性作用，但研究的问题发生了变化，更着重于现实问题，着重于挖掘其中关于市场经济运行的一般性规律，并提出要结合中国的实际发展马克思的经济学。其次，苏联、东欧经济学也曾经被借鉴，特别是在讨论分权、计划与市场的关系、如何看待和认识传统计划经济体制下的短缺问题时。苏联、东欧经济学是介于计划经济和市场经济之间的设想，具有过渡性。随着苏联的解体以及中国选择了社会主义市场经济，苏联、东欧经济学成为短暂的学术过渡。最后，西方经济学大量被用来研究中国的现实问题。其原因，一是在于中国人民在中国共产党的领导下最终选择了社会主义市场经济。二是反映经济运行的一系列基本范畴和统计指标已与世界接轨，例如 GNP、GDP 等。三是世界经济越来越一体化，越来越面对着共同的问题。四是我们正在进行旨在建设社会主义市场经济体制的改革。新制度经济学的研究方法有利于我们研究人类行为与经济制度的对应关系，有利于研究经济改革。

经济学的研究氛围与经济学的教学

改革开放前，包括在“实践是检验真理的唯一标准”讨论之前，受当时政治气氛的制约和研究对象、研究任务的限制，经济学研究氛围并不宽松。即使经济理论和经济现实之间存在着明显差距，更多时候也不是认为理论有问题而是认为实践有问题。对这种差异的解释是教条主义的，是从本本出发的。当时的中国经济学家提出“利润”概念，提出“把计划和统计放在价值规律的基础上”已经是那个时代的进步了，根本谈不上对体制本身的怀疑和研究。

随着改革开放，随着解放思想的推进，以及研究对象本身的变化和丰富多彩与世界经济的一体化，经济学研究氛围空前活跃。中国经济学家有了对问题的争论，有了不同观点的碰撞，有了流派。经济学研究队伍也开始分化，有了服务于不同对象的群体。宽松的研究氛围产生了丰硕的成果，例如对社会主义市场经济、现代企业制度、民营经济的发展等的深入研究。

经济学研究的氛围也反映在经济学教学上。改革开放以前经济学的教学比较单一，教材也不丰富，缺少竞争。现在，经济学教学越来越与国际接轨，而且不同的高校经济学的教学具有不同风格，有了不同风格之间的竞争。

资料来源：《光明日报》，2009－09－15。

思考分析：(1) 经济学的研究内容、目的和方法是什么？如何用发展的观点来分析经济学研究内容、目的和方法的变化？(2) 在目前的情况下如何有效地促进经济学的教学和研究的发展？

重要概念

物质资料生产　资源配置　生产力　生产关系　经济规律

实训练习

（一）判断分析

1. 经济资源的稀缺性在任何社会形态下都存在。 （ ）
2. 近代经济学是在理论研究从流通领域转入生产领域后开始的。 （ ）
3. 生产力是人类社会发展的最终决定力量。 （ ）
4. 经济规律和自然规律一样，大多是长久不变的。 （ ）

（二）问题解答

1. 资源配置的基本方式有哪些？
2. 改革开放以来，我国在马克思主义经济学建设上取得了哪些理论成果？
3. 经济学研究生产关系为什么必须联系生产力和上层建筑？
4. 联系实际谈谈如何学好经济学。

观念运用

运用经济学的基本理论，理解在当前，经济学更是全力以赴地研究如何应对危机、如何转变经济发展方式、提高经济增长的质量、研究经济的科学发展。

第二章

商品和商品经济

学习要点

- 商品经济及其历史地位
- 商品及其基本属性
- 货币及其职能
- 价值规律及其作用
- 均衡价格的形成

第一节 商品及其属性

人类社会的经济形式经历着不断发展和演进的过程，自然经济和商品经济，是迄今为止人类社会经济活动所经历的两种基本经济形式。从自然经济发展到商品经济，是历史的进步，极大地促进了社会生产力的发展。

一、商品经济的产生和发展

（一）从自然经济到商品经济

自然经济是人类社会早期物质资料生产活动中所普遍采取的经济形式，在原始社会曾广泛存在，在奴隶社会和封建社会是占统治地位的经济形式，在当今世界上的不少国家和地区仍然不同程度地存在着，但在社会经济活动中只占很少的比重。

自然经济又称"自给自足经济"，是以自然分工为基础的经济形式。自然经济状态下，生产是为了直接满足生产者个人或经济单位的需要，而不是为了交换。自然分工是劳动分工的一种形式，指人类在经济领域中为进行合理的劳动而使劳动专业化的做法。劳动分工从历史上看，首先是自然分工，然后才是社会分工。所谓自然分工是指按性别和年龄的差异而进行的分工，也就是纯生理基础上产生的分工。这种自然分工首先表现为原始社会氏族部落共同体内部，人们按性别和年龄的差别，在纯生理的基础上产生的劳动分工。如在一个氏族部落内，成年男子专门从事打猎、捕鱼，并制作为此所需要的工具。妇女专门采集果实和管理家务，老人指导并参加制作劳动工具，小孩帮助妇女劳动。此外，自然分工还表现在氏族共同体之间因在地域资源的差异性而形成的自然产品差异性的基础上形成的分工。自然经济与生产力水平低下和社会分工不发达相适应，自然经济存在于整个原始社会历史时期。在奴隶社会和封建社会，商品经济有了一定的发展，但只是处于补充和从属的地位，自然经济在社会经济生活中一直占据着主导地位。

商品经济是“自然经济”的对称，是商品的生产、交换、出售的总和。商品经济最早产生于第二次社会分工即手工业从农业中分离并进一步扩大，在第三次社会大分工时出现了商品经济的重要媒介——商人。当商品经济不断发展，商品之间的交换主要由市场调配时，这种社会化，由市场进行资源调配的商品经济就是市场经济。

商品经济是以商品生产和商品交换为内容的经济形式，是直接以交换为目的的社会经济形态。在商品经济条件下，人们进行生产活动不是为了直接满足自己的需要，而是为了交换，生产者与生产者之间、生产者与消费者之间的经济联系是通过商品交换、通过市场而建立起来。商品经济在原始社会后期开始产生，但在资本主义社会产生以前，它一直处于自然经济的附属地位。伴随着资本主义社会的萌芽、产生和发展，商品经济逐步取代自然经济成为占统治地位的经济形式。在现代社会，商品经济已成为世界范围内最普遍的经济形式。

（二）商品经济产生和发展的条件

商品经济是原始社会末期生产力和社会分工发展到一定程度的产物，商品经济的产生和发展需要两个条件：

1. 社会分工。社会分工是商品经济产生和发展的前提和基础。社会分工就是各种社会劳动划分为或独立化为不同的行业和部门，不同的行业和部门为了满足生产和生活的多种需要，必须进行产品和服务的让渡。在原始社会末期，随着社会生产力的发展出现了偶然的交换；当发生了畜牧业和农业的分工时，商品交换逐渐扩大；后来发生了手工业和农业的分工，从而出现了直接以交换为目的的商品生产；商品生产的产生使商品交换经常化，进而产生了货币，出现了商品经济。但是，仅有社会分工，还不能决定商品经济的产生与存在。例如，在古代印度公社中，社会分工已十分细致，除种地的农民外，还有官吏、登记员、铁匠、木匠、教师、运水员、陶工、洗衣工、银匠、理发匠等十几种分工，但产品只在公社内部共同分配，并没有出现商品生产和商品交换。所以，商品经济的产生还需要同时具备如下的另一个条件。

> **想一想：** 生产资料和劳动产品归不同所有者所有在社会主义条件下是否还存在？

2. 生产资料和劳动产品属于不同的所有者。生产资料和劳动产品属于不同的所有者，是商品经济产生和发展的决定性条件。如果不同生产者生产出来的产品为同一个所有者所有，生产者可以直接使用，就不需要交换，也就不可能产生商品经济。只有在社会分工的基础上，生产资料和产品属于不同的所有者，才能使商品经济真正产生。在人类历史上，这一条件是在原始社会末期伴随着家庭和私有制的出现而产生并随着社会的发展而发展的。从事不同产品生产的不同财产权利主体（包括所有权、占有权和使用权主体）都具有各自的经济利益，他们利用归自己所有或占有、使用的生产资料进行劳动，或者支配他人进行劳动，作为劳动结果的物质产品也就归生产资料的所有者占有、支配。由于人们占有生产资料的数量不同，生产条件也存在差别，决定了他们获得的物质产品的多少也各不相同，从而产生了不同经济利益主体之间经济利益的差别性。为了维护各自的经济利益，不同所有者之间需要通过等价交换的原则相互有偿地交换劳动产品，这样，产品便必然表现为商品，产生了商品交换，并产生了商品经济。

可见，社会分工造成了不同的物质资料生产者之间发生经济联系的必要性，成为商品经济产生和发展的一般基础；生产资料和劳动产品属于不同的所有者，造成了物质资料生产者之间经济利益的差别性，使商品经济成为社会经济活动的一种必然形式。随着商品经济的发展，即使生产资料和劳动产品的所有者由个人发展为共同体，但只要这种共同体内部的各个经济单位之间还存在着经济利益的差别性，商品经济就将依然存在，这是商品经济产生和发展的决定性条件。

商品经济产生和发展的两个基本条件都同社会生产力发展的一定阶段相联系，并随着生产力的发展而发展，最终也必将随着生产力的高度发展而自行消亡。所以，社会生产力的一定发展水平是商品经济产生和发展的最终经济原因。

（三）商品经济的发展阶段

在漫长的历史发展过程中，从经济技术发展角度看，商品经济的发展经历了简单商品经济和发达商品经济（亦称市场经济）两个阶段。

简单商品经济，即小商品经济，是以生产资料的个体私有和个体劳动为基础，以手工劳动为技术特征，以满足生产者或经济单位对使用价值的需要为目的的商品经济。

发达商品经济是建立在社会化大生产基础上，以机器大生产为技术特征，以满足生产经营者对价值增值的追求为目的的商品经济。发达商品经济以资本主义生产方式的建立为起点，随着资本主义生产方式的发展而发展。在社会主义生产方式建立以后，也同样要经历一个商品经济充分发达的阶段。

发达商品经济阶段也称为市场经济阶段。这一阶段还可以分为两个各具特征的阶段，即自由竞争的市场经济阶段和宏观调控的市场经济阶段。前者以生产的无政府状态为特征，社会经济运行完全靠商品经济内在规律的“看不见的手”的调节为基础，后者以政府干预的“看得见的手”的调节为导向，是商品经济发展的成熟阶段。

商品经济作为几个社会共同存在过的人们互相交换其活动的经济形式，既可以为资本主义制度服务，也可以为社会主义制度服务。尤其是在经济比较落后的条件下取得革命胜利的社会主义国家，可能逾越资本主义充分发展阶段进入社会主义建设，而决不可能逾越商品经济充分发展阶段。这是因为：

第一，商品经济的存在最终与社会生产力有关。商品经济是社会分工和生产力发展的产物，同时又是社会生产力发展尚未达到更高阶段的产物。在社会主义现阶段，逾越商品经济的充分发展，就是超越社会生产力发展阶段。

第二，商品经济作为社会生产的经济形式，反映社会生产力的连续、继承和发展的客观规律性。商品经济充分发展，使生产社会化发展达到更高程度，才有可能使商品经济进化到产品经济。这是人类社会生产力发展的连续性、继承性和规律性的结果。

二、商品的二因素：使用价值和价值

商品是用来交换的劳动产品。它具有使用价值和价值二因素。

“商品首先是一个外界的对象，一个靠自己的属性来满足人的某种需要的物。”[①] 就是说，一个物品要成为商品，它首先必须是一种有用的物品，能满足人们的某种需要，如粮食可以充饥，衣服可以御寒，钢铁可以制造机器，电视片可以供人欣赏，等等。商品的这种有用性或者能够满足人们某种需要的属性，就是商品的使用价值，它属于商品的自然属性，反映着人与自然的关系。任何商品的使用价值都具有质和量两方面的规定。商品使用价值的质的规定，是指不同的商品由于具有不同的自然属性，因而具有不同的使用价值，并且，同一种商品往往包含有多种不同的自然属性，因而具有多种不同的使用价值，如煤，不仅可以用作燃料，而且还可以用作化工原料，用来制造塑料、纤维、农药、化肥等。随着生产的发展和科学技术的进步，商品的自然属性和使用价值将会不断地被发现、被利用。商品使用价值量的规定，是指任何商品都可以表现为一定量的使用价值，如 1 尺布、10 斤粮食等。不同使用价值的商品其计量的单位是不同的。

使用价值的内在要素结构主要包括质量、款式、功能、外观设计、色泽、尺寸、工艺特点等。使用价值内在要素是建立在物品的自然属性基础上的，物品的自然属性包括物理、化学、生物等属性。物品的自然属性是永恒的，它与社会形态无关。因此，马克思说：“我们从小麦的味道中无法品尝出是奴隶的劳动还是工人的劳动创造的。”[②]

商品的使用价值和一般物品的使用价值，既相联系又相区别。从它们之间的相互联系看，在一切社会形态中它们都构成社会财富的物质内容，反映的是人与自然之间的物质变换关系。从它们的相互区别看，作为商品的使用价值，是商品生产者为他人、为社会生产的使用价值，因而是社会的使用价值。商品的使用价值对于该商品的生产者来说，只是他用来交换的物质手段，只是交换价值的物质承担者。而作为一般物品的使用价值，则不具有这些特性。

商品的使用价值要实现为社会的使用价值，就必须进行交换，从而具有交换价值。交换价值首先表现为一种使用价值同另一种使用价值相交换的量的关系或比例。例如，1 头耕牛，可以交换 100 公斤粮食，100 公斤粮食就是 1 头耕牛的交换价值。一种使用价值可以同多种使用价值相交换，因而，具有多种交换价值。如，1 头耕牛，还可以交换到 20 尺布、50 斤茶叶、200 斤食盐等。这里 20 尺布、50 斤茶叶、200 斤食盐等都分别是 1 头耕牛的交换价值。

耕牛和粮食、布匹、茶叶、食盐等具有不同的使用价值，为什么可以按一定的比例相交换呢？这从它们的使用价值方面是无法得到解释的，使用价值性质不同，用途各异，无法比较大小，因而不能确定它们之间的交换比例。两种不同的使用价值之所以能够按照一定的比例相交换，表明它们中间必定存在着共同的东西，因为只有同质的东西才可以在量上比较其大小。这种共同的东西就是各种商品都是经过人类劳动生产出来的，都包含有无差别的一般人类劳动。这种一般人类劳动在质上是相同的，在量上是可以相互比较的。这种凝结在商品中的无差别的人类劳动，就是商品的价值。但是，一般人类劳动并不是在任何条件下都表现为价值，只有在商品经济条件下，当一般人类劳动凝结在商品中时，才表现为价值。这就是

---

① 马克思：《资本论》第 1 卷，人民出版社 1975 年版，第 202 页。

② 同上，第 207 页。

说，价值不是一个永恒的范畴，而是商品经济特有的历史范畴，它体现的是商品生产者之间相互比较劳动和交换劳动的经济关系。在商品交换过程中，价值是交换价值的内容或基础，交换价值是价值的表现形式。正由于此，作为商品内在属性的，不是使用价值和交换价值，而是使用价值和价值。

商品的使用价值和价值这两个因素是对立统一的关系。其统一性表现为二者相互依存，互为条件，缺一不可。价值的存在以使用价值为前提，没有使用价值的东西不可能被用于交换，从而就不会有价值，使用价值是价值的物质载体，价值寓于使用价值之中。二者的对立表现在：它们反映的经济关系不同，使用价值是商品的自然属性，反映的是人和物的关系，是永恒的范畴，而价值是商品的社会属性，反映商品生产者之间的关系，是商品经济特有的范畴。而且，二者具有相互排斥性，任何人都不能既占有价值，又占有使用价值，生产者只有让渡使用价值才能实现价值，消费者只有让渡价值才能获得使用价值。任何人不可能同时占有价值和使用价值，要么让渡商品使用价值以实现价值，要么支付商品的价值而获得使用价值，二者不能同时兼得。只有通过交换把商品卖出去，才能解决这一矛盾。因此，商品是使用价值和价值的矛盾统一体。

三、生产商品的劳动二重性：具体劳动和抽象劳动

商品的二因素是由生产商品的劳动二重性决定的。生产商品的劳动，从一方面看是具体劳动，从另一方面看是抽象劳动。

具体劳动也称有用劳动，是在一定具体形式下进行的劳动。具体形式指劳动目的、劳动对象、劳动工具、操作方法、工艺流程、劳动结果等方面。由于各种具体劳动的目的、对象、工具、操作方法等各不相同，劳动结果也各不相同。因此，具体劳动创造商品的使用价值，不同的具体劳动形成了商品不同的有用性。具体劳动反映人和自然的关系，具体劳动过程就是人类利用和改造自然物质使之适合人们需要的过程。所以，具体劳动不仅是商品生产条件下所必需的，也是人类生存和发展的永恒条件。随着社会生产力以及人类需要的发展，具体劳动的种类和形式也不断变化。

抽象劳动是无差别的一般人类劳动，它是人类劳动在生理学意义上的消耗，抽象劳动只有量的差别没有质的差别，因而是同质的人类劳动。抽象劳动只有在商品交换中才具有意义，抽象劳动形成了商品的价值。生产商品的劳动尽管它们的具体形式是各种各样的，但是它们都是人类劳动力在生理学意义上的耗费，即人的脑力和体力的支出。正是抽象劳动才能使各种不同的商品可以互相比较和交换，它反映的是商品生产者相互交换劳动的社会关系。抽象劳动只是生产商品的劳动的社会属性，属于历史范畴。

具体劳动和抽象劳动是矛盾的统一。它们的统一性表现在：具体劳动和抽象劳动是生产商品的同一劳动的两个不同方面，而不是两次或两种劳动，在时空上是统一的。它们的区别表现在：第一，具体劳动是从劳动的有用效果来看的劳动；抽象劳动则是抽去了劳动的有用性的一般人类劳动。第二，不同具体劳动具有不同的性质，是劳动的个性，它构成社会分工体系；抽象劳动没有性质的差别，是劳动的共性，它只有量的不同。第三，创造使用价值的具体劳动反映的是人与自然的关系，是不以一切社会形式为转移的永恒范畴；形成商品价值的抽象劳动则体现商品生产者之间的关系，是商品经济条件下的历史范畴。第四，具体劳动是创造使用价值的劳动，但它不是使用价值的唯一源泉；而抽象劳动则是形成商品价值的唯一源泉。

生产商品的劳动二重性学说，是马克思首先提出并加以科学论证的，它使古典政治经济学提出的劳动价值理论发生了革命性变革，确立了客观价值理论，成为完全科学的价值理论。马克思以前的古典经济学家亚当·斯密和大卫·李嘉图等人，分析了价值并提出了价值是由劳动创造的论点，初步创立了劳动价值论，但是由于他们不懂得生产商品的劳动具有二重性，因此分不清是什么劳动形成价值。因此，他们的劳动价值学说是不彻底、不科学的，往往陷入自相矛盾、不能自圆其说的窘境。马克思第一次把生产商品的劳动分为具体劳动和抽象劳动，创立了劳动二重性理论，从而把劳动价值论建立在完全科学的基础上。同时，劳动二重性理论为马克思增值价值理论奠定了基础，也为资本有机构成、资本积累、社会资本再生产、平均利润、资本主义地租理论提供了重要的理论依据，为马克思主义政治经济学体系的建立创造了理论基石。

四、商品的价值量

（一）商品价值量的决定

商品价值不仅有质的规定性，而且还有量的规定性，即价值量的大小或多少由什么决定的问题。

商品价值的实体是抽象劳动在商品中的凝结，因此价值量就是由生产商品所消耗的抽象劳动量来决定的。计量劳动量的天然尺度是劳动时间，所以商品的价值量决定于生产商品的劳动时间。商品的价值量与生产商品所耗费的劳动时间成正比。

社会上任何一种商品，都由许多生产者在生产。个别劳动时间就是生产同一种商品的厂商所耗费的劳动时间。生产同种商品的各个生产者由于生产的主客观条件不同，所花费的劳动时间即个别劳动时间是各不相同的。商品的价值量不能由个别劳动时间决定，否则只能鼓励落后和懒惰，阻碍生产力的发展。决定商品价值量的只能是社会必要劳动时间。

“社会必要劳动时间是在现有的社会正常的生产条件下，在社会平均的劳动熟练程度和劳动强度下制造某种使用价值所需要的劳动时间。”① 这里所说的“现有的社会正常的生产条件”，是指在一定时期内，某一生产部门大多数商品生产者已经达到的技术装备水平，其中主要指生产工具。而“社会平均的劳动熟练程度和劳动强度”中的劳动熟练程度，是指大多数劳动者的技术水平、生产经验；劳动强度是指处于平均水平的劳动者个人在单位时间内劳动消耗的内含量或密度。劳动熟练程度和劳动强度两者必须在部门内通过竞争得以平均。在这两个限定条件中，社会正常生产条件是生产的客观标准条件，社会平均的劳动熟练程度和强度是生产的主观标准条件，二者结合在一起所形成的生产某种单位商品的劳动时间，是社会必要劳动时间。商品的价值量就是由这种社会必要劳动时间决定的。

商品的价值量由社会必要劳动时间决定，反映了商品经济关系的内在要求。这是因为商品经济作为天生的平等派，不仅要求不同商品在交换时交换双方要得到等量的劳动补偿，而且还要求相同的商品应该有同一的价值量。只有由社会必要劳动时间决定商品的价值量，才能真正体现出商品生产者生产商品的劳动的“相同性”或“同一性”，从而才能体现出他们经济利益的平等关系，也能起到鼓励先进、鞭策落后的作用。

社会必要劳动时间对商品价值量的决定作用，不仅表现在生产商品所耗费的劳动时间

① 《马克思恩格斯全集》第23卷，人民出版社1972年版，第52页。

上，而且还表现在生产资料的价值转移上。任何商品的价值形成都由两部分构成：转移价值和新创造价值。前者是指生产商品所耗费的生产资料价值，后者是指生产商品所耗费的符合社会必要劳动时间的活劳动的凝结。与新创造价值的决定一样，社会承认的转移价值量，不是个别的转移价值量，而是大多数同种商品的生产者在生产中所耗费的生产资料价值量，即社会转移价值量。这样，每种商品的实际价值量，就是社会必要劳动时间所决定的新创造价值量与转移价值量之和。

社会必要劳动时间对商品生产者具有极其重要的意义。因为这关系着在商品价值实现过程中，生产者生产商品的劳动耗费能否得到足额补偿，以及在竞争中的成败得失。第一，如果生产者所耗费的个别劳动时间大于社会必要劳动时间，即意味着多余的劳动得不到社会的承认，厂商由于无法收回成本而亏损，导致破产。第二，如果生产者所耗费的个别劳动时间等于社会必要劳动时间，即意味着耗费的劳动得到了社会完全的承认，生产者可以维持生产或者寻求新的机遇。第三，如果生产者所耗费的个别劳动时间小于社会必要劳动时间，耗费的劳动不仅得到了社会的补偿，而且还获得超额利润，从而在竞争中处于有利地位。

（二）简单劳动和复杂劳动

生产商品的劳动有简单劳动和复杂劳动的区别。简单劳动是指那些事先不需要经过专门的训练和学习，每一个具有劳动能力的人都能从事的劳动，例如擦洗自行车的劳动。复杂劳动是指那些事先需要经过专门学习和训练才能从事的劳动，例如修理钟表的劳动。简单劳动和复杂劳动是相比较而存在的，在不同的国家和同一国家的不同历史发展阶段具有不同的衡量标准，它随时代的变化而变化，例如随着时代的发展，汽车驾驶、计算机操作劳动日益成为简单劳动，因而区分是相对的。但在一定国家和一定时期内，二者的区别是稳定的、明显的。

马克思指出："比较复杂的劳动只是自乘的或不如说多倍的简单劳动，因此，少量的复杂劳动等于多量的简单劳动。"① 就是说，在相同的时间内，复杂劳动创造的价值量大于简单劳动创造的价值量。这是因为复杂劳动力比普通劳动力需要较高的教育费用，它的生产要花费较多的劳动时间，因此它具有较高的价值，既然这种劳动力的价值较高，它也就表现为较高级的劳动，也就在同样长的时间内物化为较多的价值。社会必要劳动时间是以简单劳动为尺度的，只有将复杂劳动还原为倍加的简单劳动才能计算价值量，确定不同种商品之间的交换比例。这种还原，不是由商品生产者自觉的行为决定的，而是在长期商品交换过程中的约定俗成，反映了不同种商品生产者之间交换劳动的社会关系。

（三）商品价值量变化的规律性

以上对商品的价值量如何确定的分析，是在一定时间和一定条件下的静态分析。随着时间和条件的变化，社会必要劳动时间也会随着各部门劳动生产率的变化而变化。

劳动生产率指劳动者生产某种使用价值的效率，它通常以单位时间内生产的产品数量来表示，也可用生产单位产品所耗费的劳动时间来表示。劳动生产率与单位时间内生产的产品数量成正比，与生产单位产品所耗费的劳动时间成反比。

劳动生产率的高低，取决于许多因素。其中主要有：劳动者的平均技术熟练程度，熟练程度越高，生产效率越高，反之越低；科学的发展及其在工艺上应用的程度，科技应用程度、应用水平越高，劳动生产率越高，反之越低；生产过程的社会结合（分工协作、劳动

---

① 《马克思恩格斯全集》第23卷，人民出版社1972年版，第58页。

组织、生产管理）形式，直接影响着生产水平和生产效率，因为生产过程在分工状态下，如不能正确处理组织协调和管理问题，就会造成生产环节脱节，降低效率；生产资料的规模、管理的效能；自然条件的优劣，等等。其中科学技术及其应用程度越来越显得重要。

劳动生产率和商品价值量有着密切的关系。从部门平均劳动生产率和单位商品价值量来看，部门劳动生产率提高，会使单位时间内生产的使用价值量增加，而同一社会必要劳动在同样时间内创造的价值总量不变，从而平均到每单位商品的价值量减少；反之亦然。可见，单位商品的价值量，与生产该商品的劳动生产率成反比，与体现在商品中的劳动量成正比。劳动生产率变化所引起的使用价值和价值的对立运动，是具体劳动与抽象劳动对立运动的表现形式。此外，如果部门劳动生产率不变，只有个别企业的劳动生产率提高，那么单位商品的价值量并不发生变化，这时，劳动生产率较高的个别企业，就会在同一时间内创造出更多的社会价值总量。

五、商品生产的基本矛盾

商品生产包含着使用价值和价值的矛盾、具体劳动和抽象劳动的矛盾等，这些矛盾的根源在于个别劳动和社会劳动的矛盾。个别劳动和社会劳动的矛盾是商品生产的基本矛盾。个别劳动与社会劳动矛盾产生的基础，是社会分工和生产资料的不同所有制。在社会分工体系下，商品生产者既为别人生产产品，又需要别人的产品，通过交换劳动使全社会商品生产者日益紧密地联系起来，每一个商品生产者的劳动都是社会总劳动的一部分，从而使生产商品的劳动具有社会劳动的性质。所谓社会劳动，就是商品生产者在社会分工体系下，为生产他人或社会需要的使用价值而进行的劳动。同时，由于生产资料归不同的所有者所有，每个商品生产者都有自己独立的经济利益，生产经营活动是根据市场需求而独立进行的，即生产什么、生产多少、怎样生产，是由生产者自己根据其生产能力和市场需求情况自主决定的。劳动产品也归他们占有和支配，经营的盈亏也由生产者自己负责，从而使生产商品的劳动又具有个别劳动的性质。所谓个别劳动，是指商品生产者为实现自身利益而独立自主地进行的劳动。

生产商品的劳动所具有的社会劳动的性质，要求劳动产品的数量和品种都要符合社会需要，但个别劳动的特点却又使得商品生产者生产的商品往往不能与社会需要相一致。当商品生产者生产的商品与社会需要不相一致时，他的劳动就不被社会承认，从而不能转化为社会劳动；即使商品生产者生产的商品是社会所需要的，但如果他耗费的个别劳动时间高于社会必要劳动时间，生产者的一部分个别劳动也不会被社会承认，不能转化为社会劳动。比如，在社会正常生产条件下，在社会平均的劳动熟练程度和劳动强度下，大多数棉纱生产者生产1斤纱需要0.5小时，商品的社会价值为0.5小时，而某个别生产者生产1斤纱则需0.8小时，在市场上他的纱只被承认0.5小时劳动，其余0.3小时的个别劳动就不被社会所承认。这就发生了个别劳动与社会劳动的矛盾。

个别劳动与社会劳动的矛盾是商品生产的基本矛盾。首先，这一矛盾是商品生产各种内在矛盾的根源。个别劳动要实现为社会劳动，必须通过商品交换。而要进行商品交换，就要比较和计量交易双方商品的劳动量，这样就必须把各种不同的具体劳动还原为无差别的抽象劳动，具体劳动与抽象劳动的矛盾决定着商品内在的使用价值和价值的矛盾。其次，这一矛盾决定着商品生产者的命运。个别劳动和社会劳动的矛盾是通过交换解决的，交换成功与否直接决定着商品生产者的成败兴衰。最后，这一矛盾存在于商品生产的始终，是推动商品生产由低级阶段向高级阶段发展的动力。在简单商品经济阶段，私人劳动和社会劳动的矛盾能否顺利解决，引起小商品生产者的两极分化，推动简单商品生产向社会化商品生产过渡；在资本主义商品经济中，企业雇佣劳动与社会劳动的矛盾，促进资本主义商品生产的发展和资本的集中，激化着生产社会化与生产资料资本主义私人占有的矛盾，推动着资本主义商品生产向社会主义商品生产过渡；在社会主义商品生产中，企业联合劳动与社会劳动的矛盾，促进着企业的技术进步和劳动生产率提高，在竞争中推动着社会主义商品生产的发展，并为商品生产的最终消亡创造条件。

第二节　货币及其职能

一、货币的起源

由于商品具有使用价值和价值两个因素，因此它相应地表现为两种形式，使用价值形式和价值形式。使用价值的表现形式就是商品的自然形式，但商品价值的表现形式却不是自身能表现出来的，也是看不见摸不着的，它只有通过与其他商品相交换才能表现出来，所以交换价值就是价值的表现形式。随着商品经济的发展，价值形式经历了四个发展阶段，表现为四种形式，最后发展成为令人眼花缭乱的货币形式。

（一）简单的或偶然的价值形式

商品交换最早产生于原始社会末期，当时人们还不是专门为交换而生产，仅仅是在部落与部落之间的偶然交换，交换的形式是直接的物物交换。因而，与这种萌芽状态的商品交换相适应的价值形式，就叫简单的或偶然的价值形式。所谓简单的或偶然的价值形式，就是指一种商品只是偶然地、简单地同另一种商品相交换，其价值也只是简单地、偶然地表现在另一种商品上。例如一个部落用 1 只羊同另一个部落的 2 把斧子相交换，用公式表示就是：

1 只羊 =2 把斧子

这种价值形式虽然简单，但价值形式的一切质的规定性和量的比例关系都包含在其中，正如马克思所说：“一切价值形式的秘密都隐藏在这个简单的价值形式中。”①

在这一价值形式中，等式两端的商品所处的地位和所起的作用是不同的。等式左边的商品（羊）处于主动地位，它主动要求把自己的价值相对地表现在另一种商品上，因此叫相对价值形式；而等式右边的商品（斧子）则处于被动地位，它不表现自身的价值，而是等价物，是价值代表，起着衡量并表现左边商品价值的作用，因此叫等价形式。

相对价值形式与等价形式是对立统一的关系。二者的统一表现在：它们相互依存，互为条件，缺少任何一方就不成为价值形式，即没有被表现者，也就没有表现者，反之亦然。二者的对立表现在：在同一价值表现中，处于等式两边的商品要么处于相对价值形式上，要么处于等价形式上，而不能同时既处于相对价值形式上，又处于等价形式上。如上式中，当羊

---

① 《马克思恩格斯全集》第 23 卷，人民出版社 1972 年版，第 62 页。

处于相对价值形式时，斧子就只能处于等价形式的地位，充当羊的价值的表现材料。在这一等式中，任何一个商品都不能同时担当两个角色，起两种作用。

处于相对价值形式上的商品不仅要表现自己具有价值的性质，而且还要表现自己的价值量，即相对价值量。处于相对价值形式上的商品具有价值的性质，是通过同另一种商品相交换而相对地表现出来的。通过这一价值表现与被表现的关系，揭示了价值的实质是人类抽象劳动的凝结这一客观事实。从量的规定来看，处于相对价值形式的商品的价值量相对地表现在处于等价形式商品的使用价值量上；商品的相对价值量取决于相交换的两种商品的社会必要劳动量之间的比例关系。也就是说，凝结在商品中的社会必要劳动量是商品的内在价值量，一个商品和别的商品相交换所实现的价值量是相对价值量，即交换价值量。内在价值量是相对价值量的基础，相对价值量是内在价值量的表现形式。内在价值量的变化取决于社会必要劳动时间的变化，相对价值量的变化则取决于等式两边的商品价值量的变化，呈现出复杂的情况。因此，一个商品交换价值量的变动只是价值量的相对表现，并不完全由其自身价值量的变动决定。

等价形式的内在规定即某种商品充当价值的代表能够与另一种商品直接交换，这样的商品叫做等价物，也称“价值镜”，即成为反映处于相对价值形式上商品价值的一面镜子。

等价形式具有三个特点：(1) 使用价值成为价值的表现形式。处于等价形式的商品是用它的使用价值作为价值的表现形式，或者说，它是作为价值的化身来表现其他商品的价值。(2) 具体劳动成为抽象劳动的表现形式。处于等价形式的商品，本来也是一定具体劳动的产品，但由于它处于等价形式的地位，成为表现其他商品价值的材料，因此生产这种等价物的具体劳动也就成为抽象劳动的表现形式。(3) 个别劳动成为社会劳动的表现形式。处于等价形式上的商品，如斧子本来是该商品生产者个别劳动的产物，但是由于它能和羊相交换，从而证明了生产羊的劳动具有社会劳动的性质，因而生产斧子的个别劳动就成为社会劳动的表现形式。

由上述分析可以看出，在简单的或偶然的价值形式中，商品的内在矛盾——使用价值和价值的矛盾、具体劳动和抽象劳动的矛盾以及个别劳动与社会劳动的矛盾，已转化为外部对立，即表现为两种商品之间的对立。这是因为，在这一价值表现的两极中，处于相对价值形式上的商品，只表现为使用价值，表现为具体劳动和个别劳动的产物，而它的价值、抽象劳动和社会劳动则在作为等价形式的商品上表现出来，作为等价形式的商品被当做价值、抽象劳动和社会劳动的体现。隐藏在商品中的内在矛盾就通过两个商品之间的对立而外化了。

在简单的价值形式中，商品的价值虽然得到了相对的表现，但这种表现是很不充分的，因为，一种商品的价值只是偶然的被另一种商品所表现，等价形式只是个别现象，无参照物可供比较，从而商品价值的本质及价值量的大小都没有真正地、充分地表现出来。随着商品交换的发展，这种价值形式必然过渡到新的价值形式。

(二) 扩大的或总和的价值形式

随着第一次社会大分工的出现，进入交换领域的商品增多，这时一种商品不再是偶然地同另一种商品相交换了，而是可以经常地同一系列商品相交换，从而一种商品的价值也不再偶然地被另一种商品所表现，而是经常地被一系列商品所表现，起等价作用的商品成为一个不断延长的系列。这种价值形式就叫做扩大的或总和的价值形式。用公式表示就是：

$$1\text{只羊}=\begin{cases}2\text{把斧子}\\80\text{斤粮食}\\60\text{尺布}\\2\text{分黄金}\\\text{若干其他商品}\end{cases}$$

在扩大的或总和的价值形式中，处于相对价值形式上的商品（羊），其价值被一系列商品所表现，于是羊的价值就能够比较充分地表现为无差别的人类劳动的凝结。同时，由于交换已是经常的事情，各种商品交换的比例也就同它们各自的价值量大体接近了。扩大的或总和的价值形式第一次真正表现了无差别的人类劳动的凝结。

但是扩大的或总和的价值形式还存在着缺点和局限性：一是商品的相对价值表现为一个无穷无尽又各不相同的特殊等价物系列，每出现一种新的商品，价值表现系列又会延长；二是就整个商品世界来说，其价值形势仍然是不完全的，没有形成统一的共同的价值表现尺度，没有形成全社会范围内公认的等价物和流通手段。这种情况会给交换带来困难，如上述等式中，如果生产羊的人想要谷物，而生产谷物的人则不要羊而要换布匹，有布的人不要谷物而要羊，这样，羊的所有者要想得到谷物，必须先用羊换布，再用布去交换谷物，几经周折才能达到交换目的。倘若其中的任何一个环节中断，羊的所有者就无法达到交换的目的。

（三）一般价值形式

商品交换进一步发展，要求能出现一种商品作为媒介来促进各种商品的相互交换，使各种不同商品的价值统一由一种商品来表现，使交换更加便利。于是，扩大的或总和的价值形式发展为一般价值形式。所谓一般价值形式，是一切商品的价值统一地表现在某一种商品上的价值形式。用公式表示就是：

$$\left.\begin{array}{l}2\text{把斧子}=\\80\text{斤粮食}=\\60\text{尺布}=\\2\text{分黄金}=\\\text{若干其他商品}=\end{array}\right\}1\text{只羊}$$

从扩大的或总和的价值形式过渡到一般价值形式，是价值形式发展过程中质的飞跃。它使商品之间的直接的物物交换，发展成为一般等价物为媒介的商品交换。一切商品的价值，都通过一种从它们中分离出来的商品来表现，因此，它们的价值作为无差别的一般人类劳动凝结的这种性质，便完全地、充分地表现出来了，它们之间的价值量也可以互相比较。

在一般价值形式中，处于等价形式上的唯一商品成为一切商品的一般等价物，它的使用价值成为商品价值的一般形式；生产这种商品的具体劳动，成为抽象劳动的一般形式，可以和其他一切劳动相对等；生产这种商品的个别劳动，直接作为一般社会劳动而存在。生产者只要将自己的产品换成一般等价物，他的劳动就得到了社会承认，就可用一般等价物换回他所需要的任何商品，这就克服了扩大的或总和的价值形式下商品交换的困难。

但是，这种价值形式，还不是一种完善的价值形式。在这一价值形式中，一般等价物往往因时、因地而不同，也就是说，一般等价物还没有固定在一种商品上。这种不固定性和地方性的特点，随着商品交换范围的扩大而日益显露其不适应性。为适应商品交换发展的要求，一种新的价值形式——货币形式便应运而生。

（四）货币形式

人类历史上第二次社会大分工出现后，就有了专门为交换而进行的商品生产，这就要求起一般等价物作用的商品能够固定在一种商品上，这样会有利于商品在地区之间乃至整个国家内交换。适应这一要求，人们在千万次的商品交换中发现金或银最适合充当一般等价物。当一般等价物固定在金或银上时，一般价值形式就过渡到了货币价值形式。所以，货币形式是指贵金属金或银，固定地充当一切商品的一般等价物的价值形式。用公式表示为：

$$\left.\begin{aligned}&2\text{把斧子}=\\&80\text{斤粮食}=\\&60\text{尺布}=\\&\text{若干其他商品}=\end{aligned}\right\}2\text{分黄金}$$

货币形式和一般价值形式相比并没有什么本质的区别，所不同的只是一般等价物固定地由贵金属金或银充当。在商品交换发展过程中，牲畜、贝壳、布匹、烟叶等都曾充当过一般等价物，但最后都被排斥到相对价值形式的地位，贵金属独占了一般等价物的地位。金或银之所以能固定地充当一般等价物，并不是由于黄金或白银有什么神秘的地方，而是因为贵金属本身也是商品，也具有价值。更重要的是，贵金属还具有最适合充当货币材料的自然属性：一是体积小、价值大，便于携带和收藏；二是不易变质和磨损，便于长期保存；三是硬度小，质地均匀，便于分割和合并。这些属性是别的商品所不具备的，而又是一般等价物所要求的。这就使贵金属成为理想的货币材料。因此，马克思说："金银天然不是货币，但货币天然是金银。"①

货币形式是价值形式的完备形式。货币产生后，整个商品世界分为两极：一极是普通的商品，它们都作为特殊的使用价值存在，要求转化为价值；另一极是货币，它直接作为价值的化身而存在，随时可以转化为任何一种有特殊使用价值的商品。这样，商品内在的矛盾便表现为外部的对立，即表现为商品和货币的对立了，这是商品内在矛盾发展的必然结果。

货币出现以后，任何商品都必须换成货币才能实现自己的价值，具体劳动才能转化为抽象劳动，个别劳动才能得到社会承认而表现为社会劳动，商品的内在矛盾才能得以解决。货币成为社会财富的一般代表，成为商品世界中至高无上的权威，许多人拜倒在它脚下，把货币看成决定自己命运的神秘莫测的力量，这种现象叫货币拜物教。

二、货币的本质及职能

（一）货币的本质

从价值形式的发展过程可以清楚地看到货币的起源和本质。货币是商品交换关系发展到一定阶段的自发产物，是商品内在矛盾发展的必然结果。货币也是一种商品，也具有使用价值和价值。但它又不是普通的商品，而是固定地充当一般等价物的特殊商品，这就是货币的本质。货币这种一般等价物的作用，使得商品生产者之间的社会生产关系必须通过货币才能体现出来。因此，货币是从商品世界中分离出来的、固定地充当一般等价物的特殊商品，体

---

① 《马克思恩格斯全集》第13卷，人民出版社1972年版，第145页。

现着商品生产者之间的社会经济关系。

（二）货币的职能

货币固定地充当商品的一般等价物这一本质，是通过它的职能体现出来的。货币的职能是指它在商品经济生活中所起的作用。货币的职能是随着商品经济的发展而逐渐完备起来的，在发达的商品经济中，货币具有以下五种职能：

1. 价值尺度。一切商品的价值都以货币来衡量和表现，就是货币的价值尺度职能，这是货币的首要职能。货币之所以能充当价值尺度，是因为它本身也是商品，也有价值。“货币作为价值尺度，是商品内在的价值尺度即劳动时间的必然表现形式。”① 所以，劳动时间是商品内在的价值尺度。但是，商品的价值量不能用劳动时间来直接表现，只能在交换中通过货币间接地表现。所以，货币作为价值尺度无非是商品价值的外在尺度，是商品内在价值尺度的外部表现。货币在执行价值尺度职能时，并不需要现实的货币，而只是观念上的或想象的货币，即给商品标明价格。

商品价格是商品价值的货币表现，商品价格主要取决于商品价值和货币价值两个因素。商品价格与商品价值成正比，与货币价值成反比。用公式表示就是：

$$商品价格 = \frac{商品价值}{货币价值}$$

为了具体表现和衡量各种商品的价值量，货币本身必须确定一个代表一定金属重量的计量单位，这个单位又分成若干等份。这种被确定的货币单位及其等份叫做价格标准。货币作为价值尺度是用来衡量各种商品价值的，而作为价格标准，则是为衡量货币本身的数量而作的技术性规定；货币作为价值尺度，是在商品经济发展中自发产生的，而作为价格标准，则通常是国家法律所规定的；货币作为价值尺度，其本身的价值受劳动生产率变动的影响，而作为价格标准，货币单位所包含的金、银重量则与此无关。但货币的价值尺度和价格标准又是紧密联系的，价格标准是为货币准确执行价值尺度的职能而规定的，价值尺度则是通过价格标准来实现的。

2. 流通手段。货币在商品流通中充当媒介的作用就是货币的流通手段职能。货币作为流通手段，必须是实在的货币，而不能是观念上的货币。以货币为媒介的商品交换就是商品流通。其公式是：商品—货币—商品，用 W 代表商品，用 G 代表货币，其公式为：$W—G—W$。在货币出现以前，商品交换是直接的物物交换，其公式为：$W—W$。这两种交换显然是有区别的。在物物交换的场合对交换双方来说，买与卖在时间和空间上都是统一的。而在商品流通条件下，由于货币充当了商品交换的媒介，买和卖在时间和空间上都完全分离了。商品生产者把商品卖出，换成货币后，可以不立即进行购买，或在甲地卖出产品，到乙地买进产品，这样买和卖就发生了脱节现象。而买卖脱节包含着生产过剩危机的可能性，但在简单商品经济条件下，由于生产力极其低下，产品十分匮乏，用于交换的产品量也很有限，因此这种危机只是有可能但不会变为现实，只有在发达的商品经济条件下，才会变为现实。

充当流通手段的货币，最初采用金属条块的形式，但这种形状不一、含量不等、成色不同的贵金属条块，给商品交换带来了不便，比如，每次交换都要称重量、查成色等，于是出

① 《马克思恩格斯全集》第23卷，人民出版社1972年版，第112页。

现了足值的具有一定形状、重量、成色和标明额面价值的金属货币，即铸币，作为法定的货币在市场上流通。

铸币在长期流通中不断磨损，从而使它代表的一定金属重量的额面价值名称与实际包含的金属重量逐渐脱离，成为不足值的货币。但这种不足值的铸币在流通中可以和足值的铸币一样流通，于是人们认识到，货币作为流通手段可以由价值符号来代替，于是后来就出现了纸币。纸币是由国家发行的强制使用的价值符号，它代表金属货币执行流通手段的职能。

3. 贮藏手段。所谓贮藏手段，就是货币退出流通领域，被人们当做独立的价值形式和社会财富的一般代表保存起来。

货币之所以有贮藏手段的职能，是因为它是一般等价物，是社会财富的一般代表，可以随时变成其他商品。货币的这种性质，引起了人们贮藏货币的欲望。执行贮藏手段的货币，既不能是观念上的货币，也不能是作为价值符号的纸币，而必须是足值的金属货币或金属条块。

货币作为贮藏手段的职能，是随商品流通的发展而发展起来的。货币不仅作为社会财富的一般代表使人们有贮藏它的欲望，而且还由于商品经济的发展，商品生产者对市场的依赖性日益增强，为了应付生产和流通中出现的各种意外事故，或市场突然扩大等，也需要贮藏一定数量的货币。

货币作为贮藏手段具有自发调节货币流通量的作用。当商品流通中所需要的货币量减少时，多余的一部分货币就会退出流通贮藏起来；反之，当商品流通中所需要的货币量增加时，一部分贮藏货币则会自发地加入流通过程，执行流通手段职能。因此，在足值金属货币流通的条件下，不会因货币量过多而产生通货膨胀。

4. 支付手段。支付手段的职能就是货币用来清偿债务或支付赋税、租金、工资等。在商品生产和交换中，由于各种商品的生产时间和销售时间各不相同，这就必然会出现赊购、赊销现象，从而在买者和卖者之间形成一种债权债务关系。买者赊购商品的欠款到期支付时，货币就执行着支付手段的职能。货币作为支付手段，先是在商品流通范围内，后来扩展到商品流通领域之外，用于支付货币地租、捐税、利息、工资等。

货币在执行支付手段职能时，首先要完成两种职能：第一，对所卖商品执行价值尺度职能，由买卖双方协议商品的价格，计量买者债务额；第二，执行观念的流通手段职能，因为交换时买者并未支付现金，只是对卖者作出了支付货币的许诺，但它却使商品的转手实现了。只是当支付日期到来时，货币作为支付手段才真正进入流通，从买者手里转到卖者手里。

货币作为支付手段可以使商品在缺乏现金的情况下得以流通，从而有利于商品经济的发展，同时，由于有些债务可以互相抵消，不再需要以货币作为支付手段，这就可以节省流通中所需要的货币量。但货币作为支付手段也进一步扩大了商品经济的内在矛盾，即商品生产者之间互相赊欠，形成一系列债权债务链，其中任何一个环节如不能到期支付，就会引起连锁反应，使整个信用关系遭到破坏，使生产过剩危机的可能性进一步发展。

5. 世界货币。货币超出一国的范围，在国际经济关系中充当一般等价物的作用，就是货币的世界货币职能，货币的这一职能是随着国际贸易的产生和发展而出现的。

货币充当世界货币的职能实际上是货币其他职能在世界范围内的延伸。作为世界货币的货币在很长时期中一般只限于直接用重量计算的贵金属，纸币和非贵金属铸币是不能作为世界货币的。在当代世界经济关系中，某些经济实力强，国际影响大的国家，其流通的包含有法定含金量的纸币如美元等也可在一定程度上和一定范围内起世界货币的作用。

世界货币的职能主要有：（1）作为一般支付手段，用来支付国际收支的差额；（2）作为一般购买手段，用来购买外国商品；（3）作为社会财富的代表，由一国转移到另一国，如支付战争赔款、输出货币资本等。

货币五种职能之间存在着密切的有机联系，它们共同表现了货币作为一般等价物的本质。其中，价值尺度和流通手段是货币最基本的职能，是在一般等价形式转变为货币形式的同时形成的。而后才顺次出现了贮藏手段、支付手段和世界货币职能。货币必须首先完成价值尺度职能，才能进而执行流通手段职能，只有价值尺度和流通手段职能发展了，才会出现贮藏手段职能，支付手段职能不仅是流通手段职能的发展，而且以贮藏手段职能的存在为前提，至于世界货币职能显然是以前四项职能在国内的存在和发展为前提的。总之，商品经济及其内在矛盾的发展是货币及其职能存在和发展的根本原因。

三、货币流通规律

在商品流通中，货币不断地作为购买手段实现商品的价格。当货币实现了商品价格时，就把商品从卖者手中转到买者手中，同时它自己则从买者手中转到卖者手中，如此循环不已。货币的这种不断地由买者手中转到卖者手中，不断地作为购买手段与各种商品调换位置的运动，就是货币流通。货币流通是以商品流通为基础，并为商品流通服务的。为了适应流通的需要，流通领域需要一定数量的货币。决定一个时期内流通中需要多少货币量的规律，就是货币流通规律。

一定时期内流通中需要货币量的多少取决于三个因素：待售商品的数量、待售商品的价格水平和货币的流通速度。前两项的乘积为待售商品价格总额。在其他条件不变的情况下，流通中所需要的货币量与待售商品价格总额成正比，与货币流通速度成反比，这就是金属货币的流通规律，用公式表示就是：

$$\text{一定时期内流通中的货币需要量}=\frac{\text{待售商品价格总额}}{\text{单位货币的流通速度}}$$

金属货币的流通规律还可以作如下表述：“已知商品价值总额和商品形态变化的平均速度，流通的货币或货币材料的量决定于货币本身的价值。”[①] 就是说，如果商品价格总额和货币流通速度是一定的，那么执行流通手段职能的货币量，就取决于货币本身的价值量。

当货币同时执行流通手段和支付手段职能时，一方面，由于商品交易中的赊购业务而不需要马上支付货币；另一方面，由于到期偿还债务而需要支付更多的货币，因而货币的需要量就会发生变化。这时，货币流通量公式需作相应的变动，即：

$$\begin{matrix}\text{一定时期内流通}\\\text{中的货币需要量}\end{matrix}=\frac{\begin{matrix}\text{待售商品}\\\text{价格总额}\end{matrix}-\begin{matrix}\text{赊购商品}\\\text{价格总额}\end{matrix}+\begin{matrix}\text{到期支付}\\\text{总　额}\end{matrix}-\begin{matrix}\text{相互抵消的}\\\text{支付总额}\end{matrix}}{\text{单位货币的流通速度}}$$

以上所说的是金属货币流通的一般规律，只要存在商品生产和商品流通，这一规律就必

① 《马克思恩格斯全集》第23卷，人民出版社1972年版，第142~143页。

然发生作用。

当纸币出现后，由于它是国家发行的作为法定流通手段的货币符号，所以纸币流通规律仍以金属货币流通规律为基础。根据这一前提，纸币的发行限于它象征代表的金（或银）的实际流通的数量。如果纸币的发行量相当于商品流通中所需的金属货币量，则纸币与金属货币具有同等购买力；如果纸币的发行量超过了商品流通中所需的金属货币量，则单位纸币所代表的金属货币量就会减少，纸币就会贬值，物价就会上涨。这种由于纸币发行量超过商品流通所需的金属货币量所引起的货币贬值、物价上涨现象，就叫通货膨胀。通货膨胀是纸币流通条件下很容易出现的经济现象。出现通货膨胀的根本原因在于纸币的发行量超过了流通中所需要的金属货币量。

四、价值规律

（一）价值规律的基本内容

价值规律是商品经济的基本规律。它的基本内容是：商品的价值由生产商品的社会必要劳动时间决定，商品的交换依据商品的价值来进行，实行等价交换。这就是说，从商品生产者的角度来说，价值规律就是价值决定的规律；从商品交换的角度来说，价值规律就是等价交换的规律。

（二）价值规律的作用形式

价值规律要求等价交换，但并不是说每次交换都是等价的。在实际生活中，价格与价值相背离的情况是经常发生的，而价格与价值完全一致的情况则是一种偶然的现象。这是因为，商品的价值是通过货币并借助于价格的形式实现的。价格作为商品价值的货币表现，不仅反映了商品价值，以商品价值为基础，而且还反映了商品的供求关系。价格是以商品和货币交换的量的比例来相对表现商品价值的。在这种供求关系中，商品代表供给方面，货币则代表有支付能力的需求方面，商品价格的这种规定性，决定了价格和价值有可能发生不一致。

> **思考一下：**名人字画、文物等往往价格很高，这是否违背了价值规律？

这种价值规律要求的等价交换原则与价格有可能受供求影响而背离价值的现象之间的矛盾，就构成了价值规律的客观要求与商品交换现实之间的矛盾。

商品在实际交换中经常出现的价格与价值不一致的不等价交换现象并不是对价值规律的否定，恰恰相反，这正是价值规律发生作用的表现形式。(1) 从每一种商品的价格运动来看，虽然在孤立的一次商品交换中，商品价格可能高于或低于其价值，从长期看，价格上涨部分和下跌部分是相互抵消的，在一定时期内商品的平均价格与价值是趋向一致的。(2) 再从不同商品各自的价格变动看，无论商品价格如何变动，都是以各自的价值为基础的。例如，一辆自行车的价格无论怎样上涨，总是低于一辆汽车的价格，原因在于自行车自身的价值低于汽车自身的价值。

由此可见，商品价值量由社会必要劳动时间决定的规律，就是在价格上下波动中，作为一个平均数、一种倾向、一种趋势存在并贯彻下去。正如马克思指出："价格和价值量之间的量的不一致的可能性，或者价格偏离价值量的可能性，已经包含在价格形式本身中。但这并不是这种形式的缺点，相反地，却使这种形式成为这样一种生产方式的适当形式，在这种生产方式下，规则只能作为没有规则性的盲目起作用的平均数规律来为自己开辟道路。”①

（三）价值规律的一般作用

价值规律作为商品经济中最基础、最一般的规律，在一切商品经济形态中都具有不以人的意志为转移的作用。正如马克思所指出的：在商品经济条件下，“社会必要劳动时间作为起调节作用的自然规律强制地为自己开辟道路，就像房屋倒在人头上时重力规律强制地为自己开辟道路一样。”②

1. 调节社会资源配置。在存在社会分工的条件下，在社会生产和再生产中客观上要求把生产资料和劳动力等社会资源按一定比例配置到各个生产部门，使社会生产各部门间保持一定的比例关系。

价值规律对生产资料和劳动力等社会资源在社会生产各部门间按比例配置的调节作用，是通过价格围绕价值的上下波动和市场竞争实现的。由于商品生产基本矛盾的存在，商品生产者只有通过商品价格的波动才能了解市场需求的信息，商品的价格涨落成为商品生产者了解市场供求的“晴雨表”。商品生产者据此才能在竞争中调整生产，从而引起生产资料和劳动力在各个生产部门之间的转移，使社会生产各部门之间大体保持协调的比例关系。

价值规律的这种调节作用，在商品经济的不同发展阶段具有不同的特点。在简单商品生产阶段，价值规律的作用对象是以个体私有制和手工劳动为基础的小商品生产者，价值规律在狭小的地方市场上起着自发的事后调节作用，而且，小商品生产者从事商品生产是为获得自己需要的使用价值而出让自己生产的使用价值，价值规律的作用程度受到很大局限性。在自由竞争商品经济阶段，价值规律的作用对象是以中小资本家私有制和机器生产为基础的资本主义企业，生产实现社会化，全国统一市场形成，价值规律的作用程度大大加强，它像一只“看不见的手”成为社会生产的唯一调节者。但这种自发的事后的调节仍不可避免地造成生产的时而扩大时而萎缩的盲目性，造成社会劳动的巨大浪费。在宏观调控市场经济阶段，价值规律的作用对象是以垄断资本主义私有制或社会主义公有制为主体，以机器大生产为基础的企业，这时，国家计划和市场共同成为调节社会化生产的经济手段，这就会减少社会生产的盲目性，实现社会劳动的节约。

可见，价值规律对生产资料和劳动力等社会资源在社会生产各部门之间按比例配置的调节作用，无论在什么样的商品经济中都是客观存在的，只是程度、范围和方式不同而已。

2. 促进技术进步和劳动生产率的提高。价值规律要求商品的价值量由生产商品的社会必要劳动时间决定，并且与社会劳动生产率成反方向变化。因此，谁的劳动生产率高，他的个别劳动时间就低于社会必要劳动时间，获利就多，在竞争中就处于有利地位；反之，就会在竞争中处于不利地位，甚至有破产的危险。所以，为了在竞争中免遭淘汰并争取优势，商品生产者都尽可能地改进技术，改善经营管理，提高劳动生产率。所有商品生产者都这样做的结果，就会促进生产技术不断进步，推动社会生产力不断发展。

当然，价值规律的这种作用，在不同的生产关系下具有不同的作用程度。在私有制条件下，拥有先进技术的商品生产者为了在竞争中占据有利地位，总是千方百计地保守专有技术秘密，甚至把新技术束之高阁，阻碍新技术的推广，从而也会阻碍社会劳动生产率的提高，

① 《马克思恩格斯全集》第23卷，人民出版社1972年版，第120页。

② 同上，第92页。

不利于全社会的技术进步和社会生产力的发展。在以公有制为基础的商品经济中，商品生产者之间根本利益的一致性，为新技术在全社会范围的推广应用提供了可能性。当然，现代资本主义国家为了推动技术进步，使价值规律的这一作用充分发挥出来，而采取了技术成果商品化的办法，通过颁布技术专利法，实行知识产权有偿转让，对于克服技术保守、技术垄断，促进新技术的发明和推广起了很好的作用。社会主义国家要把新技术在全社会范围内推广应用的可能性变成现实性，也必须借鉴发达市场经济国家这些体现商品经济和价值规律内在要求的成功经验。

3. 促进商品生产者的优胜劣汰。在商品经济条件下，由于商品生产者的生产条件和经营管理水平各不相同，生产同种商品所耗费的个别劳动时间也不一致。但价值规律并不承认这种差别，商品生产者只能以社会必要劳动时间决定的价值量为基础进行交换。于是，生产条件好，经营管理水平高的商品生产者获利就多，发展就快；反之，生产条件差，经营管理不善的商品生产者就会在竞争中处于不利地位，逐渐被淘汰。这就是在价值规律作用基础上产生的优胜劣汰的竞争机制。

从社会生产力发展角度看，无论在什么社会制度下的商品经济中，优胜劣汰机制都是促进社会生产力发展的作用机制。它促使生产要素向拥有优势的商品生产者那里流动，实现生产要素的优化组合；它促使社会经济资源得到更加合理有效的利用；它也作为一种外部压力，促使先进者更先进，落后者也必须全力赶上。所有这一切，都有利于整个社会生产力的发展和经济效益的提高。

从社会生产关系的角度来考察，价值规律的优胜劣汰作用，在不同的生产关系下有不同的结果。在以小私有制为基础的简单商品经济中，小商品生产者之间的优胜劣汰导致两极分化，在此基础上产生了资本主义生产关系。在资本主义商品经济中，优胜劣汰表现为资本的积聚和集中，并推动着自由竞争资本主义向垄断资本主义过渡，推动生产走向全面的社会化，从而为资本主义向社会主义过渡准备着日益充分的物质条件和阶级力量。在社会主义商品经济中，商品生产者之间的优胜劣汰，迫使企业积极进取，从而促使社会主义生产不断发展，人民日益增长的物质文化生活需要不断得到满足。当然，在社会主义商品经济中，优胜劣汰的竞争也会带来一些社会问题，如企业破产造成部分工人失业，产生社会矛盾等，这需要通过建立完善的社会保障制度来解决。

第三节　均衡价格及其形成

价格是价值的货币表现，需求和供给决定着价格的波动，价格又反过来影响供求，使市场供求趋向平衡。均衡价格也就是供求达到平衡时的价格，实际上也就是价值在市场中的具体表现。

在现实经济生活中，需求和供给不是孤立地和市场价格发生关系，市场价格是在需求和供给相互影响、共同作用下形成的。均衡价格是市场供给力量和需求力量相互抵消时所达到的价格水平。

一、均衡价格的含义

需求与供给是共同影响市场但作用方向相反的两种力量。当需求与供给两种力量的作用力相等时，其商品市场就进入一种相对静止的状态，此状态被称为市场均衡。均衡价格是商品的需求与供给相等时所决定的价格。如果市场价格高于均衡价格，则市场上出现超额供给，超额供给使市场价格趋于下降；反之反是。因此，市场竞争使市场稳定于均衡价格。

二、均衡价格的形成

（一）需求规律

需求，是指消费者在某一时期内和一定市场上按照某一价格愿意并且能够购买的该商品或劳务的数量。需求是购买愿望与购买能力的统一，如果只有购买愿望而无购买能力，那就不形成实际的需求。

在一种商品市场上，影响该商品的需求有多种因素，消费者的嗜好（或称偏好）、人们的收入水平、该种商品和相关商品的价格以及人们预期的该商品和其他商品将来会有的价格等，都会影响某种商品的需求。对于某商品的需求量与影响需求量因素之间的依存关系，可以用数学函数表示为：$Q_d=f(a, b, c, d, \cdots, n)$。它表示商品的需求数量 Q_d 与影响该商品需求的各种因素 a，b，c，d，…，n 之间存在着函数关系，Q_d 数值的大小是由 a，b，c，d，…，n 的数值决定的，并且随着后者的变化而变化。这种商品需求量同影响它的各种因素关系的函数，称为需求函数。

讨论一下：中国消费者的嗜好与西方消费者的嗜好有没有差别？

假定影响需求量的其他因素不变，只单独研究某种商品的需求量与其价格之间的关系，那么需求函数就可记作：$Q_d=f(P)$。从人们的日常经验就可以知道，需求价格函数是一个减函数，即商品的需求量与其价格之间存在着反方向关系。如果以价格为纵坐标，需求量为横坐标，那么就可以得出需求量随价格的降低而增加，即斜率为负值的向右下方倾斜的曲线，称需求曲线，如图 2－1 所示。

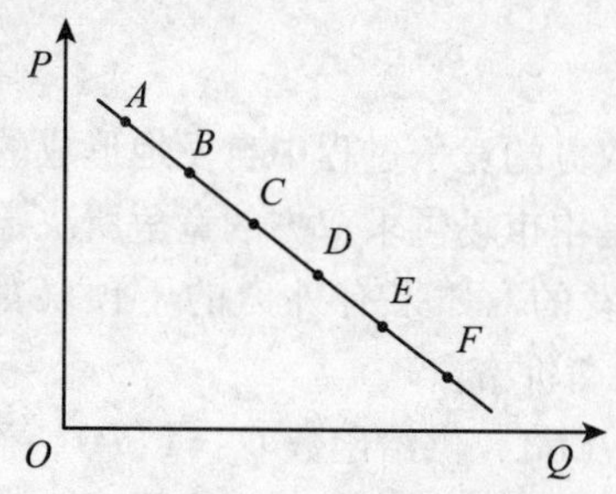

图 2－1　商品需求曲线

在影响需求的其他因素不变的条件下，商品的需求量与其价格之间存在着反方向关系，即商品价格上升，需求量减少；商品价格下降，需求量增加。这就是所谓的需求定理或需求规律。

(二) 供给规律

供给，是指一定市场上在一定时期内（如1个月或1年）与每一销售价格相对应，生产者愿意而且能够供应的商品量。所以供给也是出售愿望与供给能力的统一，如果只有供给能力而无出售愿望，那就不形成实际的供给。

影响商品的供给有多种因素，商品本身的价格、生产技术和管理水平、生产要素的价格、其他商品的价格以及人们对未来的预期等，都会影响某种商品的供给。对于某商品的供给量与影响供给量因素之间的依存关系，也可以用数学函数表示为：$Q_s = g(a, b, c, d, \cdots, n)$。它表示商品的供给数量 Q_s 与影响该商品供给的各种因素 a，b，c，d，…，n 之间存在着函数关系，Q_s 数值的大小是由 a，b，c，d，…，n 的数值决定的，并且随着后者的变化而变化。这种商品供给量同影响它的各种因素关系的函数，称为供给函数。

假定影响供给量的其他因素不变，只单独研究某种商品的供给量与其价格之间的关系，那么供给函数就可记作：$Q_s = g(P)$。从人们的日常经验就可以知道，供给价格函数是一个增函数，即商品的供给量与其价格之间存在着同方向关系。如果以价格为纵坐标，供给量为横坐标，那么就可以得出供给量随价格的提高而增加，即斜率为正值的向右上方倾斜的曲线，称供给曲线，如图2-2所示。

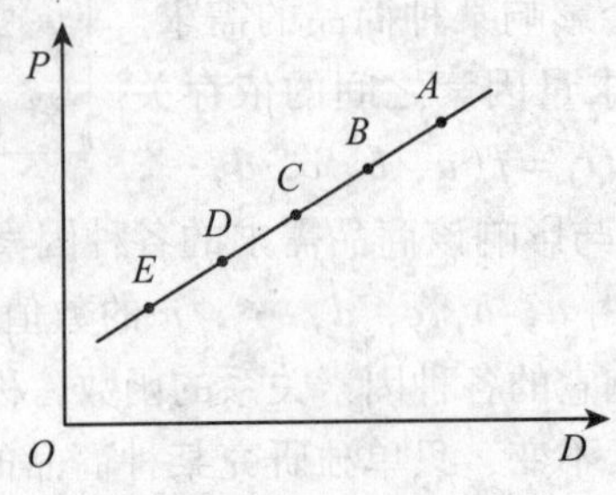

图2-2 商品的供给曲线

在影响供给的其他因素不变的条件下，商品的供给量与其价格之间存在着同方向关系，即商品价格上升，供给量增加；商品价格下降，需求量减少。这就是所谓的供给定理或供给规律。

(三) 均衡价格的形成

均衡价格是在市场上供求双方的竞争过程中自发地形成的，均衡价格的形成也就是价格决定的过程。因此，价格也就是由市场供求双方的竞争所决定的。需要注意的是，均衡价格形成，即价格的决定完全是自发的，如果有外力的干预（如垄断力量的存在或国家的干预），那么，这种价格就不是均衡价格。

1. 代数法。需求函数 $Q_d = f(P)$，供给函数 $Q_s = g(P)$，当 $Q_d = Q_s$，即 $f(P) = g(P)$ 时，该商品市场达到均衡状态，这时的价格就称为均衡价格。

2. 几何法。现用图形表述均衡价格的形成，如图2-3中，S 曲线代表供给曲线，D 曲线代表需求曲线，两曲线相交对应于纵坐标上的 P_e 即是均衡价格。

由图2-3可知，当市场价格为 P_1 时，市场供给量大于市场需求量，出现商品竞卖。急于将积压商品脱手的生产者将降低商品价格，使市场价格趋于下降。当市场价格为 P_2 时，市场供给量小于市场需求量，出现商品竞买。急于购买到商品的消费者将提高商品价格，使

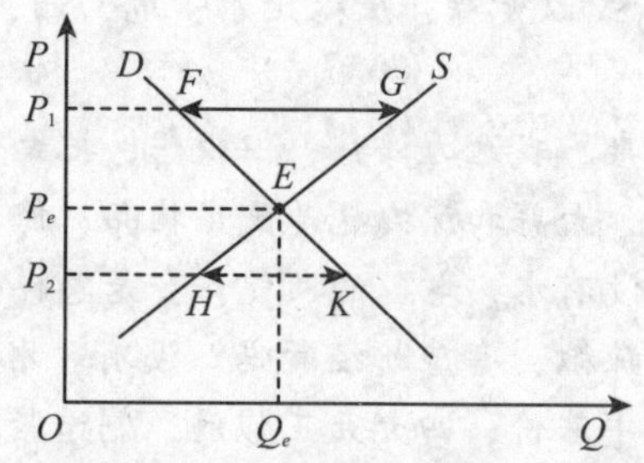

图 2-3 均衡价格的形成

市场价格趋于上升。以上商品价格的变动直至市场价格达到 P_e 为止。此时市场上买卖双方的力量处于均势状态，商品价格在此状态下已没有任何向上或向下变化的可能。这就是市场经济决定商品价格的基本机制。通过以上分析可以看出，决定均衡价格的是供给与需求，均衡价格在市场供求双方的竞争过程中自发形成。

但需要注意的是，市场均衡只是一种相对静止的状态，并非是一旦形成就永远不再改变的状态。只要买卖双方任何一方的力量出现变化，均衡状态马上就会被打破。而事实上，市场供求双方的力量总是在变化的，因此，市场总是会从一种均衡过渡到另一种均衡，从一种均衡价格和均衡数量过渡到另一种均衡价格和均衡数量（新的均衡点可能高于也可能低于原均衡点）。市场上供求的均衡是相对的，变化是绝对的。

在纯粹的市场竞争经济中，均衡是必然要出现的一种趋势。市场供求的不平衡，引起价格围绕均衡价格上下波动，而市场价格一旦背离均衡价格，由于供求的相互作用，又有自发恢复到均衡的趋势。

价格是价值的货币表现，但价格和价值又往往是不一致的，有时高于价值，有时低于价值。可是，在价格高于价值时，就会出现超额供给，生产者之间的竞争将迫使销售者降低要价，从而迫使价格下落。反之，在价格低于价值时，就会出现超额需求，这种情况导致一部分准备买此商品的人提高其出价，从而迫使价格上升。买卖双方的竞争，将最终趋于均衡状态，即达到需求量和供给量相等。达到这样均衡状态时的价格就是均衡价格。显然，在西方经济学上所称的均衡价格就是马克思所称的由社会必要劳动时间决定的价值。因为社会必要劳动时间就是生产供给的产品质量和数量合乎社会需求时再生产一个产品所费时的一般劳动时间。

阅读材料

大蒜涨价中的农民罪状是否真实

刘洪波

大蒜和辣椒在涨价。按媒体的说法，现在这两样东西是天价，比房子涨得快。这当然是一个夸张的说法。大蒜、辣椒，天价算涨幅，当然也可以讲天价，但又上得了几层天呢?

看到分析，好像大蒜和辣椒成了一个很突出的问题，或言“价格被恶炒”，或言“农民惜售”，或言“中间商得利”，或以大蒜、辣椒比水、电、油、气价格，共同编织了一轮新的通胀预期。

市场是否已经形成通胀预期，我无力评判，但我想，把大蒜、辣椒和水电油气价格相提并论，似乎又过于抬举。固然，大蒜和辣椒也是民生物品，但不吃大蒜是可以的，不吃辣椒生活也是可以继续的，但如果没有水、电、油、气，会是怎样?

地位也不一样啊。大蒜和辣椒，有垄断经营吗？没有。水电油气就不同了，垄断经营，轮番喊亏，轮番涨价，或者集中涨价，四大天王似的，制造紧缺，“倒逼”决策，使得越来越顺手。我更在意的是，各种分析中共同隐含的不平等关系。人们更加关注自己的生活，而不是他人，这是显而易见的。所以虽然人并非以大蒜为生，但仍然对大蒜价格高度敏感，这也是正常的。然而，我们怎样认定大蒜价格的合理性，以及大蒜后面的农民的生活状况呢?任何农产品，都是气候与种植的结合品，其中气候形成了年成的丰荒，种植形成了个人收获的差异，价格则交给计划体制或市场体系。只是，无论交给谁，对于农民来说，都是一种难言公平的结局。

劳动价值论已是很受动摇了，所以谈论一斤大蒜与一吨水或者一包香烟的价格，很难用“社会必要劳动时间”来衡量了。市场价格是另外一套耦合关系的产物，劳动、资本、技术、预期、供需大小、资源丰欠等，复杂的扰动，自然的生成，失灵或者生效，如此等等。所以，大蒜的价格何以形成，就可以有种种解释。

但不管怎样，农业文明的时代已经过去，所以农民、农产品以及一切与农相关的东西，都变得不再“值钱”。土地是农业文明与都市文明共同的稀缺资源，但农业文明中，土地相连的是肥沃、湿润、松软，都市文明中，土地首先要改变成板结、干燥。

都市与市民是重要的，农村不只是地理意义的边缘，也是社会关系、文化地位、概念体系、科学理论和权力制度等方面的边缘。当一种农产品比如西瓜或者大白菜成批烂在地里时，农民不会受到补偿，媒体会说他们盲目种植，缺乏市场头脑；而当一种农产品价格上涨时，原因就成了“恶炒”和“惜售”。

媒体属于城市，所以它总是都市和市民立场的代言；权力制度属于城市，这就是为什么长期存在“代表权不平等”；经济体系属于城市，无论制造出工农业产品价格“剪刀差”的计划经济，还是指责农民“盲目种植”或“恶炒价格”的市场经济；文化关系属于城市，所以城市被寓意光明进步，而农村寓意为晦暗落后；概念体系和科学理论也属于城市，它们提供城市优越的意识形态，并且使你在分析与农民、农业有关的问题时，站在城市立场而不会感觉到有任何问题。

这可能是无解的，农业文明的远去几乎无可逆转，挽歌是不可避免的。然而人类有一部分仍在农村。生活在农村的那一部分人类，在农业文明远去的时代，受到无意的或者“恶意”的伤害，这种情形极为普遍。基于人文情感，我们至少要有一点自省。例如，如果大蒜涨价是恶意的，那么蒜薹烂在地里的时候，善意又在什么地方?

资料来源：http：//news. sina. com. cn/，2009－12－06。

思考分析：(1) 用劳动价值论分析大蒜和辣椒在涨价的社会现象。(2) 如何理解“劳动价值论已是很受动摇了，所以谈论一斤大蒜与一吨水或者一包香烟的价格，很难用‘社会必要劳动时间’来衡量了”?

重要概念

自然经济　商品经济　商品　价值　社会必要劳动时间　货币　价值规律　均衡价格

实训练习

（一）判断分析

1. 我国可以不经过资本主义社会而进入社会主义社会，那么我们也可以不经历商品经济的发展阶段，而进入生产力高度发达的阶段。（　）

2. 在金属货币流通条件下，一般不会发生通货膨胀。（　）

3. 等价交换原则是资本主义商品经济和社会主义商品经济通行的原则。（　）

4. 商品经济生产的条件是社会分工和社会化大生产。（　）

5. 商品的使用价值体现了生产者之间相互交换劳动的关系。（　）

（二）问题解答

1. 为什么说商品经济取代自然经济是历史的进步？

2. 商品的二因素和生产商品的劳动二重性是什么关系？

3. 在发达的商品经济中，货币有哪些职能？

4. 商品价值量反映着商品生产者之间怎样的经济关系？

5. 商品生产者的个别劳动时间与社会必要劳动时间的差异，对商品生产者有什么影响？

观念运用

根据本章所学有关价值规律的内容，谈谈怎样利用价值规律来促进生产力的发展。

第三章

市场和市场经济

学习要点

- 市场及市场体系
- 市场机制
- 市场经济
- 资本运动总公式及其矛盾
- 增值价值规律

第一节　市场与市场体系

一、市场

市场是同商品交换紧密联系在一起的经济范畴。最初的市场首先是一个空间的概念，是买卖双方进行商品交换的场所。当出现了为交换而进行的商品生产后，特别是进入发达商品经济阶段后，市场的时间和空间限制被打破了，市场发展成为依据一定的价格而联系起来的商品的供求关系。根据市场经济的发展实践，我们可以从以下几个方面来理解市场的含义：

第一，市场是商品流通的领域或场所。社会分工和各经济行为主体具有不同的经济利益，是商品经济产生和存在的两个基本条件，也是市场形成和发展的基础。这两个条件决定了生产者必须彼此交换产品以满足各自的需要，市场则是各种产品相互交换，从而使产品成为商品的必不可少的领域或场所。

第二，市场是商品生产者之间全部相互关系的总和。商品生产者之间的经济联系只有通过市场才能实现。离开市场，生产者既得不到自己所需要的生产要素，也无法使自己产品的价值得以实现，从而再生产和生活消费都无法进行。

第三，市场是一种调节机制和运行方式。在商品经济活动中，市场作为调节人们经济活动的制约机制，要求生产者根据市场上供求的变化所形成的价格信号，合理安排自己的生产经营活动。不过，在商品经济发展的不同阶段，市场机制的作用程度和范围各不相同。

二、市场的功能

市场的功能是指市场在商品经济运行中的作用。在现代商品经济运行中，市场具有以下功能：

1. 价值实现功能。商品生产是为交换而进行的生产，商品只有在市场上卖出去转化货币，才能完成它的“惊险的跳跃”，使商品的内在价值得以实现。可见，市场是商品价值得以实现的场所。而市场状况又决定着价值实现的程度。

2. 经济联系功能。在商品经济条件下，尤其是在发达商品经济条件下，社会分工越来越细，生产专业化程度日益提高，整个国民经济成为由众多的经济部门、行业、企业互相依赖的有机整体。这些部门、行业、企业之间的有机联系，只能依赖于市场。离开市场的纽带与桥梁作用。生产与消费之间，宏观与微观之间、企业与企业之间就无法形成有机的统一体。

3. 利益协调功能。市场是商品交换关系的总和，商品生产者、经营者和消费者都要通过市场活动实现各自的经济利益，并由市场通过价格的涨落对买卖双方的经济利益进行调节，从而协调着社会经济生活。

> **想一想：**市场理论和你在现实生活中对市场的理解有什么不一样？

4. 信息传导功能。市场信息特别是市场供求关系和市场价格情况，在现代社会已经成为生产者、经营者乃至消费者的一种无形的重要资源和财富。掌握和利用市场信息，既有利于生产经营者正确认识市场形势，作出科学的生产经营决策；也有利于消费者作出正确的购买决策，提高消费效益。

5. 优劣评判功能。在商品经济条件下，一切商品生产者、经营者凭借各自的经济技术实力参加市场竞争，谁优谁劣，都由市场判定，并由市场来贯彻优胜劣汰的原则。市场评判是一种最公开、最公正、最准确的评判。

市场在商品经济运行中虽然有着重要的作用，但也应当看到市场本身有其难以克服的弱点，市场不是万能的。主要表现在：一是自发性。从社会角度看，各个分散的市场主体（企业）按照市场信号调整微观经济个量资源配置，往往使社会处于无政府状态，整个社会资源配置要通过自发途径，经过多次反复，方能实现社会供求总量和结构平衡。二是难以实现社会分配收入的公正性。市场信号反映的供求状况中的需求是指已经形成的有支付能力的需求，至于这种货币购买力的分配是否合理，市场信号并不反映，即使出现严重的分配不公，甚至发生两极分化，也并不影响市场价格同商品供求之间的关系。三是对于解决生态平衡、环境保护等通常所说的“外部不经济”问题，市场是无能为力的。单纯听任市场自发地发生作用，极可能对生态环境和外部经济带来损害。四是市场竞争有产生垄断的趋势，而垄断使价值在反映资源的相对稀缺上会失真，从而妨碍市场作用的发挥。五是市场活动以自身利益最大化为动力，难以解决非营利性的公用事业的发展问题。上述情况一般称为“市场失灵”或“市场失效”。

三、市场体系

市场体系就是商品交换关系中各种市场密切联系、相互制约的有机统一体。在发达商品经济条件下，市场体系的构成从交换对象看，包括物质商品市场和金融市场、劳动力市场、技术市场、信息市场和房地产市场等。

（一）物质商品市场

物质商品市场主要指生产资料和消费资料等有形商品的交换场所或供求关系，它在市场体系中居于基础地位。

1. 生产资料市场。生产资料市场是指生产资料作为商品所进行的一切交换（买卖）活动，以及由此形成的各种交换关系的总和。在生产资料市场上买卖的商品属中间产品，其交易的目的在于满足企业生产加工的需要，生产资料市场的买者和卖者均属企业组织，其交易活动的理性色彩极浓，而且其需求大多是由消费品市场引致的。

2. 消费资料市场。消费资料市场是消费品生产部门实现其产品价值的关键环节，也是居民购买消费品的场所。在消费资料市场上买卖的商品属最终产品，其交易的目的在于满足社会公众的生活需要，消费资料市场交易的主体是广大居民，客体是提供用于吃、穿、住、行的生活用品及服务。消费资料市场与人们的生活息息相关，关系到每个社会成员的切身利益，是社会人口与劳动力再生产的基本前提。它体现了社会再生产过程最终的市场实现，反映着消费最终需求的变化。

3. 房地产市场。房地产市场是指土地使用权和房产转让与出租的特种商品市场。房产市场所交换的物质对象是房屋。按用途的不同，房屋可分为住宅、生产经营用房和非生产经营用房。房产市场建立的基本前提是房产产权明确以及房产的商品化。地产市场主要进行土地使用权的交易和转让，即实行有偿使用原则。

（二）生产要素市场

1. 金融市场。金融市场是商品经济发展的必然产物，金融市场从事的是货币资金的筹集、发放、转换等活动，是买卖各种信用证券进行资金融通的场所。它反映资金债权人与债务人之间的经济关系总和，其基本功能是从事资金交易和资金融通，加速货币流通。金融市场是一个多样化的体系或系统，主要包括短期资本市场（货币市场）、长期资本市场、外汇市场以及黄金市场。

货币市场是指专门融通短期资金的市场，一般期限在一年之内。其特点是融资期限短和被融通的资金主要是作为再生产过程中所需要的流动资金。其业务主要有以下几种：（1）短期拆借市场；（2）票据贴现市场；（3）票据承兑市场；（4）短期证券市场。

资本市场是指提供长期运营资本的市场，其融通的资金主要作为扩大再生产所需的投入的资本使用。在长期资本市场上流通的主要是各类有价证券，包括债券和股票两大类，也包括期限较长的支票、汇票和本票等货币支付凭证。

外汇市场是经营外汇买卖的场所，属于国际金融市场的范畴。按交易方式的不同，外汇市场可分为固定的有形市场与开放的无形市场。有形市场是指外汇买卖双方在专门设立的外汇交易所中进行面对面交易；无形市场是指没有固定的交易所，外汇买卖双方通过电传、电话、网络方式进行交易。目前，外汇市场多为无形市场。

2. 劳动力市场。劳动力市场是指劳动力进行流动和交流的场所。它是在宏观调控下以市场机制作为基础调节劳动力流动的组织关系。从过程角度划分，劳动力市场包括劳动力资源市场、劳动力流通市场和劳动力使用市场；从组织形式上划分，劳动力市场包括职业介绍所、人才交流中心、劳动服务公司等。劳动力市场的基本功能是，通过市场价格机制对劳动力质量进行客观评价；通过劳动力供需双方的双向选择调节劳动力供求关系；通过竞争机制激发劳动者发挥潜在能力，不断提高业务技术素质。

在现代市场经济条件下，物质商品市场、资本市场（金融市场）和劳动力市场是市场体系的最基本内容，可称为市场体系的三大支柱。

3. 技术市场和信息市场。广义的技术市场是指技术商品交换关系的总和，它包括从技术商品的开发到技术商品的应用和流通的全过程；狭义的技术市场是指技术商品交换的场所。技术作为一种无形的商品，是复杂劳动的结晶，它本身不仅有使用价值，同时也有价值。技术商品化，是发达商品经济的必然产物。技术市场有其特殊性，主要特征是：交换过程具有延伸性；技术市场价值完全由交易双方自由议定，国家不加干预；列入国家计划的技术项目也可以进入技术市场流通。

信息市场是指专门进行信息交换的场所。人类已进入信息时代，信息的生产、储存、分配和交换日益成为一个专门的部门和行业。信息市场提供的商品是信息。信息的使用价值最终表现为通过信息的使用，可以提高企业的经济效益，而且所提高的经济效益更大于信息本身的价值。

第二节 市场经济及其特征

一、市场经济的含义

市场经济（又称为自由市场经济或自由企业经济）是一种经济体系，在这种体系下产品和服务的生产及销售完全由自由市场的自由价格机制所引导，而不像计划经济一般由国家所引导。市场经济也被用作资本主义的同义词。市场经济是一种经济制度，是市场在资源配置中起主导作用和基础作用的经济制度。社会主义市场经济体制是同社会主义基本制度结合在一起的，就是要使市场在社会主义国家宏观调控下对资源配置起基础性作用。

二、市场经济的性质

市场经济是商品经济高度发达的产物，商品经济中实行的是等价交换，市场对资源的配置起基础性和主导性作用，所以市场经济具有平等性、竞争性、法制性和开放性。

1. 平等性。市场经济的平等性体现在：（1）经济主体的平等性。市场经济是商品经济发展到一定阶段的产物，商品经济中实行等价交换，交换的客体具有等同的价值，交换的主体都是平等的个体。（2）收入分配的平等性。市场经济中对资源的配置起基础性作用的是市场，即生产资料、资本、劳动、技术等生产要素按照市场的需要进行配置，满足市场的供求关系，同时获得的收入也是根据占有的生产要素来进行分配的，有多少投入才有多少产出，对任何个人或组织、企业都是一样的。

2. 竞争性。市场经济中各种生产要素如劳动、资本、技术、土地等按照市场的需要来进行配置，社会上有大量的企业或私营业主拥有大量的资本、技术和机器等想涌入高利润的行业，以赢取高额利润，但是市场的需求是一定的，这样，这些拥有资本、技术和机器的企业和私营业主就存在着剧烈的竞争，以获取高利润行业的进入权，其他的竞争实力稍差的就依次进入利润逐渐降低的行业，从而实现资源的市场配置。另外，提供劳动的工人、佣工等也存在着剧烈的竞争。一方面是因为都想进入效益好的企业或组织；另一方面是因为市场的需求有限，而能提供劳动的工人太多，这都会导致劳动力之间的竞争。总之，生产要素在市场供需的支配下进行配置决定了市场经济具有强烈的竞争性。

讨论一下：怎样理解市场经济就是法制经济？

3. 法制性。市场经济中经济主体都是平等的，各个经济主体之间存在着剧烈的竞争，为了获取高额利润都纷纷将资本等生产要素投入在高利润行业，容易导致市场的无序化；同时由于垄断的存在、公共物品的“搭便车”行为，以及外部效应和信息不对称导致了市场在配置资源的时候出现失灵现象。为保证市场的正常运行，一方面是每个行业的行会会制定严格的规定，对进入该行业的组织、企业进行严格的限制；另一方面政府必须进行宏观调控，制定完善的法律法规，对国家经济的各个方面进行限制要求，对企业、个人的经济行为进行约束规范。例如在经济发达的美国、英国等都制定了完善的法律来保证市场经济的顺利进行。社会主义市场经济条件下也需要制定法律来保证市场的有效顺利进行。

4. 开放性。市场经济的开放性是相对于以前的小农经济而言的。在小农经济下，都是以家庭为单位的手工作坊，生产要素的配置主要局限在家庭范围内，满足家庭的需要，而在市场经济条件下，各种生产要素在市场的作用下进行配置，突破了传统的小农经济下的以家庭为单位的手工作坊，生产要素在更大的范围内，依靠市场的需要来进行配置。市场经营由封闭走向开放，厂商经营规模越来越大，最终势必突破国家疆界，向全球扩张，这是15世纪末以来长达数百年的殖民侵略活动，以及20世纪上半叶发生两次世界大战的根本原因所在。在现在经济全球化的环境下，资源的配置更是突破了国家的界限，在全球范围内进行配置。例如全球采购，就是在全球的范围内，采购价格最低的产品，这样就更实现了资源的优化配置。

三、市场经济的基本特征

市场经济时代最基本的特征是，工业取代农业占据了社会经济的主导地位，市场营销成为最普遍的经营形式，由此导致社会经济各个方面发生了一系列深刻的变化：

1. 机器化。从历史发展来看，世界各地小农经济统治数千年间并不曾发明过任何一台最简单的机器，而15世纪末以来，随着市场经济逐渐成为世界经济的主流，人们便开始尝试发明这样那样的机器，特别是自18世纪下半叶以来短短二三百年时间，人们便发明了无数精巧绝伦、神通广大的机器，各行各业都普遍实现了机器化。事实表明，机器化是与市场化相联系的一个历史范畴。从理论上来分析，首先，面对巨大的市场需求，手工生产是无法满足的，必须大量应用机器生产；其次，在市场经济背景下，广泛的社会分工协作，集广大民众的智慧和汗水于一体，为各种机器的发明和制造提供了充分的现实可行条件。于是，经过人们坚持不懈的努力，终于实现了机器大生产，其主要特点是：以煤炭、石油等非生物能源为动力，能够大功率、高效率、长时间连续作业。简言之，历史发展的逻辑表明，机器化是市场化发展到一定阶段的必然伴随产物，没有市场化，就没有机器化。

2. 科学化。由于面向市场经营，使用机器大生产，这就要求人们改变以往小农经济状态下那种凭经验靠估计的做法，而代之以科学的定量测试、计算和分析。注意：这里“科学化”并不简单地局限于科学技术成果在生产中的应用，而是主要指人们观察和分析问题时的思维方式的科学化。

3. 雇工经营。面对巨大的市场需要，仅靠家庭劳动力显然是无法满足的，必须大量引入家庭外劳动力。抽象地来讲，使用家庭外劳动力，可以有两个途径：一个是强迫一些人当自己的奴隶；另一个是通过支付工资来雇佣他人为自己工作。但是，大量强迫本国人当奴隶，会使国家统治失去基本的依靠力量，导致社会秩序彻底崩溃，因此使用奴隶劳动原则上只能抓掳其他贫穷落后弱小国家的民众，如美国早期历史上曾大量抓捕非洲黑人从事奴隶劳动就是一例。但是，抓捕外国人来当奴隶，绝非长久之计，因为任何一个国家的人口都是有限的，并且增长缓慢，远远赶不上非人的奴隶劳动折磨下人口减少的速度，同时大量抓掳外国人当奴隶，还会引起越来越强烈的反抗，不利于海外市场的扩大。因此，从根本上来说，市场经济条件下只能通过支付工资的办法来雇佣本国自由民从事生产劳动。此外，大量机器的应用及由此导致的技术分工，使大量工人能够真正融合为一个有机联系的整体，共同完成生产过程，为大规模雇工经营提供了技术基础。否则，在手工生产条件下，人与人之间缺乏内在的技术分工和联系，勉强将大量的人集中在一起劳动，不过是聚沙成塔，徒劳无功，就如同20世纪70年代末以前的人民公社一样，最终还得散伙。

4. 专业化和社会化。使用机器大生产和雇工经营的结果，是社会分工变得越来越细，整个社会经济呈显专业化和社会化的特点，社会成员普遍养成了分工协作的习惯和理念，这也是社会生产效率大幅度提高的重要原因。

5. 厂商（或企业）成为最基本的经济组织形式。机器大生产和雇工经营，必然突破家庭经营的局限，使厂商成为最基本的经济组织形式。与小农家庭相对简单的内部结构相比，厂商内部结构要复杂得多，其中包含了种类繁多、数量巨大、分工精细的各种生产要素，是一个巨大复杂的经济系统。

6. 私有制范围扩大了。厂商成为基本经济组织形式以后，私有制的范围就扩大了，虽然名义上仍然是私有制，但在实际经营和管理层面上，所有者已经不能完全随心所欲地支配和处分自己名下的财产了。这与封建农业时期的个体私有制相比，已经不可同日而语了，这是一种“扩大的私有制”，其内部正在孕育产生新兴公有制萌芽。

7. 利润取代具体产品成为直接生产目的。由于在极其广阔的时空范围内组织市场经营，厂商生产的目的不再像小农经济那样以获取产品为直接目标，而是以利润为直接生产目的，产品的生产变成了获取利润的手段。在这里，利润是泛指一切价值增值。

8. 生产要素资本化。随着利润成为直接的生产目的，一切生产要素都相应地变成了赚取利润的手段，即通常所谓“资本”。整个社会经济从此都置于资本的支配之下，受资本统治，“资本主义”成了这一时代的最强音。

9. 实行市场机制。市场分配成为最基本的分配形式，包括各种市场资源和劳动产品，都通过市场交换来进行分配，实行“各增其值、等价交换”原则，即个人向厂商提供生产要素，按系统论观点，每一种生产要素在生产过程中都实现增值，并得到各自的报酬，形成个人收入，个人再以其收入按等价交换的原则向厂商购买各种消费品。

10. 广泛而激烈的市场竞争。由于市场分配成为最基本的分配形式，一切生产要素和产品都要通过市场来分配，于是千千万万的厂商和个人便在市场上围绕有限的市场资源展开了广泛而激烈的市场竞争，使每一个人和每一家厂商都随时面临严酷的市场压力，从而推动市场经济不断向前发展。

11. 政治民主。由于市场经营通行等价交换原则，从本质上来讲，要求人与人平等协商，这样就形成一种基本的人类行为模式，反映到政治上，就要求自由、平等和民主。同时，市场把个人、企业与社会紧密地联系到了一起，这使得每一个社会成员都有强烈的动机关心和参与社会公共事务，人们普遍具有浓厚的民主意识。最后，市场经济的基本组织单位是厂商，厂商既财大气粗，又人多势众，这样政府使用高压手段就失去了现实可行基础，除了民主别无出路。总之，民主化是市场化的派生产物，没有市场化，就没有民主化。

12. 规范化。市场经济是一个由千千万万的厂商和个人参与的过程，因此必然要求对人们的行为作出严格的规范，包括国家法律制度、厂商内部的管理制度、各种技术性操作规范以及产品和服务的质量标准等。这就好比，在乡间小道上，一个人或很少的几个人走路，无需交通规则，但在大城市，数以万计的行人、车辆一起上路，就必须制定交通规则了。总之，规范化是与市场化相联系的，没有市场化，就没有规范化。

第三节　市场运行机制

市场运行机制即市场机制，是指组成市场机体的各个要素在市场交换活动中形成的相互联系、相互制约的关系。具体地讲，市场主体在市场经济活动中所形成的价格、供求、竞争、风险、利率等方面互相联系和制约的方式，就是市场机制。

一、市场供求机制

市场供求机制的实质是反映价格与市场供求关系之间内在联系的作用机制。

（一）市场需求

市场需求是指在特定时间内，消费者根据一定价格和其他条件愿意购买并且能够购买的某种商品或服务的数量。市场需求的产生必须具备两个条件：一是购买欲望；二是购买能力。消费者既有购买欲望又有购买能力才能形成市场需求。市场需求分为个别需求和市场总需求。个别需求是指在特定时期内并在既定的某种价格水平下，个别消费者愿意并且能够购买的某种商品或劳务的数量；市场总需求是指在某一特定市场和特定时期内，所有购买者在特定价格水平条件下愿意并且能够购买的某种商品或劳务的数量。个别需求是市场总需求的基础，市场总需求是个别需求的总和。

无论是个别需求还是市场总需求，都有很多影响因素，其中主要有：

第一，商品和劳务的价格。这是影响市场需求的首要因素。需求与价格存在反向变动的关系：在其他条件不变的情况下，需求量随价格的上升而减少，随价格的下降而增加。这就是需求定律。

第二，消费者的收入水平。对大多数商品而言，消费者收入的增加直接提高了购买的支付能力，原先无力购买的商品，在收入提高后显得相对便宜起来，需求量会相应扩大，但对一些低档的物品，收入的增加也可能减少需求的数量。因为当人们的收入增加后，购买力投向会从低档商品转向中档和高档商品。

第三，消费者的偏好。当一种商品流行起来后，即便价格不降低，市场的需求量也会扩大。“流行”或“时尚”本身就可能是消费者所追求的。“时尚”具有价格。

第四，有关商品和劳务的消费量。很多商品互相之间有一定的消费关联性，有的可以在使用上相互替代，有的则是连带使用。

此外，企业的促销手段、人口及其结构的变化，也都对需求有重要影响。

（二）市场供给

市场供给一般是指在特定时间内，厂商根据一定的价格和其他条件愿意并且能够出售的商品或服务的数量。供给和需求是两个互为前提、互相依赖的经济现象。供给是特定时间内从生产领域流向市场的商品或劳务的数量。厂商能向市场提供多少商品，除了自身生产能力外，价格和其他因素的影响也很大。供给也分为个别供给和市场总供给两个方面。前者是指在某一特定时期，个别企业在一定价格水平上愿意并且能够出卖的商品量，其中包括新生产的商品和已有的存货；后者是指某种商品的所有生产者，在各种不同的价格水平下愿意并且能够提供给市场的该种商品的数量。个别供给的总和就是市场总供给，影响个别供给的因素，也就是影响市场总供给的因素。影响市场供给的因素主要有：

第一，商品和劳务的价格。这是影响市场供给的首要因素。供给与价格存在着正向变动的关系：在其他条件不变的情况下，供给量随价格的上升而上升，随价格的下降而减少。这就是供给定律。产生这一定律的原因，首先是不同的厂商在生产同一种商品时具有不同的成本。其次是任何商品的生产扩大到一定点后，如再继续扩大，其成本必然递增，经济学把这一现象称为“边际收益递减造成的成本递增”。

应当指出的是，价格对于供给的影响与对需求的影响不同：当价格发生变化时，几乎可以立即对需求产生影响，因为消费者可以随时调整自己的购买意向；但价格的变化在短期内仅能对供给中的存货部分产生影响，而对其主要部分，即新生产的商品的影响却需要一段时间。

第二，生产的技术水平。当生产技术改进后，就能在更高的效率上和更低的成本上生产，这样供给量就会进一步扩大。比如利用优良种子在同样面积的土地上会有更高的产量，而生产的平均成本则会有所下降。

第三，生产要素的价格。厂商的生产成本除了受技术水平的影响外，主要取决于生产要素的价格。当羊毛的价格上升后，毛毯、毛衣等制成品的成本自然上升，如果售价不能有相应的提高，厂商就会减少生产或停止生产；相反，如果羊毛价格下跌，生产羊毛制品的成本就会下降，厂商就会扩大生产。

第四，相关商品和劳务的供给量。当其他物品的价格上升时，会使相关物品的供给量产生一定的变化。

二、市场价格机制

（一）市场价格的形成

价格是商品价值的货币表现。马克思主义经济学关于价格的这一科学定义，不仅说明了价格的实质，而且说明了价格变动的基本依据。

商品价格形成的基础是商品自身的价值。商品的价值是商品生产过程中物化在商品上的一般人类劳动，是由生产商品的社会必要劳动时间决定的。在社会化商品经济条件下，商品价值包含着三部分内容，即生产资料的转移价值、劳动者必要劳动创造的价值和劳动者剩余劳动创造的价值。作为商品价值货币表现的价格，其内部构成也可以分为三个部分，即物质消耗成本——转移价值的货币表现；工资成本——必要劳动创造价值的货币表现；盈利——剩余劳动创造价值的货币表现。只有这样的价格，才能使生产经营者在出售商品之后，不仅能够补偿已经支出的成本费用，而且还能获得盈利，从而促进商品经济的发展。

价格的形成要以价值为基础，价格的变化由商品价值量的变化所决定。引起商品价值量变化的是该商品的部门劳动生产率和社会对该类商品需求量的变化。部门劳动生产率提高，使该类商品供给增加，在社会需求量一定的情况下，会引起单位商品价值量降低；反之反是。同样，在其他条件不变的情况下，社会需求量增加，意味着社会对该类商品所分配的社会总劳动时间增多，若供给量一定，会引起单位商品价值量提高；反之反是。

商品价格的形成以商品自身的价值为基础，同时还受其他因素的影响。主要有：

第一，货币币值。货币币值=社会商品的总价值/货币流通量。在社会商品价值总量不变的情况下，货币币值取决于流通中的货币数量，与之成反比，又由于商品价格取决于商品价值和货币币值，即商品价格=商品价值/货币币值，所以，商品价格与流通中的货币数量成正比。也就是说，在其他条件不变的情况下，流通领域的货币数量越多，物价水平就越高；反之则越低。当今世界各国通行的货币都是纸币。

第二，市场供求关系。商品价格与市场供求的关系，首先是价值决定价格，价格决定供求，然后供求又影响价格。它们互相制约，互相影响。从短期看，是供求决定价格，即价格偏离价值的方向，取决于供求关系变化的方向；价格与价值偏离的程度，取决于供求之间的不平衡程度。但从长期看，是价值通过价格变动来决定供求，价格调节着供求由不平衡趋向平衡。

第三，国家经济政策。在现代市场经济条件下，国家普遍加强了对社会经济生活的干预，而采取特殊的政策对价格的形成及其变化施加影响，则是现代国家干预经济的重要手段。国家在干预价格形成和变化方面的主要政策措施有：（1）最高限价与最低限价。这是国家对价格形成与变化的直接调节。最高限价一般是对一些关系国计民生而又严重短缺的商品所规定的最高价格限额，目的在于稳定社会经济秩序和政治局势；最低限价一般主要用于农产品贸易，目的在于防止价格过分下跌对农业生产和农民利益带来重大损失，保证生产的稳定发展。（2）税收和补贴。这是国家用财政手段对市场价格进行间接调节，影响价格形成。

（二）市场价格体系

价格体系是市场上各种商品和劳务的价格之间互相联系、互相制约的比例关系。它既包括不同商品（劳务）之间的价格关系，又包括质量不同的同种商品，处于不同流通环节上的同一商品，以及处在不同时间和空间上的同一商品的不同价格之间的关系，即各种比价、差价关系的总和。

1. 商品比价体系。商品的比价体系是指在同一市场、同一时间，不同商品价格之间的比例关系。不同的商品虽然使用价值不同，但是在价值量上是可以互相比较的。在现代市场中，商品价值之间的比较，表现为商品价格之间的比较，因价格比较而产生的不同商品在生产、流通及消费方面产生的经济联系，形成现代市场中的比价体系。

比较重要的商品比价关系主要有：（1）中间产品价格与最终产品价格之间的比例；（2）生活必需品价格与生活享受品价格之间的比例；（3）生产的主要原材料价格与辅助材料价格之间的比例；（4）物质商品价格与劳务收费之间的比例；（5）工业制成品价格与初级商品价格之间的比例；（6）出口商品价格与进口商品价格之间的比例；（7）城市工业品销售价格与农村农产品收购价格之间的比例等。

在市场经济活动中，商品价格之间的比例关系具有重要的经济意义。首先，它影响社会经济各部门的发展比例。如果有两种可供选择的商品，生产者总是愿意把资金投在能够获得较高价格商品的生产上；当某种商品的价格降下来，生产者如果认为生产其他商品更为有利时，投资就会转移，该种商品的生产就会被压缩。其次，商品的比价也影响消费者的货币投向。每一个消费者都希望用自己的每一元钱去换取更多的满足，因此他总是用货币在众多的商品中进行选择，什么商品价格低，换取的满足大，他就购买什么；反之，什么商品价格高，换取的满足小，他就不买或少买。

对企业而言，研究好市场商品的比价，对于企业科学地利用价格手段，积极参与市场竞争，努力改进商品质量，合理分配生产要素，以较少的投入获得较多的产出等方面，具有十分重要的意义。

2. 商品差价体系。商品差价体系是指同一种商品由于地点不同、时间不同、销售环节不同或质量不同而产生的价格差异关系，包括购销差价、批零差价、季度差价、质量差价等差价形式。商品差价的存在，首先是商品流通的必然要求。对于大部分生产企业来说，为了节省费用，加速商品销售，需要通过一定的中间商业机构来销售自己的全部或一部分商品，因此生产企业总是以低于市场最终价格的价格出售自己的商品，从而在生产企业的销售价格和中间商业机构的销售价格之间形成一个差额，这个差额就是中间商的销售费用和销售利润。

通过中间商转卖的商品增加了地点效用和时间效用。对购货者来说，能在近处买到商品，比起到较远的地方购买，能得到更多的利益，这就是商品的地点效用；有一些商品，生产时间与使用时间并不一致，如果通过中间商在生产过程结束后，把商品储存起来，等顾客需要时才出售给他们，商品就有了时间效用，它使购买者获得自由选择购买时间的便利。如果没有商品差价的存在，中间商就不会有兴趣提供商品的地点效用和时间效用。

商品差价的存在，有利于企业改进商品的质量。同一种商品，如果质量不同，消费者从中得到的满足程度也就不一样。因此，质量低的商品，带来的消费利益少，只能以较低的价格出售；反之，高质量的商品，消费利益大，因此价格也高。

（三）市场价格机制及其作用

市场价格机制是指在市场供求矛盾运动中，市场价格围绕价值上下波动，从而影响供求变化及对资源配置进行调节的作用方式。价格机制是价值规律实现其作用的内在机制，是市场机制的核心，其他市场机制都是价格与某一市场要素相互作用而形成的派生机制。如价格变动与供求的相互作用形成了供求机制；价格变动与竞争的相互作用形成了竞争机制，等等。

市场价格机制在商品经济运行中的作用主要表现在三个方面：

1. 优化资源配置的作用。社会需要的无限性决定了对资源需要的无限性，但是在一定时期内因技术水平的限制，资源供给总是有限的，这就要求社会尽可能地合理配置资源，以保证有限的经济资源合理使用。在市场经济的环境里，只有借助市场价格机制的功能，才能达到这一点。在市场上，资源的供给者总是愿意把资源售卖给出价最高的购买者，而出价越高，在一般情况下，反映了需求越强烈，因此，根据价格的高低分配资源，能够把资源引向社会最急需的地方。此外，只有出价最高的购买者才能获得资源，获得资源的厂商会尽可能降低成本，从而减少资源的消耗，使资源利用率进一步提高。

2. 调节收入分配的作用。市场价格机制的运转状况对介入市场关系各方的经济利益会产生直接的影响。市场价格的提高会使一部分收入从买者转移到卖者手中；反之，市场价格的下降会使买者的收入增加，卖者的收入减少。比如，农产品收购价格太低，会使农民减少农产品的供给，从而导致农产品价格的上升。当农产品价格上升后，农民的收入便得到增加，农产品的供给量也会有所上升。

3. 传递市场信息的作用。在现代市场中，价格能灵敏而有效地传输和反馈市场供求信息，因为一切影响供给和需求的因素，最终都会通过供求状况的变化使价格发生波动。企业可以通过商品的涨价和跌价及其变动走势，进行分析和判断，随机调整生产经营决策，使生产适合市场需求；消费者也可以通过对市场价格的分析，决定购买的品种、时间及地点。在期货市场上，价格还进一步提供了未来市场的供求状况，引导生产者以及经营者安排好生产经营的计划。

价格机制充分实现其作用需要公平竞争的市场环境，以及市场主体对价格信号的迅速反应，同时还包括供给略大于需求的买方市场走势。因此，价格不能由国家直接控制，除少数最重要资源垄断性产品和劳务价格由国家制定和调节外，大多数商品和劳务的价格应由市场调节，在市场经济的运行中形成并发挥作用。只有这样，才能使价格灵活地反映社会劳动耗费和供求关系的变化，使价格结构和比价、差价趋于合理，为生产者、经营者、消费者提供准确可靠的信号，以优化资源配置、优化生产结构和消费结构。

三、市场竞争

（一）竞争是市场运行的灵魂

所谓竞争，就是在市场经济条件下，生产者与生产者、生产者与消费者、消费者与消费者之间，为了取得有利的产销或购买条件而进行的相互对抗。竞争是商品经济中不以人的意志为转移的客观经济现象。在商品交换中每一个商品所有者都力争以自己有限的商品交换到尽可能多的货币；每一个货币所有者都努力以自己有限的货币换取最需要、最大量的商品使用价值。因此，只有在竞争的比较中才能完成商品交换，促进商品的市场实现。同时，商品只有在市场上通过竞争，才能以确认的社会必要劳动时间为决定商品价值的唯一尺度，才能使耗费在每种商品上的社会劳动总量与其社会需要量相适应。竞争强制着商品生产者生产社会需要的商品，从而实现社会劳动的按比例分配。所以有商品经济就必然有竞争，竞争是商品经济发展的强大推动力。

（二）竞争的类型

从市场竞争是否受到限制的角度划分，竞争可分为自由竞争和垄断竞争。

1. 自由竞争。自由竞争主要指的是资本在各部门或各企业之间可以自由转移，是一种不受任何阻碍和干扰的市场竞争。自由竞争作为一种市场模式，最早存在于资本主义的自由竞争时期。自由竞争有如下特征：（1）各经济部门存在众多的、实力相差并不太悬殊的企业，其中没有任何企业居于垄断地位。（2）在经济活动中起支配作用的是单个（包括合伙）企业。（3）商品价格在市场竞争中自发形成，没有任何个人有实力把自己确定的价格强加于市场。（4）资本、劳动力等生产资源可以自由流动，利润率在各部门间有平均化的趋势。（5）自发起作用的市场机制是生产和流通的主要调节者，国家对经济活动基本采取自由放任政策。

由于是在商品生产和交换普遍化的环境下，没有大企业和政府的垄断干预，商品价格在自由竞争中不断接近于价值或生产价格，就成为一种自发的过程。这样的市场机制一方面使商品生产者只能依靠改进技术、降低成本和提高劳动生产率在竞争中取胜；另一方面通过市场价格信号调节生产，引导生产要素在部门间转移，调节生产资料、劳动力、货币资本等资源的配置。

2. 垄断竞争。所谓垄断竞争，是既含有垄断因素又存在激烈竞争的市场类型。垄断竞争的主要特征是：（1）在主要经济部门出现了在生产和流通中居垄断地位的大企业，在此基础上产生了金融资本。（2）垄断组织有实力制定商品的垄断价格并迫使市场接受这种价格。与此同时，垄断与竞争并存，竞争形式与手段多样化。（3）资本和劳动力在部门间的流动因“垄断壁垒”（垄断组织阻碍在本部门成立新企业的行为）的存在而受阻，又因竞争的存在而采取多种形式（参与股份与跨部门经营等）继续进行。（4）在市场机制自发起作用的总格局中，垄断大公司在自己势力范围内有计划、有意识地调节，对生产和流通过程发生一定影响。

（三）竞争的内容和手段

市场竞争是在两个领域内进行的：一是部门内部；二是部门之间。这两方面的竞争，从内容到手段都是有区别的。

1. 部门内部的竞争，即生产和经营同一种商品或劳务的企业之间的竞争。竞争的主要内容是争夺商品销售市场，提高企业的市场占有率。竞争的手段包括价格手段和非价格手段。

价格竞争是指企业之间互相以低廉的销售价格来扩大商品的销售。这种竞争推动企业降低成本、扩大批量生产，以便能在低价销售的情况下获得较多盈利，收到薄利多销之效。

非价格竞争，是在企业之间在生产和销售过程中利用价格以外的其他经济手段进行的竞争。非价格竞争包括商品的品种竞争、质量竞争、销售手段竞争、售后服务竞争，以及应市时间竞争等。在市场经济中，非价格竞争是竞争的主要手段。这种竞争推动企业不断改善产品质量，开发新产品，改进服务等。

2. 部门之间的竞争，即生产和经营不同商品或服务的企业之间的竞争。竞争的主要内容是争夺有利的投资领域。竞争的手段主要是在部门之间转移投资，重新配置资源。因为市场需求是不断变化的，商品和服务的供求关系不断变化，一些部门的商品出现供不应求，价格上涨，盈利增加；而另一些部门的商品则出现供大于求，价格下跌，盈利减少甚至亏损。于是盈利较低的部门向盈利较高的部门转移投资，或者由其他投资者向盈利较高的部门注入新的投资。部门之间的竞争能促进资源配置优化，促进产业结构和产品结构的合理化，促进商品供求关系的平衡。

市场竞争机制是整个市场机制的基本要素，在市场经济运行中有重要的作用。首先，在市场经济中，无论是价格机制、供求机制、利率机制等，都要通过竞争机制起作用；其次，市场机制促进生产力发展和调节社会资源按比例分配的作用，也是通过竞争机制实现的。此外，竞争机制还促使资本在各部门间收益分配趋向均衡化。

第四节　市场经济的基本规律

一、货币资本化和增值价值的产生

（一）资本总公式及其矛盾

在市场经济条件下，任何生产者在开始他的经济活动时，都要拥有一定数量的货币，用来在市场上购买生产资料和劳动力。因此，货币是资本的最初形态。但是货币本身并不就是资本，二者的区别在静止的状态下是看不出来的，从二者运动的状态看就会一目了然。货币流通的公式是：商品—货币—商品（$W—G—W$），它表明商品生产者先出卖自己的商品换得货币，然后再用货币买进自己所需要的其他商品。起点和终点都是商品，货币是中间环节。资本流通的公式是：货币—商品—货币（$G—W—G$），这个公式表明的是货币所有者先用货币购进商品，然后再把商品卖掉，重新换回货币，起点和终点都是货币，商品是中间环节。可见，这两种流通的形式是不同的，即买和卖的顺序不同，流通过程的起点和终点不同，在流通中起媒介作用的价值形式不同。

货币和资本运动形式的区别反映了它们的本质区别：第一，运动的目的和内容不同。商品流通是为买而卖，目的是消费，是要得到另一种使用价值，其实际内容是商品与商品相交换；资本流通是为卖而买，目的是要得到增值了的货币，其实际内容是货币与货币相交换。第二，运动的限度不同。简单商品流通中，人们以满足使用价值为止，因而运动是有限的；资本流通中，人们对价值增值的追求是无止境的，因而资本运动是无限的。第三，运动的主体不同。在简单商品流通中，运动的主体是商品，货币只是交换的媒介，货币的支出与归回无关，商品运动一结束，货币就消失；在资本流通中，运动的主体是价值，货币不仅要垫支，而且要归回，价值在运动中不仅保存了自己，而且获得了增值，从而成为一个“自动的主体”，即不断运动，不断增值。这样一来，资本流通的完整公式应当是：$G—W—G'$。在这里，$G' = G + \Delta G$，即等于原预付货币额加上一个增值额。ΔG 是运动过程中的价值增值额。正因为作为资本的货币在流通过程中发生了价值增值，从而才转化为资本。所以，资本是能够带来增值价值的价值。

资本的流通公式 $G—W—G'$，对一切形式的资本运动都适用，代表了各个特殊资本运动的一般特征，反映了资本在运动中增值的共同本质。因此，$G—W—G'$ 事实上是直接在流通领域中表现出来的资本总公式，又叫资本的一般公式。

资本总公式从形式上看，是同价值规律相矛盾的。因为，按照价值规律的要求，商品交换是按照等价交换的原则进行的，因而在流通中，商品价值量不应该也不可能发生变化。但是资本总公式呈现出来的现象是，经过流通过程资本价值量确实发生了变化，实现了价值增值。这种既等价又增值的矛盾，就是资本总公式的矛盾。

那么，资本总公式的矛盾应该如何解决呢？增值价值到底是从哪里来的呢？

首先，增值价值不会产生于流通领域。因为在资本的流通过程中，无论是等价交换还是不等价交换都不会发生价值增值。在等价交换条件下买和卖的每个阶段都是按等价原则进行的，当然不会发生价值增值。不等价交换主要有两种情况：一是贱买贵卖；二是尔虞我诈，或依靠垄断地位用高于本身价值的价格出卖自己的商品，或用低于自身价值的价格购进商品。但这些情况仍不能产生增值价值。因为一些人的多得正是另一些人的所失，全社会的价值总量并没有增加，而增值价值的产生则标志着社会财富的增加。所以，“无论怎样颠来倒去，流通或商品交换不创造价值。”①

其次，增值价值的产生又离不开流通领域。因为，流通领域是商品生产者的全部相互关系的总和，如果离开了流通领域，商品生产者只是同自己的商品发生关系，同样也不会产生增值价值。

因此，增值价值的产生，既不在流通领域又离不开流通领域。换句话说，货币到资本的转化，必须既在流通中又不在流通中，这是解决资本总公式矛盾的条件。

根据这个条件来解决资本总公式的矛盾，我们就要分析价值增值究竟是从哪里发生的。首先，价值增值不会发生在资本总公式的第一阶段（*G*—*W*）的货币上。因为在这里货币作为购买手段或支付手段，只是实现商品的价格，其价值量没有增加。其次，价值增值也不可能发生在资本总公式的第二阶段（*W*—*G*）上。因为商品的出卖只能引起价值形式的变化，从商品形式转化为货币形式，不会引起价值增值。这样，价值增值只能发生在资本总公式第一个阶段所购买的商品上。就是说，要获得增值价值，货币所有者必须购买到某种特殊的商品，这种商品具有特殊的使用价值，它的使用能创造出价值，并且能创造出比它本身价值更大的价值。这种特殊商品就是劳动力。因此，劳动力成为商品是货币转化为资本的前提，也是解决资本总公式矛盾的关键。

（二）劳动力的商品化

劳动力是指人的劳动能力，是人的体力和脑力的总和，它存在于活的人体之中。无论任何社会，劳动力都是社会生产的基本要素。但是劳动力成为商品，则是在特定历史条件下才出现的现象。劳动力成为商品必须具备两个基本条件：（1）劳动者必须有人身自由，这样的自由使得他能把自己的劳动力作为商品来出卖。（2）劳动者丧失了一切生产资料和生活资料，除了自己的劳动力以外一无所有，必须靠出卖劳动力维生。出现这两个基本条件的历史时代就是市场经济阶段。在市场经济条件下，一方面，劳动者解除了奴隶制和封建制时代对奴隶主和封建主的人身依附关系，成为自由人。另一方面，由于社会的基本生产经营单位是企业而不是自然经济条件下的家庭和个人，任何一个单独的劳动者要独立地从事商品生产已不可能（就市场经济条件下的一般情况而言），只有把自己的劳动力通过一定的途径融人企业的众多劳动力之中，才能发挥出劳动力的作用。再一方面，由于劳动者向企业提供自己劳动力的目的是为了谋生的需要，因而不会无偿奉献自己的劳动力，而“必须总是把自己的劳动力当作自己的财产”② 同资本的所有者进行交换，以获得可以购买足够的生活资料用于养家糊口的价值。因此，劳动力成为商品或劳动力商品化，是市场经济的客观要求。它不以社会制度的性质为转移，只不过在不同的社会制度下，劳动力的买卖关系具有不同的性质

① 《马克思恩格斯选集》第2卷，人民出版社1995年版，第169页。

② 马克思：《资本论》第1卷，人民出版社1975年版，第190页。

而已。

像其他商品一样，劳动力商品也具有价值和使用价值。但是劳动力是特殊商品，它的价值和使用价值具有与普通商品不同的特点。

劳动力商品的价值也是由生产和再生产劳动力这种特殊商品所需要的社会必要劳动时间决定的。由于劳动力存在于活的人体之中，劳动者要维持和延续劳动力，就要消费一定数量的生活资料，所以劳动力价值是由维持、延续劳动力所需要的生活资料的价值决定的。具体包括三个部分：(1) 维持劳动者自身生存所必需的生活资料的价值；(2) 劳动者繁衍后代所必需的生活资料的价值；(3) 劳动者接受教育和训练所支出的费用。劳动力价值的决定还包含着一个历史的和道德的因素。由于各国的经济文化发展水平以及风俗习惯不同，在各国不同历史时期生产力发展水平也有差异，劳动力价值所包含的主要生活资料的种类和数量就有很大差别。随着社会经济和文化的发展，决定劳动力价值的必要生活资料的种类和数量也会增加，质量和结构会发生变化。

劳动力商品使用价值的特点是，普通商品在消费或使用时，随着使用价值的消失，价值也随之消失或转移到新产品中去，而劳动力商品的使用就是劳动，作为生产商品的劳动，一方面能创造出新的使用价值，另一方面能创造出大于自身价值的价值。可见，在劳动者新创造的价值中，扣除劳动力自身的价值，超额部分就是增值价值。劳动力商品的这种特殊使用价值，就是增值价值产生的源泉。所以，劳动力成为商品是货币转化为资本的关键。

二、市场经济条件下的劳动过程和价值增值过程

（一）市场经济条件下的生产过程

资本的所有者在市场上购买到生产资料和劳动力之后，生产要素就在企业内部结合起来，生产过程就开始了。市场经济条件下的生产过程具有两重性：一方面是生产使用价值的劳动过程；另一方面又是价值的创造和增值过程，是劳动过程和价值增值过程的统一。

劳动过程就是劳动者通过自己有目的的活动，借助于劳动资料使劳动对象发生预定变化的过程。这是任何社会都存在的人与自然界之间的物质变换过程。但是市场经济条件下的劳动过程除了具有一般劳动过程的性质外，还有以下特点：第一，劳动者集合在企业里，按照资本所有者的利益并在其支配下分工协作地进行生产。第二，劳动产品归资本所有者占有和支配。这里的资本所有者可能是个人，也可能是扩大了的个人联合体。

从价值增值过程看，价值增值过程实际上是延长了的价值形成过程。为了说明价值增值过程，首先要分析价值形成过程。在生产过程中，劳动者的劳动，作为具体劳动既创造了新的使用价值，又转移了生产资料的旧价值，作为抽象劳动则创造出了新价值。如果劳动者新创造的价值仅相当于自身的价值，这便为价值形成过程。例如，某纺织厂资本所有者投资生产棉纱，假定该厂工人一天劳动 4 小时可以生产 5 公斤棉纱，需消耗 5 公斤棉花，价值 10 元，需消耗机器设备和其他劳动资料的价值 2 元，共计 12 元。再假定工人在 4 小时内支出的抽象劳动形成 3 元的新价值，正好等于资本所有者垫支的劳动力价值。这样，5 公斤棉纱中就包含了转移的生产资料旧价值 12 元，工人新创造的价值 3 元，共计 15 元。资本所有者按价值把 5 公斤棉纱卖出去，收回 15 元的价值，其中，12 元用于补偿消耗的生产资料的价值，3 元用于补偿劳动力价值，也就是这 15 元正好等于资本所有者生产 5 公斤棉纱的投资量。如果生产过程到此结束，这仅仅是价值形成过程，对资本所有者来说毫无意义，他的生

产目的没有达到。资本所有者并不会就此结束生产过程的，他必须把价值形成过程转化为价值增值过程。

如何使价值形成过程转化为价值增值过程呢？假定上述条件不变，由于资本所有者购买工人一天的劳动力，他当然不会让工人一天只劳动4小时，如果他把工人的劳动时间由4小时延长到8小时，劳动生产率不变。工人在8小时内将生产10公斤棉纱，耗费棉花10公斤，价值20元，为生产10公斤棉纱耗费的机器设备和其他劳动资料的价值为4元，工人在8小时内支出的抽象劳动形成6元的新价值，这样，10公斤棉纱的价值就为30元。资本家按价值卖出10公斤棉纱，收回30元，其中20元补偿消耗的棉花的价值，4元补偿机器设备等劳动资料的价值，3元补偿劳动力价值，共计27元。30元的销售收入减去27元的资本耗费，还余3元。这3元就是增值价值，用字母 m 表示。这表明"价值增值过程不外是超过一定点而延长了的价值形成过程"①。这个一定点就是劳动者再生产劳动力价值的时间。

从上述分析中可以看出，在市场经济条件下，工人的劳动时间实际上分成两部分：一部分是再生产劳动力价值所用的时间，叫必要劳动时间；另一部分是为资本所有者生产增值价值所用的时间，叫剩余劳动时间。所以，增值价值就是劳动者在剩余劳动时间内创造的，归资本所有者占有和支配的价值。如前所述，它在不同的社会制度下有不同的表现形态，体现着不同的经济关系。

从上述分析中还可以看出，资本总公式的矛盾最终得到了解决。资本所有者购买劳动力商品是按等价原则进行的，在生产过程中，劳动力的使用创造了比自身价值更大的价值，资本所有者仍按等价交换原则卖出商品，实现了价值增值。所以，货币转化为资本的过程，既在流通之中又不在流通之中，它是在流通中购买生产要素为增值价值的生产做准备，并通过流通领域的商品售卖活动实现价值和增值价值，但增值价值的产生则是在生产过程中。货币转化为资本的全过程符合价值规律的客观要求，整个过程的关键在于所购买的劳动力商品具有特殊的使用价值，是增值价值产生的唯一源泉。

在市场经济中，资本所有者投资于生产过程中的资本，按照其在增值价值生产中的不同作用，可以分作两部分，即不变资本和可变资本。不变资本是资本所有者用于购买生产资料的那一部分资本，其实物形态包括厂房、机器、设备、原材料、辅助材料等，这部分资本由于在生产过程中不会发生价值量变化，因此称之为不变资本，用字母 C 表示；可变资本则是资本所有者用于购买劳动力的那一部分资本，其物质形态就是劳动力，由于劳动力的使用能创造出比自身价值更大的价值，使价值量发生变化，因而称之为可变资本，用字母 V 表示。不变资本和可变资本的区分，进一步表明增值价值产生的真正源泉是劳动力的使用，机器、设备、厂房等不变资本只是增值价值产生的重要条件，而不是增值价值的真正来源。社会经济发展的实践证明，两者的素质越高，越有利于增值价值的形成。

（二）增值价值生产的一般方法

上面的分析已证明，增值价值产生的真正源泉是可变资本。因而要了解某企业可变资本的增值程度，可以用增值价值与可变资本量的比率来表示，这一比率叫增值价值率，用字母 m' 表示，公式为：

---

① 马克思：《资本论》第1卷，人民出版社1975年版，第221页。

$$m' = \frac{m}{v}$$

由于增值价值是劳动者剩余劳动时间的凝结，是物化的剩余劳动，而可变资本的价值是劳动者必要劳动时间的凝结，因此，增值价值率还可以用以下公式表示：

$$增值价值率 = \frac{剩余劳动时间}{必要劳动时间}$$

在激烈的市场竞争中，一个企业活劳动的增值能力越强，即 m'越高，企业越具活力，竞争能力就越强，在竞争中就会处于有利地位；反之，企业竞争力就弱，就有倒闭破产的危险。所以，每个资本所有者为增强自己的竞争能力，总是千方百计地提高增值价值率。

资本所有者提高增值价值率的基本方法有两种：绝对增值价值生产和相对增值价值生产。

1. 绝对增值价值的生产。企业劳动者的工作日是由必要劳动时间和剩余劳动时间两部分构成的。假定工人的工资即劳动力价值不变，必要劳动时间是个确定量，那么剩余劳动时间就会随工作日的延长而延长，从而增值价值率就会提高。如工人每天工作 12 小时，其中 6 小时为必要劳动时间，6 小时为剩余劳动时间，增值价值率就是 100%。如果资本所有者把劳动日延长到 15 小时，必要劳动时间不变，仍是 6 小时，那么剩余劳动时间就从 6 小时增加到 9 小时，增值价值率也就相应提高到 150%。这种在必要劳动时间不变的条件下，由于工作日的绝对延长而生产的增值价值，叫做绝对增值价值。在资本主义发展初期，这是资本家提高剥削程度的主要方法。

在市场经济中，资本所有者为提高增值价值率，总是力图延长劳动日。例如，在资本主义工业革命初期，资本家为了快快发财，总是想方设法延长工人的工作日。有的国家如英国，当时工人的工作日往往长达 15、16 个小时。但是劳动日是不能无限制延长的，它的最高界限要受到两个因素的制约：第一，生理界限。劳动者在一天 24 小时内，必须有吃饭、休息、睡眠的时间，这是用来补偿工人在生产中的劳动力消耗所必需的。第二，道德界限。在一天之内，工人要有一定的时间用来料理家务、抚育子女、学习文化以及参加一些社会活动，以满足精神的和社会的需要。

2. 相对增值价值的生产。劳动日不能无限制延长，但资本所有者不能就此停止对提高增值价值率的追求，而是采用了另一种方法，即相对增值价值生产的方法。假定劳动日长度为 12 小时，必要劳动时间和剩余劳动时间各为 6 小时，那么，$m' = 100\%$，现在把必要劳动时间缩短为 4 小时，在劳动日长度不变的条件下，剩余劳动时间就从 6 小时增至 8 小时，则 $m' = 200\%$。这种在劳动日长度不变的条件下，用缩短必要劳动时间从而相对延长剩余劳动时间所生产的增值价值称为相对增值价值。

生产相对增值价值，关键是缩短必要劳动时间。如何缩短必要劳动时间？由于必要劳动时间是再生产劳动力价值所必要的时间，因此，要缩短必要劳动时间就要降低劳动力价值。劳动力价值又是由再生产劳动力所必需的生活资料价值构成的。要降低劳动力价值就要降低再生产劳动力所必需的生活资料的价值。这就要求提高生活资料生产部门和与之相关的生产资料生产部门的劳动生产率。一旦这些部门的劳动生产率提高，生活资料的价值下降，劳动力的价值就会降低，从而必要劳动时间就会缩短，剩余劳动时间就会相应延长，生产出相对增值价值。可见，相对增值价值的生产是以全社会劳动生产率的普遍提高为条件的。

整个社会的劳动生产率又是怎样提高的呢？它是在各个资本所有者追逐超额增值价值的竞争中实现的。商品的价值量是由社会必要劳动时间决定的，如果个别企业采用先进技术，提高劳动生产率，使商品的个别劳动时间低于社会必要劳动时间，商品的个别价值低于社会价值，但它仍能按社会价值出售商品，因而，就能比其他企业获得更多的增值价值，即超额增值价值。超额增值价值是商品的个别价值低于社会价值的差额。例如，皮鞋生产部门的一般企业，每个工人在12小时内生产皮鞋2双，每双皮鞋的社会价值为15元，其中生产资料转移的价值为12元，新创造的价值为3元，则工人新创造的价值总额为6元。假定某皮鞋生产企业率先改进了技术，劳动生产率提高1倍，在相同的时间内，该企业每个工人可以生产皮鞋4双，在这4双皮鞋中生产资料转移价值共48元，新创造的价值为6元，共计54元，每双皮鞋的个别价值为13.50元（54÷4），但仍按社会价值每双15元出售，其差额1.5元就是超额增值价值。4双皮鞋共获超额增值价值6元。超额增值价值的源泉仍然是劳动者的剩余劳动，由于它是通过提高劳动生产率而获得的，所以其实质也是相对增值价值。

个别资本家获得超额增值价值只是一种暂时的现象。因为少数企业不可能长期地垄断先进的技术条件，其他企业也会进行激烈竞争，竞相采用新的技术。当先进技术得以普及后，原来的先进条件转化为一般生产条件，全社会劳动生产率会得到普遍提高，单位商品的社会价值下降，从而个别价值与社会价值的差额就会消失，超额增值价值也就随之消失。而这时生活资料价值的降低，带来劳动力价值降低，必要劳动时间缩短，剩余劳动时间可以相对延长，结果使所有的资本所有者都获得相对增值价值。在全社会劳动生产率普遍提高以后，仍会有少数先进企业为追求超额增值价值而采用更为先进的生产技术，降低本企业商品的个别价值，从而吸引其他企业的竞相仿效，带来全社会劳动生产率的进一步提高。因此，随着生产技术的不断进步，相对增值价值就会越来越多地被生产出来。

讨论一下：资本和增值价值在资本主义社会和社会主义社会的性质区别。

绝对增值价值生产和相对增值价值生产作为资本所有者提高可变资本增值程度的两种基本方法，既有联系又有区别。其一，从资本对雇佣劳动的关系看，两者在本质上是一致的。无论是延长工作日还是提高劳动生产率，结果都延长了工人的剩余劳动时间，增加了增值价值的生产。其二，绝对增值价值生产是增值价值生产的一般基础，也是相对增值价值生产的起点。因为，任何生产都必须把工作日绝对地延长到必要劳动时间以上，才能产生出归资本所有者无偿占有的增值价值。同时只有把工作日分割为必要劳动时间和剩余劳动时间两部分，才能以此为出发点，缩短必要劳动时间，相对延长剩余劳动时间，生产相对增值价值。其三，增值价值生产的两种基本方法的物质技术基础不同，在市场经济发展的各个历史阶段起着不同的作用。绝对增值价值生产是在生产技术不变的条件下进行的，而相对增值价值生产则是以生产技术的改进为条件的。在市场经济和社会化大生产发展初期，由于生产技术发展缓慢，资本所有者主要依靠绝对增值价值生产来提高增值价值率，随着市场经济和社会化大生产的发展，技术不断进步，相对增值价值的生产就逐渐成为资本所有者提高增值价值率的主要方法。

（三）生产自动化条件下增值价值的源泉

1. 资本有机构成的提高。资本的构成可以从两方面考察。从物质形态看，资本是由一定数量的生产资料和劳动力所构成，它们之间的比例是由生产技术水平决定的。这种由技术水平所决定的生产资料和劳动力数量之间的比例，叫做资本的技术构成。从价值形态看，由于生产资料的价值表现为不变资本，劳动力的价值表现为可变资本，因而资本又是由一定数量的不变资本和可变资本构成的，它们之间的比例叫做资本的价值构成。资本的技术构成与价值构成之间存在着密切的联系，资本的技术构成决定资本的价值构成，而价值构成的变化通常反映着技术构成的变化。这种由资本的技术构成决定并且反映技术构成变化的资本价值构成叫做资本的有机构成，用公式 $C:V$ 来表示。社会生产各个部门之间的资本有机构成是不同的，同一部门内的不同企业之间，资本有机构成也会有差别。但我们可以用部门或社会平均资本有机构成来研究问题。

2. 自动化生产体系的形成。在生产发展过程中，资本有机构成有不断提高的趋势。资本所有者为了追求更多的增值价值和在竞争中取胜，必然不断改进企业的技术装备，提高劳动生产率，结果带来资本有机构成不断提高。特别是第二次世界大战结束以来，随着第三次科技革命的发展，尤其是电子计算机在生产中的广泛应用，引起了传统机器体系的根本变化，即由人控制机器转向机器控制机器，整个生产过程从原材料的投入到产成品及其包装，都可以由机器控制的机器操作完成，自动化生产体系逐步代替了一般机械化生产体系。

由于自动化生产条件的形成和广泛应用，在发达的市场经济国家，一些企业中对劳动力的需求量大幅度减少，甚至出现了所谓的“无人车间”、“无人工厂”。但是在这样的情形下，企业所获得的增值价值不仅没有减少，反而大大增加了。一些西方经济学者以此为根据，再次弹起了机器和工人共同创造价值和增值价值的老调。比如西方经济学家 F. 马特在他所著的《技术构成与经济》一书中写道：“现代的机器和劳动一样创造价值。”美国社会学家丹尼尔·贝尔更明确地说：“在电子计算机时代，技术起着决定作用，因此，马克思所阐述的价值观念也要改变。过去是劳动创造价值，现在是知识、技术创造价值。”我国理论界一些人在强调技术和人才在当代市场竞争中的重要作用时，也有人把技术的作用夸大到是当代价值创造的源泉。那么，在自动化生产条件下，增值价值究竟从何而来呢？

首先应当肯定，自动化生产的发展，并没有否定马克思劳动价值论的科学原理，增值价值仍然来源于劳动者的剩余劳动。原因如下：

第一，再先进的机器设备也仍然是机器，是生产资料，是不变资本，在生产过程中，只能通过工人的具体劳动把自身的价值转移到新产品中去，不会创造价值，更谈不上创造增值价值了。因为包括“机器人”在内的生产资料，它自身的价值是作为产品生产时就已确定了的，而后在生产过程中只能按磨损程度由工人的具体劳动把它的价值逐渐转移到新产品中去，根本不会发生价值量的变化。所以，先进的自动化生产设备，作为增值价值生产的一个物质条件，虽然能极大地提高劳动生产率，但它只会影响商品使用价值量的增加，而不能成为形成价值和增值价值的源泉。

第二，自动化生产体系的出现，不可能改变劳动者在生产中的主体地位。因为再先进的机器设备，也是由人的劳动创造出来，并通过人的操作和控制才能发挥作用的，离开了人的劳动，不仅先进的机器设备无法诞生，即使产生了也将成为一堆废铁。

第三，自动化生产体系下，生产劳动和生产劳动者的概念扩大了，价值和增值价值是由总体工人的劳动创造的。马克思早在资本主义大机器工业发展阶段之后，面对生产日益社会化的具体情况，就明确指出了生产工人的范围和结构：“随着劳动过程本身的协作性质的发展，生产劳动和它的承担者即生产工人的概念，也就必然扩大。为了从事生产劳动，现在不一定要亲自动手，只要成为总体工人的器官，完成他所属的某一种职能就够了。"① 在当今自动化生产条件下更是如此。在现代企业中，生产劳动并不一定都直接作用于劳动对象，只要参与形成共同劳动产品的活动，都是生产劳动。直接和间接参与生产劳动的人都是生产劳动者，他们是由分工协作关系构成的劳动者总体，或称总体工人。在现代市场经济条件下，价值和增值价值是由总体工人的直接和间接劳动共同创造出来的。

总体工人是怎样共同参与价值和增值价值的创造呢？在现代企业里，每个生产劳动过程都包含着直接和间接的生产劳动。直接生产劳动是直接作用于劳动对象使其成为产品的劳动，间接生产劳动是不直接操作机器使劳动对象变成产品，但却间接参与了促使劳动对象转化为产品的过程。科研活动、生产工艺和产品设计活动、工程技术指导活动、对生产过程的组织、指挥、管理活动等，都是间接劳动。由于间接生产劳动者参与了物质产品的形成活动，其劳动耗费必然凝结于商品中，形成价值与增值价值。而且，由于间接劳动者的劳动大都是复杂劳动，相同的时间内创造的价值和增值价值更多。所以，自动化生产越发展，间接生产劳动在总劳动中所占比重越大，在价值和增值价值创造过程中发挥的作用就越大。

综上所述，在生产自动化条件下，增值价值产生的源泉并没有改变。

三、增值价值规律是市场经济的基本规律

市场经济的基本规律是增值价值规律。增值价值规律的基本内容和要求是：以劳动力的商品化为前提，以企业生产为条件，在市场机制的作用下，通过生产要素的合理配置、优化组合和先进科学技术手段的运用，生产和实现尽可能多的增值价值，促进社会财富的累进递增。市场经济的这一基本规律包括社会生产的基本条件、生产的目的和实现目的的手段。

传统经济学把价值规律确定为商品经济一切发展阶段共有的基本规律。这种认识不符合市场经济的客观实际。所谓基本经济规律，是在一定社会经济形态中的经济规律体系中居于主导地位的规律，它决定着该社会经济形态下经济运动的实质，决定着这种经济形态发展的方向和趋势，是各个经济主体从事经济活动的直接目的和动机，并成为社会经济运动各个方面、各个环节所围绕的轴心。根据基本经济规律内容和地位的这些规定性，我们可以看到，价值规律作为商品经济各个发展阶段的一般规律，在商品经济发展的不同阶段，所处的地位是不相同的。在简单商品经济阶段，小商品生产的重点在于解决商品的价值如何决定和如何实现的问题。这个问题是商品生产者最为关注的问题，它贯穿于简单商品经济运动的全过程，决定着简单商品经济的实质，也是推动简单商品经济向市场经济发展的动力。因而价值规律是简单商品经济的基本规律。

在市场经济条件下，社会经济运动的实质不在于价值的决定与实现，而在于增值价值的生产和实现。追求最大限度的价值增值是市场经济条件下各经济行为主体从事生产经营活动的直接目的和动机。在市场经济条件下，生产是为了创造增值价值；交换是为了实现增值价值；分配是为了通过对增值价值的分割增进社会占统治地位的阶级和集团的利益；消费是通过增值价值的使用来提高消费水平。增值价值成为市场经济运动的轴心。各经济行为主体对增值价值的追求，推动了社会生产力的发展，促进着社会经济的繁荣，并为市场经济向更高

---

① 《马克思恩格斯全集》第23卷，人民出版社1982年版，第205页。

形态的经济形式过渡准备着日益充分的物质条件。市场经济条件下的其他经济规律如价值规律、竞争规律、供求规律、平均利润率规律和资源优化配置规律等，都是在增值价值规律的支配下发生作用的。

增值价值规律对市场经济的运行和发展具有重要的支配和推动作用。表现在：

第一，追求增值价值的最大化是各经济行为主体从事其活动的直接目的和决定性动机。大利大干，小利小干，无利不干是市场经济的法则。“利”指的就是增值价值。各经济行为主体对增值价值的追求是无止境的，由此决定了市场经济运动的实质是增值价值的生产和实现。

第二，增值价值是市场经济运行的轴心，它决定着市场经济的一切主要方面和主要过程。在市场经济条件下，所有生产经营单位在各个领域的各种活动，都以能否带来增值价值及增值价值的多少为转移；社会财富的丰裕程度以全社会实现的增值价值的多寡为标志；社会物质文明的进步程度也由其创造和实现增值价值的能力来决定；整个社会的生产、分配、交换、消费等活动都要受到增值价值规律的支配。

第三，对增值价值的追求是市场经济发展的源泉和动力，决定着市场经济产生、发展和消亡的全过程。市场经济在追求增值价值的动力行为方式下产生，而在生产中，各个企业为了获得较多的增值价值而竞相改进技术、提高劳动生产率，为市场经济的发展提供了强大的动力。各经济行为主体对增值价值的追求，促进了社会生产力的发展，社会财富的增加，也为市场经济向更高级经济形式的过渡准备着日益充分的物质条件。

阅读材料 

警惕美在市场经济地位问题上过高要价

中国商务部新闻发言人姚坚表示，中美双方将在中美商贸联委会上对尽早承认中国市场经济地位问题作进一步探讨。美国商务部部长骆家辉也证实，由于近期奥巴马总统提出要重新评估中国市场经济地位问题并要求美国有关部门共同执行，此次商贸联委会上将就中国市场经济地位问题作出探讨。

接受采访的专家表示，应警惕美方在“市场经济地位”问题上过高要价，对结果也不应过于乐观。

按照中国2001年加入世界贸易组织（WTO）时的协定，在加入后15年内，各WTO成员有权决定是否给予我国以完全的市场经济地位。

市场经济地位对我国的影响，主要体现在对我国出口的反倾销、反补贴调查上。如果我国具有市场经济地位，则调查将以我国国内价格为标准来确定我国出口价格是否合理。

只有国内价格显著高于出口价格，才能被认定为倾销或补贴。如果我国不具备市场经济地位，则常常以第三国国内价格作为替代来推算我国国内价格。

欧美等国在许多情况下选择的第三国价格都会比我国高很多，而没有根据中国的实际、中国企业的正常生产经营成本来计算反倾销的具体指标，测算的公正性大打折扣，往往使很多无辜企业被认定有倾销或补贴行为，并被征收高额反倾销税或反补贴税。

尽快承认中国的市场经济地位，有助于中国企业在国际市场上获得公平竞争的环境，也防止个别国家和企业采取这些措施歧视中国企业。

自2001年中国加入WTO以来，8年时间过去了。尽管至今已经有97个WTO成员承认了中国的市场经济地位，但美国、欧盟、日本至今不予承认。

根据WTO协议规定，中国在2016年将自动获得市场经济地位。清华大学中美关系研究中心高级研究员周世俭指出，美国手里握着的市场经济地位这个谈判筹码的含金量会越来越少。

早前公布的首轮中美战略与经济对话框架下经济对话联合成果情况说明称，美方承认中国在市场改革方面不断取得的进展，并将切实考虑中方关切，通过中美商贸联委会以一种合作的方式迅速承认中国市场经济地位。

周世俭说，美方可能会先打出货币自由兑换这张牌，作为承认中国市场经济地位的交换条件，但是中国现在还做不到，因为中国之所以能够在亚洲金融危机和此轮经济危机中幸免就是因为货币不可自由兑换这道防火墙，因此美国会退而求其次，改为压人民币升值。

周世俭同时也指出，从最新统计数据看出口形势似乎有所好转，但是还不能说明出口已经稳步回暖，在目前的形势下，人民币升值对中国极为不利，这次会议美国仍然不会承认中国市场经济地位。

商务部研究院美大研究部主任李伟也表示，美国对市场经济地位有几条硬标准，中国难以得到他们的认同，市场经济地位的议题不太可能谈成。

实际上，美国已非第一次作出相关承诺，2008年6月份的第四次中美战略经济对话中，美国就表示将承认中国市场经济地位，但显然这个承诺仍未实现，过去一年来，美国仍对中国提起了多项反倾销的诉讼。

姚坚指出，坚持对外开放、坚持社会主义市场经济体制建设是中国的既定目标，并不需要别人承认。这次金融危机也表明，即使在所谓市场经济很完善的体制下，也会产生诸多问题。所以，判断哪种经济体制更符合本国经济发展，中国更有发言权。

资料来源：http：//finance. QQ. com，2009-10-29，《经济参考报》。

思考分析：(1) 社会主义市场经济和资本主义市场经济有什么不一样？(2) 怎样看待“尽管至今已经有97个WTO成员承认了中国的市场经济地位，但美国、欧盟、日本至今不予承认”？

重要概念

市场　市场体系　市场运行机制　资本　增值价值　资本有机构成　增值价值规律

实训练习

(一) 判断分析

1. 在发达商品经济条件下，被称为市场体系三大支柱的市场是商品市场、技术市场和信息市场。　(　　)

2. 影响市场需求量的首要因素是消费者的收入水平。　(　　)

3. 在发达的市场经济条件下，无论在任何时候，任何情况下，市场机制都能实现对社会经济运行的调节作用。 ( )

4. 市场经济条件下的市场需求表现为有支付能力的需求。 ( )

5. 货币是资本的最初表现形态，因此货币与资本是没有本质区别的两个范畴。( )

（二）问题解答

1. 市场机制作用的充分发挥应具备哪些条件？

2. 为什么说竞争是市场经济的灵魂？

3. 为什么说劳动力成为商品是货币转化为资本的关键？

4. 为什么说增值价值规律是市场经济的基本规律？

观念运用

运用市场经济的有关理论，分析应该怎样发展和完善我国社会主义市场经济。

第四章

所有制和经济制度

学习要点

- 所有制的含义
- 所有制与所有制形式的区别与联系
- 经济制度的含义和类型
- 两种基本社会经济制度的关系

第一节　所有制和所有制形式

一、所有制

所有制是生产资料所有制的简称。生产资料所有制是指生产资料占有、使用、处置并获得收益等一系列经济权利和经济利益关系的总和，就是生产资料归谁所有。它是由社会生产组织方式、社会生产的交换方式、社会生产成果的分配方式等内容来综合体现的动态过程。生产资料的占有形式，是归个人、什么阶级、什么社会集团占有，亦即资产的归属问题，就是所有制。马克思说："财产最初无非意味着这样一种关系，人把他的生产的自然条件看作是属于他的，看作是自己的。"① 生产资料所有制反映了生产过程中人与人之间在生产资料占有方面的经济关系。生产资料的所有制结构，是指不同的生产资料所有制形式，在一定社会经济形态中所处的地位、所占的比重，以及它们的相互关系。居于支配地位的所有制性

① 《马克思恩格斯全集》第46卷（上），人民出版社1979年版，第496页。

质，决定了该所有制结构的性质。可从以下三个层面来进一步分析和认识：

第一，生产资料所有制首先是一种物质利益关系。人们要占有生产资料的原因在于占有生产资料能为自己带来好处，归根到底是能够为自己谋取一定的物质利益。离开了物质利益这一人类社会的利益本原，人们对生产资料的占有也就失去了全部意义，也就不可想象历史上不同的阶级为改变对生产资料的占有关系从而改变其阶级地位所进行的阶级革命。在资本主义社会，资本家占有生产资料，目的是为了获得马克思所说的那个“金蛋”，也就是工人创造的增值价值。在社会主义社会，国家作为社会的代表占有国有资产，同样是为了国有资产的保值增值，获得国有资产经营带来的利润。尽管社会主义国家获得利润的最终目的和用途与资本家截然不同，但物质利益关系作为生产资料所有制的本质属性，却不会因社会制度和生产资料占有关系的性质不同而改变。

第二，生产资料所有制表现在法律上，是一种权力关系。这种权力关系与生产资料所有制的所有、占有、支配和使用关系相对应，分别表现为所有权、占有权、支配权和使用权。其中，所有权是生产资料所有关系的法律表现，在上述几种权力中具有决定意义，它在总体上制约着占有权、支配权和使用权；占有权是对生产资料占有关系的法律界定，它作为所有权的一种权能，可以支配和使用生产资料；生产资料支配权，是所有者和占有者为了实现既定的生产目的而决定生产资料投向那里的权力；使用权则是生产资料使用关系的法律表现，它是生产资料所有者或占有者在生产资料投向既定的条件下，具体运用生产资料以实现生产目的的权力。这四种权力可以是一体的，比如，生产资料的所有者自己直接从事生产经营，所有者集所有权、占有权、支配权和使用权于一身，就属于这种情况；另外也可以是分离的，也就是所有者自己不从事生产经营，而是将生产资料交给他人从事生产经营，在这种情况下，生产资料的占有权、支配权和使用权就分离了出去，所有者可以凭借生产资料所有权从经营者那里获得一定的收入，而占有权、支配权和使用权一并组成经营管理权，归经营者掌握。

第三，生产资料所有制是生产关系的基础。有关于生产关系的概念，在前面部分章节已经有所涉及。生产关系作为人们在生产过程中所结成的社会关系，就体现经济制度和社会性质的层面而言，主要包括生产资料所有制形式、生产过程中人与人之间的关系和产品分配形式。但是，这三个方面的内容在生产关系中是不能等量齐观的，或者说它们各自所处的地位是不同的。由于生产资料是基本的生产条件，因此，谁占有了生产资料，谁就可以主宰整个生产过程，谁就可以支配生产和交换，谁就能够占有劳动成果进而决定消费。所以，生产资料所有制是生产关系的基础，它决定着人们在生产中的一定地位和相互关系，决定一定社会生产关系的性质。如，在资本主义制度下，生产资料被资本家所垄断，劳动者要谋生，就不得不把自己的劳动力出卖给资本家。这就决定了资本家在生产过程中的支配地位，劳动产品也归资本家所有；决定了资本家可以无偿占有工人创造的增值价值，而工人只能获得维持劳动力再生产的劳动力价值。因此，资本主义制度下生产资料归资本家所有，就决定了资产阶级与无产阶级的关系，只能是剥削与被剥削的关系。

二、所有制形式

所有制形式是指人们在不同的社会形态中对物质资料的占有形式，通常指对生产资料的占有形式。在社会发展的不同阶段，存在着与生产力发展水平相适应的生产关系，不同的生产关系包含着不同性质的所有制形式。所有制决定着人们在生产中的地位及分配、交换关系，也决定着社会存在性质和政治法律制度。它是一切社会不可缺少的条件，是人们进行生产的前提。所有制形式，是由所有制的主体即资产的所有者决定的。所有者不同，所有制形式也就不同。如归个人所有是私有制，归公共所有是公有制。

从所有制和所有制实现形式的关系看，一种所有制可以有多种实现形式。所有制和所有制的实现形式是两个既相互联系，又不相同的概念。同一种所有制可以有多种实现形式，不同所有制也可以采取同一种实现形式。如在资本主义国家，有业主制、合伙制、有限责任制、股份有限公司等多种资本组织形式和经营方式，但并没有改变资本主义私有制的实质。

总之，所有制与所有制实现形式不能混为一谈，它们之间是内容与具体形式的关系，同一内容可以有多种表现形式，而同一形式也可以表现不同的内容。比如，“红色娘子军”这个革命故事，可以用小说的形式来表现，也可以用戏曲的形式来表现，还可以用舞蹈这种形式来表现；相反，同样是戏曲这种形式，可以表现进步的、革命的内容，也可以表现颓废的、反动的内容。所有制与所有制实现形式之间的关系也是如此。

三、公有制和公有制的实现形式

公有制是指生产资料归劳动者共同所有的形式。所有制关系是生产关系的组成部分，生产力决定生产关系，从而生产力决定所有制关系，即公有制是与一定的生产力发展水平相适应的所有制形式。在生产资料公有制的条件下，人们建立起了新型的生产关系。人们共同占有生产资料进行共同劳动，共同占有产品，从而为消灭剥削奠定了基础。

思考一下：是不是说只有公有制才是最好的所有制？

在人类社会中出现了两种公有制形式：一是原始公社的公有制，它是生产力水平极低的一种公有制。在这种生产关系下，部落成员按年龄、性别分工，共同采猎，所有成员平均分享劳动成果。随着新的生产工具的出现，促进了生产力的发展，使得个体劳动成为可能，从而原始公有制让位于私有制。另一个公有制是社会化大生产条件下的社会主义公有制。它是无产阶级利用革命暴力夺取政权，建立了生产资料公有制，即生产资料的全民所有制和集体所有制。

我国在进行经济体制改革以后，公有制形式出现了新的变化。在以公有制为主体多种经济成分共存的条件下，出现了股份制形式，以及以公有经济与外商及港澳台地区私人资本合资和合作的经济形式等。总之，由于生产力发展水平最终决定生产关系的性质，社会主义公有制形式还在不断完善中。

随着以建立社会主义市场经济体制为目标的经济体制改革的深入和对所有制实现形式认识的深化，1997 年党的十五大提出：“公有制实现形式可以而且应当多样化，一切反映社会化生产规律的经营方式和组织形式都可以大胆利用。要努力寻找能够极大促进生产力发展的公有制实现形式。股份制是现代企业的一种资本组织形式，有利于所有权和经营权的分离，有利于提高企业和资本的运作效率，资本主义可以用，社会主义也可以用。不能笼统地说股份制是公有还是私有，关键看控股权掌握在谁手中。”① 十五大报告还同时对股份制这一现代企业的资本组织形式，给予了明确肯定，作出了重大的理论突破，表明了所有制和所有制

① 江泽民：《高举邓小平理论伟大旗帜，把建设有中国特色社会主义事业全面推向二十一世纪》（1997 年 9 月 12 日），《江泽民文选》第 2 卷，人民出版社 2006 年版，第 20 页。

实现形式是两个不同的概念，股份制可以是所有制的实现形式，其本身不姓“社”也不姓“资”。在这样的精神指导下，公有制的实现形式开始寻找更多的新路子。

党的十六届三中全会提出，积极推行公有制的多种有效实现形式，大力发展国有资本、集体资本和非公有资本等参股的混合所有制经济，实现投资主体多元化，使股份制成为公有制的主要实现形式。这是我国公有制实现形式认识的重大突破，为公有制经济的实现形式开辟了新的道路，必将极大解放和发展我国社会生产力。其中，“使股份制成为公有制的主要实现形式”的方针，这意味着，我国在如何全面理解公有制方面有了新的思路，已完全摆脱了计划经济条件下对公有制的理解，国有企业多元化的速度将会大大加快。

第一，股份制成为公有制的主要实现形式有助于完善社会主义初级阶段的基本经济制度。社会主义初级阶段的基本经济制度就是以公有制为主体，多种经济成分共同发展。如何坚持公有制的主体地位特别是国有经济的主导地位，这就需要创新公有制特别是国有制的实现形式。如果还固守传统公有制的实现形式，即国家所有、国家经营或传统的集体所有制，必然阻碍生产力的发展，削弱公有制的力量，不利于坚持公有制的主体地位。把股份制作为公有制的主要实现形式，不仅仅是企业制度层面的改变，而且是对社会主义初级阶段基本经济制度内涵的创新。把股份制作为公有制的主要实现形式，一是可以保持公有制的主体地位，公有资产特别是国有资产的最终所有权可以通过股份制的形式加以实现。二是通过股份制可以更好地发挥公有制的主体地位特别是国有制的主导作用。通过股份制的方式，国有企业不需要100%的股权，甚至不需要绝对控股，只要相对控股就可以了，公有产权可以充分发挥“乘数”效应，起到“四两拨千斤”的作用。三是可以保持公有资产特别是国有资产的保值和增值。从企业制度发展的历史来看，股份制是适应现代市场经济的有效的企业财产组织方式，也是在企业规模达到一定程度之后能够保持高效率运营的最佳企业制度。因为它具有资产主体的多元性、资产的长期延续性、风险的有限性、资产结构的小单元性和良好的社会评价和监督机制。

第二，股份制成为公有制的主要实现形式有利于政企职责分开。在传统体制下，政府直接办企业，导致政府和企业职能的错位，政府承担了国有资产所有者、企业经营者、社会管理者、公共服务提供者等多项职能。其结果是政府干了许多干不了、干不好也不该干的事，企业由于没有相应的自主权，活力不足。实行股份制，所有者享有最终所有权，企业享有法人财产权。政府作为所有者之一与其他所有者一样享受所有者的权利，不能直接干预企业的经营活动，切断了政府直接干预企业的脐带，实现了政企分开。

第三，股份制成为公有制的主要实现形式可以保证公有资产的所有者更有效地对企业实施外部监督。特别是可以通过用手投票、“用脚投票”的方式行使权利，把公有资产投入到收益最大的部门或行业，实现公有资产的保值增值。

第二节 经济制度

一、经济制度概述

经济制度是指国家的统治阶级为了反映在社会中占统治地位的生产关系的发展要求，建立、维护和发展有利于其政治统治的经济秩序，而确认或创设的各种有关经济问题的规则和措施的总称。

经济制度构成一个社会的经济基础，它决定其政治制度和社会意识形态，并受到政治法律制度的保护。先进的社会经济制度，会推动生产力的发展和社会的进步；落后的社会经济制度，会阻碍生产力的发展和社会的进步。在不改变旧的经济制度，生产力就不能发展时，必然会爆发社会革命。社会革命的结果是推翻旧的经济制度，建立新的经济制度。随着经济制度的变革，政治、法律、文化、思想等上层建筑也会发生变革。历史上任何一种经济制度的出现，归根到底，都是由社会生产力的发展状况决定的。经济制度是区分人类历史上不同社会经济形态的标准，也是区分同一社会形态不同发展阶段的标准。

首先，经济制度是生产关系的总和。生产关系是人们在生产过程中所形成的人与人之间的关系，由三个方面构成：生产资料归谁所有、人们在生产中的地位和相互关系、产品如何分配。其中生产资料归谁所有是最基本的、决定的方面，是生产关系的基础，决定生产关系的性质和根本特征，是社会经济制度的基础，是区分经济制度、社会制度的根本标志。

生产资料所有制形式，其实质是生产资料归谁所有、为谁所支配的问题，它决定了生产关系的其他方面。因为谁占有了生产资料，谁就在生产过程中居支配地位，产品的分配也必然是按照有利于生产资料占有者的原则进行，从而也就决定了社会生产的目的。所以，生产资料所有制决定生产关系的性质和根本特征，是社会经济制度的基础，是区分经济制度、社会制度的根本标志。我国要坚持社会主义道路，就必须坚持生产资料公有制的经济基础。

其次，在一定历史时期，社会中占主要地位的生产关系几个方面的总和，就构成了该社会的经济制度。例如，在日本、美国，虽然社会生活中存在一定的小私有制经济，也有国有经济，但是，其生产资料的资本主义私人占有制占主要地位，所以，它们的经济制度是资本主义制度。

最后，社会生产包括生产力和生产关系，生产力决定生产关系，生产关系具有反作用。生产关系对生产力的反作用可以是促进作用，也可以是阻碍作用。

二、经济制度的历史发展

按照马克思主义关于人类社会发展阶段的学说，人类历史上经历了五种依次更替的经济制度，即原始公社经济制度、奴隶制经济制度、封建制经济制度、资本主义经济制度和社会主义经济制度。

（一）原始公社经济制度

原始社会的生产关系是由原始社会的生产力决定的。当时，人们刚刚从动物界分离出来，还没有完全脱离动物状态，生产经验不多，劳动技能也很低下，在同自然界的斗争中所使用工具是石器。最初使用的主要是经过粗糙打制成的石器，被称作“旧石器”；经过多少万年之后，才出现了经过磨制的石器，如石刀、石矛、石斧等，被称为“新石器”。在长达二三百万年的原始社会中，生产力也在缓慢的向前发展，在原始社会的末期终于出现金属工具，但作为原始社会的生产力典型代表的却是石器。同这种生产力状况相适应，原始社会生产关系的基础是生产资料的原始公社所有制。这就是说，在一个公社的范围内，生产资料如土地、牧场、牲畜、船只、住房以及产品，都归全体公社成员所有。只有那些随身带作武器的生产工具，如弓箭、长矛等，才归公社成员个人所有。

生产资料的原始公社公有制，决定了原始公社成员在生产中的地位和相互关系的平等与互相合作的关系。由于生产力极其低下，原始人凡有劳动能力的都必须参加集体劳动。参加劳动的人按性别和年龄实行自然分工。比如，男子从事打猎、捕鱼和制造工具，妇女从事采集、纺织、缝纫、制作和分配食物，老人制工具，儿童帮助妇女劳动。在共同劳动的过程中，原始人结成一种平等和互助合作的关系。

生产资料公有制与劳动者之间平等和互助合作的关系，决定了产品归原始公社全体成员所有并实行平均分配。在生产力水平极低的情况下，劳动产品非常有限，连维持社会成员的最低生活需要都有困难。由于没有什么剩余产品，所以不可能产生人剥削人的现象。这时，劳动产品只能在所有公社成员之间进行平均分配。

生产资料归原始公社全体成员公有，在共同劳动中结成平等和互助合作的关系，以及对产品实行平均分配，这就是原始社会生产关系的基本特征。原始公社的生产资料公社所有制，虽然也是一种公有制，但这种公有制只限于一个氏族公社的狭小范围，这是由当时低下的生产力水平决定的。当生产力发展了，劳动生产力提高了，开始出现剩余产品时，就不可避免地出现人剥削人的现象，公有制要由私有制所代替。当然，这是一个漫长的历史过程。

首先，金属工具的出现，使个体劳动成为可能。随着金属工具的出现，劳动效率大大提高，于是，集体劳动便逐渐过渡到个体劳动，生产资料私有制也随之出现。

其次，社会分工和交换的发展，加速了私有制的产生。生产力的发展引起了社会分工，游牧部落从其余的野蛮人群中分离出来，这是第一次社会大分工。后来，手工业又和农业分离，称为第二次社会大分工。这时，出现了以交换为目的商品生产，从而使交换进一步得到发展。

最后，商品货币关系的发展对私有制的产生起了重要的促进作用。在公有制逐渐瓦解的过程中，出现了货币。同时，私有制的出现引起了原始公社制度的解体，使经济生活发生了深刻的变化。随着生产力的发展，劳动生产力的提高，出现了剩余产品，这便使剥削成为可能。同时，私有制的发展也导致财产占有不平等，于是人类社会第一次分裂为剥削阶级和被剥削阶级——奴隶主阶级和奴隶阶级。

建立公有制基础之上的原始公社，由于在经济上是平等的，因而人们在社会生活各个方面，习惯地遵循着真正平等自由的原则，除了舆论，没有任何别的强制手段。当公社分裂为不同阶级，出现了人剥削人的现象后，情况就不同了。这时，需要一种前所未有的专门用来维护剥削阶级利益的组织，这种组织就是国家。国家是阶级斗争的产物，它是统治阶级为了维护本阶级的利益而镇压和统治另一阶级的暴力机关。从此，原始公社制度瓦解了，人类进入阶级对抗的社会。

（二）奴隶制经济制度

奴隶制是人类历史上第一个剥削制度。奴隶社会生产关系的基础，是奴隶主占有土地和其他生产资料，并完全占有直接生产者——奴隶。奴隶不仅没有人身自由，而且人身也属于奴隶主，奴隶主可以任意转让、买卖甚至屠杀奴隶。奴隶根本不被当人看待，只被看做是会说话的工具。奴隶主完全占有直接生产者——奴隶，奴隶被降低到工具的地位，这是奴隶制不同于其他剥削制度的基本特点。

奴隶主既然占有生产资料和奴隶，因而奴隶的劳动成果就被奴隶主所占有。奴隶主不仅占有了奴隶所生产的全部剩余产品，而且还占有很大一部分维持奴隶个人生活的必要产品。凭借生产资料的所有权，无偿地占有别人的剩余劳动或剩余产品，就叫做剥削。随着社会生活的发展和多样化，奴隶社会的阶级结构也变得复杂了。除了奴隶主和奴隶这两个基本阶级结构以外，还有位数众多的个体农民和手工业者；以及商人和高利贷者。个体农民和手工业者占有少量的生产资料，依靠自己和劳动过活，在政治上享受某些公民的权利。他们和奴隶主一起被称作自由民，但除其少数人比较富裕外，绝大多数在奴隶主和奴隶制国家的盘剥下，经济地位比较低下而且极不稳定。至于商人和高利贷者则是奴隶主阶级帮凶，他们同奴隶主一起，残酷地剥削奴隶和小生产者。但不容忽视的是，商业资本和高利贷资本这些古老的资本形态，对奴隶的发展起了重要的促进作用。

关于奴隶制在社会发展中所处的地位和作用，恩格斯这样说过："我们永远不应该忘记，我们的全部经济、政治和智慧的发展，是以奴隶制既为人所公认、同样又为人所必须这种状况为前提的。在这个意义上，我们有理由说：没有古代奴隶制，就没有现代的社会主义。"① 奴隶制度的产生，是生产关系一定要符合生产力的性质规律发生作用的结果，它推动了生产力的发展和科学文化艺术的繁荣，并为此后社会经济和文化发展奠定了基础。第一，它使生产工具得到了改进，金属工具被普遍使用，这比以石器为主的原始社会向前跨进了一大步。生产工具的改良和生产技术的进步，推动了生产的发展和生产率的提高。第二，奴隶制经济使用大量的奴隶劳动，这既可以发挥劳动协作的优越性，也可以使农业和手工业之间的社会分工进一步发展。第三，在奴隶社会出现了城市和乡村，脑力劳动和体力劳动的分工。第四，奴隶制减少了对劳动力的破坏。

奴隶制度把社会生产力向前推进了一步，但当生产力发展到一定程度后，它又成了生产进一步发展的障碍。生产关系和生产力的这种矛盾，首先表现为奴隶反抗奴隶主的激烈的阶级斗争，这种斗争达到一定程度，就要爆发奴隶起义。其次，还表现在奴隶主阶级和广大小生产者之间矛盾的增加。波澜壮阔的奴隶起义，沉重地打击了奴隶制阶级的反动统治，对奴隶制的瓦解和灭亡起了决定作用。

（三）封建制经济制度

封建制度生产关系的基础，是封建主阶级占有土地等生产资料和不完全占有生产者——农奴和农民，这是封建主义所有制的特点。在封建社会中，地主阶级占有大部分土地，而占人口绝大多数的农民确只有土地的极少部分，为了生存，他们不得不租种地主的土地，忍受地主的奴役和剥削。正因为农奴被不完全占有，处境有所改善，生产上有一定的独立性，因而对生产比较关心，有利于生产的发展。和奴隶制生产关系相比，封建主义生产关系进步之处正在于此。

封建制度的一个不可缺少的条件，就是农民对地主的人身依附。所谓人身依附，是指农民没有完全的独立人格，人身从属地主，受地主的支配。以欧洲封建社会的农奴为例，农奴是地主的财产，被固着在土地上，地主可以连同土地一同转让、抵押甚至出卖。农民对地主的这种依附关系，实际上正是封建制度下地主对农民不完全占有的表现。在小私有经济的条件下，正是由于封建主具有支配农民人身的权力（从农民方面说就是农民对封建主的人身依附），才能够迫使农民为其劳动。这就是所谓超经济的强制。超经济的强制是指封建主对农民的一种以人身依附关系为特征的经济外的强制。这种超经济强制对巩固和加强封建主的剥削和统治起了很大的作用。

---

① 《马克思恩格斯选集》第1卷，人民出版社1972年版，第256页。

在封建制度下，地主阶级剥削农民的主要形式是封建地租。封建地租是封建地主凭借土地所有权和借助于超经济强制，无偿占有农民的剩余劳动的经济形式，它体现了地主阶级与农民阶级之间的剥削和被剥削的关系。

在封建社会末期，商品经济的发展必然导致资本主义生产关系生产。在封建社会内部，资本主义的自发发展是一个比较缓慢的过程。14 世纪末到 15 世纪初，资本主义萌芽开始在地中海沿岸的一些城市中出现，并自发地发展着。15 世纪末，由于发现了从美洲和欧洲通向印度的航路，出现了能容纳大量商品的世界市场，资本主义原来那种发展速度，已不能适应新形式的需要，要求得到迅速的发展。于是大地主、资产阶级就应用暴力手段来加速资本主义的形成，于是便开始了资本的原始积累。

（四）资本主义经济制度

1. 资本主义生产关系的产生。资本主义生产关系是建立在生产资料私人占有基础上的资本与雇佣劳动的关系。这样一种生产关系的产生需要具备两个条件：一要有大量的货币财富转化为资本；二要有大批一无所有的雇佣劳动者。只有具备这两个条件，资本主义生产关系才能产生。

首先，这两个条件最初是在小商品生产者两极分化的基础上产生出来的。小商品生产即简单商品生产。在封建社会末期，在价值规律和竞争规律的作用下，小商品生产者挣脱了封建主的束缚，纷纷涌向城市，少数生产条件好，技术熟练的生产者就赚钱多，生意兴隆，成为富有者，最后发展到雇佣工人劳动，成了资本家；大多数生产条件差的手工业者，就赚钱少，或不赚钱，甚至亏本，最后沦为靠出卖劳动力为生的雇佣工人。这样就产生了资本主义生产关系。可见，最初的资本主义生产关系，是从小商品生产者两极分化的基础上萌芽的。

其次，商业资本促进了资本主义生产关系的形成。商人通过各种方式剥削和控制小生产者，使他们不断贫困和破产，从而使货币逐渐集中到少数人手中。

在农村，随着商品经济的发展，货币的权力愈来愈大。封建主追求货币地租的欲望增大，加重了对农民的剥削。农民为了缴纳货币地租，不得不将劳动产品拿到市场出售，商人则利用这种情况盘剥农民。由于农民被卷入商品经济旋涡，受地主和商人的双重剥削，处境恶化，两极分化急剧发展，一些农民破产而放弃了自己的经营，成了靠出卖劳动力为生的雇佣工人；一些富裕者利用手中积累起来的货币从事资本主义经营，成为农业资本家，形成了农业中的资本主义生产关系。

小商品生产者的分化产生资本主义生产关系是一种缓慢的自然演变过程。15 世纪末，新兴的资产阶级借助于暴力，促进生产者和生产资料的分离，加速货币财富积累的过程，使产生资本主义生产关系所需要的两个条件迅速形成。因为这个过程发生在资本主义生产方式确立之前，所以马克思把它叫做资本的原始积累。

资本原始积累是新兴资产阶级使用暴力手段剥夺农民和积累货币财富，为加速资本主义生产方式迅速形成创造必备条件的历史过程。资本原始积累的一个重要方面，是新兴资产阶级野蛮剥夺农民土地，迫使大批农民同土地分离，沦为无产者，从而保证发展资本主义生产所必需的劳动力，这是资本原始积累的基础。它以 15 世纪末到 19 世纪中叶英国发生的强夺农民土地的“圈地运动”最为典型。

资本原始积累的又一个重要方面，是强盗式掠夺货币财富，保证发展资本主义生产所必需的资本。欧洲新兴资产阶级通过殖民战争，在亚洲、非洲和美洲推行殖民制度，发动商业战争，贩卖奴隶和鸦片，抢夺、搜刮黄金和财物，集中起大量资本。在300多年时间里，西方殖民者仅从美洲就掠夺了几百万公斤的黄金和上亿公斤的白银，从非洲至少掠夺了1亿黑人奴隶。英国通过鸦片战争，以战争赔款方式从中国掠夺了大量白银。英国女王伊丽莎白时代，通过海盗船只带回的赃物达1 200万英镑之多。在国外进行疯狂掠夺的同时，资产阶级还通过国债制度、课税制度和保护关税制度，加强对国内人民的掠夺。

由此可见，资本原始积累的实质就是资产阶级运用暴力手段，迫使生产者与生产资料相分离，并把生产资料和货币财富集中到少数资本家手中的历史过程。正如马克思所说，整个资产阶级的发展史，“是用血和火的文字载入人类编年史的”。①

2. 资本主义制度的确立。资本原始积累加速了资本主义生产关系的发展，壮大了资产阶级的力量。但是，当时占统治地位的封建主义生产关系和上层建筑，却严重阻碍着商品经济的发展，限制着资本主义的成长，新兴资产阶级与封建统治阶级的矛盾日益尖锐，最终爆发了推翻封建制度的资产阶级革命。

1640年到1688年，英国爆发了资产阶级革命并取得胜利，18世纪后半期，美国和法国相继取得了资产阶级革命的胜利，建立了资产阶级专政的国家。资产阶级政权的建立，破除了封建王权、封建割据和闭关自守的状态，解除了封建的人身依附关系，打破了手工业行会的禁锢，为资本主义经济进一步发展扫清了道路。

但是，资本主义制度要彻底战胜封建制度，牢固确立自己的统治地位，必须彻底摧毁自然经济，建立起与自己相适应的物质技术基础。这个物质技术基础是通过产业革命来建立的。产业革命最早发生在英国。18世纪30年代，英国的约翰·怀亚特发明了纺纱机，揭开了产业革命的序幕。纺纱机的运用，推动了织布业的技术革新，在此基础上出现了织布机，随后又产生了蒸汽机。由于社会分工的发展，各部门之间联系日益紧密，一个部门的技术革新，又引起了其他部门的技术进步。在纺织业技术革新的推动下，产业革命向纵深发展，其他部门如冶金业、交通运输业、采掘业等也纷纷走上了技术革新的道路。到19世纪30年代末，英国基本上完成了产业革命。美、法、德、俄、日等国在19世纪内，也先后开始并完成了产业革命。

机器大工业的出现，促进了社会生产力突飞猛进的发展，它极大地提高了劳动生产率，促进了社会分工的深入发展，使生产规模迅速扩大和产品数量急剧增加，使社会财富累进递增。所有这些都为资本主义经济制度的确立奠定了牢固的物质技术基础，也使得资本主义在全世界建立了它的统治，它把世界上一切国家、一切民族囊括到资本主义机器大工业所建立起来的世界市场体系之中，使人类社会的发展进入到一个新的历史时代。

3. 生产资料的资本家私人占有制度。资本主义经济制度作为人类社会历史上的最后一个剥削制度，其赖以建立的经济基础是生产资料的资本家私人占有制。

生产资料的资本家私有制是指资本家占有最基本的生产资料——资本，其实物形式是机器、厂房、设备、原材料，而劳动者则除了自己的劳动力以外一无所有。在这样的生产资料所有制形式下，劳动者与生产资料的结合，是在资本家的支配和监督下进行的，生产成果也归资本家占有和支配。尽管当代由于生产力的高度发展和科技革命的影响，发达资本主义国家的生产资料所有制也存在着多种形式并存的局面，如私人垄断资本所有制、国家垄断资本

① 《马克思恩格斯全集》第23卷，人民出版社1972年版，第783页。

所有制、非垄断的私人资本所有制、劳动者的小私有制、合作社所有制、工会所有制、股份资本所有制等，但资本家私人占有制仍然处于基础和主导地位。因为，在资本主义社会里，所谓国家所有制，实际上是国家以总资本家的身份占有生产资料，为私人资本的利益服务。资本主义国家本身就是资产阶级为巩固其统治地位，实现其根本利益的工具；所谓股份资本所有制，尽管在当代发达资本主义国家存在着股权分散化的趋势，普通劳动者也可以拥有少量股票，但股份公司仍是大资本控制中小资本的工具，掌握着股票控制权的少数大资本家操纵着股份公司的经营活动，把普通劳动者的小额财产也集中在自己手里，成为为自己谋利的工具。由此可见，无论资本主义社会如何发展，只要资本主义制度不改变，生产资料的资本家私人占有制就不会改变，改变的只是资本的占有形式。

以生产资料私有制为基础的资本主义经济制度区别于以往私有制社会的典型特征，是雇佣劳动制度。

在资本主义制度下，社会生产采取大机器生产的形式，形成了聚集着大量劳动力和生产资料的企业。资本家是企业的所有者，他们在劳动力市场上购买工人的劳动力，在生产资料市场上购买生产资料。这些生产要素进入企业以后，就在资本家的支配下结合起来，进行资本主义生产，生产成果归资本家占有和支配。在这种劳动制度下，资本家和劳动者在劳动力市场上是以平等的商品所有者的身份进行交换的。资本家支付了劳动力商品的价值，购买了劳动力的使用权；劳动者出卖了自身劳动力的使用价值，获得了用于养家糊口的劳动力价值。表面上看，这种交换关系是一种平等的等价交换关系，但是，由于这种交换关系是建立在资本家拥有生产资料，劳动者除了自身劳动力外一无所有的不平等的生产资料占有关系的基础之上的，而且资本家之所以购买劳动力是因为劳动力的使用能够创造出比自身价值更大的价值，成为资本家发财致富的源泉。所以，资本主义雇佣劳动制度是一种以表面上的平等掩盖着事实上不平等的剥削制度，与以往的剥削制度相比，这种剥削制度更具有欺骗性和虚伪性。

由生产资料资本家私人占有制和雇佣劳动制度所决定，资本主义生产的唯一目的和动机是追求最大限度的增值价值。增值价值规律是资本主义基本经济规律。

资本主义生产是以雇佣劳动为基础的商品生产，资本主义生产过程是劳动过程和价值增值过程的统一。雇佣工人在生产过程中，一方面通过自己的具体劳动改变着劳动对象的物质形态，生产出新产品，同时把生产资料的价值转移到新产品之中；另一方面，通过自身劳动力的消耗创造出新价值，其中包括必要劳动时间创造的新价值，它补偿了资本家购买劳动力时支出的费用，另外一部分就是在剩余劳动时间内创造的新价值，即增值价值。由于在资本主义生产中，增值价值完全归资本家占有和支配，因而马克思把它称之为增值价值。可见，增值价值是由雇佣工人的剩余劳动创造的，归资本家无偿占有的价值，体现着资本家对雇佣工人的剥削关系。资本主义生产的实质是增值价值生产，运用一切手段追逐增值价值，是资本主义的基本经济规律。

资本主义经济制度是以生产资料资本家私人占有制和雇佣劳动制度为基础，以榨取和瓜分增值价值为目的的剥削制度。增值价值是整个资本家阶级发财致富的源泉，也是无产阶级和资产阶级利益对立的经济根源。资本主义生产、分配、交换、消费各个环节、各个方面都是围绕着增值价值规律进行的，所以增值价值规律是资本主义的基本经济规律。

4. 资本主义基本矛盾的发展与资本的社会化。资本主义经济制度的发展，是资本主义基本矛盾不断运动的结果。资本主义基本矛盾是生产社会化与生产资料资本家私人占有的矛盾，它是生产力与生产关系的矛盾在资本主义社会的特殊表现形式。

资本主义社会生产力的发展集中表现为生产社会化的发展。所谓生产社会化，是指在大机器生产的条件下，生产资料成为许多人共同使用的生产资料，劳动产品成为许多人分工协作的产物，各个经济单位、各个经济部门紧密联系，整个社会生产结成一个有机联系的统一整体，市场范围也日益扩大，由统一的国内市场而扩大到统一的世界市场。资本主义生产的社会化通过机械化、电气化、电子化为标志的三次技术革命，而获得突飞猛进的发展。社会化大生产的发展，在客观上要求社会占有和支配生产资料，以便对社会生产实行有效的宏观调控和协调各种经济关系，保证社会再生产的顺利进行。但是，生产资料的资本主义私人占有形式却阻碍着社会化大生产客观要求的实现，而且随着资本主义积累的发展，生产资料和劳动产品更日益集中在少数大资本家手中。从而形成了生产社会化与生产资料资本主义私人占有形式的矛盾。这一矛盾贯穿于资本主义经济制度发展的始终，也是资本主义各种内在矛盾形成和发展的总根源。

资本主义基本矛盾随着资本主义积累的发展而不断加深，它表明资本主义生产关系已不适应生产力进一步发展的客观要求，从而在资本主义社会内部产生了一系列对抗、冲突和危机，其中最突出的表现就是周期爆发的资本主义经济危机。

资本主义经济危机通常是指资本主义经济在其发展的过程中，由于经济严重失衡而引起的社会经济大混乱。经济危机的突出表现是生产过剩，即大量商品找不到销路，而导致企业纷纷倒闭，工人大量失业，生产大幅度下降，并进而引起商店关门、银行破产，社会经济生活陷于混乱和瘫痪状态。资本主义经济危机作为一种社会“瘟疫”，自 1825 年在英国首次爆发以来，每隔若干年就会爆发一次，形成一种周期性现象。

资本主义经济危机表现为生产过剩，但实质上是生产相对过剩，即相对于劳动人民有支付能力的需求而言的过剩。资本主义经济危机的根源在于资本主义基本矛盾。在资本主义基本矛盾的基础上产生的个别企业生产的有组织性与整个社会生产的无政府状态的矛盾，以及资本主义生产无限扩大的趋势与劳动人民有支付能力的需求相对缩小的矛盾，则是导致经济危机爆发的直接原因。由于资本主义生产是社会化大生产，竞争和对增值价值的追求使得资本主义社会的生产能力有无限扩大的趋势，同时又由于生产资料和劳动产品日益集中在少数大资本家手中，生产服从于少数大资本家的私利，这就使得生产的发展与劳动人民有支付能力的需求的增长不相适应，使社会化大生产要求的比例关系难以及时协调。这样，当这些矛盾发展到一定程度就必然爆发经济危机。而危机的爆发只是通过对社会生产能力的破坏使生产和需要暂时平衡，使再生产所需要的比例关系在低水平上协调起来，从而使生产得以恢复。随着危机之后生产的恢复和发展，资本主义基本矛盾及其各种内在矛盾又会重新发展激化起来，导致新的经济危机再次发生。如此循环往复，使经济危机成为一种周期性的现象。

经济危机的每一次爆发，都使资本主义经济陷入极大的混乱，使社会生产力遭到严重的破坏和社会物质财富的巨大浪费，使整个社会生产倒退几年甚至几十年，这表明资本主义生产关系已由生产力发展的形式，演变为生产力发展的桎梏。

为减少经济危机给社会生产带来的损失和社会震荡，维护资本主义制度，资产阶级不得不根据生产社会化发展的要求，在一定限度内调整两方面的关系，来缓和危机带来的矛盾、冲突以及对生产力的破坏作用，即一方面调整资本主义生产关系，另一方面调整资本占有方式。

对生产关系的调整主要是调整生产资料所有制结构和劳资关系。对生产资料所有制结构的调整表现为除了以私人垄断、国家垄断为主导外，还允许合作社所有制、个体所有制和工会所有制等劳动者所有制的存在和发展。这些所有制形式的发展，对于缓解严重的失业问题和国民经济发展不平衡的矛盾等，有着很重要的作用。在调整劳资关系方面，资本家主要是采取了新的剥削雇佣劳动的方法。如在工时制上，实行工作轮换制和弹性工作日。实行这一制度，可以扩大工人的工作范围，引起劳动兴趣，保持较高的劳动强度，增加增值价值的生产。在用工制度上，实行终身雇佣制度，这一制度比定期雇佣制更能使工人减少被解雇的风险，加强了职工的安全感，激发了他们的劳动积极性，从而有利于提高劳动生产率，增加相对增值价值生产。在企业管理上，实行“民主管理制度”，即吸收职工参与企业的部分决策、监督、检查和管理。其形式多种多样，有些已制度化，如实行公司董事会中的工人代表制、工厂委员会中的工人代表制、公司职工建议奖励制等。

在资本占有关系上所做的调整是：

第一，股份公司与私人资本的社会化。股份公司是个别资本联合起来经营的企业。它的广泛发展并成为资本主义企业的普遍组织形式，是在 19 世纪末 20 世纪初伴随着以电气化为特征的第二次产业革命实现的。电厂的兴建和铁路的铺设等，都需要巨额资本，为了克服私人资本数量的有限性与电气化要求建立规模巨大的企业的矛盾，股份公司就应运而生了。股份公司的形成，使资本在占有形式上改变了独资企业那种个人占有资本的形式，而采取了集团资本的形式。同时，股份公司实现了资本所有权与资本职能的分离，执行资本职能的大多是由董事会聘请的总经理及其领导下的经理阶层，从而使资本的占有和运用都具有一定的社会性。

第二，国家垄断与资本的“国家化”。国家垄断资本主义是资产阶级国家与金融资本融合为一体的垄断资本主义。它是在第一次世界大战期间为适应战时需要，而在主要资本主义国家出现的。在第二次世界大战结束以前，它是作为应付战争和危机的临时性措施，处于时而发展时而收缩的状态。第二次世界大战以后，特别是以电子化为特征的第三次科学技术革命兴起以后，随着社会生产的更高度社会化，无论是个别资本家或个别垄断集团，都越来越没有能力来驾驭高度社会化的大生产。迫切需要国家垄断资本主义在社会经济生活的各个方面进行干预，这样，资本的社会化发展成为“国家化”的形式。

第三，资本输出与资本的国际化。资本输出是资本主义国家的政府、资本家或资本家集团，为了获取高额利润或利息而对国外进行的投资或贷款。资本输出是在垄断资本主义阶段，由于发达资本主义国家经济垄断化和生产社会化程度急剧提高，使生产和资本国际化的趋势不断加强的结果。生产国际化主要表现为生产和社会分工的发展突破了民族、国家疆界的限制和束缚，形成了生产的国际分工，而生产国际化必然要求资本的国际化。资本国际化主要表现在各国资本的运动超出国家界限，通过对外投资在世界范围内循环周转。对外投资主要是通过跨国公司进行的。跨国公司是指资本主义世界的一些财力雄厚、规模巨大、技术先进、经营方式灵活、分公司和子公司的业务活动遍及世界许多国家和地区，以追逐垄断高额利润为目标的现代国际垄断组织。当前，跨国公司已成为国际范围内生产和资本运动的主要组织形式。跨国公司在国外直接投资广泛建立分公司和子公司，从事生产经营活动，使生产要素的结合和资本运动的各个环节，都在世界范围内进行，使资本国际化的要求得到全面贯彻。

资本社会化的发展，是资产阶级在生产力发展的逼迫下，对资本主义生产关系的局部调整。这些调整在一定程度上缓和了资本主义基本矛盾，为生产力的进一步发展提供了一定的余地。但是，这些调整并没有从根本上消除资本主义的基本矛盾，它对生产力发展提供的余地是相当有限的。同时，资本社会化的发展不但没有改变资本主义经济制度的剥削性质，反而使得资本主义剥削更为加强，为大垄断资本家带来了更大的利益。如股份公司的发展使大垄断资本获得了汇集和支配社会闲散资本的有利形式，加强了大资本的统治地位；国家垄断资本主义的发展为私人垄断资本追求巨额利润提供了良好的条件，更有利于维护大资本的统治地位。跨国公司的发展则意味着资本主义的剥削关系越出国界向国际范围发展，在世界范围内形成了金融资本的剥削网。

5. 现代资本主义经济制度。19 世纪末 20 世纪初，主要资本主义国家相继从自由竞争的资本主义阶段过渡到垄断阶段，垄断成为资本主义社会全部经济生活的基础。垄断经过了私人垄断和国家垄断两个阶段。国家垄断是现代资本主义经济制度的最基本特征。

（1）国家垄断资本主义的产生和发展。国家垄断资本主义，概括地说，就是资本主义国家和私人垄断资本相结合而形成的一种垄断资本主义。

第二次世界大战后，国家垄断资本主义得到迅速而持续的发展，从根本上说是资本主义基本矛盾加剧的产物。主要表现在：①大规模生产建设所需要的巨额投资与私人垄断资本数量相对不足发生了矛盾。战后，随着第三次科技革命的发展，一系列新兴工业部门和社会化、现代化程度很高的公共设施，如道路交通、邮电通信等的建立，部门经济结构和地区经济结构的调整，许多重大科研项目的开发，以及对生态平衡的保护和环境污染的防治等，都需要巨额的长期投资，而其中有些由于周期长、盈利小、风险大，私人资本或者无力承担，或者不愿承担，必须由国家出面。②生产社会化的发展，使生产力和生产关系的矛盾空前加深。战后，经济危机频繁爆发，阶级矛盾不断加深，使垄断资产阶级不得不进一步依靠国家机器的强制力来干预和调节社会再生产过程和劳资关系，以缓和市场矛盾，给生产力发展创造一定的余地。③战后的国际环境发生了很大变化。旧的殖民体系逐步瓦解，在这种情况下，单靠私人资本的实力已难以维持对经济落后国家的统治，主要资本主义国家的发展不平衡也加剧了国外争夺投资场所、原料产地和商品销售市场的斗争，这都要求由凌驾于私人垄断资本之上的国家出面予以协调解决。国家垄断资本主义作为垄断资本对外扩张的依靠力量和工具，因此有了空前广泛的发展。

（2）国家垄断资本主义的主要形式。从结合的方式上，国家垄断资本主义可分为三种基本类型或组成部分：国有垄断资本、国私共有垄断资本、国有垄断资本和私人垄断资本在社会范围内的结合。

国有垄断资本是由资产阶级国家直接经营与掌握的资本。从资本形态划分，国有垄断资本包括国有的产业资本、商业资本、金融资本。这三种形式构成的国有资本其数额之大，是任何一个私人垄断组织都无法比拟的。国有垄断资本是通过两条途径形成的：一是通过“国有化”形式，由资本主义国家出资收购或用其他补偿方式，把那些技术设备陈旧、亏损多、濒临破产的基础工业，如煤炭、钢铁、电力、铁路等部门或企业收归国有。二是通过国家财政拨款，直接投资兴办新企业。国家投资的企业主要分布于一些投资大，周转期长，利润率低，私人垄断资本不愿意经营，但又是社会资本再生产不可缺少的产业部门。

第二次世界大战后，法国铁路的电气化、英国采煤业和钢铁工业的技术改造、意大利电力工业的改造、瑞典钢铁和造船工业的改造等，都是通过国有化来实现的。目前，大多数资本主义国家的中央银行及其股东已属国有，法国、意大利等国还对一部分商业银行实行了国有化。一个国家是否实行国有化，主要取决于国有化能否保证垄断资本的利润。

国私共有的垄断资本是国有垄断资本同私人垄断资本在一个企业范围内直接结合形成的垄断资本，其组织形式一般为股份公司。这类公司的形成方式，既可以是国家以“参与制”的方式购买私人垄断企业的股票，又可以是私人垄断组织购买国有企业的部分股票，或国家和私人垄断企业共同出资建立新企业。无论是以何种方式建立起来的国私共有垄断资本，它们都包含了国家资本和私人资本的结合。

国有垄断资本与私人垄断资本在社会范围内结合的这类垄断资本是指国有垄断资本与私人垄断资本在企业外部发生密切的联系，是国家与私人垄断资本相结合的主要形式。主要包括：国家向私人垄断企业订货或购买产品，如政府采购；通过国家控制的金融机构向私人企业提供贷款和实行差别利率；国家通过财政拨款向私人垄断企业提供补贴，包括直接补贴（资金）和间接补贴（如减免税、加速折旧）；国家提供科研费用，将科研成果提供给私人垄断企业享用，如美、英、法等国，政府拨款占全部科研经费的比重均在60%以上；国家通过实行“经济计划化”和“福利国家”制度来干预和影响社会经济的运行，等等。在这种形式中，资本运动的主体是私人垄断资本。私人垄断资本并未改变它的资本占有形式，但却从过去的单独运动变为与国有垄断资本的结合运动。

无论是国有垄断资本，还是国私共有的垄断资本，或是与国家有密切联系的私人垄断资本，都是国家垄断资本主义生产关系体系的有机组成部分。如果仅用国有企业所占的比重来衡量一国国家垄断资本主义发展的程度和水平，是片面的。应当强调的是，和国家有密切联系的私人垄断资本仍是国家垄断资本主义的基础。这是因为私人资本的本性是不愿实行国有化的，它需要的是借助国有垄断资本的力量来帮助其解决资本运动中遇到的困难，来壮大自己的力量，而不是否定自己。20世纪80年代后，一些西方国家出现的国有企业“私有化”浪潮，实际上只是把国有企业的垄断资本转变为国私共有的垄断资本或与国家有密切联系的私人垄断资本，是国家垄断资本主义生产关系体系中不同资本形态之间的转移，而不是国家垄断资本主义的削弱，私有化浪潮决不等于否定国家垄断资本主义。

（3）国家垄断资本主义的实质和作用。国家垄断资本主义通过它所包含的三种基本形式体现了国家与私人垄断资本的结合，这种结合使资本社会化的发展达到了一个新的高度。但这种资本社会化的高度发展并没有触动生产资料的私人占有制，垄断资产阶级已不是一般地占有生产资料，而是通过对政权机构的控制，掌握了国家的经济命脉，左右着整个社会的经济生活。国家作为“理想的总资本家”，虽然并不能保证每一个垄断资本家在每个时期都能获取高额利润，但却能保证他们具有获得垄断利润的条件和环境。为了垄断资产阶级的整体利益和长远利益，国家垄断资本主义有时也会与某些个别的私人垄断资本集团发生矛盾和冲突，甚至会暂时牺牲某些私人垄断资本集团的利益。这正是国家垄断资本主义与私人垄断资本主义有所不同的地方。

综上所述，国家垄断资本主义的实质就是：私人垄断资本为维持垄断统治和获取高额垄断利润而和国家政权相结合的一种垄断资本主义形式，是资产阶级国家在直接参与社会资本的再生产过程中，代表垄断资产阶级总体利益对社会经济进行调节的一种有效形式。

国家垄断资本主义的发展，是战后适应生产社会化高度发展，资本主义生产关系在其自身范围内进行的一次较大的局部调整，它在相当程度上缓和了资本主义的基本矛盾，因而推动了资本主义经济比较迅速的发展。但是，国家垄断资本主义又是垄断资产阶级利用国家机器干预社会经济生活，保证其获得高额垄断利润的一种形式，并没有改变资本主义生产关系和垄断资本主义的实质，它不可能解决资本主义制度固有的各种矛盾。由此决定了国家垄断资本主义对经济发展具有双重作用。

国家垄断资本主义对社会经济发展有一定的促进作用，具体表现为：①资产阶级国家作为“理想的总资本家”，动用所掌握的巨额资本投入社会资本再生产过程，兴建现代化基础设施，投资科学技术研究和开发，从垄断资本的整体利益、长远利益来考虑资本主义经济和社会发展问题，从而在相当程度上克服了私人垄断资本社会化程度相对较低、资本数量相对不足及只顾眼前利益和局部利益的局限性，促进了经济的较快发展。②国家垄断资本主义对社会经济的宏观调节和计划管理，在一定程度上适应了生产社会化的客观要求和经济结构调整的需要，对于克服或抑制私人垄断资本运动的无政府状态和盲目性，具有一定的缓解作用。第二次世界大战后，资本主义国家经济周期过程波动幅度相对较小，正是资产阶级国家对经济所进行的宏观调节起了不小的作用。③垄断资产阶级国家通过财政对国民收入进行再分配，建立社会保障制度，制定保护和扶植中小企业发展的政策，都在一定程度上缓解了国内的阶级矛盾。④国家垄断资本主义通过国际经济调节，使国际经济协调并逐步发展与增强，在一定程度上适应了经济生活国际化的要求，从而有助于一些矛盾得到暂时的缓解，促进国内经济的较快发展。

国家垄断资本主义对社会经济发展的负面影响和阻碍作用，集中表现在它使垄断资本主义的某些内在矛盾更加复杂。因为国家垄断资本主义既是适应生产社会化发展而产生和发展的，又使国民收入的分配和再分配有利于私人垄断资本，从而加深资本主义社会的基本矛盾和阶级矛盾。国家垄断资本主义具有其自身不可克服的局限性，它既没有也不可能改变资本主义生产资料私有制和资本对雇佣劳动的剥削，而且要强力维护；它也不可能摆脱资本主义客观经济规律和增值价值规律、资本积累规律等的支配，更不能从根本上解决资本主义社会的基本矛盾和其他矛盾。

（五）社会主义经济制度

1. 社会主义经济制度建立的政治前提。马克思和恩格斯从考察资本主义经济的运动过程中指出，资本主义基本矛盾运动的结果，使得以公有制为基础的社会主义经济制度取代以私有制为基础的资本主义经济制度，这是不以人的意志为转移的客观规律，是社会生产力发展的必然结果。

社会主义经济制度的产生，同以往经济制度的产生有着根本的不同。社会主义经济制度是以生产资料公有制为基础的，是对资本主义私有制的否定，它不能在资本主义社会内部自发产生。资产阶级绝不会把生产资料无偿地交给无产阶级和劳动人民建立社会主义公有制，他们必然要动用国家机器保护资本主义私有制。因此，社会主义公有制的建立只有通过无产阶级革命剥夺资产阶级所占有的生产资料才能实现。从国际共产主义运动的实践来看，各国无论走向社会主义的具体途径有何不同，都是无产阶级通过革命掌握政权，上升为统治阶级，进而“利用自己的政治统治，一步一步地夺取资产阶级的全部资本，把一切生产工具集中在国家即组织成为统治阶级的无产阶级手里”①。这是社会主义经济制度建立的政治前提和根本保证。

社会主义制度取代资本主义制度是历史的必然。但是由于各国的历史条件和经济发展水平不同，各国出现社会主义革命的时机和采取的具体方法却不尽相同。就我国来说，旧中国是一个半殖民地半封建性质的社会，经济相当落后，以大机器生产为代表的现代工业在国民经济中仅占10%左右，资本主义并没有得到充分发展。占统治地位的是帝国主义、封建主义和官僚垄断资本主义等腐朽生产关系，严重阻碍着中国社会生产力的发展，使国民经济长期处于停滞不前的状态。所以，推翻原有的政治统治和经济制度已是民心所向。鸦片战争后，多少仁人志士经过多次奋斗试图建立资产阶级共和国，却以失败而告终。分析其原因，一是帝国主义不允许中国走资本主义道路，帝国主义入侵中国的目的就是把中国变成它们的殖民地半殖民地，变成它们的原料产地和商品销售市场；二是中国民族资产阶级的两面性使得它不可能担当起资产阶级民主革命的领导责任，去建立资产阶级共和国。那么，中国的唯一出路就是在中国工人阶级先锋队的领导下，经过新民主主义革命走向社会主义。

2. 社会主义公有制的建立途径。在我国，无产阶级夺取政权后，就进入了从新民主主义社会到社会主义社会的过渡时期，即革命的转变时期。无产阶级在过渡时期的基本任务就是把资本主义私有制和农业、手工业中的个体私有制转变为社会主义公有制，建立社会主义经济制度。我国建立社会主义经济制度的基本途径是：

（1）没收官僚资本，建立社会主义全民所有制。对官僚资本采取没收政策，是由这种资本的经济性质及大资产阶级对待无产阶级革命的态度决定的。旧中国的官僚资本依附于帝国主义并和封建主义相勾结，成为买办的封建国家垄断资本主义，它代表着旧中国最落后最反动的生产关系，垄断了旧中国的经济命脉，严重阻碍了生产力的发展。官僚资产阶级在政治上又是最反动的阶级。所以，中华人民共和国成立以后，立即在全国范围内接管和没收了全部官僚资本，把它变成社会主义的国有经济，使无产阶级国家掌握了国民经济的命脉，为建设社会主义经济制度奠定了基础。

（2）改造民族资本，壮大社会主义全民所有制。我国的民族资本在民主革命和社会主义革命时期都具有双重作用，既有积极的一面，又有消极的一面。与此相联系，民族资产阶级对待无产阶级革命的态度也具有两面性。新中国成立后，既有拥护宪法，愿意接受社会主义改造的一面，又有剥削工人阶级与无产阶级相矛盾的一面。根据民族资本主义经济的这些特点，我国在消灭资本主义私有制的过程中对它采取了不同于官僚资本的政策，不是立即无偿剥夺，而是采取利用、限制和改造的政策，利用它对国计民生的积极作用，从活动范围、税收政策、市场价格、劳动条件等方面限制其消极作用，通过赎买逐步把它改造成为社会主义全民所有制经济，同时对民族资本家实行团结、教育和改造的政策，逐步把他们由剥削者改造成为自食其力的劳动者。

我国对民族资本的改造是通过国家资本主义的形式实现的。它经历了一个从初级形式（在工业方面是加工、订货、统购、包销，在商业方面是经销、代销）到高级形式（个别企业的公私合营和全行业的公私合营）的发展过程。

（3）改造个体经济，建立社会主义集体所有制。个体私有制包括个体农民和个体工商

① 《马克思恩格斯选集》第1卷，人民出版社1995年版，第272页。

业户。个体私有制不同于资本主义私有制，个体劳动者既是私有者又是劳动者，他们是无产阶级可靠的同盟军。因此，对他们不能采取“赎买”的办法，更不能实行没收，只能按照自愿互利、典型示范和国家帮助的原则，将个体劳动者组织起来，引导他们走合作化道路。我国对个体农民的改造是通过建立农业互助组到初级农业生产合作社再到高级农业生产合作社这样三个互相衔接、逐步前进的形式和步骤实现的。到1956年底，社会主义劳动群众集体所有制基本建立起来。对个体工商户的改造，首先从流通领域着手，采取了“从供销着手，实行由小到大，由低到高”的方针，先组织供销小组、手工业供销合作社，在此基础上发展到生产领域，组织起手工业生产合作社，从而建立起社会主义集体所有制经济。

到1956年底，全国绝大部分地区基本完成了对生产资料私有制的社会主义改造，建立起社会主义全民所有制和劳动群众集体所有制，社会主义的经济制度得以建立。

3. 我国社会主义初级阶段的生产资料所有制关系。我国社会主义初级阶段生产资料所有制结构的基本特征是以生产资料公有制为主体，多种经济形式长期共同发展。其经济形式主要有：社会主义全民所有制经济、社会主义集体所有制经济、个体经济、私营经济、国家资本主义经济及混合所有制经济。这些经济形式长期并存、共同发展，是由我国社会主义初级阶段的生产力状况和发展社会主义市场经济的客观要求决定的。

（1）社会主义公有制及其主体地位。社会主义公有制，是社会主义条件下全体劳动者或部分劳动群众共同占有生产资料的所有制形式。在现阶段，公有制经济主要包括：社会主义全民所有制经济和劳动群众集体所有制经济，还包括混合所有制经济中的国有成分和集体成分。

社会主义全民所有制是适应社会化大生产的要求，生产资料由全社会劳动者共同占有的一种公有化程度较高的公有制形式。现阶段，我国社会主义全民所有制的实现形式是国家所有制，即由国家代表全体劳动者行使生产资料所有权，所以全民所有制经济也称国有经济。社会主义全民所有制是社会主义生产关系的主要组成部分，是社会主义经济制度的重要基础。

社会主义全民所有制采取国有制形式，并不等于国家机构直接占有、支配和使用属于全民所有的生产资料，或直接参与国有企业的经营活动。实践证明，由于国有企业数量众多，内部情况各不相同，市场需求变幻莫测，国家不可能准确、及时、全面地了解情况，直接参与企业经营管理，极有可能导致决策失误，使企业错失发展良机。同时，由于全民所有制内部存在国家、集体和个人三者利益关系，国家直接参与企业经营管理，也不利于调动各方面的积极性。所以，随着社会主义市场经济体制的建立，我国全民所有制经济的所有权和经营权已实现了分离，国家把生产资料的占有权、使用权和具体经营的支配权交给了企业，国有企业成为相对独立的商品生产者和经营者。

社会主义劳动群众集体所有制是由部分劳动者共同占有一定范围内的生产资料的公有制形式。与全民所有制相比，它的公有化程度较低，生产资料、劳动成果只属于集体范围内的劳动者所有，在这一范围内，人们在生产资料的占有、劳动成果的分配上是平等的，但在不同的集体经济之间是不平等的。在社会主义所有制结构中，集体所有制与全民所有制一样处于主体地位，是社会主义性质的经济成分，也是巩固和发展社会主义经济制度的前提和基础。

我国现阶段的集体所有制经济存在着多种具体形式。我国农村中普遍实行的家庭承包经营，是由农户承包集体经济组织的土地等生产资料，实行联产计酬的经营形式，是我国农村集体所有制经济的主要经营方式。我国的城镇集体所有制经济，广泛存在于轻工业、手工业、建筑业、运输业、商业服务等领域，形成了企业劳动者集体所有制、联社集体所有制、社区共同所有制、社团共同所有制等多种具体形式。在发展市场经济、转移农村剩余劳动力、缓解就业压力、满足人民物质文化生活需要等方面发挥着重要作用。

除全民所有制经济、集体所有制经济外，在我国社会主义市场经济条件下发展起来的混合所有制经济中的国有成分和集体成分，也属于社会主义公有制经济。混合所有制经济是由各种不同性质的所有制经济相互联合、相互投资、相互持股而形成的一种混合型的资本组织形式。其主要特点是：以资本为纽带，实行多渠道、多成分的资本联合，使资本进一步社会化；政企完全分开，企业经营追求效率和效益。由于参与混合所有制的各方保持原有的所有制性质不变，所以混合所有制并不具有独立的性质，它的基本性质是由其中占控股地位的所有制性质决定的。我国混合所有制经济有三类：公有制经济与私有制经济或外资联合组成的混合所有制经济；公有制经济与个体经济联合组成的混合所有制经济；国有经济与集体经济联合组成的混合所有制经济。这种经济的形式有：股份制经济、股份合作制经济、中外合资合作经济、跨所有制组成的企业和企业集团。随着市场经济的发展，产权主体多元化、企业组织形式多样化日趋加剧，混合所有制经济将具有十分广阔的发展前景。

在我国现阶段的所有制结构中，公有制居于无可争辩的主体地位。公有制的主体地位主要体现在公有资产在社会总资产中占优势；国有经济控制国民经济命脉，对经济发展起主导作用。因此，要准确地理解“坚持社会主义公有制的主体地位”的含义，必须从以下三个方面去把握：

第一，坚持公有制的主体地位，必须使公有制的资产在社会总资产中占优势，既要有量的优势，更要注重质的提高。这种质的提高主要表现在，公有制经济的布局更加合理，管理更加科学，技术更加先进，创新能力不断提高，在市场经济中的竞争、获利、增值能力进一步增强，在国民经济运行中表现出更多的活力，更好地发挥对国民经济的引导和推动作用。

第二，坚持公有制的主体地位，必须使国有经济控制国民经济命脉，对整个国民经济的发展起主导作用。国有经济的主导作用，主要体现在控制力上，就是指在国民经济总量中，国有经济在能够保持必要的数量和比例的基础上，在质上有较强的市场竞争力，在结构上有合理的产业分布，能够控制更多的社会资本，对社会经济的发展具有较强的支撑、引导和带动作用。在社会主义市场经济条件下，国有经济在国民经济中的控制力，既要通过国有独资企业来实现，更要大力发展股份制，探索通过控股和参股来实现。发挥国有经济的主导作用，提高国有经济的控制力，必须从战略上调整国有经济布局。对关系国民经济命脉的重要行业和关键领域，如涉及国家安全的行业、自然垄断行业、提供重要的公共产品和服务的行业等，国有经济必须占支配地位。其他行业和领域可以通过资产重组和结构调整，以加强重点，提高国有经济的整体质量，从而对整个国民经济发挥出更大的影响和控制作用。

第三，坚持公有制的主体地位，必须承认地区差别和行业差别。坚持社会主义公有制的主体地位，公有资产占优势，这是就全国而言的；在经济发展的不同阶段、不同地区、不同产业可以有所差别。现阶段我国生产力发展具有多层次、不平衡的特点，各地区、各部门、各行业的实际情况差异较大。因此，在坚持公有制主体地位上不能搞“一刀切”。要把国有经济战略调整和完善所有制结构结合起来，坚持有进有退，有所为有所不为。坚持公有制为主体，国家控制国民经济命脉，国有经济的控制力和竞争力得到增强，在这个前提下，部分地区和行业国有经济的比重减少一些，不会影响我国的社会主义性质。

（2）发展非公有制经济。非公有制经济是社会主义市场经济的重要组成部分。在社会主义初级阶段，鼓励、支持和引导个体经济、私营经济等非公有制经济发展，不仅改变不了公有制的主体地位和社会主义性质，而且对生产力的发展有重要的促进作用，有利于建设中国特色社会主义。

第一，发展非公有制经济，是加快生产力发展、满足多样化社会需求的客观需要。当前，我国生产力发展还呈现出发展不平衡、多层次的特点，客观上要求存在多种所有制形式与之相适应。同时，随着社会主义市场经济的发展，人民群众生活水平的提高，人们对商品和服务的多元化需求不断增加，而单一的公有制经济不可能满足千差万别、日益多样的市场需求。因此，个体、私营等非公有制经济的存在和发展，能够起到繁荣城乡市场、满足各类消费需要的作用，是对公有制经济有益的补充。

第二，发展非公有制经济，是缓解就业压力，保持社会稳定的客观需要。人口众多，就业压力大，是我国的一个基本国情。据统计，由于人口的自然增长和产业结构的变化，每年我国城镇新增劳动力、农村需要转移的剩余劳动力，大约在 2000 万人左右。解决如此规模的就业问题，单靠公有经济根本无法做到。改革开放以来，个体、私营等非公有制经济已经成为吸纳劳动力就业的主渠道，每年超过半数的新增劳动力在个体经济、私营经济单位中找到工作。如果没有非公有制经济的存在和发展，我国的就业压力就难以缓解，社会稳定将会受到严重影响。

第三，发展非公有制经济，是建立和完善社会主义市场经济体制的需要。发展社会主义市场经济，需要规范的多元化的市场主体。个体经济、私营经济等非公有制经济形式，具有产权清晰、自主经营、自负盈亏等特点，对市场适应能力较强。如果在加强管理、严格规范和正确引导的前提下，鼓励和支持非公有制经济的进一步发展，必将对建立和完善社会主义市场经济体制，起到积极的作用。

讨论一下： 怎样看待我国现阶段非公有经济的发展？

我国目前非公有制经济的具体形式主要有个体经济、私营经济、外资经济等。

个体经济是指生产资料归劳动者个人所有，并由劳动者个人及其家庭成员直接分配和使用的一种所有制形式。在个体经济中，生产资料和劳动成果归生产者所有，劳动者与生产资料直接结合，不存在剥削他人劳动的行为，不具有剥削性质。当前，个体经济主要分布在城乡手工业、农业、商业、交通运输和服务等行业，其分散经营、灵活多样的特点明显，在满足人民群众日常生活需求方面，具有独特优势。它可以适应发展水平较低的生产力要求，利用零星资源，组织生产和流通，在增加税收、扩大就业等方面，发挥着不可替代的作用。

私营经济是指以生产资料私人占有为基础，以雇佣劳动为特征的经济形式。从本质上说，它是属于资本主义性质的经济成分。但由于社会主义经济基础和上层建筑的制约，我国的私营经济与资本主义社会中的私有经济又有所差异，它同个体经济一样，也是社会主义市场经济的重要组成部分。首先，在社会主义初级阶段，公有制经济是主体，私营经济也要依附于公有制经济。离开了公有制经济的支撑和配合，私营经济难以健康发展。其次，在私营经济中虽然存在雇佣关系、存在剥削，但剥削程度受到国家法律和政策的有效限制。而且，雇主和雇工在政治上是完全平等的，都受国家法律保护。另外，私营经济处于国家的宏观调控之下，国家通过政策、法律等手段，引导和调控其发展方向和发展程度，监督规范其经营活动，有效地抑制了私营经济的消极作用。因此，在我国社会主义初级阶段生产力水平较为落后的情况下，私有制经济的适度发展，不仅不会导致资本主义，而且有利于社会主义经济的发展，特别是有利于社会主义市场经济的发展。

外资经济主要是指改革开放以来，通过引进境外资本，在我国境内建立起来的中外合资经济、中外合作经济、外商独资经济，以及港澳台投资经济，通称三资经济。中外合资经营企业属于股权式经营企业，一般采取具有独立法人地位的有限责任公司形式，由中外双方共同投资、共同经营、共担风险、共负盈亏。中外双方投资者，将现金、实物、场地、技术专利、商标品牌等各种投资折算成股份，双方按所持股份比例，分享利润或承担风险。中外合作经营企业属于契约式经营的企业，一般由我方提供土地、厂房和其他设施与劳动力，由外商提供资金、商标、技术设备和部分原材料等，在平等互利的原则下，双方共同办厂。合作双方的权利和义务、利润分配、风险分配，不是按出资比例划分，而是经双方协商达成一致后，按双方签订的协议或合同的有关条款执行。外商独资企业，是指在我国境内设立的、全部资本完全由外商投资创办的企业，由外商独立经营、自担风险、自负盈亏。三资企业是根据我国法律、法规经我国政府批准，在尊重我国主权，接受我国政府监督管理的前提下从事生产经营活动的。其中的中外合资经营企业和中外合作经营企业，还由我方掌握部分所有权和经营权。就其性质而言，外资经济应该属于社会主义条件下的国家资本主义经济。当前，允许和鼓励外资经济的存在和发展，对社会主义市场经济发展具有重要意义。它既可以利用国（境）外的资金、先进技术和经营管理经验，加快我国生产技术水平和管理水平的提高，缩短与世界先进水平的差距，又有利于增加就业，扩大产品和服务出口，增加外汇收入，提高我国在国际市场上的竞争力。

社会主义公有制的主体地位是社会主义的本质要求，但社会主义公有制的实现形式还需进一步探索和完善，这样才能保证社会主义生产关系与生产力相适应。当前，要积极探索社会主义公有制的有效实现途径。实践证明，在社会主义初级阶段，公有制实现形式过于单一不利于生产力发展。因此，公有制实现形式应当多样化，一切反映社会化生产规律的经营方式和组织形式都可以大胆利用，要努力寻找能够极大促进生产力发展的公有制实现形式。

改革开放以来，我国在坚持和完善原有的国有经济、集体经济的同时，在公有制实现形式上做了大量的探索和尝试。继农村家庭联产承包责任制后，又相继推出了租赁制、股份制、股份合作制、委托经营等多种形式，初步形成了多样化局面。另外，以联合劳动为基础、资本联合与劳动联合相结合的股份合作制，也是改革中出现的一种新的经济形式，可以作为集体所有制的一种有效实现形式，但还不够完善，应当积极加以引导，使之逐步完善。

第三节 当代两种基本社会经济制度之间的关系

当代世界上存在着两种基本的社会经济制度，即社会主义经济制度和资本主义经济制度。这两种经济制度之间既存在着对立又存在着联系。

一、两种基本社会经济制度的对立

社会主义经济制度和资本主义经济制度之间存在着根本的对立，其主要表现为：

第一，经济性质的对立。社会主义经济制度以生产资料社会主义公有制为基础，从而使劳动者之间形成平等、互利、合作的社会主义生产关系。社会主义经济发展以增进全体社会成员的利益为目标，全社会成员之间具有根本利益的一致性，无论公有制经济，还是非公有制经济，都成为增进全体社会成员利益的手段。而资本主义经济制度却是以生产资料私有制为基础，以雇佣劳动为特征。拥有生产资料的资本家剥削没有生产资料的雇佣工人，从而形成无产阶级与资产阶级在经济利益上的根本对立。随着资本积累，资产阶级的私有资产在不断地增大，与大垄断资产阶级拥有的日益庞大的巨额财富相比，无产阶级则处于相对贫困的境地。

第二，经济发展目标的差异。社会主义经济制度经济发展的目标是：通过经济发展使全体劳动人民走共同富裕的道路。也就是说，社会主义社会的生产目的是为了不断地满足人民日益增长的物质文化需要。尽管在其发展过程中会出现一部分地区、一部分企业、一部分人先富起来，造成社会成员之间富裕程度的差距。但社会主义国家将会采取各种方式和途径，最终使全体人民走向共同富裕的道路。社会主义国家从根本上不主张形成严重的贫富两极分化。而资本主义经济制度经济发展的目标是：走少数人富裕的道路。也就是说，资本主义社会的生产目的是为满足资本家追逐更多的增值价值的需要。尽管资本主义国家在其经济发展过程中也采取某些改良措施来缓和阶级矛盾，但其经济发展的目的是不会改变的。资本主义经济发展的结果必然形成：一极是资本家财富的积累，另一极是无产阶级贫困的积累。

第三，当代两种基本社会经济制度存在着摩擦和冲突。当代两种性质和目标根本对立的经济制度共存于同一地球上，因而这两种经济制度之间必然会产生矛盾和摩擦。这种矛盾和摩擦将贯穿于两种经济制度共存期的始终。社会主义制度和资本主义制度的矛盾和斗争，表现在经济、政治、军事和文化等各个方面。在经济方面，其斗争主要表现为发达的资本主义国家单边的或多边的对发展中的社会主义国家进行经济封锁、经济制裁以及经济控制。在政治方面，发达资本主义国家抓住社会主义经济制度不完善、不成熟的方面和经济发展较落后的现象进行大肆攻击，并利用社会主义国家内的反社会主义力量颠覆和肢解社会主义。在军事方面，在必要时，发达的资本主义国家也会对社会主义国家发动战争。在文化方面，资本主义国家通过各种渠道，以资产阶级的世界观、价值观、人权观、生活方式来瓦解社会主义的世界观、价值观、生活方式。上述这些方面的斗争，有时比较激烈，甚至发生战争，有时比较缓和，和平共处。和平共处只是斗争方式的改变，而不是矛盾和斗争的消除。

二、两种基本社会经济制度的联系

两种基本社会经济制度之间虽然存在着对抗性的矛盾和斗争，但也不排除两者在一定的条件下，在平等互利的基础上发生经济联系和合作的必要性和可能性。两种基本社会经济制度之间的经济联系和合作的客观必然性在于：首先，社会主义生产和资本主义生产都是商品化、市场化的社会化大生产。由于现代科学技术和商品经济、市场经济的高度发展，以及世界经济发展的不平衡性引起的国际分工的形成，从而使生产的社会化日益表现为国际化。各种国际市场的形成使各国之间的经济联系也必然日趋紧密。其次，当代社会生产的工业化、国际化，也产生了一些需要通过全球合作才能解决的问题，如环境污染、生态保护、太空垃圾等，这是人类面临的共同问题。最后，当代科学技术发展的国际化，要求不同社会制度的国家紧密合作，来推进科学技术革命。

在当今国际市场上，不同社会经济制度的国家发展联系和合作的形式多种多样。其中主要的形式有：(1) 国际贸易。包括商品输出和输入。(2) 资本输出。主要包括两种形式，即间接投资和直接投资。间接投资主要以货币资本方式进行贷款或购买债券和股票；直接投资主要以生产资本方式直接到别国去合资、合作、独资兴办企业。(3) 劳动力国际间流动。科学技术专家的流动，是当今劳动力国际流动的新现象。(4) 国际承包工程。(5) 国际科研合作。(6) 合作生产产品和开发资源。(7) 世界性或地区性的经济联合组织等。

社会主义经济制度和资本主义经济制度在当今世界共存，在矛盾中有联系，在联系中也有矛盾。这是因为这种经济联系和合作的目的是不同的。处于发展中的社会主义国家，在自力更生、独立自主的原则下，实行对外开放政策，输入国外资本、引进先进科学技术和学习国外的先进管理方法，其目的是为了加速自己的发展，在尽可能短的时间内赶超发达的资本主义国家，加强自己的实力。而发达资本主义国家与社会主义国家发生经济关系，从本质上说并非是真心实意帮助社会主义国家发展经济，其目的是为了扩大能源、原料来源和商品市场的投资场所，以获取最大限度的利润，并力图通过资本输出、文化渗透、人员交往来影响和控制发展中的社会主义国家。目的根本不同的经济合作，决定了无论在生产、贸易、科技和信贷等领域，必然会产生各种矛盾和摩擦，各种不同形式的斗争是不可避免的。对于这一点我们必须要有清醒的认识。当然，在矛盾斗争中，社会主义国家在坚持原则的前提下，要讲斗争的策略，做到有理、有利、有节，在斗争中维护和平，促进发展，造福人类。

三、两种基本社会经济制度的发展大趋势

1. 资本主义制度的历史过渡性。人类社会发展的历史表明，每一种社会经济形态都有自己产生、发展和向更高形态过渡的客观历程，这是不以人们意志为转移的历史必然性。资本主义制度像以往社会制度一样经历了产生、发展的过程，它也将不可避免地逐步走向灭亡。

资本主义在当代已发展到国家垄断阶段。国家垄断资本主义的确立是资本主义范围内适应社会化生产力发展的结果。随着生产力的发展和生产规模的进一步扩大，由股份公司到托拉斯，最后资本主义国家也不得不承担领导生产的责任，国家还通过兴办各种“公共”事业、直接援助私人资本、采取一定的限制垄断和保护竞争措施、对银行等重要机构加强管理、支持私人资本对外扩张等对经济进行全面干预。第二次世界大战结束以来，西方主要资本主义国家出现了新的经济，相对繁荣和稳定，社会生产力有了很大提高。这里有社会生产自身加速发展的客观必然性，也有市场经济作为一种资源配置方式和经济运行机制所显示的优越性，还有在国家垄断资本主义阶段，资本主义经济制度内部的不断调整和变化，即国家垄断资本主义对国民经济的调节控制和干预所起的作用。

但是，国家垄断资本主义对国民经济调整，归根到底是为资产阶级特别是垄断资产阶级利益服务的，而不是为广大人民群众服务的。因此，它不可能从根本上去顺应社会化大生产的客观要求，即从全社会特别是广大劳动者的愿望和利益出发，去组织、计划、协调生产和其他经济活动。

总之，国家垄断资本主义并不能解决生产社会化和生产资料资本主义占有方式之间的矛盾。相反，资本的关系不但没有被消灭，反而把矛盾推到了顶点。经济危机的周期发生，社会矛盾的不断激化，资本主义国家间不断发生的政治冲突等，表明国家垄断资本主义无法从根本上解决资本主义固有的矛盾与冲突。这些矛盾与冲突的发展变化终将导致资本主义为社会主义所取代。从社会主义与资本主义的和平共处和斗争的总趋势上看，是社会主义制度向前发展，资本主义制度趋于灭亡。

2. 资本主义制度被社会主义制度取代是一个漫长曲折的过程。社会主义制度必然代替资本主义制度，这是人类社会历史发展的客观规律。但是，在全世界范围内，实现社会主义代替资本主义，将是一个漫长、曲折的历史过程。这是因为：

第一，资本主义生产关系在自身范围内还有一定的调节余地。第二次世界大战以后，由于新技术革命的兴起及其带动的社会生产力的高度发展迫使资本主义生产关系在其生产方式所能允许的范围内作出重大调整，起到了延缓资本主义制度生命的作用。自由竞争向垄断过渡，私人垄断向国家垄断过渡是资本主义生产关系调整的表现。虽然，这种调整只是局部的，根本不可能改变资本主义必然灭亡的命运，但是相对于旧的资本关系而言，它却在一定程度上扩大了容纳生产力发展的空间，从而使资本主义的基本矛盾从极端激化转变为相对缓和。这正是战后资本主义体系相对稳定的基础。随着资本主义的发展，其自身的调节能力也会有所增强。只要当代资本主义在自身范围内还能够暂时或局部地适应生产社会化所提出的要求，它所固有的矛盾尚未出现新的极端激化状态，就不会自动退出历史舞台。正如马克思所说："无论哪一个社会形态，在它们所能容纳的全部生产力发挥出来以前，是决不会灭亡的。"①

当代资本主义是一个庞大的世界体系，这决定了资本主义最终灭亡是一个长期的历史过程。就当前的情况来说，这个体系中不仅有一批发达的资本主义国家，而且有为数众多的正在走资本主义道路的发展中国家。在发达资本主义国家，虽然国家垄断资本主义的发展陷入深刻矛盾之中，但还有调整回旋的余地，它们的灭亡还将是比较长的时间。正在走资本主义道路的发展中国家，资本主义的发展还刚起步，其中多数成为发达资本主义国家的附属，从而增强了资本主义体系的力量。总的来看，在当代世界经济体系中资本主义体系还占明显的优势。由这种客观情况所决定，要在全世界范围内消灭资本主义制度，不能不是一个漫长曲折的历史过程。

第二，工人阶级力量的积聚和革命觉醒也将有一个过程。社会主义革命的胜利实现绝不是一个单纯的经济过程，而必须取决于各国社会基本矛盾的发展程度、阶级力量的对比以及工人阶级政党的领导水平等许多客观和主观、经济和政治、内部和外部条件。历史经验证明，只有当被统治阶级已经高度觉醒，不愿照旧生活下去，而统治阶级也不能照旧统治下去的时候，革命才能获得胜利。从资本主义的现状看，现代资产阶级政府调控机制的巧妙在于一方面维护资产阶级利益，另一方面又为工人阶级提供较之原来更大的生存空间。因而，虽然工人反抗资本家剥削的斗争从未间断，但并未形成直接的成熟的革命形势。无产阶级革命的条件是在矛盾激化—缓和—激化的过程中逐步形成的，因而要充分估计它的长期性。

此外，国际社会主义力量的发展是曲折的，其优越性的充分体现是一个长期过程。社会

---

① 《马克思恩格斯选集》第2卷，人民出版社1995年版，第83页。

主义制度是作为资本主义制度的对立物而产生的。社会主义制度越是巩固和发展，其优越性越是得到充分体现，则越能证明资本主义制度的弊病，越能吸引资本主义国家的人民，促使其从两种制度优劣的对比中增强自己的革命意识。但是，一方面，由于现有的社会主义制度都是在经济相对落后的国家建立起来的，其生产力发展水平比较低；另一方面，这些国家在其自身的发展过程中由于种种原因也不是一帆风顺的，难免出现种种曲折。这就使社会主义制度优越性的充分发挥不能不是一个长期的过程。

综上所述，资本主义向社会主义过渡是逐步的、曲折的、复杂的过程。这一过程究竟需要经历多长时间，是一个要由实践来回答的问题。

> **想一想**：你是如何看待苏联解体、东欧演变这一历史事件的？

二十世纪八九十年代发生的东欧演变、苏联解体的历史事件，无疑是社会主义发展过程中的巨大挫折，使世界社会主义运动陷入低潮。但是社会主义必然代替资本主义是社会历史发展不可逆转的总趋势。马克思和恩格斯创立的科学社会主义，认为资本主义必然灭亡和社会主义必然胜利，不是出于“空想”，也不是出于对资本主义制度下丑恶现象的简单憎恨，而是运用辩证唯物主义和历史唯物主义的世界观和方法论深刻分析资本主义社会不可克服的内在矛盾，总结工人运动的实践经验，批判地汲取人类历史上优秀的思想文化遗产所得出的科学结论。在东欧演变、苏联解体之后，西方一些反共反社会主义的政治家喜形于色，他们断言社会主义制度垮了，中国社会主义红旗也打不了多久了。然而，中国目前所取得的举世瞩目的成就，和谐稳定的中国正在迈开现代化建设的步伐，乘风破浪，阔步前进，充分证明社会主义运动不仅要屹立于世界的东方，而且必将在全世界取得最后的胜利。

美国人青睐社会主义 近半数反对资本主义

《环球时报》4 月 12 日报道 随着金融危机的恶化，越来越多的美国人开始反思资本主义制度，一项最新民调显示，支持社会主义的美国人数量大增，达到 20%，而反对资本主义的人数接近总调查人数的一半。

据美国《世界日报》10 日报道，拉斯穆森报告 9 日公布一项最新民调显示，现在美国只有 53% 的人认为资本主义优于社会主义，20% 的人表示更喜欢社会主义经济制度，这些令人吃惊的数字说明，当这个“自由国家”正在与数十年罕见的经济衰退拼搏时，人们的不满情绪日趋严重。

拉斯穆森报告说，这次民调的提问，并未对资本主义或社会主义下定义。27% 的人表示不知道何者更好。

在 30 岁以下的年轻人中，37% 更喜欢资本主义，33% 喜欢社会主义，30% 立场未定；30 ~ 40 岁的人中，49% 支持资本主义，26% 支持社会主义；40 岁以上的人大多支持资本主义，喜欢社会主义的人只占 13%。

投资者、共和党人大多喜欢资本主义，但非投资者、民主党人中喜欢社会主义的比率比较高。

共和党人士认为，奥巴马总统以巨额开支振兴经济的政策相当于不符美国精神的“缓慢发展的社会主义”，并为此苦恼不已。但拉斯穆森报告的民调显示，民众对商界和政府的精英，同样持怀疑态度。拉斯穆森报告上月的民调发现，2/3 的美国人认为，大政府和大企业经常勾结起来，损害消费者和投资者的利益。

拉斯穆森报告 2008 年 12 月下旬的民调发现，70% 的人表示更喜欢自由市场经济。该公司民调师说，自由市场经济对民众的吸引力大大超过资本主义，这一事实可能意味着有些人怀疑美国现在的资本主义，究竟是不是以自由市场为基础。拉斯穆森报告公司在 4 月 6、7 两日以电话调查了 1000 人，误差为 ±3 个百分点。

资料来源：http：//news. 163. com/，2009 - 04 - 12，《环球时报》。

思考分析：(1) 金融危机的蔓延，对我们认识资本主义基本经济制度有什么启示？(2) 你是如何看待“越来越多的美国人开始反思资本主义制度，支持社会主义的美国人数量大增”这种社会现象的？

重要概念

所有制　所有制形式　经济制度　资本原始积累　国家垄断资本主义　社会主义初级阶段　全民所有制

实训练习

（一）判断分析

1. 资本主义和社会主义国家都采取市场经济的运行方式，所以两种经济制度最终会趋同。（　　）

2. 国家垄断资本主义的发展，解决了资本主义的基本矛盾。（　　）

3. 社会主义初级阶段是任何国家建设社会主义都必须要经历的一个特定阶段。（　　）

4. 私营经济是以生产资料私有制为基础并存在雇佣劳动关系的一种经济成分。（　　）

（二）问题解答

1. 资本主义经济制度的基本特征是什么？

2. 什么是所有制结构？我国现阶段的所有制结构如何？是由什么决定的？

3. 如何理解社会主义公有制的主体地位？

4. 社会主义公有制与私有制相区别的基本特征是什么？公有制的主体地位体现在哪些方面？

观念运用

运用社会主义初级阶段理论，分析现阶段我国生产资料所有制关系的科学性。

第五章

收入分配制度

学习要点

- 收入
- 分配
- 按劳分配与按生产要素分配
- 效率与公平

第一节 收入及其种类

一、收入的市场化

收入包含广义和狭义两个层次。广义上的收入是指个人所有收益的总和，包括各种物质性收益和精神性收益。狭义上的收入一般指人均可支配收入。人均可支配收入由四部分构成。按照占比大小，依次是：工资性收入（工资、津贴等）、转移性收入（养老金、赡养捐赠、社会保险、辞退金、出售房屋财产等）、经营性收入（商业买卖收入等）和财产性收入（指居民的非劳动性生产要素参与收入分配获得的收益）。

二、收入种类

（一）工资

1. 工资的本质和形式。工资是劳动力所提供的劳务的报酬。在资本主义制度下，工资的本质是劳动力的价值或价格。但是工资在现象上又表现为劳动的价值或价格。因此，资本主义工资是劳动力价值或价格的转化形式。劳动力的价值或价格表现为劳动的价值或价格，其根本原因在于资本主义生产关系本身。

资本主义工资有两种基本形式：计时工资和计件工资。

计时工资是按照工人的劳动时间来支付的工资，如月工资、周工资、日工资、小时工资等。在计时工资形式中，小时工资是最小计量单位的工资形式。为了阐明计时工资的本质，揭露资本家是如何利用计时工资加强对工人的剥削的，马克思批判地借用了“劳动价格”这个概念。马克思所说的“劳动价格”，就是指工人劳动力每小时的价格，即：

劳动价格＝劳动力日价值(日工资数额)/工作日的小时数

我们可以看到，日工资额的大小，取决于工作日的长短和劳动价格两个因素。在日工资数额不变的情况下，劳动价格可以下降，资本家正是用延长工作日、降低劳动价格的办法来加强对工人的剥削的。在日工资提高的情况下，资本家可以用延长工作日长度的办法，保持劳动价格不变，工人受剥削的程度和资本家的利润都不变。在工作日长度和日工资不变的情况下，如果资本家提高了工人的劳动强度，也会使劳动价格下降和对工人的剥削加重。总之，资本家会利用影响劳动价格的各种因素，采取各种各样的方法，来降低劳动价格，加强对工人的剥削。

在资本主义发展初期，计时工资是被广泛采用的工资形式。而在计时工资这种形式中，小时工资制受到资本家的越来越多的青睐。他们以劳动价格为基础，只规定每小时的平均工资，而不规定工作日的长度，也不规定日、周、月的工资额。这样，资本家就可以根据其经济利益的需要，来任意延长或缩短工作日。

资本主义工资的另一种基本形式是计件工资。计件工资是资本家按照工人在一定时间内所完成的产品数量或作业量支付的工资。计件工资与计时工资并无本质的区别，二者都是以劳动力的价值为基础的。计件工资是在计时工资的基础上，根据单位时间劳动力的价值确定的。比如，劳动力的日价值是 2 元，工人一天最多能生产 2 件产品，则每件产品计件工资为 1 元，因而计件工资是计时工资的转化形式，它更有利于资本家对工人加强剥削，所以被广泛使用。

由于计件工资直接取决于工人所完成的产品数量，这就造成一种假象，好像资本家购买的不是工人的劳动力，而是工人的劳动。似乎工人按照自己的产品数量得到了全部劳动的报酬。这就进一步掩盖了资本主义剥削的实质，计件工资比计时工资具有更大的欺骗性。

2. 名义工资和实际工资。考察工资量的变化，不能只看工人得到多少货币工资，而且要看这些货币的实际购买力。这就需要区分名义工资和实际工资。名义工资是工人出卖劳动力所得的货币额，即货币工资。实际工资是指工人用货币工资能实际买到的生活资料和服务的数量。它能确切地反映工人的实际生活状况。

名义工资和实际工资既有联系，又有区别。在物价及其他有关条件不变的情况下，名义工资和实际工资的变动是一致的。但是，由于受物价水平、服务费用、税收负担等多种因素的影响，二者的变动又往往是不一致的。如果名义工资不变，物价上涨，实际工资会下降；物价下降，实际工资会提高。如果名义工资增加和物价上涨同时发生，实际工资的变化就取决于二者变化速度的对比。在名义工资增长速度与物价上涨速度相等时，实际工资不变；在名义工资增长速度快于物价上涨速度时，实际工资会增加；在名义工资增长速度慢于物价上涨速度时，实际工资会下降。因此，考察工资水平及其变化，必须把名义工资同物价水平及其他有关因素联系起来研究实际工资的变动。

在资本主义发展的历史进程中，实际工资的变动是有起有伏、时高时低的。但从较长时间看，呈上升趋势。这是因为，一方面引起实际工资上升的因素在起作用；另一方面，还存在引起实际工资下降的因素。

考察工资水平的变动，还要分析相对工资的变动。只有这样，才能认识工资所反映的工人的经济地位。相对工资是工人的工资同资本家的增值价值相比较的工资。工资和增值价值是工人新创造的价值的两部分，在新价值已定的条件下，增值价值部分增加，工资部分就减少。在资本主义发展中，由于增值价值规律的作用，相对工资呈下降趋势。

在不同国家，工资水平存在着很大差别。各个国家同一时期工资水平存在的差别叫做工资的国民差异。研究工资问题，还必须注意到工资的国民差异。工资是由劳动力价值决定的，在不同的国家中，由于各国的自然条件和历史条件的不同，劳动者必需的生活资料的范围和数量也不同，在经济水平发展程度不同的国家中，工人的教育费用、劳动生产率等也都不尽相同。因此，各国工资水平的高低是不同的，这就形成了工资的国民差异。比较各个国家的工资水平时，必须先把不同国家同一行业的平均日工资与同样长度的工作日相比较，计时工资还要换算成计件工资，才能测量出劳动强度和劳动生产率的情况。一般说来，发达国家的经济发展和文化发展水平比较高，传统的生活水平也比较高，工人的劳动强度和技术熟练程度比较高，所以工资水平也比较高；不发达国家的情况则相反，工资水平比较低。当然，在发达国家中，由于这些国家的物价水平较高，房租、捐税和服务费用也比较高，因此，实际工资并不像名义工资所表示的那样高。而且在发达国家中，由于劳动生产率较高，必要劳动占剩余劳动的比重小，因此，他们的相对工资可能比不发达国家工人的水平还要低一些。

（二）利润

1. 利润和平均利润。

（1）增值价值转化为利润。在市场经济条件下，企业所生产的商品价值，都由 $c+v+m$ 三部分构成。在资本主义条件下，商品价值中的 $c+v$ 部分是用来补偿资本所有者生产商品时所耗费的不变资本和可变资本价值。对资本所有者来说，这部分价值就成为商品的生产成本即成本价格，可用字母 K 表示。商品的成本价格就是生产商品时所耗费的不变资本和可变资本之和，即 $K=c+v$。成本价格形成以后，商品价值就转化为成本价格加增值价值了，用公式表示就是 $w=K+m$。

我们知道增值价值只是可变资本的增加额，但是由于商品价值的 $c+v$ 部分转化为成本价格，增值价值便表现为成本价格之上的增加额，从而成为所费资本的一个增加额。不仅如此，对资本所有者来说，增值价值还表现为全部所用资本即全部预付资本的增加额。虽然只有所费资本加入成本价格，但全部预付资本作为生产的物质条件都参加了商品的生产和价值的形成过程，因而，在资本所有者看来增值价值就是由全部所用资本产生的。当资本所有者在观念上把增值价值看做是全部预付资本价值的增加额时，增值价值就转化为利润了，所以利润是增值价值的转化形式。利润用字母 P 表示，当增值价值转化为利润后，商品价值就由 $K+m$ 进一步转化为 $K+P$，即 $w=K+P$。

利润和增值价值本是同一个东西，都是雇佣工人剩余劳动创造出来的，而且二者在量上也是相等的。但两者又是两个不同的概念。增值价值是利润的本质内容，利润是增值价值的转化形式。增值价值是相对于可变资本而言的，利润则是相对于全部预付资本而言的。利润歪曲了增值价值的真正来源，掩盖了资本主义剥削关系。

增值价值转化为利润，是由增值价值率转化为利润率引起的。资本家既然把增值价值看做是全部预付资本共同带来的，所以在计算盈利时，就必然把增值价值与预付总资本相比较，而增值价值与全部预付资本的比率，就是利润率。用字母 P' 代表利润率，用字母 C 代表全部预付资本，则利润率的计算公式为：

$$P' = \frac{m}{C}$$

利润率和增值价值率既有联系又有区别。利润率是增值价值率的转化形式，但二者表示着不同的关系。增值价值率表示资本所有者对工人的剥削程度，而利润率则表示预付资本的增值程度。由于利润率远远小于增值价值率，因而利润率掩盖了资本家对工人的剥削及剥削程度。

由于利润率表示预付资本的增值程度，因而资本所有者对增值价值的追求在现实生活中表现为对高额利润率的追求。在资本主义社会，影响利润率的因素很多，主要包括以下几个方面：第一，增值价值率的高低。一定的资本额，利润率的高低取决于增值价值的多少，而后者的多少又取决于增值价值率的高低，增值价值率高则利润率就高；反之，则相反。第二，资本有机构成的高低。在增值价值率一定的条件下，利润率与部门资本有机构成的高低成反方向变化，部门资本有机构成提高，利润率就降低；反之，则相反。相同条件下，利润率与个别企业的资本有机构成的高低成同方向变化。第三，资本周转速度的快慢。在增值价值率和资本有机构成不变时，年利润率与资本周转速度的快慢成正比。因为资本周转速度越快，一年中实际发挥作用的可变资本就越多，年增值价值量就越多，从而年利润率也就越高；反之，则相反。第四，不变资本的节省状况。不变资本节省本身并不带来更多利润，但却可以使生产成本降低，在商品价值不变的情况下，同样可以提高利润率。

（2）利润转化为平均利润。在影响部门利润率的主要因素中，资本周转速度主要取决于资本有机构成的差别，因而部门资本有机构成的差别是引起不同部门利润率差别的最主要因素。资本有机构成高的部门，利润率低，资本有机构成低的部门，利润率高。各个部门利润率的差别使同量资本投入不同部门所得的利润量不同，而等量资本要求获得等量利润，这是由资本的本性决定的。这一矛盾是通过利润率平均化加以解决的。

利润率的平均化，是通过部门间资本竞争实现的。部门间竞争是资本围绕着争夺有利投资场所而展开的。部门间竞争的形式或手段是资本在部门间的转移。所谓资本的转移，既包括原有社会资本在各部门之间的流出流入，也包括新增资本投入方向和规模的调整。由于资本的转移，使利润率高的部门，由于资本流入量猛增，生产规模扩大，商品供给量增加，从而导致供过于求，商品价格下降，于是利润率降低。原来利润率低的部门，由于相反的原因，利润率提高。这样，又会引起资本向相反方向的转移。资本为追求较高利润率而在不同部门之间的来回转移，一直要持续到各产业部门利润率趋于大体相等才会告一段落，而大体相等的利润率就是平均利润率。可见，平均利润率就是按社会总资本平均计算的利润率，它是社会增值价值总额与社会总资本的比率。用符号 $\overline{P'}$ 表示平均利润率，$C+V$ 表示社会总资本，则平均利润率的计算公式为：

$$\overline{P'} = \frac{M}{C+V}$$

平均利润率形成之后，各部门所得到的利润量就不再和本部门直接获取的增值价值量相一致。原来利润率高的部门的利润量少于自身的增值价值量，原来利润率低的部门的利润量多于自身的增值价值量。但是，利润率高的部门少得的，恰恰是利润率低的部门多得的。从整个社会看，增值价值总量和利润的总量还是相等的。可见，平均利润率的形成过程，就是不同部门的资本所有者通过竞争重新瓜分增值价值，从而使等量资本获取等量利润的过程。

平均利润率是各部门利润率的加权平均数。在平均利润率形成过程中，主要有两个因素决定着平均利润率的水平：一是各部门的利润率。它们的水平高，平均利润率水平就高；反之，则相反。二是各部门资本在社会总资本中所占的比重。利润率高的部门的资本在社会总资本中所占比重越大，平均利润率水平就越高；反之，则相反。

随着平均利润率的形成，利润转化为平均利润。所谓平均利润，就是预付资本按照平均利润率计算所获得的利润。其计算公式为：

平均利润 = 预付资本 × 平均利润率

平均利润进一步掩盖了资本主义经济关系。在增值价值转化为利润时，增值价值由可变资本的产物变成了预付总资本的产物，增值价值的真实来源被掩盖了，从而使资本主义生产关系神秘化了。但每个部门的利润量与增值价值量还没有差别。而随着利润向平均利润的转化，各部门的利润量不再与本部门的增值价值量相一致，而是与本部门的总资本量成比例，等量资本获得等量利润。于是平均利润不仅质上而且量上都与增值价值不同了，它表现为全部预付资本的产物。这就使得利润的本质和来源完全被掩盖，它同劳动的联系完全被割断，资本主义经济关系进一步被掩盖了。

由于利润转化为平均利润，商品的价值就同时转化为生产价格。生产价格就是商品的成本价格加平均利润，是商品价值的转化形式。平均利润和生产价格的形成过程如表 5－1 所示。

表 5－1　平均利润和生产价格的形成过程　单位：元

生产部门	资本	剩余价值	平均利润率（%）	平均利润	价值	生产价格	生产价格与价值之差
食品工业	$70c+30v$	30	20	20	130	120	－10
纺织工业	$80c+20v$	20	20	20	120	120	0
机械工业	$90c+10v$	10	20	20	110	120	10
合　计	$240c+60v$	60	20	60	360	360	0

注：$m'=100\%$。

从表 5－1 可以看出，就整个社会来说，平均利润总额同增值价值总额相同，生产价格总额与价值总额相同。因此，平均利润和生产价格形成过程，实际上是增值价值在不同生产部门之间的平均分配过程。一般来说，资本有机构成高的部门，所得到的平均利润比本部门创造的增值价值多，其生产价格高于本部门商品的价值；有机构成低的部门则与此相反。只有资本有机构成与社会平均资本有机构成大体相同的部门，所得到的平均利润与所创造的增值价值大体相等，从而生产价格与商品价值也大体相同。

平均利润率随着资本主义的发展而变动，从长期看它的变动具有下降趋势。在资本积累过程中，资本所有者为了追逐超额利润和在竞争中占优势，就必须不断采用新技术，提高劳动生产率，从而必然导致整个社会的资本有机构成不断提高。即使在增值价值率不变甚至提高的情况下，平均利润率仍然会趋向下降，从而形成平均利润率趋向下降的规律。平均利润率趋向下降是在增值价值规律和竞争规律作用下，社会资本有机构成提高的必然结果，也是劳动的社会生产力日益发展在资本主义生产方式下所特有的表现。

想一想：平均利润率规律在社会主义市场经济条件下是否还存在？

平均利润率下降并不意味着工人受剥削程度的减轻。诚然，增值价值率是影响利润率的重要因素，但不是唯一因素，所以平均利润率下降和利润量增加可以并行不悖。利润量取决于平均利润率和资本量两个因素。资本量不变，利润量则随着平均利润率的高低而增减；平均利润率不变，利润量则随着资本量增减而增减。随着资本积累和资本有机构成的提高，社会总资本量在增加，可变资本总量也在增加，因而，利润率下降和利润量增加可以同时并存。它们是资本积累发展的二重结果。正因为二者并存，所以平均利润率趋向下降规律也称为利润率下降和利润绝对量增加的二重性规律。

在资本主义生产发展中还存在阻碍平均利润率下降的一系列因素，这些因素主要包括：第一，工人受剥削程度的提高。资本所有者可以通过各种方法提高剥削程度，增加增值价值总量，从而起到阻碍利润率下降的作用。第二，不变资本各物质要素价值的降低。社会劳动生产率提高，既可降低单位生产资料的价值，又可使原有不变资本贬值。这是减弱资本有机构成的提高，从而起到阻碍利润率下降的因素。第三，大量相对过剩人口的存在。相对过剩人口的经常存在使得劳动力价格降低，一些企业宁可多使用手工劳动而不使用机器，从而起到阻碍资本有机构成提高的作用。第四，对外贸易和投资的发展。发达资本主义国家利用对外贸易和对经济落后国家直接投资获得巨额利润，成为阻碍国内利润率降低的因素。

从利润率变动的整个发展趋势看，影响利润率下降因素的作用占优势，阻碍利润率下降的因素不能完全阻止利润率下降，从而使利润率下降在长期内呈现十分缓慢的趋势。当然，这并不排除一定时期内利润率的上升，利润率实际上呈现为一种时升时降曲折起伏的下降趋势。

2. 商业资本和商业利润。资本主义商业资本是一种重要的职能资本形式。它作为职能资本在社会资本再生产过程中执行着特殊的职能，从而参与社会资本利润率平均化过程。

（1）商业资本及其职能。资本主义商业资本是在流通领域中独立发挥作用的职能资本。它是随着生产力的发展和资本分工的需要，从产业资本的商品资本职能中分离出来的独立化职能资本形式。资本主义发展初期，由于生产规模不大，市场范围较小，产业资本所有者既从事商品生产，又从事商品销售。随着资本主义的发展，企业生产规模不断扩大，商品销售量日益增多，市场日益扩展。这时如果产业资本所有者继续自产自销，就必须增加大量流通费用，减少生产资本，缩小生产规模，延长流通时间，从而减慢资本周转速度，最终导致产业资本利润率降低。因此，产业资本所有者为了自身经济利益，有必要把商品销售职能让给专门从事商品买卖的商业资本所有者。这样，商品资本的职能就从产业资本中逐渐分离出来，成为商业资本执行的专门职能，形成了商业资本。商品资本职能独立化为商业资本不仅是必要的，而且也具有客观可能性。首先，在产业资本循环过程中，货币资本、生产资本和商品资本执行着各不相同的职能。这种各不相同的职能的独立性，就为产业资本和商业资本之间进行分工提供了可能性。其次，在产业资本连续不断的循环运动中，无论单个资本还是社会资本总要有一部分以商品资本形式作为流通资本独立处于市场上，完成从商品资本到货币资本的形态变化过程。正是商品资本形式经常独立存在的这种客观必然性，为商品资本的职能从产业资本运动中分离出来、独立化为商业资本提供了可能性。

由上可见，商业资本的职能就是通过商品买卖行为，实现商品的价值和增值价值。商业资本的形成，一方面有助于缩短流通时间，节省流通费用，减少流通中的资本数量，从而扩大了直接用于生产领域的资本，有利于增加增值价值，提高产业利润率，同时还有利于促进社会分工的发展。

（2）商业利润的来源和实质。商业资本所有者投资经营商品买卖，目的是获取商业利润。但是，除了商品的包装、保管和运输等活动是生产过程在流通领域里的继续，具有生产性劳动的性质外，单纯的商品买卖活动是非生产性劳动，不直接创造价值和增值价值。由于商业资本代替产业资本承担了实现商品价值和增值价值的职能，产业资本就不能独占全部的增值价值，而必须把增值价值的一部分以商业利润的形式转让给商业资本所有者。

产业资本让渡给商业资本的一部分增值价值是通过购销差价的方式实现的。即产业资本所有者是以低于生产价格的价格把商品卖给商业资本所有者的，商业资本所有者再按十足的商品生产价格把商品卖给消费者，这种购销差价就是商业资本所有者获得商业的利润。可见，商业利润的真正来源是产业工人在生产过程创造的一部分增值价值。

产业资本所有者让渡给商业资本所有者增值价值量的界限，是通过平均利润率规律确定的。商业资本作为独立的职能资本形式参加社会再生产过程，它也有和产业资本一样的获取平均利润的权力。商业资本获取平均利润是通过与产业资本的竞争实现的。这种部门间的竞争直到产业利润率和商业利润率持平为止。假定，一年的社会总产业资本为900，资本有机构成为$720c+180v$，增值价值率为100%，固定资本价值一年全部转移，年终的社会总产品价值为$720c+180v+180m=1\ 080$。社会总产品全部由商业资本所有者销售，社会总商业资本为100。这时，社会总职能资本=产业资本总额900+商业资本总额100=1 000。平均利润率$=180/(900+100)\times100\%=18\%$，这就是商业资本和产业资本通过部门间竞争而形成的职能资本平均利润率或全社会统一的平均利润率。

商业资本所有者购买产业资本所有者商品的价格就是：$780c+180v+900\times18\%=1\ 062$，它小于社会生产价格（即价值）总额，差额为18。这个差额就是产业资本让渡给商业资本的那部分增值价值。商业资本所有者销售全部商品的价格总额为：$1\ 062+18h$（h为商业利润）。它等于社会总产品生产价格（价值）总额1 080。可见，商业利润不是来自流通中的单纯加价，没有违背价值规律。

商业资本参与利润平均化过程后，产业资本的平均利润率就转化为职能资本（全社会统一）的平均利润率，从而成为平均利润率的完成形式。用公式表示为：

职能资本的平均利润率=增值价值总额/(产业资本总额+商业资本总额)

产业资本的平均利润就转化为职能资本的平均利润，它分解为产业利润和商业利润。它们的计算公式分别为：产业利润=产业资本总额×职能资本的平均利润率；商业利润=商业资本总额×职能资本的平均利润率。社会总产品生产价格公式也就由$K+P$转化为$K+p+h$。

另外，商业资本不仅要获得平均利润，商业预付资本也要得到补偿。只有补偿了预付资本才会发生利润。商业预付资本的补偿是通过两种不同的途径实现的。生产性预付资本及其创造的增值价值同产业资本相同，它们成为商品价值的组成部分；用于商品买卖的纯粹流通费用是非生产耗费，它不能计入生产商品的成本价格，只能通过增值价值的扣除来补偿，也就是在产业资本和商业资本的利润中来补偿。

（三）利息

借贷资本是资本主义制度下的生息资本，借贷资本是为了取得利息而暂时借给职能资本所有者使用的货币资本。它是一种通过货币借贷关系而参与增值价值分配的资本形式。

借贷资本的形成和发展同资本主义条件下的再生产过程有着密切联系，是为适应职能资本生产经营活动的需要而产生和发展起来的。因为在再生产过程中，有的职能资本为了扩大再生产规模，临时急需资本，而另一些资本所有者手中又可能有暂时闲置的货币资本，这就会形成两者之间的借贷关系。

1. 借贷资本与利息。职能资本在循环过程中暂时闲置的货币资本主要有三个来源：（1）在固定资本更新之前，提取出来的折旧费会暂时闲置起来；（2）当商品出卖以后，还不需要立即购买原材料，也暂时不需要支付工资，这样，就会有一部分流动资本暂时闲置起来；（3）用于积累而未达到追加之前用的增值价值。这些资本处于闲置状态就会失去资本本性，这与资本本性相违背，资本所有者必然想方设法把它们投入运动，从而形成货币资本的供给。

对货币资本的需求主要来自以下情况：（1）急需更新固定资本，自有货币资本不足；（2）急需购买原材料或支付工资，流动资本不足；（3）因市场繁荣急需扩大生产规模，自身资本不足。所有这些都形成对货币资本的需求。这样，拥有货币资本的资本所有者把货币资本以贷放形式提供给需要货币资本的资本所有者使用，约定使用期限，到期归还本金并支付利息作为报酬。在这种关系中货币资本就转化为借贷资本。可见，借贷资本是从职能资本运动中分离出来的一种特殊的资本形式。

职能资本所有者使用借贷资本生产出平均利润。这个平均利润借贷双方均有占有权，它要分割为两部分：企业利润和利息。借贷资本所有者因拥有所有权而获得利息，职能资本所有者因拥有使用权而获得企业利润。借贷资本的运动公式从表象上看是 $G—G'$，但从其全部运动过程来看，由于借贷资本所有者把资本借贷给职能资本所有者后，职能资本所有者运用借入的资本从事生产经营活动，因而借贷资本运动的完整公式应为：$G—G—W\cdots P\cdots W'—G'—G'$。其中 $G' = G + \Delta G$，ΔG 被分解为利息和企业利润两部分。

由上述分析可见，利息作为借贷资本自行增值的产物只是一种表面现象，实际上利息是职能资本所有者使用借贷资本而付给借贷资本所有者的报酬，它是平均利润的一部分，而平均利润又是增值价值的转化形式，因而利息是增值价值的一种特殊转化形式。

平均利润分割为企业利润和利息，企业利润表现为职能资本所有者经营管理才能的产物，是经营管理劳动的报酬；利息则表现为借贷资本所有者资本所有权的果实，来源于借贷资本运动的时间差，是借贷资本所有者放弃资本使用权的报酬。实际上企业利润和利息的共同来源和本质就是雇佣工人在生产过程中创造的增值价值。它们都不过是增值价值的具体转化形式。但平均利润分割为企业利润和利息，进一步歪曲和掩盖了资本主义剥削关系。

利息量的大小取决于利息率。利息率是一定时期内的利息量与贷出的借贷资本量的比率，即利息率 = 利息量/借贷资本量。利息率与利息量成正比，与借贷资本量成反比。

影响利息率的主要因素有：一是平均利润率的高低。平均利润率是利息率的最高界限，通常利息率要低于平均利润率，利息率的最低界限无法确定，但它不能等于零。平均利润率高，利息率就高；反之，则相反。二者同方向变动。二是借贷资本的供求和竞争关系。借贷资本供大于求，市场利息率下降；反之，则相反。三是习惯和法律传统。它们在平均利润率已定和借贷资本供求平衡时起决定作用。每个国家在一定时期都有一个平均利息率，它同各国的货币金融市场状况有关。利息率的变动主要是指平均利息率的变动。从长期看，平均利息率具有下降趋势。原因有两个：一是由平均利润率的下降趋势决定的；二是由借贷资本供大于求的趋势决定的。

2. 银行资本与银行利润。随着资本的发展，借贷资本所有者和职能资本所有者之间分散的借贷活动，逐步演化为银行资本所有者有组织的专门活动。银行从事借贷活动的基础是银行资本。银行资本由两部分构成：银行自有资本，即银行股东向银行投入的资本；银行借入资本，即银行吸收的各种存款，它是银行资本的主要部分。银行的主要职能包括：（1）作为职能资本所有者和货币资本所有者之间的信用中介人，把货币资本所有者手中的货币资本集中起来，带给职能资本所有者使用；（2）作为职能资本所有者的收付中介人，受职能资本所有者委托，代为收付各种交易往来款项，结算业务等。

银行资本所有者投资于银行的目的，也是为了获取利润。银行利润获取的途径是存贷利息差额，因为贷款利息率通常高于存款利息率。存贷利息差额扣除银行运营业务费用，就是银行利润。银行利润与银行自有资本的比率是银行利润率。银行利润率不能低于平均利润率，否则，银行资本所有者会转而经营工商业。竞争必然使银行利润率和银行利润趋于职能资本的平均利润率和平均利润。银行利润也来源于雇佣工人在生产过程中创造的一部分增值价值，它是增值价值的特殊转化形式。

（四）地租

农业是社会生产的基础部门，资本主义农业中的生产关系是考察部门资本运动的重要内容。资本主义土地所有制的实现形式——地租，是增值价值的一种特殊转化形式。

1. 资本主义土地所有制和地租的本质。土地所有制是指一定社会制度下人们对土地的所有、使用、收益关系的总和，它是社会生产关系的组成部分，其性质也是由社会生产力发展水平和占主体地位的生产关系的性质决定的。资本主义土地所有制是一种建立在土地归大土地所有者占有基础上的适应资本运动要求的生产关系。资本主义土地所有制的特征是土地所有权与经营使用权的分离。资本主义农业中，大土地所有者拥有土地所有权，一般不直接从事农业生产经营，而是把土地出租给农业资本所有者；农业资本所有者以资本主义方式经营农业，雇佣和剥削农业工人。这样，资本主义农业中便存在着土地所有者、农业资本所有者和农业雇佣工人三个既互相依存又相互对立的阶级，也相应地存在着三个阶级经济利益实现形式的地租、利润和工资三种收入形式。地租是土地所有权在经济上的实现形式。资本主义地租是农业资本所有者为取得土地使用权而付给土地所有者的报酬，是超过平均利润以上的超额利润的转化形式，是农业雇佣工人创造的一部分增值价值的特殊转化形式。

2. 资本主义地租的两种基本形式。资本主义地租由于形成条件和产生原因不同而区分为两种基本形式：级差地租和绝对地租。

（1）级差地租。级差地租是与土地的不同等级相联系的地租，它是由农产品个别生产价格低于社会生产价格的差额构成的超额利润转化而成的地租。土地因肥力和地理位置不同，从而形成优、中、劣三种不同的等级差别。等量资本投入生产条件不同的等面积土地，劳动生产率和产量收益就不同。土地总是有限的，优、中等地更有限，优、中等地的农产品数量不能满足社会需要，因而农产品社会生产价格由劣等地个别生产价格决定。投资于优、中等地的农业资本所有者，农产品个别生产价格低于社会生产价格，可获得超额利润，这部分超额利润缴给土地所有者便形成级差地租。可见，级差地租形成的条件是土地的等级差别。

土地等级差别只是级差地租的形成条件或基础，但不是级差地租产生的原因。级差地租产生的原因是土地的资本主义经营权垄断。所谓土地的资本主义经营权垄断，就是指在土地有限的条件下，优、中等地作为经营对象被租地资本所有者使用后排斥别人再来租用所形成的土地经营权的垄断性。由于土地的资本主义经营权垄断，由于农产品的社会生产价格由劣等地的个别生产价格决定，这样，经营优、中等地的租地资本所有者就可以长期稳定地获得超额利润。但是，由于优等地和中等地都是从土地所有者那里按合同租来的，土地所有者当然要求他们比租用劣等地者缴纳较多的地租，这样，优等地和中等地的农业资本所有者所获得的超额利润便统统落入土地所有者手里，形成级差地租。

土地作为一种自然力，只是超额利润的自然基础，因为它是特别高的劳动生产力的自然基础，而不是级差地租的源泉。它的源泉是农业雇佣工人的超额剩余劳动。耕种优、中等地的农业雇佣工人的劳动，是一种具有较高劳动生产率的劳动，在同一时间内比耕种劣等地的农业工人创造更多的价值和增值价值。

级差地租因形成的具体条件不同可分为级差地租Ⅰ和级差地租Ⅱ。

级差地租Ⅰ是指等量资本投入土地肥力或地理位置不同的等面积地块，劳动生产率和产量不同，优、中等地块所获得的超额利润转化而成的地租。等量资本投入肥力不同的等面积地块，劳动生产率和产量收益不同，经营优、中等的土地所获得的超额利润就转化为级差地租Ⅰ。等量资本投入地理位置不同的等面积地块，等量农产品运费就不同，距离市场远的或交通条件差的，运费就高；反之就低。地理位置较好的地块，其产品运费少，成本价格低，个别生产价格低于社会生产价格，可获得超额利润，从而转化为级差地租Ⅰ。

级差地租Ⅱ是在同一块土地上连续追加投资提高了劳动生产率和产量，带来的超额利润转化而成的级差地租。如果在同一土地上连续追加等量投资，实行集约经营，精耕细作，提高单位面积产量，只要增加的农产品都为社会所需要，且追加投资的生产率高于劣等地原始投资的生产率，就会产生超额利润，这种超额利润转化而成的地租，就是级差地租Ⅱ。

级差地租Ⅱ不同于级差地租Ⅰ的特点是，在租约有效期间，作为级差地租Ⅱ价值实体的超额利润，归租地资本所有者所有，并不立即转化为级差地租Ⅱ，只有到租约期满后重新订立租约时，土地所有者才能增加地租额，把追加投资带来的超额利润转化为级差地租Ⅱ占为己有。因而，租地资本所有者与土地所有者围绕着租约期限长短进行着长期激烈斗争。然而，土地所有者仅凭土地所有权就可无偿占有社会经济进步成果，会造成租地资本所有者进行掠夺性经营，阻碍农业生产发展和技术进步。农业生产的特点是周期长，追加投资显效时间更长，因此，延长租约期限，有利于鼓励农业经营者增加对土地的投资，实行集约化经营，有利于农业技术进步和经济发展。

（2）绝对地租。考察级差地租时，假定租种劣等地的资本所有者获取平均利润，不能获得超额利润，而不支付地租。但是，地租是土地所有权在经济上的实现，如果不支付地租就可获得土地使用权，就等于否定和取消了土地所有权垄断。因此，由资本主义土地所有制所决定，不论租用任何等级的土地，都必须支付地租。绝对地租就是由土地所有权垄断产生的租用任何等级土地都必须缴纳的地租。

绝对地租形成的条件是农业资本有机构成低于社会平均的资本有机构成。由于土地所有权垄断的存在，租用任何等级土地都必须缴纳绝对地租，同时租种劣等地的农业资本所有者又必须获得平均利润，因而农产品出售价格就必须高于社会生产价格，只有这样，才能保证租用劣等地的农业资本所有者既获得平均利润，又可获得超额利润，有绝对地租可缴。事实上，这种可能性是存在的。因为在资本主义发展的一个相当长历史时期内，农业生产技术水平落后于工业，从而农业资本有机构成低于社会平均的资本有机构成，这样，等量农业资本就比等量工业资本推动更多活劳动，从而在增值价值率相等的条件下生产更多的增值价值，使农产品价值高于社会生产价格。而农产品是按自身价值决定的价格出售的，这样，农产品价值高于社会生产价格的余额而形成的超额利润，便可转化为绝对地租。

绝对地租产生的原因是土地所有权垄断。因为土地所有权垄断阻碍、排斥、限制部门间竞争和资本向农业的自由转移，因而农业中的利润不参与社会利润率平均化过程。这就决定了农产品能够按高于社会生产价格的价值出售，使租地资本所有者既可获得平均利润，又可缴纳绝对地租。应当注意的是，租用劣等地的资本所有者不缴级差地租，只缴绝对地租；租用优、中等地的资本所有者，不仅缴级差地租，而且缴绝对地租，并且各级等面积土地的绝对地租量是相等的，否则就混淆了两种不同的地租形式。绝对地租的源泉是农业工人的剩余劳动。

（3）土地价格。土地是自然物，不是劳动产品，没有价值。但是可以买卖，具有价格。因此，土地价格不是土地价值的货币表现。土地价格和股票价格类似，实际上是土地所有者凭借土地所有权所获得的地租收入的资本化，或者说是资本化的地租。

土地价格取决于两个因素：一是地租量；二是存款利息率。用公式表示就是：

土地价格＝地租量/存款利息率

可见，土地价格与地租量成正比，与利息率成反比。

从长期发展趋势看，随着经济的发展，土地价格具有提高趋势。原因主要有：第一，由于经济发展和人口增加，对土地需求的增长大大高于新开发土地数量的增长，因而土地开发成本增加，造成土地价格提高。第二，土地投机活动推波助澜，造成土地价格急剧上涨。对土地的投机性购买，一方面造成一定时期对土地需求的急剧增加，另一方面造成土地价格刚性，也导致土地价格的上涨趋势。第三，平均利息率的下降趋势也使土地价格具有上涨趋势。因为从长期看，平均利润率具有下降趋势，所以平均利息率也具有下降趋势。利息率与土地价格成反比，所以利息率下降趋势必然导致土地价格具有上涨趋势。地租和地价上涨，一方面表明土地所有者和租地资本所有者对劳动人民剥削日益加强，另一方面也表明土地所有者和农业资本所有者之间瓜分增值价值的矛盾和对立日益加深。

第二节　分配与分配方式

一、分配的市场化

乔治·拉姆塞在论述分配的一般概念时就认为，分配有两种：一种可恰当地称之为初次分配，另一种则为二次分配。收入的初次分配指国内生产总值在参与生产过程的生产要素之间进行的分配，是按照各生产要素所有者和政府对生产的参与状况和贡献，对生产成果——增加值的分配。初次分配是对市场收入的分配，初次分配的结果，在宏观层面形成投资率和消费率，在微观层面形成居民的劳动收入、资产出让者的财产收入和政府部门的初次分配收入。收入再分配是指不同的部门、单位和个人在初次分配获得的要素收入基础上，通过非交换性的分配活动进行的收支转移而形成的分配。再分配形式主要包括税收、财政转移支付等。此外，厉以宁教授认为，两次分配之后还存在着第三次分配——基于道德信念而进行的收入分配。他把第三次分配称为是在道德力量作用之下，个人收入转移与个人自愿缴纳与捐献的范围内存在的较广泛的分配。比如，个人自愿为家乡建设捐赠，为残疾人福利组织捐赠等，这些都是非强制性的与道德有关的行为。显然，初次分配是市场机制作用的结果，再分配主要属于政府行为，第三次分配则与个人行为有着密切关系。

市场经济是市场对资源的配置起基础性作用。市场转型论者就认为市场经济与再分配经济在资源配置方式上有根本的不同，收入分配的格局也将不同。在再分配体制下，劳动力和其他经济资源是靠行政命令协调的：通过中央计划和等级组织体系，经济剩余被集中到国家，然后按照国家的目标进行再分配。在这一体制下，“再分配者倾向于满足自己”，所以受益最大的是等级体系中拥有行政权力、实施再分配的各级官员。市场经济则恰恰相反，在那里“直接生产者占有大部分剩余”。因此，在经济体制从中央计划的再分配经济向市场经济转变过程中，控制资源和占有经济剩余的权力也发生转移，即从党政官员转向直接从事生产活动的人。即依靠所占有的生产要素例如土地、资本、劳动、技术、管理等来进行分配。单纯依靠市场来进行分配，提高了分配效率，但是却存在着分配的不公平现象，有必要依靠政府实施宏观的政策来进行调整，进行再次分配，来保证分配的公平。社会主义市场经济中，就是采取按劳分配和按生产要素分配并重的策略，既追求初次分配的效率和公平，同时注重再次分配的公平和效率。

二、分配方式

（一）按劳分配

改革开放以来，我国个人收入分配形式已从传统体制下单一的按劳分配形式，朝着以按劳分配为主体，多种分配方式并存的格局发展。目前，我国个人收入分配形式除按劳分配外，还存在按经营效果分配、按资金分配、按劳动力价值分配等多种分配形式。这是由公有制为主体，多种所有制经济共同发展的生产资料所有制结构决定的。

1. 按劳分配的主要内容。按劳分配是社会主义公有制经济中个人收入分配的基本原则。这一原则的基本内容和要求是：凡是有劳动能力的人，都应尽其所能地为社会劳动。社会在做了各项必要扣除以后，以劳动为尺度分配个人消费品，多劳多得，少劳少得，不劳动者不得食。按劳分配原则体现了劳动者在劳动面前人人平等的分配关系。

首先，按劳分配的物质对象是个人消费品。社会总产品数量是分配的物质基础，但是，社会总产品不应当也不可能全部用于个人消费。马克思在《哥达纲领批判》中，曾经做了科学设想，为了满足社会主义社会发展需要，社会总产品在用于个人消费之前，必须作出一定的扣除。

其次，凡是有劳动能力的人，都必须以参加劳动作为获取消费品的前提条件。按劳分配是在社会主义公有制范围内，劳动者对共同劳动成果进行的分配。因此，必须参加劳动，才有资格从劳动总成果中获得应得的部分，不劳动者不得食。

最后，社会以劳动作为分配个人消费品的尺度，劳动报酬与劳动者提供的劳动量成正比。按劳分配所依据的劳动，在质上是符合社会需要的、被社会所承认的劳动。

2. 按劳分配的客观必然性。在社会主义公有制经济中实行按劳分配具有客观必然性。

首先，生产资料公有制是实行按劳分配的前提条件。生产资料所有制的性质决定分配的性质，在生产资料公有制条件下，人们在生产资料占有关系上是平等的，因而任何人都不可能凭借对公有的生产资料的占有去剥削其他社会成员的劳动成果，而只能按劳动贡献的大小进行分配。

其次，社会主义社会的生产力发展水平是实行按劳分配的决定性物质条件。恩格斯指出："分配方式本质上毕竟取决于可分配的产品的数量。"① 而可分配的产品的数量则取决于生产力的一定发展水平。在社会主义社会，由于生产力水平还比较低下，社会产品还达不到极大丰富的程度，这就决定了社会不能实行按需分配，而只能实行按劳分配。同时，只有实行按劳分配，才能充分调动劳动者的积极性，促进生产力发展，为过渡到按需分配创造条件。

最后，社会主义社会劳动的特点是实行按劳分配的重要社会条件。社会主义社会劳动者的劳动有两个重要特点：一是由于旧的社会分工还存在，所以使人们向社会提供的劳动质量和数量还存在着重大差别；二是劳动依然是谋生的手段，还没有成为生活的"第一需要"。这两个特点决定了社会必须承认劳动差别是劳动者的天然特权，并在分配上予以体现，使劳动者获得的生活资料的多少同他们向社会提供的劳动的数量和质量紧密联系起来。只有这样才能激发人们在社会主义建设中充分发挥自己的聪明才智，促进生产力的更快发展。

3. 按劳分配原则的性质。按劳分配是社会主义的分配原则，它体现着国家、集体、劳动者个人根本利益相一致的社会主义经济关系，它既是对一切剥削制度的否定，又不同于共产主义高级阶段将实行的按需分配。

按劳分配同不劳而获是根本对立的。它要求每个有劳动能力的社会成员，要想获得收入就必须参加社会劳动。所以，按劳分配是人类历史发展迄今为止最进步的分配制度。

按劳分配要求等量劳动领取等量报酬，体现着劳动者在个人消费品分配方面的平等权利。但是，这种平等权利对于不同的劳动者来说，实际上又是一种不平等的权利。这种事实上的不平等是按劳分配的历史局限性，在社会主义历史阶段上是难以避免的，只有到了共产主义社会，社会生产力高度发展了，具备了按需分配的条件时，这种事实上的不平等才能消失。

因此，按劳分配不是资本主义性质的分配原则，也不是共产主义的分配原则，而是社会主义性质的分配原则。

4. 现阶段按劳分配的特征。

第一，生产力的低水平、多层次不仅要求公有制区分为不同形式，而且要求多种非公有制形式与之长期共同发展。在社会成员不能真正平等和无差别地占有全部生产资料和劳动成果的条件下，按劳分配还并非是单一公有制基础上的按劳分配。

---

① 《马克思恩格斯选集》第4卷，人民出版社1995年版，第475页。

第二，多种所有制经济的共存，意味着各种要素收入索取权的共存。因此，按劳分配也并非个人收入的唯一分配形式，而只能与各种按生产要素分配的形式同时存在。

第三，低水平、多层次生产力及其由它决定的多元化的所有制结构，使人与人之间的经济关系表现为商品货币关系，因此，现阶段的按劳分配是市场经济条件下的按劳分配，既要借助商品货币关系，又要通过市场机制的调节作用实现。

（二）按生产要素分配

1. 生产要素的类别。生产要素也就是生产力的要素，可以分解为三个类别：

第一类是马克思所说的生产资料和劳动者的劳动力，即西方学者所说的资本、劳动、土地。这些是实体性的生产要素。

第二类生产要素主要指科学技术。它包括“人化”于劳动者身上的科学技术，“物化”于生产资料之中的科学技术，以知识、信息形式独立存在的科学技术等。通常，科学技术附着于实体性要素才能发挥作用。但鉴于它的作用日趋重要，因而又是先导性的生产要素。

第三类是管理能力或所谓“企业家才能”。它是其他所有生产要素的粘合剂，在它的作用下，前两种生产要素才能有效地结合起来，进行现实生产。

2. 生产要素参与分配的客观依据。市场经济的基本前提就是上述各种生产要素分别属于不同的产权主体，他们当然也就会要求“按要素”分配，以便获得相应的产品份额，在市场体系的综合作用下，这些份额的大小最终又是通过要素价格决定实现的。所以，按要素分配的根本依据是所有权，直接依据是索取权，实质上是按产权分配。

党的十六大报告指出：“确立劳动、资本、技术和管理等生产要素按贡献参与分配的原则。”这一分配原则的确立，能“放手让一切劳动、知识、技术、管理和资本的活力竞相迸发，让一切创造社会财富的源泉充分涌流，从而造福于人民”。按生产要素分配不是由哪个人的主观愿望决定的，而是基于社会主义现阶段的实际，具有其必然性和合理性。

从生产力的状况看，现阶段生产力的状况决定了社会成员还要区分为不同的生产要素所有者或权益主体，因此，无论他们是否直接参与价值和使用价值的创造，却都拥有相应的收入索取权。如果他们提供生产要素而得不到回报，就不能在全社会范围内形成增加要素有效供给的经济激励。生产要素亦即生产力要素，它的供给不足，意味着从根本上阻碍生产力的发展。在市场经济中，由于各种生产要素具有稀缺性，而能够客观及时反映资源稀缺性的主要是要素价格。一方面，要素价格是要素需求者即生产者的成本项目，生产者要增加利润，就得减少成本。这就迫使他们尽可能经济有效地利用稀缺要素。另一方面，要素价格也是要素供给者的收入形式。所以反过来说，如果不实行按要素分配，就没有要素的市场供求关系和竞争，要素价格本身就无法形成，从而也就不能促进生产力发展。

从生产关系的状况看，以“公有制为主体，多种所有制经济共同发展”是我国现阶段生产关系总体状况的集中概括。要使这种“基本经济制度”不断发展完善，就必须通过按劳分配为主体的多种分配方式作为它的经济实现形式。这是因为，没有多元化的要素收入索取权，也就否定了多元化的要素所有权。因此，我们实行按要素分配，是对各种形式的公有产权、个人产权在经济上的保证、实现和发展。

在社会主义市场经济条件下，按生产要素参与分配能最有效地发挥各种要素对生产力发展的积极作用。在实行按要素分配的过程中，由于不同要素的主体参与生产和分配的过程是平等的，他们都遵守同一市场规则展开竞争。这样，不同要素所有者就可以按照他们投入的要素数量和质量及对生产经营的贡献大小进行分配，从而充分调动各方面的积极性，实现生产力的极大发展和社会财富的极大丰富，也为全面建设小康社会和构建社会主义和谐社会奠定物质基础。

（三）按劳分配与按生产要素分配的结合

党的十六报告强调，完善按劳分配为主体，多种分配方式并存的分配制度。按劳分配和非按劳分配之间的关系是“主体”和“非主体”的关系，这是现阶段生产力和生产关系发展完善的客观要求。

第一，从分配数量上看，按劳分配为主体包含两层含义：一是在公有制经济单位中，如在国有企业和集体企业中，包括由国家控股的股份制企业和股份合作制企业中，全体劳动者的按劳分配收入在他们的个人收入总额中占主体地位，即构成他们个人收入总额的主要部分。二是在整个社会经济中，公有制经济中劳动者的按劳分配收入，在全社会个人收入总额中占主体地位，即构成社会个人收入总额的主要部分是按劳分配的收入。

第二，从分配性质上看，“一定的分配关系只是历史规定的生产关系的表现。”① “按劳分配为主体”，是“公有制经济为主体”的“背面”，是市场经济中社会主义的“特殊”在分配方式上的具体表现。在社会主义初级阶段，既然存在着以公有制为主体，多种经济成分共同发展的所有制结构，与此相适应，也就存在着以按劳分配为主体、多种分配方式并存的分配结构。

第三，从分配趋势看，在现代社会，产品分配已经逐步从物的要素分配为主转向以人的要素分配为主，按劳分配为主体也是顺应了这种变化趋势。现代经济增长的一个重要现象是作为知识载体的劳动力或人力资本取代了物质资本的关键性地位，并且经济越发达，人力资本对于产出增长的“边际贡献”越高，这一现象已经为大量的统计数据所证明，并已经成为经济学家在世界范围内的共识。

三、个人收入分配

（一）按劳分配的收入

社会主义工资是全民所有制企业和城镇集体所有制企业实现按劳分配的基本形式，体现着国家、企业、个人三者根本利益一致基础上的社会主义经济关系。工资的基本形式是计时工资和计件工资，并附有奖金、津贴等劳动报酬的补充。在农村主要是包括农村集体经济中农户的劳动收入。

（二）按生产要素分配的各种收入形式

1. 公有制经济中非按劳分配形式的收入。在我国公有制经济中，个人消费品的基本分配形式是按劳分配，但是在现阶段，除按劳分配以外，还存在以下非按劳分配的形式，主要有：（1）福利性分配；（2）职工投入资金取得的收入。

2. 个体经济中的非按劳分配收入。个体经济是劳动者利用自己的生产资料从事个体劳动和个体经营的小私有经济。在这种经济中，劳动者既是生产资料的所有者，又是直接生产者，他们的生产经营收入是自己劳动创造的，有的是利用少量帮工和学徒，也是以自己劳动为主要的收入来源。个体劳动者的收入虽然是劳动收入，但不属于按劳分配收入，因为它存

① 马克思：《资本论》第3卷，人民出版社1975年版，第997页。

在的经济条件不同，按劳分配只适用公有制经济中。由于个体劳动者占有生产资料多寡优劣不等，直接影响到他们各自的收入。这就是说影响个体劳动者收入多少的因素，从其自身讲，既有其直接生产劳动状况，又有生产资料占有状况。个体经济中的劳动者收入既是一种资产收入，又是一种劳动收入，其收入具有二重性。

3. 私营企业和三资企业中的收入分配。在我国现阶段既然存在着私营企业，存在着雇佣劳动关系，也就必然相应存在着资本主义的分配关系。私营企业主按其占有的资本取得利润，雇佣工人按劳动力价值取得工资。在这里，利润是工人剩余劳动创造的增值价值的转化形式，工资是工人劳动力价值和价格的转化形式，就其性质而言，与其他国家的资本主义分配关系没有什么区别。但是，由于我国的私营企业处在社会主义公有制为主体的环境中，私营企业中的雇佣工人虽然是劳动力商品的出卖者，但他们有社会主义制度为依靠，在政治地位上与私营企业主是平等的，他们的正当权益受到社会和国家的保护。私营企业主在正当经营和自觉遵守国家的法律、政策、法令的前提下，国家对其经营收入依法予以保护。

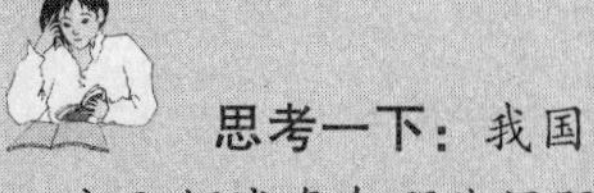

思考一下：我国个人收入分配领域存在哪些问题？

4. 风险收入和机会收入。在社会主义市场经济中，无论私营企业主还是个体劳动者，经济收益高低除了与经营者的经营能力有关，还与市场状况有着密切的联系。由于市场状况瞬息万变，往往难以预测，所以盈与亏都带有一定的偶然性，由偶然机遇所带来的收入就称为风险收入和机会收入。那些由于捕捉到市场有利机会并利用自己优势的经营者，就会得到较多的收入，其中就包含着机会收入。个体劳动者、私营企业主、外商，以及公有制企业的承包经营者和租赁者的收入中，都有一部分属于风险收入和机会收入。

风险收入是劳动者和经营者承担风险的报酬。风险机制是市场运行的重要机制之一，任何进入市场的生产者和经营者都会遇到风险的考验，而规避和化解风险能力的强弱，对个人收入的实现程度乃至企业效益的高低至关重要。因此，这种与风险相关的决策成败要求从收入上得到实现。这种报酬的多少往往同所冒风险系数的高低成正比。

机会收入是对市场应变能力的报酬。现代市场经济是建立在社会化大生产基础之上的，商品经济关系日益复杂，产品更新换代加速。消费者对于市场有了更广泛的选择余地，市场信息瞬息万变，及时捕捉市场提供的每个机遇是增加收入的一条渠道。如果能在复杂多变的市场中作出客观及时的判断和估计，紧紧抓住经营机会，就会产生“先行”效应，获得较多的机会收益。

5. 按土地和其他自然资源分配的收入。土地和其他自然资源是生产活动必不可少的因素。它们也要求有收益回报，而且是谁给的收益高，就由谁支配，就为谁服务。土地和其他自然资源的一个突出特征是供给量的有限性，因而价格控制极为重要。土地的收益表现为地租，其形式有级差地租和绝对地租。这些都可以使土地所有者和使用者获益。

6. 居民个人资产收入。居民的个人资产有两种存在形式，即货币形式和实物形式。前者如存款、债券、股票等；后者指私有住宅和某些固定资产。居民把货币财产变成银行存款或证券，并不放弃货币财产所有权，只是暂时让渡货币财产使用权，并获得相应数量的利息。具有投资倾向的人，如果有了好的直接投资项目，就会直接参与投资经营。这种投资就会有资金回报。当某些企业的股票和债券具有投资意义，就会有人选择进行直接资本市场上的投资活动以获取收益回报。居民把私人住宅等实物资产租给他人使用，也是财产使用权的让渡，并借以获得一定的租金。所有这些都构成按资产分配的内容，也可叫按资分配。

第三节 公平与效率

一、公平

（一）公平的含义

公平在经济关系的不同方面都有其表现，公平或者是指收入分配的公平，或者是指占有生产资料方面的公平，或者是指产业地域空间布局的公平等。公平并不是纯经济学的概念，它从来都包含有价值判断的意义，公平不等于平等，其内涵要比平等更宽泛、更丰富，它是公正与平等的统称。平等通常是指人们在政治、经济、社会地位和权利、责任、义务等方面的相等或相同。公平除了含有平等的意思之外，还包含有社会公正的内容。这就是以某种社会承认的公正为标准实现的相对平等。而社会公正的标准，则是由该社会的价值观念和道德准则所决定的。因此，公平在很大程度上属于社会意识形态的范畴，是社会的价值和道德观念在经济领域和社会生活中的集中体现。

所谓个人收入分配中的公平原则就是指权利与利益平等并相对应的原则。按照公平原则的要求，无论是按劳分配原则，还是按其他要素分配原则发生作用时，个人所得到的收入的多少都应以所依据的分配尺度来确定。在尺度面前，人们的权利和机会平等，利益收入应与决定收入的尺度相对应。不能有任何超越原则得到其不应得到的收入。但是，公平又不是绝对的，在社会主义初级阶段，很难要求公平原则得到绝对的贯彻，由于生产资料的多种所有制形式，生产力发展的多层次不平衡性，不同企业的经营状况的差别，不同时间、不同地区生产要素供求状况的不同，按劳分配实现的标准不同，劳动者得到的个人收入的多少同其付出的劳动量也并不完全一致，只是在一个企业内部才能实现按同一标准分配的公平。例如，由于资金供求关系的影响，不同地区资金利息高低不同，带来的资金收入有差别，从两地来看是不公平的，但从同一地区来看，则是公平的。公平原则是一个相对的、历史的范畴。

（二）社会主义社会的公平观

社会主义社会的公平观，主要表现为追求全社会共同富裕及坚持按劳分配和按其他生产要素分配相结合的思想和原则。具体地说，它包括以下四个方面的内容：

1. 社会主义的最终目标是要实现全体成员的共同富裕。邓小平曾经尖锐地指出：贫穷不是社会主义。社会主义就是要使广大人民走上富裕之路，过上幸福美好的生活。这就需要通过发展生产力，提高全社会的物质文化生活水平和富裕程度。社会主义的共同富裕并不否定人们之间的收入差别。不过这种差别，不再是悬殊的两极分化，而是在共同富裕的基础上和过程中存在的人们富裕程度的先后差别。为了实现共同富裕，选择的道路应是：坚持改革开放，使一部分人先富起来，先富带动后富，逐步实现共同富裕。

2. 按劳分配是社会成员的一种平等权利。这种权利体现在，在公有制内部每个成员都按照他们提供的劳动参与收入分配，平等则在于以同一的尺度——劳动来计量。社会成员的权利是与其为社会所做贡献成正比例的；平等还体现在各种生产要素的所有者所获得的收益都以同一尺度即对社会的贡献来计量。

3. 社会主义承认平等权利基础上的收入差别，反对平均主义倾向。按劳分配和按其他生产要素分配，实际包含两种不同的平等权利：一种是按劳分配的平等权利，承认由于劳动者能力的差别而形成的收入差别，以及由于负担人口的不同而造成实际消费水平的差别；另一种是按生产要素分配的权利，承认由于每个人占有生产要素的不同而形成的收入差别。在社会主义初级阶段，劳动差别和生产要素占有上的差别，是形成人们收入差别的两个基本因素。它们的存在都是由社会主义初级阶段的经济条件决定的，社会主义社会对于这些客观存在都必须加以承认，并予以法律上的保护。但是，对于非劳动生产要素占有造成的收入差距过大，社会主义国家在依法保护的同时，还应当进行适当的调节，以避免社会财富过分集中到少数人手里，出现两极分化。

4. 社会主义的公平观不仅表现在收入分配方面，还表现在它强调机会均等。对于公平而言，应从两个层面来把握：一是从结果的角度，这是指用货币或实物来衡量的社会成员收入水平或生活水平的公平；另一是从机会的方面来测度的，这是指社会给每个成员都提供同等的可获得的机会、可参与的程度、可进入的领域，从而使每个人都可以通过自己的努力，为社会作出贡献。注重机会公平则更具有实质意义。同时，还需要缩小人们进入社会初始期的不平等状态，也就是给低收入者以更多的帮助，特别是帮助他们提高素质和能力。

二、效率

效率作为一个经济学范畴，一般是指资源的有效使用与有效配置。通常所说的效率增长主要表现为两方面：一是从投入产出角度看，一定的投入有较多的产出或一定的产出只需要较少的投入，则意味着效率的增长；一定的投入有较少的产出或一定的产出需要较多的投入，则意味着效率的下降。投入固定产出变动或产出固定投入变动，都表明资源使用或配置的效率发生了变化。二是从配置角度讲，劳动力和资本等要素能够得到充分利用，既不形成浪费也没有闲置，资源效用完全释放，这表明效率的提高。而个人收入分配中的效率或效率原则，是指个人收入分配，通过充分利用和有效配置劳动与其他生产要素，充分发挥各种要素的功能效用，调动劳动者的积极性，提高工作效率、劳动效率，最终提高劳动生产率和经济效益。在个人收入分配过程中各项政策、制度标准的制定，既要考虑公平原则，更要考虑效率原则，要让各种生产要素的所有者尽可能地得到较多的收入，从而使各种生产要素处于最佳的生产状态。社会主义初级阶段，物质利益始终是一个强大的动力源，只有很好地利用这一动力源，才能提高工作效率和劳动生产率。

三、正确处理效率与公平的关系

个人收入分配中公平与效率以一般关系来说，是一个矛盾的统一体。矛盾表现在：要保证最大限度的公平，就可能对效率的最大提高造成影响；要保证效率的最大发挥则又会影响公平的实现。这就要求在对公平与效率的理解上不能绝对化。公平与效率有相一致的一面。公平原则的贯彻，可以使不同生产要素的所有者按照各自的原则取得相应的收入，收入的取得又会刺激生产要素效能的充分发挥，从而提高效率，生产出更多的可供人们消费的产品，可以在更高层次上实现个人收入的公平。公平能促进效率，效率又能保证公平，二者相互促进。

（一）我国对效率与公平关系的处理沿革

我国改革开放以来一直在探索正确处理效率与公平的关系问题。针对长期以来的平均主义思想，党的十三大提出，“在促进效率提高的前提下体现社会公平”，党的十四大修改为“兼顾效率与公平”，党的十四届三中全会提出，“体现效率优先、兼顾公平的原则”，以后的文献中都强调这一分配原则。随着在经济发展进程中收入分配差距的不断扩大，党的十六大进一步提出，在坚持效率优先、兼顾公平的方面既要提倡奉献精神，又要落实分配政策，既要反对平均主义，又要防止收入悬殊；初次分配注重效率，充分发挥市场的作用，鼓励一部分人通过诚实劳动和合法经营先富起来，再分配注重公平，加强政府对收入分配的调节职能，调节差距过大的收入，规范分配秩序。这是对效率与公平关系认识的进一步深化。党的十六届四中全会按照构建社会主义和谐社会的要求，强调要注重社会公平。党的十六届五中全会针对当前收入分配领域存在矛盾比较突出的问题，以科学发展观为指导，提出要在经济发展的基础上，更加注重社会公平，合理调节国民收入分配格局，加大调节收入分配的力度，使全体人民都能享受到改革开放和社会主义现代化建设的成果。党的十七大报告申明，“实现社会公平正义是中国共产党人的一贯主张，是发展中国特色社会主义的重大任务”，“合理的收入分配制度是社会公平正义的重要体现”，“初次分配和再分配都要处理好效率与公平的关系，再分配更加注重公平”。深化了对收入分配制度改革，深化了对公平与效率关系的思考，强调了初次分配和再分配都要处理好公平与效率的关系，再分配要更加注重公平。

（二）正确处理效率与公平的关系

收入分配问题直接关系着经济社会发展的成果能否为人民共享，关系着整个社会基础的稳定。目前我国收入分配的限制使社会成员收入差距拉大，党的十七大以来，政府高度重视调整收入分配结构，强调初次分配和再分配都要处理好效率和公平的关系，再分配更加注重公平，重在建立合理有序的收入分配格局。

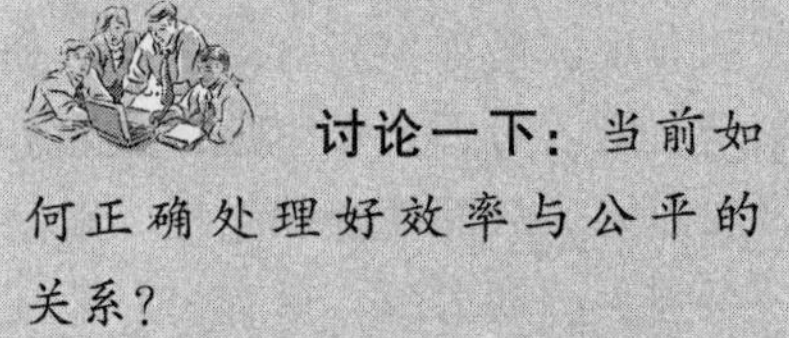

讨论一下：当前如何正确处理好效率与公平的关系？

正确处理效率和公平的关系，兼顾效率和公平是由中国目前的国情所决定的。我国在全面建设小康社会，实现共同富裕的道路上在收入分配的问题上出现了分配不合理，贫富差距加大的现象，这要求我们在制定收入分配制度的时候必须正确处理好效率和公平的关系，兼顾效率和公平。如果片面强调公平，牺牲效率，必定会导致生产力发展缓慢，社会财富增长不快，从而不可能为实现共同富裕创造雄厚的物质基础。兼顾效率和公平，是实现共同富裕、全面建设小康社会的需要。社会主义的高效率内含着公平，即它离不开机会均等、按劳分配。同时效率与公平也相互制约，如果收入分配差距过大，社会财富积聚到少数人手里，也会阻碍社会的和谐公正与健康发展。

温家宝总理在2010年全国“两会”的《政府工作报告》中指出：“改革收入分配制度。合理的收入分配制度是社会公平正义的重要体现。我们不仅要通过发展经济，把社会财富这个‘蛋糕’做大，也要通过合理的收入分配制度把‘蛋糕’分好。要坚持和完善按劳分配为主体、多种分配方式并存的分配制度，兼顾效率与公平，走共同富裕的道路。”这为我们以后在收入分配领域制定方针政策，正确处理效率和公平的关系，推动社会协调和谐的发展提供了有力的依据。

阅读材料

全国总工会：调查显示超七成职工认为收入分配不公平

中国网3月9日讯　今天上午11点，十一届全国人大三次会议新闻中心举行主题为“经济发展方式转变与中国工会作用”的集体采访。全国总工会副主席、书记处书记张鸣起，全国人大代表、广东省人大常委会副主任、省总工会主席邓维龙，全国总工会新闻发言人、宣教部部长李守镇，全国总工会基层组织建设部部长郭稳才，全国总工会保障工作部部长邹震，出席集体采访并回答提问。

针对记者提出的2010年总理在《政府工作报告》中提出要改革收入分配制度，提高劳动报酬在初次分配中的比重，在目前这种贫富差距拉大的背景下，工会如何维护低收入者的权益的问题，邹震说：“的确，收入分配问题涉及广大职工的切身利益，全国总工会和各级工会组织对收入分配问题一直非常关注和关心。近年来我们多次组织了不同类型的调查，多次向党中央、国务院就收入分配问题、完善收入分配制度，提出过我们的意见和建议。应该说，从我们目前调查所了解的情况来看，现在普通职工的收入水平偏低，增长相对缓慢。劳动报酬在国民收入格局中所占的比例逐步下降，收入差距逐步拉大，这的确是当前我国收入分配当中所面临的问题。”

邹震指出，这个问题已经引起广大职工关注。2009年9月份有一个调查，从调查情况来看，75.2%的职工认为当前收入分配不太公平，有61%的职工认为普通劳动者收入过低是当前社会收入分配中最大的问题、最突出的问题。因此，收入分配不公正的问题，特别是普通职工收入偏低的问题，如果不能尽快地解决的话，不仅不利于拉动内需，不利于加快经济发展方式转变，同时也是不利于社会科学发展以及和谐稳定。

资料来源：http：//news. ifeng. com/，2010－03－09。

思考分析：(1) 你认为当前社会收入分配中最大的问题、最突出的问题是什么？(2) 怎样理解“收入分配不公正的问题，特别是普通职工收入偏低的问题，如果不能尽快地解决的话，不仅不利于拉动内需，不利于加快经济发展方式转变，同时也是不利于社会科学发展以及和谐稳定”？

重要概念

利润率　平均利润　商业资本　借贷资本　地租　利息　按劳分配

实训练习

(一) 判断分析

1. 增值价值率与利润率的关系是利润率是增值价值率的转化形式。　(　)
2. 在资本主义条件下，部门内部竞争形成商品的社会价值。　(　)
3. 级差地租形成的原因是土地经营权的垄断。　(　)

4. 按劳分配是社会主义社会个人消费品的分配原则。 ( )

(二)问题解答

1. 增值价值是怎样转化为利润的?

2. 增值价值率与利润率有什么区别和联系?

3. 级差地租形成的条件、原因和源泉是什么?

4. 在我国现阶段个人收入分配为什么要坚持按劳分配为主体,各种分配方式并存的分配原则?

观念运用

分析在目前的国民收入分配格局中还存在哪些不合理的现象,民建中央在全国政协十一届三次会议上提交提案说,“由于收入分配不公,劳动力价格偏低,社会资源得不到合理有效配置,不仅不利于扩大消费、拉动内需,也不利于社会的和谐和稳定,将制约我国国民经济可持续发展,建议改革国民收入分配格局构建和谐社会”。针对以上提案,请你提出改革国民收入分配格局构建和谐社会的设想。

第六章

社会保障制度

学习要点

- 社会保障
- 社会保险
- 社会救助
- 社会福利
- 社会优抚
- 我国社会保障事业的改革与发展

第一节　社会保障制度的演变及功能

一、社会保障制度的含义

社会保障制度是指国家和社会通过立法对国民收入进行分配和再分配，对社会成员特别是生活有困难的人的基本生活权利给予保障的相关法律、法规、政策等的总和。对社会保障可以从以下几个方面理解：

第一，社会保障的经济目的是为了满足人们的基本生活需求。保障人的基本生存权利，有利于保障劳动力的生产和再生产，从而保证社会经济的可持续发展。

第二，社会保障的政治目的是为了在遇有重大的自然灾害、严重的经济危机等突发因素面前加大社会安全系数。同时，通过逐步增进公共福利水平，提高国民生活质量，增强国民信心和社会凝聚力，促进社会和谐与稳定。

第三，社会保障的对象是全体社会成员，尤其是那些丧失劳动能力以及需要特殊帮助的社会弱势群体。

第四，社会保障实施的方式是依法建立相关的法律、法规，由国家或社会组织实施。

二、社会保障制度的基本特征和主要功能

1. 社会保障制度的基本特征。

（1）强制性。社会保障是法律规定公民的一项社会基本权利，国家通过建立社会保障法规强制实施。

（2）保障性。当社会成员因各种原因生活遇到困难时，有权依法获得与一定时期生产力发展水平相适应的物质帮助。

（3）福利性。社会保障基金无论是来自用人单位和个人缴纳的费用，或者是来自国民收入的分配和再分配，或者是来自必要劳动和社会劳动的扣除，归根到底来自劳动者创造的部分成果。尽管返还的时间和空间同社会成员之间是隔开的，但从根本上说还是“取之于民，用之于民”的。

（4）互助性。互助性主要贯穿于社会保障基金的筹集和使用过程中。社会保障对每一个劳动者支付的费用并不是完全一样的，有的享受多些，有的享受少些，有的没有困难便不能享受。比如社会保障中的社会救济和社会福利，就比较明显地反映了劳动者之间的互助合作关系。

（5）社会性和公平性。完善的社会保障制度不是针对部分社会成员，而是针对所有社会成员实施的社会安全制度；同时在享受社会保障的救助时，处于同一层次或同一种保障项目中的社会成员，不管你是富人，还是穷人，权利是均等的。

2. 社会保障制度的主要功能。

（1）补偿及控险功能。社会保障的项目几乎都与保护社会成员直接相关，具有补偿功能，是劳动力再生产的必要条件，有利于解决靠个人和家庭难以解决的困难。

（2）调节与稳定功能。社会保障通过国民收入的再分配，促进社会分配公平，从而缓解社会冲突。

（3）互助与发展功能。社会保障有利于社会成员之间的互助互济，促进社会文明和良好道德观念的延续以及社会精神文明建设。

第二节　社会保障制度的构成

一、社会保险

社会保险是国家通过立法，由劳动者、劳动者单位、国家三方共同筹资，由劳动者及其直系亲属遭遇年老、失业、疾病、工伤、残疾、生育、死亡等风险时，给予物质帮助，以保障其基本生活需要的社会保障制度，它是公民的一项基本的权利和义务。社会保险是社会保障体系的核心组成部分，覆盖了人口群体中最主要部分——劳动者群体，保障他们的基本生活需要，这对于维护社会安定，促进经济稳定增长具有非常重要的意义。社会保险是由国家通过立法的形式强制实施的，凡属于法律规定范围内的成员都必须参加社会保险，履行按规定缴费的义务，享有遭遇风险损失补偿的权利。

1. 养老社会保险。养老社会保险是指在国家立法规定的范围内，对达到法定年龄的社会劳动者，当其按照规定正式退出劳动领域后，由国家或社会为其提供社会保险补偿，以保障其基本生活需要的一种社会保险制度。养老保险主要表现为城镇职工的退休养老制度和农村社会养老保险制度。养老保险是社会保险制度中覆盖面最广的项目，它的目标是通过保障退休人民的老年基本生活，解除人们的后顾之忧，促进经济和社会的和谐稳定发展。

我国现行养老保险制度的主要内容有：养老保险实行基本养老保险、企业补充养老保险、个人储蓄养老保险相结合的多层次的养老保险；基本养老保险只能保障退休人员的基本生活；企业缴纳基本养老保险费的比例为企业工资总额的 20%，个人缴纳的基本养老保险费为本人缴费工资的 8%；同时，按本人缴费工资的 8% 建立基本养老个人账户。城镇个体工商户和灵活就业人员由本人按当地社会平均工资的 18% 左右缴费。职工个人缴费年限满 15 年的，退休后按月发给基本养老金。2009 年，我国实施了“以个人缴费为主、集体补助为辅、国家给予补贴政策扶持”为基本框架的新型农村社会养老保险实施办法，并已从全国 10% 的农村开始试点。

2. 失业社会保险。失业社会保险是对劳动年龄中有劳动能力并有就业意愿的成员，当其非自愿原因暂时失去劳动机会，无法获得维持生活所必需的工资收入时，由国家社会为其提供基本生活保障的一种社会保险制度。失业保险的目的是，维持失业人员失业期内的基本生活，促进其再就业。

我国从 1986 年起在国有企业职工开始实行失业保险制度，1999 年国务院颁布了《失业保险条例》。《条例》规定，具备下列条件的失业人员，可以享受失业保险待遇：按照规定参加失业保险，所在单位和本人已按照规定履行缴费义务满 1 年的；非因本人意愿中断就业的；已办理失业登记，并有求职要求的。以上失业人员在领取失业保险金期间，按照规定同时享受其他失业保险待遇。我国的失业保险基金由参保单位、职工和国家共同承担。参保单位和个人分别按其缴费基数的 2% 和 1% 缴纳失业保险费。

3. 医疗社会保险。医疗社会保险是指劳动者因病、受伤等原因需诊断、检查和治疗时，由国家和社会为其提供必要的医疗服务的一种社会保险制度。医疗保险的目的，是通过对病、伤者提供医疗服务，使其恢复健康，保证劳动力的再生产，促进经济发展和社会进步。

我国现行医疗保险制度的主要内容包括：行政事业企业单位职工的医疗保险费用由用人单位和个人共同负担，医疗保险基金实行社会统筹医疗基金和职工个人医疗账户相结合的制度，用人单位缴费比例为职工工资总额的 6% 左右，个人缴费为本人工资的 2%，退休人员个人不缴费；个人缴费全部划入个人账户，单位缴费按 30% 左右划入个人账户，其余的建立统筹基金。社会统筹医疗基金，由当地医疗保险机构管理，集中调剂使用，个人医疗账户用于支付个人看病所需的医疗费用；建立个人医疗费用的制约机制，个人看病所需的医疗费用首先从个人医疗账户支出，不足时由社会统筹基金支付，但个人仍需要负担一定的比例。2007 年 10 月，国务院颁布了《关于开展城镇居民基本医疗保险试点的指导意见》，决定从 2007 年起，开展城镇居民基本医疗保险试点，到 2010 年，包括上述已参保职工在内的我国所有城镇居民将享有基本医疗保险，从而实现城镇居民基本医疗保险的“全覆盖”。

4. 工伤社会保险。工伤社会保险，是指劳动者因工或因职业病受伤，从企业或国家获得负伤津贴，保证受伤者仍能保持与伤前在业时相差不大的基本生活。它是属于受伤者获得的健康恢复保障。工伤在大机器生产的条件下是难免的现象。但是工伤事故的发生，不仅给受伤劳动者及家属带来伤痛和困难，还影响其他劳动者的劳动情绪，处理不当，会影响企业经济活动的正常运转。因此，为保障社会经济活动的正常运行，对工伤实行社会保险是十分必要的。工伤社会保险待遇涉及的给付一般包括：负伤津贴；一次性残障赔偿；定期残障补助；工伤事故死亡后的丧葬费、一次性恤金、遗属定期补助等。

5. 生育社会保险。生育社会保险是指对女性劳动者，在生育期间必须暂时离开工作岗位造成的经济损失，给予收入补偿的一种社会保险。它是一种专门保护女性劳动者的社会保险。生育社会保险的目的，是解决劳动妇女既要从事社会经济活动，又要生儿育女为劳动力再生产尽其所能的矛盾，使劳动妇女既能尽其生儿育女的天职，又保护其劳动能力，使之能正常地继续从事社会生产活动。生育社会保险待遇的确定，一般要包括怀孕、临产、分娩、婴儿保护等一个生育活动较长周期所需要的费用。

6. 商业保险。商业保险是指通过订立保险合同运营、以营利为目的的保险形式。保险公司是依法设立的专门从事保险业务的公司，保险公司根据合同约定的可能发生的事故因其发生所造成的财产损失承担赔偿保险金责任，或者当被保险人死亡、伤残、疾病或达到约定的年龄、期限时给付保险金责任。

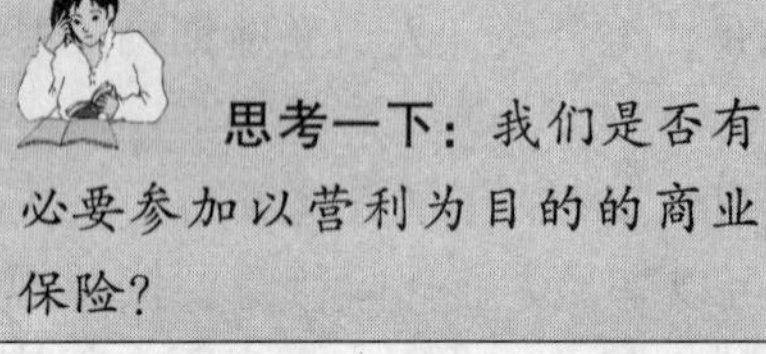

思考一下：我们是否有必要参加以营利为目的的商业保险？

由于商业保险和社会保险都是在社会经济互助原则上建立的经济补偿制度，通过保险，可以使少数人的损失由参加保险的多数人来共同分担，因而商业保险同社会保险一样，在确保人民生活安定和生产持续发展方面，发挥着重要的作用。但商业保险与社会保险相比较，具有不同的特点：（1）社会保险是国家主导实施的社会保障形式，强调公平，追求社会效益；商业保险是企业的经营活动，积聚的资金除用于经济补偿外，还可用于投资，它以营利为目的，效率优先。（2）社会保险是通过立法强制实施的，而商业保险的确定是保险人和投保人签订合同实现的，尽管这种契约也受法律保护，但它以自愿为前提。（3）社会保险实行权利和义务的基本对等，劳动者享受社会保险的待遇标准，并不完全取决于劳动者过去贡献的大小；商业保险的权利和义务是严格对等的，保险费和保险金是“多投多保，不投不保”，它以等价交换为基础。

二、社会救助

1. 社会救助的含义。社会救助是指社会成员因受自然灾害及其他经济、社会原因而导致他们无法维持最低基本生活水平，由国家和社会给予各种形式援助的一种社会保障制度，它是公民的一项基本权利。社会救济作为一项社会保障措施，是向无法维持最低基本生活的公民实施的一种社会保障措施，这就决定了社会救济的对象是有选择的，强调的是国家和社会应尽的责任和义务；救济的期限一般是短期性的，标准也只能是最低层次的，受社会经济发展水平的影响。

2. 社会救助的对象。社会救助的对象主要包括以下人员：（1）由于先天或后天的因素失去劳动能力者；（2）虽有劳动能力但因客观因素导致失业、无法获得收入或收入中断、收入减少，而且又无法获得社会保险给付者；（3）城乡贫困户，其生活水平低于法定的最低生活标准，享受贫困救助；因受到天灾、人祸等因素而导致不接受紧急救助就无法维持生活者。

3. 社会救助的目标。现代社会救助的目标就是减少贫困，保障公民享有最低生活水平。

4. 我国的社会救助制度。我国的社会制度救助体现为国家和社会对无依无靠、无劳动能力或劳动机会，无法维持生活的老弱病残者和孤儿以及生活在政府规定的贫困线以下的公民、灾民等困难群体，给予物质帮助的各项措施。社会救助制度主要包括贫困救助、自然灾害救助、医疗救助、失业救助、住房救助、教育救助、司法援助及扶贫工作等基本内容。我国实施的最低生活保障制度、“五保”供养制度、农村特困户救济制度，解决的是困难群众基本生活方面的困难，属于贫困救助制度；而灾民救济制度，解决的是因灾造成生活、生产的临时困难，属于自然灾害救助制度；医疗救助制度，解决的是因病致贫、因贫致病群众的困难；失业救助制度解决的是失业人员的生活困难；住房救助制度解决的是困难群众的住房困难；教育救助制度、司法援助制度等，解决的是群众生活中遇到的教育、司法方面的困难；扶贫是我国社会救助工作的延伸和发展，它将单纯的生活救济向生活救济与生产扶持相结合的方向发展，包括技术扶贫、文化扶贫、教育扶贫、合作扶贫、实物扶贫、资金扶贫、信息扶贫、政策扶贫等。社会救助的给付标准低于社会保险待遇，经费来源主要是政府财政支出和社会捐赠。

5. 我国实施的城市和农村最低生活保障制度。城市居民最低生活保障制度是指以保障居民基本生活为目的，政府对城市贫困人口按最低生活保障需要，科学合理地确定最低生活保障标准，然后对其家庭成员人均收入低于最低生活标准的给予差额补助的制度。2007 年，我国又建立了农村最低生活保障制度。最低生活保障标准的制定，主要依据居民的人均收入或人均生活消费水平、上年物价水平、生活消费物价指数、维持当地最低生活水平所必需的物品和未成年人教育费用等，同时还考虑当地经济社会发展水平、本地符合最低生活保障条件人数以及财政承受能力等情况。

三、社会福利

社会福利是国家和社会为保障全体公民的基本生活，提高人们的物质文化生活水平，提供优惠性消费资料、现金补贴或社会服务的一种社会保障制度，它是公民的一项基本权利。社会福利作为社会保障的最高层次，目的是改善人民生活，提高生活质量，享受的对象是全体居民。社会福利一般由以下几个方面构成：

1. 公共福利。

（1）卫生福利。基本卫生保健是社会福利的重要内容，它不仅包含医疗方面，如对卫生保健设施的拥有和使用、地方病防治、传染病防治、儿童免疫等，还包括饮食卫生等涉及人的健康的多方面内容。

（2）教育福利。教育本身就具有福利性，特别是基础义务教育更是一种“国民福利”。国家有义务为学龄儿童提供受教育的便利条件，如对特殊困难家庭的子女和孤儿、无收养家庭的弃儿等的教育，举办聋哑学校、盲人学校等特殊教育。义务教育阶段的免费制度、中等职业教育及高等教育的国家助学金制度、社会各界以及慈善机构设立捐赠教育基金或直接出资办学等都属于教育福利范畴。

（3）文化康乐福利。包括公园、图书馆、博物馆、群众艺术馆、文化康乐中心等场馆以及群众体育运动设施等，给人们提供休息、娱乐、锻炼和精神享受的场所。

（4）住房福利和住房保障。目前的住房政策是：取消福利分房制度，实行住房福利的社会化；将原来用于建房、购房的资金转化为住房补贴，一次性或分次划给职工，而职工则通过市场来解决自己的住房问题；实行住房公积金制度；政府提供经济适用房和廉租房。

2. 集体福利。集体福利即企事业单位、社会团体和农村乡镇集体组织为满足本组织成员的需要，依据国家有关规定，在本组织范围内实施的福利。一般分为职工福利和农村集体福利。

职工福利是指基于业缘关系，行业和单位为求得自身稳定和发展，通过举办职工福利，为满足职工物质文化生活需要，保证本系统、本行业、本单位职工及亲属的一定生活质量而提供的工资收入以外的各种补贴、物质帮助、设施和服务活动的福利项目的总称。由于其内容大都涉及生活领域，所以通常又称为职工生活福利。职工福利具有普通均等性、集体性、补充保障性和单位差别性等特征，它是整个社会保障体系的重要组成部分。

农村集体福利是由乡（镇）为本地居民、农民提供的资金物质或劳务福利。如目前一些较富裕的农村为村民提供老年生活补助金、子女考入大学的奖励金、村民文化娱乐设施等。

3. 特殊社会福利。特殊社会福利又叫专门福利，按照社会成员的年龄、性别、残废等情况一般划分为老年社会福利、未成年人福利、残疾人福利和妇女社会福利等。

老年人福利的内容主要包括收养性的（如敬老院、老年公寓等）、学习娱乐性的（老龄大学、老年文化体育场馆、老年人活动中心等）、一般服务性的（老年人康复中心、老年医院、老年保健、在可能的情况下帮助老年人再就业等），此外还举办老年人社会救助、老年人福利津贴等。

未成年人福利主要有医疗保健设施和服务，如开办儿童医疗机构，对儿童进行健康检查、预防接种、防病治病等；建立和普及托幼园所、儿童活动中心、儿童公园、少年宫、少年之家等；普及义务教育；未成年人的日常生活保障；残疾儿童康复中心等。

残疾人福利主要包括救济和补助、供养和救济、参加社会保险、安置收养、公共服务机构为残疾人提供优先服务和辅助性服务（如在残疾人搭乘公共交通工具时给予方便和照顾等）、兴办残疾人福利、兴办福利企业帮助残疾人实现就业、多形式开拓残疾人就业门路、大力发展残疾人的特殊教育，兴办残疾人的生活、工作、教育、文化娱乐的设施及器材的生产，在社会事业的各个领域尽可能为残疾人提供方便条件。

妇女福利的主要内容有：以生育津贴为主的特殊津贴与照顾；妇女劳动保护福利；为妇女提供福利设施和福利服务，如开办妇幼保健院、妇产医院、妇女活动中心、咨询服务中心等。

4. 社区服务。社区服务即通过社区资源的优化配置，为社区居民的物质生活和精神生活提供的各种社会福利和社会服务。

四、社会优抚

社会优抚制度是优待和抚恤的总称，通常又被称为优抚安置或军人社会保障制度，是政府和社会动员社会各方面力量，对以军人及其家属为主体的优抚安置对象进行物质照顾，予以优待、抚恤和妥善安置以及精神抚慰的一种社会保障制度。社会优抚的对象一般指现役军人、退役军人、伤残军人、因公牺牲的军人遗属、病故军人家属和现役军人家属。实行社会优抚制度，提高优抚对象的保障水平，推进退役军人安置管理的法制化、制度化建设，维护社会优抚对象的合法权益，其目的在于稳定军心，维护国家安全，促进社会稳定，密切军政、军民关系等。

第三节　我国社会保障制度的改革与发展

一、我国社会保障制度建立的基本原则

1. 适当原则。社会保障水平要与经济发展水平相适应。

2. 均衡原则。要坚持公平优先、兼顾效率的原则。

3. 多元原则。除国家举办的、法定的基本保险以外，还应有单位、社团、个人积极参与的多种补充保障形式。

4. 渐进原则。社会保障制度改革涉及千家万户和社会各方面的利益，因此一项政策的出台和调整，必须符合国情国力和社会成员的需求，以及社会各方面的承受能力，同时还要坚持由近及远、量力而行、逐步完善，保持政策的连续性、相对稳定性和衔接配套，使改革既持续深化，又能平衡过渡。

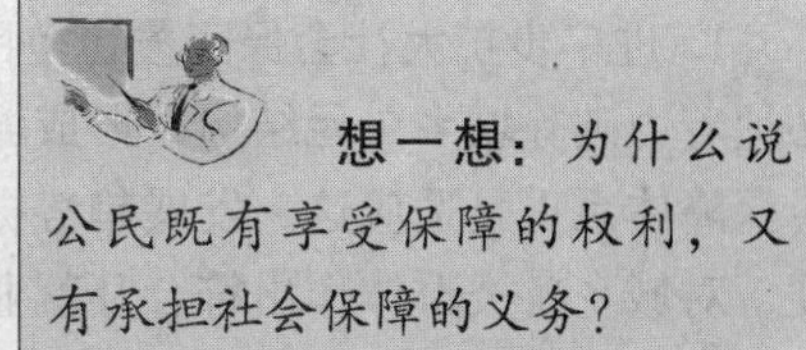

想一想：为什么说公民既有享受保障的权利，又有承担社会保障的义务？

5. 法治原则。必须坚持有法可依，执法必严，违法必究。同时在基金的筹集、管理、运作等方面，要力求科学、规范和安全。

二、我国社会保障制度的建立与完善

1. 我国社会保障事业发展的主要过程。新中国成立以来，我国的社会保障事业基本经历了以下四个阶段：

（1）创设阶段（1949～1966 年）。新中国成立伊始，党和政府积极创建了以劳动保险为主干的社会保障体系。这一阶段的社会保障工作主要抓了两个突破口：一是创建适用于企业职工的劳动保险制度；二是创立了适用于机关和事业单位干部职工的社会保险制度。解决了旧中国遗留下来的严重的失业问题，保障了人民的基本生活。之后，对社会保险制度又进行了必要的调整和完善。

（2）停滞阶段（1966～1978 年）。“文化大革命”十年，我国政治、经济、文化等各方面都遭受到严重挫折和损失，社会保障工作也未能幸免。当时管理企业职工劳动保险业务的工会组织被迫停止活动，劳动部门社会保险业务工作也受到了削弱，负责管理国家机关工作人员社会保险业务的部门被撤销，社会保险工作一度陷入瘫痪状态。

（3）重建阶段（1978～1993 年）。1978 年后，经过了拨乱反正，我国坚持以经济建设为中心，实行改革开放政策。随着经济体制改革的不断深化，社会保障制度已提到国家重要议事日程上来，社会保障制度的地位与作用日益受到党和政府的重视。这一阶段社会保障制度改革的着力点，主要放在国有企业改革的配套措施方面。

（4）改革发展阶段（1993 年以来）。1993 年以来，是我国社会保障制度改革取得了突

破性进展的阶段。党的十四届三中全会决定提出：作为社会主义市场经济体制的主要框架之一，要建立多层次的社会保障体系，并对社会保障制度的改革提出了总体要求和基本思路。因此这一阶段的社会保障工作除了继续为国企改革搞好配套外，还进一步明确了社会保障制度是我国社会主义市场经济框架的重要组成部分，并初步形成了改革的总体蓝图。党的十五大、十六大和十七大报告又重申了建立社会保障体系的思想，极大地促进了我国社会保障制度的发展和完善。

2. 我国社会保障事业所取得的主要成绩。经过新中国成立 60 年来的不断探索，尤其是改革开放 30 多年的改革与发展，我国的社会保障事业在“一穷二白”的基础上蓬勃发展，取得了举世瞩目的成就：基本建立与中国国情相适应的社会保障体系；社会保险制度的覆盖范围不断扩大；社会保障水平逐步提高；社会保障的路径不断拓展。

三、我国社会保障制度的改革与发展

我国社会保障制度存在的主要问题是：社会保障覆盖面小、社会保障水平低、社会保障制度不健全，鉴于此，今后改革与发展我国社会保障事业的主要措施是：

1. 进一步扩大社会保障覆盖范围。我国总体上已进入以工促农、以城带乡的发展阶段，必须着力破除城乡二元结构，形成城乡经济社会发展一体化新格局。建立覆盖城乡居民的社会保障体系正是适应这一发展趋势提出的重要战略目标和任务。要建立健全各项社会保险制度，对城乡各类群体作出符合其就业状况和收入特点的制度安排。当前的重点是加快健全农村社会保障体系，当务之急是抓紧制定农民工养老保险办法，加快实施全国新型农村社会养老保险试点工作。

2. 加快建立社会保障可持续发展的长效机制。当前，我国正面临着人口老龄化的严峻挑战。为应对这一挑战，要在做实养老保险个人账户试点的基础上，适时在全国普遍推开，真正发挥统账结合、部分积累的制度优势，努力实现养老保险制度的可持续发展。同时，抓紧研究制定投资运营管理办法，努力实现基金的安全完整和保值增值。

3. 不断完善社会保障政策。随着工业化、城镇化的发展，我国人力资源市场呈现出流动性强、就业方式多样化等新特点。我国要适应这一要求，着力提高社会保险统筹层次，发挥社会保险的互济和调剂功能；全面实施全国统一的城镇企业职工基本养老保险关系转移接续制度，切实解决跨地区流动就业人员社保关系接续难的问题，加快推进新型农村社会养老保险制度建设，逐步解决城乡社保衔接问题；在设计和完善社会保险制度和政策时，充分考虑灵活就业人员的特点。

4. 加强社会保障法制建设。社会保障作为通过国家立法强制实施的社会经济制度，必须有完善的法律法规作保障。当前，重点是加快社会保险法立法和实施步伐，研究制定基本养老保险条例、社会保障基金监督与管理条例等配套法规，建立健全社会保险的法律体系。

5. 加大财政对社会保障的投入。社会保障离不开财政支持。要建立社会保障预算，逐步加大财政对社会保障的投入，使财政社会保障支出比例达到 20% 左右。要通过财政转移支付支持中西部地区的社会保障制度建设。特别要加大对农村养老保险和新型农村合作医疗的财政投入，逐步缩小城乡社会保障差距，实现公共财政均等化，不断提高城乡社会保障水平。

阅读材料

五十五元少不少

白天亮

从2009年10月1日开始，新农保试点地区的农村老人开始陆续领到每月55元养老金。新农保政策赢得一片赞许声，人们一致认为这是惠及亿万农民、促进社会公平的重大改革。但对55元的基础养老金标准，则存在一些质疑：55元会不会太少了？能用这点钱来养老吗？是不是象征意义大于实际作用？

55元少不少？在北京，55元不够看一部大片、不够下一顿馆子。即使放在全国，2008年我国农民人均年纯收入4 761元，按目前每月55元、每年660元的养老金计算，养老金替代率不到15%，与国际上公认比较合理的50%～60%替代率相差甚远。当然，农民还有土地保障，但如果要求年迈的老人辛辛苦苦在田间劳作以获得大部分生活来源，显然不符合现代社会养老保障的要求。因此，单纯看每月55元的标准，的确不高。

然而，倘若把55元放在一个大的历史背景下看，农民领到的绝不仅仅是每月55元，而是从此开始享有国家普惠式的养老保障，不能轻言55元太少。

55元实现的是从无到有的跨越。农民制度性的养老保障过去基本是“0”，“60岁退休”一直是城里人的专利。现在从“0”迈到“55元”，虽然是低水平起步，但毕竟开始起步，而且相比过去的原地不动，这第一步迈得不小。对农村老人来讲，原本是一分钱也拿不到，如今每月多了55元现金收入，改善生活的作用也不可小瞧，这在边远地区农村表现得尤为明显。新农保先期试点的宝鸡市靖口镇，2007年农民人均收入仅为1 200元左右，参加新农保后当地老人每年多了600元，每月55元对他们来说意味着很多很多——舍得吃“臊子面”、能给孙子买书当礼物、在家里腰板挺得更直……

55元对已满60岁的农村老人是不需缴费的可直接按月领取的待遇。社会保险不同于济贫扶困的社会救助制度，实行权利与义务相适应的原则，多数情况下，个人缴费是享受待遇的前提。而新农保对60岁以上老人的做法则充分考虑了农村的实际，显示出人性化的一面。60岁以下的农村居民参加新农保，除了国家财政补贴的每月55元基础养老金外，还有个人账户积累，其中个人账户中每年有30元由政府补贴。算下来，这些农村居民将来领到的会远高于55元。

55元只是一个开始，这一标准会逐渐提高。一方面，55元试点期间确定的最低标准，地方可以根据实际情况上调，目前江苏等经济发达地区农民领到的已不止每月55元。另一方面，国家会根据经济发展、财力状况和物价变动等情况适时调整基础养老金水平，这正是社会保险不同于商业保险的一个重要方面。比如城镇企业退休职工养老金，从2005年开始到2010年连续上调6年，平均月养老金水平翻了将近一番。农民朋友也不妨大胆畅想，随着我国经济持续稳定增长，55元的基础养老金水平也会节节上升。

起步就是胜利。每月55元看似不多，但带给人们无限希望……

资料来源：《人民日报》，2009－10－22。

思考分析：(1) 新型农村社会养老保障制度的全面推行，将对我国进一步完善社会保障制度、解决亿万农民的后顾之忧、在更高水平上实现社会公平产生哪些积极的作用?

(2) 你认同作者对55元基础养老金多少的分析吗?为什么?

重要概念

社会保障制度　社会保险　社会救助　社会福利　社会优扶　养老社会保险　医疗社会保险　商业保险　社区服务

实训练习

(一) 判断分析

1. 社会保障是对社会弱势群体基本生活权利给予的保障。 (　　)
2. 1935 年美国颁布的《社会保障法》标志着社会保障制度的最终确定。 (　　)
3. 社会保障制度是市场经济社会不可或缺的稳定机制。 (　　)
4. 已缴纳失业保险金的均可享受失业保险待遇。 (　　)

(二) 问题解答

1. 如何理解社会保障的内涵?
2. 造成西方国家"福利危机"的根源有哪些?
3. 社会保障制度的基本特征有哪些?
4. 新中国成立以来我国社会保障事业发展取得的主要成就表现在哪些方面?

观念运用

结合我国社会保障制度建立的基本原则，分析当前我国社会保障工作所存在的主要问题及加快我国社会保障事业改革与发展的主要措施。

第七章

经济体制

学习要点

- 经济体制的含义
- 现代市场经济体制的一般特征
- 市场经济下的计划和市场
- 社会主义市场经济体制的特征

第一节 市场经济体制的演变过程

一、市场经济体制的含义

经济体制是指在一定的社会范围内各种经济活动主体进行经济活动（生产、交换、分配和消费）等的组织方式与运行方式。

这一概念应该包括三项内容：第一，它是一系列有机联系的机制、制度、组织、机构等；第二，它们被用来制定有关生产、分配和消费的决策并执行这些决策。这些决策的核心问题是如何合理配置稀缺资源；第三，这些相互联系、相互制约的决策和执行决策的经济主体，是一定地理区域内或一定组织范围内的各个参加者。

结合现代市场经济的发展，任何一个经济体制在结构要素上都应当包括七个子系统，即关于资源配置方式的信息传递系统；关于企业制度的生产竞争系统；关于产品与要素流动和组织的市场交换系统；关于政府经济活动的财税调控系统；关于政府金融政策的货币调控系统；关于维系市场公平与效率的社会保障系统；关于国际关系的对外交换系统。在任何一种社会经济制度下，都有其具体的经济体制。人类历史表明，只有寻找和建立起一个符合当时社会物质和主观条件的经济体制，才能实现社会经济活动的有效组织、企业之间的正常经济联系以及政府对经济的有效调控和引导。总之，经济体制的完善关系到经济的良好运行、资源的优化配置、经济效益的提高。正因为如此，经济体制应当是被不断创新的。经济体制创新是一个动态的、不断发展的过程。

二、市场经济体制的演变

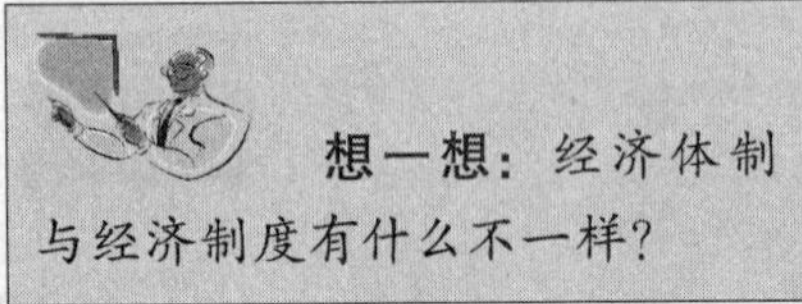

想一想：经济体制与经济制度有什么不一样？

经济体制是社会经济制度的实现形式和资源配置方式。一个社会采用什么样经济体制来配置社会资源，不能凭主观愿望，而是取决于一定的社会经济条件。从人类社会发展的历程来看，人类历史上曾经存在和正在存在的经济体制主要有三种类型。

1. 传统经济体制。这是建立在自然经济基础上的一种经济体制。在这种体制下，生产力水平低下，分工简单，每个经济实体都是自给自足的封闭体系，决策权来源于传统的血缘关系或人身依附关系。传统习惯和超经济强制是经济运行的主要动力，不同经济单位之间缺乏有机的联系和协调。在这种经济体制下，整个社会经济的发展十分缓慢，甚至长期处于停滞状态。

2. 计划经济体制。计划经济体制是以行政手段为基础配置社会资源和调节经济运行的经济形式。这种资源配置方式强调的是指令性计划，由集中编制的预定计划来统筹宏观和微观的资源配置状态。计划机制调节社会经济活动的功能，就是计划调节。计划调节是一种自觉的调节，是调节的行为主体自觉地制定经济运行的目标，并运用一定的计划形式分配社会资源以实现既定目标的过程。计划调节是社会化大生产的客观要求。在社会化大生产中，每个地区、部门和企业都处于社会分工和协作体系之中，为了使各地区、各部门和各企业的经济活动都能协调地发展，客观上要求社会自觉地根据事先制定的计划来配置社会资源。但是，随着经济发展规模的扩大，经济结构的复杂化，发展目标的多元化，以及计划制定和决策主体在信息掌握、认识能力、所处地位和代表利益上的局限性，计划经济体制的权力过于集中，经济活力不足，经济体制僵化等弊端便显露出来，并越来越突出。

3. 市场经济体制。市场经济体制是通过市场机制来调节社会资源配置和社会经济运行的经济制度。市场机制调节资源配置的功能，就是市场调节。资源配置的市场调节是建立在利益多元化的基础之上，主要由市场形成的价格向各经济主体提供市场供求信息，经济主体则根据市场提供的信息自动调整资源配置比例，实现资源的优化配置。市场经济是在历史发展过程中形成的。市场经济体制一般要经过发育、发展到逐步完善的过程。市场经济体制的发展，先后经历过从自由放任的市场经济体制发展到现代政府干预的市场经济体制的发展历程。

（1）自由放任的市场经济体制。在自由放任的市场经济条件下，市场机制作为一只“看不见的手”充分发挥调节作用，是经济运行的唯一调节手段。一切经济活动都是以市场为轴心、以市场价格为导向展开的。政府在市场经济中的作用仅限于维持法律、秩序，以及承担某些公共工程和最低限度的社会保障，充当所谓的“守夜人”的角色。自由放任的市场经济体制是随着资本主义制度的产生而产生的，它对于打破封建制度的束缚，促进资本主义社会生产力的发展，起到了积极作用。但是，随着机器大工业的产生和社会化大生产的发展，自由放任市场经济体制的历史局限性日益突出，不能适应社会生产力进一步发展的需要，以至于不得不在国家的干预下通过自我扬弃的方式向现代市场经济体制转化。

（2）政府干预的市场经济体制。政府干预的市场经济体制，即现代市场经济。政府的适度干预和调控在一定程度上弥补了市场机制的缺陷，使市场更稳定、更有效率地运行。因此，现代市场经济体制又叫国家宏观管理的市场经济体制，政府宏观调控已经成为现代市场经济运行的有机组成部分。在现代市场经济条件下，政府的管理职能发生了根本改变。政府作为市场经济的管理者和社会经济生活的调节者，其主要职能如下：① 政府作为市场的组织者参与构造、干预和调节市场，参与市场的发育和市场机制创新；② 政府介入社会再生产的各个阶段和国民经济的各个领域，影响资源配置，调节国民收入的分配。③ 政府作为经济运行的协调者，制定经济计划，实施经济政策，运用各种调节手段协调社会总需求和社会总供给、投资与消费的比例关系，调节产业结构，影响经济运行的周期。

但是，政府对经济运行的干预和调节，也不是万能的，有时反而降低了资源配置的效率，发生所谓的“政府失灵”。目前所有市场经济国家都是既让市场机制充分发挥作用，又通过各种措施或手段对市场经济运行进行必要的干预和调节。现代市场经济体制既不是纯粹依赖发挥市场机制的调节作用，也不是绝对地依靠政府调节，而常常是在不同程度上把二者结合在一起。因此，现代市场经济体制形成了市场机制和政府调控机制相结合的经济运行机制。

无论是自由放任的市场经济体制，还是政府干预的市场经济体制，都是以分散的产权为基础，以平等的契约关系为规则，主要具有两大特征：一是承认市场主体的自利性。市场经济体制本身的产生和发展是人们追求个人经济利益的结果，市场经济体制中的价格机制形成的公开信息及各市场行为主体之间的平等契约关系，保证了市场主体的经济利益。二是产权关系明晰。市场经济体制的发展和完善，除了形成一套市场交易规则外，它的另一个重要结果是产权关系清晰。分散的产权不仅是经济行为主体分散决策的基础，还是进行商品交换和要素资源配置的必要前提。

第二节　现代市场经济体制模式

一、现代市场经济体制的一般特征

与早期和近代的市场经济不同，现代市场经济是市场经济的发达形态。它是以现代工业文明为基础的高度社会化、现代化、规范化和国际化的市场经济。概括地说，构成现代市场经济体制的框架有四个基本要素或环节：规范化的市场主体、现代化的市场体系、灵活有效的宏观调控系统和完善的社会保障制度。其中，前两个要素或环节构成现代市场经济运行的基础，后两个要素或环节构成现代市场经济运行的条件。现代市场经济体制则为市场主体的活动和市场体系的形成与运转，以及宏观调控系统和社会保障制度的运作提供一系列相应的制度安排。

运作规范和有效的市场经济体制一般具有以下五个共同特点：

1. 独立的市场主体。独立的市场主体是市场经济的基石，而企业是最主要的市场主体。

独立的市场主体主要包括三层含义：一是企业拥有明确和独立的产权并受到法律的有效保护；二是企业有充分的决策权，能够根据市场信息的变化自主决策；三是企业对自己的决策和行为负民事责任。这三个方面相互联系，相辅相成，缺一不可。

改革开放以来，我国的独立市场主体得到一定程度的发育，但与建立完善的市场经济体制的要求相比，还有相当大的差距。一是国有企业改革尚未取得突破性进展，大多数国有企业，特别是大型工业集团、四大国有商业银行等还不是真正独立的市场主体。国有资产的产权明晰问题和建立有效的产权实现方式的问题也没有完全解决。二是非公有制企业的发展受到各种来自企业外部或明或暗的干预和制约，企业决策自主权有待进一步落实。三是对产权的侵害事件屡屡发生，保护产权的法律环境有待完善，尊重产权的社会意识也有待形成。四是如何形成有效的使企业对其决策后果负责的机制也是我们面临的一个难题。破产制度是最为有力的市场约束制度，但这项制度在国有经济领域的实施已经大大走样。同样，由于国有企业改革滞后，有效的产权约束没有形成，制定一部规范的、覆盖全社会的《破产法》也面临许多困难。

2. 有效的市场竞争。竞争是市场经济有效性的最根本保证。市场机制正是通过优胜劣汰的竞争，迫使企业降低成本、提高质量、改善管理、积极创新，从而达到提高效率，优化资源配置的结果。但竞争必须有效，否则也很难取得良好的效果。从规范的市场经济体制来看，有效的市场竞争主要包括三个方面的内容：一是竞争必须公平；二是竞争必须相对充分；三是竞争必须有序。

从目前我国的市场竞争情况来看，与比较规范的市场经济体制相比，可以说在上述三个方面都还存在较大的差距。比如，国有企业与非国有企业之间、内资企业与外资企业之间、大型企业与中小型企业之间、本地企业与外地企业之间等的不平等竞争问题还没有完全消除；在企业设立或退出市场方面，还存在各种繁琐的行政审批和不必要的进入门槛；各种违法违规的不正当竞争行为大量存在，严重影响市场竞争的有序性；而由于各种或明或暗的行政干预或政策障碍所导致的行业垄断和地方保护主义，不仅严重影响市场的统一性和有效性，也是产生腐败的重要根源。

3. 规范的政府职能。现代市场经济的一个突出特点是政府与经济之间保持一定的距离。市场经济的正常运转离不开政府的作用，但政府的作用不能过大，其行为必须受到法律的约束，否则，如果政府任意对经济活动进行干预，同样会损害市场经济的活力和创造力。能够成功促进市场机制有效发挥作用的、规范的政府行为通常被称为“良政治理”或“有限和有效政府”。良政治理主要包括以下几个方面的内容：一是政府的职能要通过法律得到明确和恰当的界定；二是政府决策程序要民主和透明；三是政府权力要受到法律的有效约束；四是有效制止政府官员腐败。

4. 良好的社会信用。传统市场经济的交易方式主要是现货交易，即一手交钱，一手交货，而现代市场经济的交易方式主要是信用交易。信用交易的出现和发展克服了时间及空间的分离对交易的限制，从而大大扩展了市场交易的范围。但信用交易的基础是交易双方的诚实守信，否则不仅交易的成本会大大上升，而且交易的广度和深度也会受到很大影响。在规范的市场经济体制下，诚信对于企业来讲不仅意味着较好的信誉，更意味着更高的竞争优势。与市场主体的诚实守信相比，政府的诚信更为重要。政府政策的透明和可预见，政府严格履行其对社会的承诺，不仅直接影响社会信用的状况，而且能够增强其他市场主体的信心，为良好社会信用的形成起到示范作用。

目前我国的信用状况不佳，会计信息失真、假冒伪劣商品泛滥、拖欠货款、逃废债务、金融诈骗、不守职业道德等，已经到了非下大力气治理不可的地步。可以毫不夸张地说，能否形成良好的信用氛围，不仅关乎经济的持续快速增长，也关乎我国改革的成败，必须引起我们的高度重视。

5. 健全的法治基础。从各国经济体制演变的历史经验来看，一个国家能否真正实现从传统市场经济或计划经济向现代市场经济的转变，关键在于能否真正建立起适应市场经济需要的法治基础。这是因为，市场经济是竞争经济，而竞争离不开规则，离不开法治。作为现代市场经济基础的法治主要包含三层含义：一是法的内容符合基本的或公认的正义，特别是符合市场经济的内在要求；二是法是至高无上的，法律面前人人平等；三是法律得到公正执行。

党的十四大提出建立社会主义市场经济体制，十五大又提出依法治国，建立社会主义法治国家，从而为建设以法治为基础的现代市场经济奠定了理论基础，但同时必须清醒看到，我国的法治状况还远远不能适应发展现代市场经济的要求，法律体系不健全、有法不依、违法不究、执法不严、不公等问题严重存在，独立和公正的司法体系也有待完善；提高全社会法律意识和守法观念，更是健全法治环境的基础性工作，需要进一步加强。

以上是当前世界上运行规范且比较有效的市场经济体制所具有的一些共同特征。从各国经济体制的变化历史来看，市场经济体制的形成不仅是一个不断完善和演进的过程，而且在不同国家和不同的经济发展阶段也表现出明显的特殊性。我国建立完善的社会主义市场经济体制，不仅需要研究和借鉴规范的市场经济体制所具有的共性的东西，更需要根据我国的实践进行不懈的努力和探索。

二、市场经济体制下的计划和市场

计划与市场都是经济调节手段。在发展社会主义市场经济的过程中，必须坚持计划与市场相结合。计划与市场作为不同的资源配置方式和经济调节机制，各有各的优势和长处，也有各自的局限和短处。

讨论一下：我国社会主义市场经济体制与资本主义国家的市场经济体制有没有区别？

计划调节是国家调节经济的方法和手段之一，是指国家根据一定时期社会经济政治发展的需要，对国民经济进行事先的、自觉的、有计划的领导和管理，使社会劳动按照客观需要的比例合理分配到社会生产的各个部门，使社会生产适合社会需要。通过政府的职能，有意识地自觉利用经济杠杆来作用于经济活动的一种调控手段。它具有自觉性、事先性、宏观性等特点。计划调节的优势主要在宏观领域，能有效地对经济总量进行控制。计划调节的长处在于：第一，能够在全社会内集中必要的财力、人力、物力进行重点建设；第二，对经济活动进行预测和规划，制定国民经济发展战略，在宏观上优化资源配置；第三，对国民经济重大结构进行调整和生产力合理布局；第四，能够合理调节收入分配，兼顾效率和公平，保证经济和社会的协调发展。计划调节的不足在于：第一，对微观经济活动与复杂多变的社会需求之间的矛盾难以发挥有效的调节，容易产生生产与需求之间的脱节；第二，不能合理调节经济主体之间的利益关系，容易造成动力不足、效率低下、缺乏活力等现象。

市场调节是指通过价值规律自发地调节经济的运行，即由供求变化引起价格涨落，调节社会劳动力和生产资料在各个部门的分配，调节生产和流通。符合商品经济的客观要求，能够比较合理地进行资源配置。市场调节具有自发性、事后性、微观性等特点。市场调节的优势主要在微观领域，能够有效地激发经济主体的活力。市场调节的长处在于：第一，能够使经济活动遵循价值规律的要求，适应供求关系的变化，通过价格杠杆和竞争机制的功能，把资源配置到效益好的环节中去；第二，能够给企业以压力和动力，实现优胜劣汰，促进技术和管理的进步；第三，对各种经济信号反应比较灵敏，能够促进生产与需要之间的及时协调。市场调节的不足在于：第一，对经济总量的平衡、宏观经济结构的调整、生态平衡和环境保护等的调节显得无能为力；第二，市场机制的自发作用容易造成经济失衡和周期波动，导致资源浪费；第三，市场规律的作用会引起贫富差距扩大和出现两极分化等现象。市场调节是与为利润而生产相适应的一种经济运行的调节手段，它强有力地推动了社会生产力的发展，促进了社会财富的快速增长。看似无规则的经济行为通过市场调节的作用，总体上将呈现出一个比较合理的结果，使资源达到最优组合。然而，随着市场经济的发展，市场调节的弊端日益凸显出来。市场这只"看不见的手"的失灵，易形成各种各样的生态问题，市场调节了局部利益和眼前利益，却难以顾及全局利益与长远利益。市场调节不仅激励不到和解决不了最紧迫的生态问题，反而随着自身的发展，使这个问题进一步恶化。"市场万能论"并不万能，在调节经济上市场的确起到了无可比拟的作用，但由于市场调节具有短期性、自发性、盲目性、分散性和滞后性等弱点，并不能解决所有问题。

市场调节是经济规律自发起作用的过程和表现，计划调节是人们自觉运用经济规律来达到预期目的的过程和表现。这两种调节的领域和形式虽然有差别，但所要达到的目的是一致的，即都是为了实现资源的优化配置和经济的顺利进行。所以，在发展社会主义市场经济过程中，可以使两者有机地结合起来，做到优势互补，扬长避短。在运用计划手段调节经济活动时，要遵循市场规律的要求和发挥市场机制的作用；在运用市场手段调节经济活动时，要遵循计划的要求，使经济运行纳入计划的轨道。这样才能保证社会主义市场经济既充满活力又协调稳定地发展。

三、现代市场经济体制的不同模式

由于各个国家历史、文化传统、政治体制以及市场经济发育程度或发展水平等方面的不同，国家对经济生活调节的程度、方式、方法也不尽相同。这样，就自然存在着不同的市场经济体制，即不同的经济体制模式。

现代市场经济所要解决的一个中心问题是政府与市场的关系问题，这是由现代市场经济的基本特征所决定的，即国家决定本国市场经济体制的特征，国家干预市场经济的运行过程。所以，根据政府对市场干预的程度和形式的不同，大体上可以将世界上成熟的市场经济体制分为四种模式，即以美国为代表的垄断主导型的市场经济模式、以法国为代表的国家计划指导下的市场经济模式、以日本为代表的官方主导型的市场经济模式和以德国为代表的社会市场经济模式。

1. 以美国为代表的垄断主导型的市场经济模式。美国的市场经济体制是政府与垄断资本相结合的混合经济制度，也被称为"垄断主导型的市场经济模式"。其主要特点是：(1) 以生产资料私有制为基础。（2）垄断资本实力强大。（3）政府对经济的干预主要表现在：一方面，通过制定实施各种反垄断的法规和措施，保护竞争，促进市场机制更有效地发挥作用；另一方面，运用宏观调控政策，对经济运行进行调控。（4）政府提供邮电、国防、教育等服务事业。（5）立法完善，执法严格。（6）政府对市场经济运行的调控主要采取财政手段和金融手段。

2. 以法国为代表的国家计划指导下的市场经济模式。法国的市场经济体制强调国家计划对市场经济的指导，因此被称为“国家计划指导下的市场经济模式”。其主要特点是：（1）政府对国有企业的干预较多；（2）注重国家计划的调节作用。

3. 以日本为代表的官方主导型的市场经济模式。日本的经济体制注重政府对企业决策的诱导作用，因而被称为“官方主导型的市场经济模式”。其特点是：（1）在日本企业的决策中，大企业处于主导地位；（2）日本经济中宏观决策的主体是政府，议会的决策作用十分有限；（3）日本的经济计划主要有三种：一是中长期经济计划，二是年度经济计划，三是国土开发及地区开发计划；（4）卓有成效的产业政策是日本政府在资源配置中发挥作用的有力工具；（5）政府对市场经济运行的调控主要采用财政政策和货币政策。

4. 以德国为代表的社会市场经济模式。德国的市场经济模式强调市场效率与社会保障的结合，因而被称为“社会市场经济模式”。其基本框架是建立在自由市场原则和社会平等原则基础上的。一方面，强调以自由的市场竞争为中心的市场机制的基础性作用，一切经济活动围绕市场展开。另一方面，又提出为避免市场经济的弊端，保证社会公平，政府必须通过立法及经济政策对市场经济进行适当的调节和控制，以创造正常的市场环境，鼓励和保护竞争，促进经济活力和效率，并防止或补救市场调节所带来的负面效应，保障经济稳定和社会安定。该模式的主要特点是：（1）构建有序竞争的市场环境；（2）建立有效的中央银行调节体系；（3）建立完善的社会保障制度。

> **思考一下：**美国、法国、日本、德国的市场经济模式对我们各有什么借鉴意义？

比较而言，美国和德国尽管在调控经济运行的方式上大体相同，但在具体的做法上却是各有侧重。例如，美国政府侧重于需求管理，德国政府侧重于货币管理。美国政府主要通过财政政策和货币政策加强对社会总需求和社会总供给的管理，以刺激经济增长，实现充分就业，遏制通货膨胀，促进经济均衡运行。而德国不像美国那样更多地强调充分就业和经济增长，而是更多地强调经济稳定运行；不是更多地强调通过政府的财政政策来促进经济均衡，而是更多地依靠货币政策的稳定性来保证经济均衡的稳定。与美国相比，德国的货币政策更为中立，也更为稳定。

法国和日本虽然都把计划作为调节经济运行的重要手段和影响资源配置的重要方式，但在具体做法上不尽相同。例如，在计划的导向上，日本的计划侧重于产业结构的调整，法国的计划侧重于社会资源配置效率的提高。在计划的实现上，日本政府注重于“官民合作”，法国政府注重于国有企业的示范和引导作用。

由上述可见，现代市场经济体制并没有统一的、固定不变的模式。即使在同一个社会制度下运用相同的调控方式，各国的市场经济体制也会因国情的不同、社会历史文化传统的不同，而形成不同的模式。

第三节 我国逐步完善的社会主义市场经济体制建设

一、选择建立社会主义市场经济体制的背景

从我国及别国的经济发展经验看，一种经济制度只有选择了适应自己要求的经济体制，才能得到巩固和发展。所以，社会主义制度建立后，选择适当的经济体制是一个很重要的问题，直接关系到社会主义制度优越性能否充分地发挥。

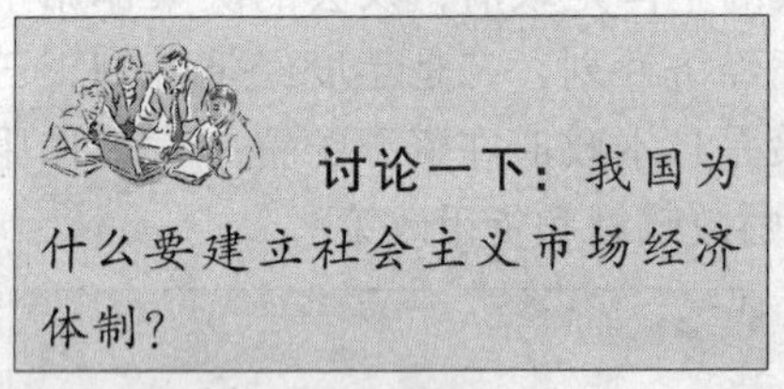

讨论一下：我国为什么要建立社会主义市场经济体制？

1. 建立社会主义市场经济体制的背景。我国从20世纪50年代开始选择了高度集中的计划经济体制。不可否认，这种经济体制在当时国民经济发展水平比较低，经济结构较为简单的情况下，起到了一定的积极作用。但是随着社会主义初期任务的完成，经济规模不断扩大，经济联系日益复杂，这种经济体制的弊端便逐渐暴露出来，主要表现在：第一，决策权的高度集中和政府的行政化管理造成政企职责不分，企业成了各级行政机构的附属物，毫无经营自主权，一切行为都按上级命令行事，从而严重抑制了企业和劳动者的积极性、主动性和创造性，使企业丧失了应有的机能和活力；第二，实物性的指令性计划和直接行政性管理排斥了市场机制的作用，遏制了竞争的展开，使资源难以通过合理流动和竞争性分配实现优化配置，造成重复建设，资源浪费；第三，单纯行政性的协调必然造成计划失灵。自上而下的经济传递不仅造成信息传递存在时滞，而且会造成失真，出现失误，计划不仅难以实现，并且还会造成稀缺资源的浪费。这一切阻碍了我国生产力的发展，社会主义优越性也无法显示出来。党的十一届三中全会以后，邓小平领导我们党总结历史经验，指出在坚持社会主义基本制度的同时，必须通过改革，从根本上改变束缚生产力发展的经济体制，建立充满生机和活力的经济体制，以解放生产力，发展生产力。

经济体制改革确定什么样的目标，是关系到改革成败得失，关系到我国整个社会主义现代化建设全局的一个重大问题，这个问题的核心是正确选择资源的配置方式，正确认识和处理计划和市场的关系。在这一点上，我们长期误认为计划经济是社会主义经济制度的基本特征，市场经济是资本主义经济制度的基本特征，社会主义不搞计划经济就是走资本主义道路。党的十一届三中全会后，邓小平领导我们党不断纠正这一错误观念，从1982年党的十二大提出“计划经济为主，市场经济为辅”经济体制模式选择起，经历十年的选择和探讨，到1992年在邓小平南方谈话的指导下，党的十四大决定把建立社会主义市场经济体制作为我国经济体制改革的目标模式。

在20世纪90年代初期，以江泽民为核心的党中央，明确提出我国经济体制改革的目标是建立社会主义市场经济。经过党的十四大、十五大和十六大十几年的努力，初步建立社会主义市场经济体制，确立了与社会主义市场经济体制相适应的社会主义初级阶段基本经济制度，找到了一条社会主义公有制与市场经济相结合的行之有效的发展路子，提出了包括科教

兴国、可持续发展、扩大内需、西部大开发、“走出去”和对经济结构进行战略性调整等一系列关系国家长远命运的发展战略，建立和不断完善与市场经济相配套的社会保障制度，不断深化国有企业改革、农村改革和对外开放，战胜了包括经济过热、通货紧缩和亚洲金融危机等来自各方面的考验和挑战，并在胜利完成现代化建设第二步战略目标的基础上，规划了完成第三步战略目标的具体步骤。

2. 建立社会主义市场经济体制的必然性。党的十四大明确提出我国经济体制改革的目标是建立社会主义市场经济体制。党的十四届三中全会全面系统地阐明了建立社会主义市场经济体制的基本框架和战略部署。建立社会主义市场经济体制是我国社会经济发展的必然选择。

第一，社会主义市场经济体制是商品经济发展的必然结果。商品经济是市场经济的基础和前提，市场经济是商品经济充分发展的产物。社会主义生产建立在社会化大生产基础之上，社会分工得到了深入广泛的发展，同时，社会主义并没有消除生产者之间的经济利益，经济利益多元化局面依然存在。社会主义经济依然是商品经济，商品经济的充分发展必然要求市场在配置社会资源上发挥作用。

第二，建立社会主义市场经济体制是社会主义初级阶段经济发展的内在要求。社会主义初级阶段经济发展要实现经济的社会化、市场化和现代化，而市场经济是经济的社会化、市场化和现代化的必然形式。实践证明，我们可以跨越资本主义的充分发展阶段，直接进入社会主义，但是不能跨越商品经济的充分发展阶段，直接进入生产力高度发达的计划经济阶段。

第三，选择市场经济体制是进一步解放和发展生产力的需要。邓小平指出，社会主义基本制度确立以后，还要从根本上改变束缚生产力发展的经济体制，建立起充满生机和活力的社会主义经济体制，促进生产力的发展。体制改革的目的是自觉调整生产关系不适应生产力发展的各个方面和环节，是社会主义制度的自我完善。我国社会主义经济建设正反两方面经验证明：尽管传统体制在奠定国民经济发展的基础方面曾经起到积极作用，但是，随着经济的发展，传统体制所存在的体制僵化、权力过于集中、抑制企业的活力和积极性的弊端日益暴露出来，愈加不适应生产力的发展。在市场调节得以充分发挥的时期，生产发展得快，经济充满活力。市场调节作用得到充分发挥的地区或企业，机制灵活，生产增长迅速，人民生活水平提高得快。而传统体制影响大的地区或企业，机制僵化，生产增长缓慢。人们从改革的实践中体会到，对传统体制进行全面改革，选择市场经济体制，会解放和发展生产力。

第四，选择市场经济体制是扩大开放的需要。当今的世界是开放的世界。中国不可能关起门来搞现代化建设，必须扩大对外开放。在世界经济日益走向一体化的今天，扩大与世界各国的经济交往，参与国际分工，参加国际竞争，提高我国产品的国际竞争力和扩大国际市场份额，必须实行市场经济体制。因为，我国走向世界市场所面对的是世界市场经济体系、国际市场体系和国际市场调节体系，在世界经济交往中所遵循的是以市场经济法则为基础的国际惯例、国际规范和国际准则。不实行市场经济体制，我国经济难以同国际市场经济接轨，难以在国际竞争中增强竞争力，难以在扩大对外开放中利用国际市场和国际资源，加快国内的经济建设。

社会主义市场经济也是市场经济。作为市场经济，它本身没有姓“社”姓“资”之分。但是，市场经济又总是与各国特有的历史条件和社会基本制度结合在一起，因而又具有自身固有的特点。我国社会主义市场经济是与社会主义公有制、中国共产党的领导、共同富裕的奋斗目标紧密相联系的，与以私有制为基础的资本主义市场经济形态有着根本的不同。

首先，从经济上看，我国社会主义市场经济是在以公有制为主体、多种经济成分共同发展的条件下运行的市场经济。资本主义国家实行的市场经济，都是以生产资料私有制为基础，一些由计划经济向市场经济过渡的原来的社会主义国家，也多是和私有化同时进行的。我国则是在坚持公有制为主体的条件下实行的市场经济。既要坚持以公有制为主体，又要实行市场经济，这是一个前无古人的伟大创举。因此，在建立社会主义市场经济体制过程中，必须坚持和完善多种多样的公有制经济形式，理顺国家与企业的关系和进一步转换国有企业经营机制。这样，以公有制为主体的混合所有制结构，特别是国有及由国家控股的大中型骨干企业，将会更好地发挥自己的优势，保证国民经济的合理布局，节约资源和市场有序运行。

其次，从政治上看，我国社会主义市场经济是由中国共产党领导、由政府有力地进行宏观调控的市场经济。在中国这样一个大国，现代化建设，国家的统一，人民的团结，社会的安定，民主的发展，都要依靠党的领导。没有共产党的领导，必然四分五裂，一事无成。改革开放以来，我国各条战线取得举世瞩目的伟大成就，都是在党的领导下取得的。在我国建立社会主义市场经济体制是实现社会主义现代化的必经途径，只有在中国共产党的领导下才可能取得成功。同时，在社会主义市场经济体制建立过程中，必须有政府的强有力的宏观调控，通过经济社会政策、经济法规、计划指导和必要的行政管理，为市场经济创造一个稳定、安全、有序、公正的社会经济环境。

最后，从奋斗目标上看，我国社会主义市场经济要以实现共同富裕为根本原则。资本主义市场经济以私有制为基础，财产的私人占有必然导致私人资本的无限扩张和社会的两极分化。而我国实行市场经济，虽然允许合理的收入差距，鼓励一部分人先富起来，但最终是要达到共同富裕。这是因为：（1）公有制经济为主体会使私人资本的膨胀受到制度的限制，凭借私人资本参与分配会被限制在一定范围，避免私人资本的扩张。（2）经济技术的发展，劳动力市场的形成，劳动力的自由流动，有助于贯彻按劳分配原则，减少不同地区、不同企业之间的非劳动因素造成的个人收入差距。（3）政府为了确保市场经济社会主义性质，会通过各种宏观调控手段，来防止和纠正收入差距的过分扩大，保证共同富裕目标的实现。

二、我国社会主义市场经济体制的基本特征

社会主义市场经济体制是在社会主义公有制基础上，在国家宏观调控下使市场机制在社会资源配置中发挥基础性作用的经济体制。具体地说是使经济活动遵循价值规律要求，适应供求关系的变化；通过价格杠杆和竞争机制的功能，把资源配置到效益较好的环节中去，并给企业以压力和动力，实现优胜劣汰；运用市场对各种经济信号反应比较灵敏的优点，促进生产和需求的及时协调；针对市场自身的弱点和消极方面，国家对市场进行有效的宏观调控。

社会主义市场经济具有一般市场经济的共性特征。同时，社会主义市场经济体制是社会主义条件下的市场经济体制，是同我国社会主义基本制度结合在一起的市场经济体制，必然受社会主义基本制度的制约和影响，从而表现出与资本主义市场经济体制不同的个性特征。其主要表现是：

1. 在所有制结构上，市场经济体制同社会主义基本经济制度相结合。在市场经济运行的微观基础上，形成以公有制包括全民所有制和集体所有制经济为主体，个体经济、私营经济、外资经济多种所有制经济长期共同发展，不同经济成分还可以自愿实行多种形式的联合。国有企业、集体企业和其他企业都进入市场，通过平等竞争发挥国有企业的主导作用。这里有两点必须明确：一是必须坚持公有制的主体地位；二是多种所有制经济长期共同发展。公有制占主体，并不意味着公有制企业与其他企业处于不平等的竞争地位，公有制企业和其他企业都进入市场，在平等竞争中共同发展。公有制为主体、多种所有制形式共同发展的所有制结构，一方面使不同经济成分的市场主体在市场上平等竞争和共同发展，同时促进国有企业效率和国有资产的整体质量的提高，优化资源配置，增强社会主义国家的综合国力。另一方面，公有制经济在微观基础上的主体地位又反过来影响其他经济成分的市场行为，进而影响和制约市场经济的运行和健康发展。

2. 在分配制度上，市场经济体制同按劳分配相结合。在市场经济体制的分配环节上形成按劳分配为主体、多种分配方式并存的分配结构，效率优先，兼顾公平。这种分配结构把按劳分配与按生产要素分配结合起来，使市场经济在合理配置人力资本资源、非人力资本资源和提高效率的同时，在社会主义分配制度的约束下兼顾社会公平和防止贫富两极分化，逐步实现共同富裕。运用包括市场在内的各种调节手段，既鼓励先进，促进效率，合理拉开收入差距，又防止两极分化，逐步实现共同富裕。社会主义市场经济中占主体地位的公有制经济决定了劳动者的个人收入分配必须以按劳分配为主体。同时，多种所有制经济和多种经营方式的存在，又在客观上产生了多种分配方式。在市场经济的活动中，劳动者的个人收入都会受到市场的调节。这样的分配制度所贯彻的基本原则是：把提高效率放在优先地位，但要兼顾社会公平；既要合理拉开收入差距，又要防止产生两极分化；既要让一部分人、一部分地区先富起来，又要逐步实现共同富裕。

3. 在经济调节上，市场经济体制同社会主义国家宏观调控相结合。在市场经济运行机制中形成市场调节和宏观调控有机结合的调节体系。我国的市场经济是在社会主义公有制经济为主体和国有经济起主导作用的经济环境下发挥作用的。国有经济控制国民经济命脉，对关系国民经济命脉的重要行业和关键领域占支配地位，因而国有经济对市场经济运行的控制力有较雄厚的物质基础。国家可以更好地发挥计划和市场两种手段的长处，在实现经济总量平衡和结构优化，搞好生态平衡和环境保护，以及调节收入分配、集中力量进行重点建设等方面，具有社会主义制度的优势。社会主义国家的宏观调控，可以使市场经济健康、有序地运行，促进经济持续稳定的发展。社会主义国家能够把人民的当前利益与长远利益、局部利益与整体利益结合起来，更好地发挥计划与市场两种手段的长处。社会主义制度优越性的重要表现之一，就是能够做到全国“一盘棋”，集中力量办大事，能够更好地处理中央与地方、全局与局部的关系。国家计划是宏观调控的重要手段之一，必须更新计划观念，转变计划管理职能，改进计划方法。国家计划要以市场为基础，总体上应当是指导性的计划。计划工作的重点是合理确定国民经济和社会发展的战略目标，搞好经济发展预测、总量调控、重大结构与生产力布局规划，集中必要的财力、物力进行重点建设，综合运用经济杠杆，促进经济更好更快的发展。

三、社会主义市场经济体制的建设与完善

社会主义市场经济体制具有丰富的内涵，包括一系列经济管理制度和经济运行机制。社会主义市场经济体制的基本框架，是在坚持社会主义公有制为主体、多种经济成分共同发展的基础上，由现代企业制度、全国统一的市场体系、健全的宏观调控体系、合理的个人收入分配制度和多层次的社会保障体系五个主要环节构建而成。它体现了社会主义基本制度和市场经济的有机结合，具有我国社会主义初级阶段的鲜明特色。

1. 构建社会主义市场经济体制的微观基础。企业成为市场主体，是构筑市场经济运行的微观基础，也是经济体制转型的关键环节。企业成为市场主体，就是要成为自主经营、自负盈亏、自我发展、自我约束的经济主体和法人实体，就是要适应市场调节要求，依靠市场生存和发展。要使企业真正成为市场主体，企业必须转换经营机制，按照市场要求组织生产和流通，按照供求变化决策资源配置；要深化国有企业改革，进一步探索公有制特别是国有制的多种有效实现形式。国有企业必须加快企业制度改革和创新，改革劳动、人事、分配制度，打破“大锅饭”，建立有效的激励机制和约束机制；必须把企业推向市场，通过市场优化企业的资本结构和组织结构，实现低成本扩张，在市场竞争中求生存、求发展。

2. 建立全国统一开放的市场体系。完善市场体系，是构建市场经济体制的必要条件。一个健全的市场体系不仅要求各类市场齐全，而且各类市场之间要相互协调配套。完善的市场体系，就是要打破地区封锁和部门垄断，形成统一、开放和竞争的市场。目前，我国要进一步培育和发展生产资料、金融、技术、劳务、信息和各种产权等的要素市场。要逐步形成社会化的市场体系、市场服务体系和市场调节体系。要形成等价交换、公平交易和平等竞争的市场规则和法规。

3. 建立和完善宏观调控体系。宏观调控主要运用经济手段和法律手段并辅之以行政手段，它们是建立在市场对资源配置的基础作用上的。健全宏观调控体系，就是要政企分开，强化政府统筹规则、掌握政策、信息引导、提供服务和检查监督等管理经济运行的职能；要建立和完善计划、金融、财政之间相互配合和制约，能够综合协调宏观经济政策和正确运用经济杠杆的机制；要改直接调控为主为间接调控为主，使政府宏观调控与市场调节有机统一起来；要提高管理手段和管理水平，完善市场信息反馈和宏观经济监测预测系统，提高决策的科学性和政策的有效性，有效防范和及时化解市场经济运行中出现的经济剧烈波动和震荡。国家要为市场主体创造良好的宏观经济环境，保证宏观经济的总量和结构平衡，抑制通货膨胀，促进重大经济结构优化，实现经济稳定增长。

4. 深化分配制度改革，完善按劳分配为主体、多种分配方式并存的分配制度。分配问题是市场经济体制的动力问题，理顺分配关系，事关广大群众的切身利益和积极性的发挥。建立公平与效率相统一的分配制度，就是要把按劳分配和按劳动、资本、技术和管理等生产要素贡献分配结合起来，建立符合社会主义市场经济要求的分配结构和分配方式；就是要在个人利益与社会利益结合的基础上，协调个人之间以及个人与社会之间的分配关系，完善税制，限制过高收入，避免两极分化；要在国家利益和地方利益结合的基础上，协调中央与地方以及地方之间的分配关系，避免地方收入差距扩大；要在当前利益和长远利益结合的基础上，协调企业与职工当前利益和长远利益的分配关系。

5. 建立多层次的社会保障体系。市场经济的发展，特别是市场机制的优胜劣汰功能作

用的结果，会增大社会成员生存和生活的风险。社会保障体系犹如社会发展过程的减震器和稳定器，有利于保证社会稳定，促进社会进步。要建立和完善失业、养老、医疗等社会保障制度，推进城镇住房制度改革，减轻企业办社会的负担，使企业真正成为市场竞争主体，为市场经济的有序运行和稳定发展提供社会条件。

目前，我国的社会主义市场经济体制框架初步建立，市场在资源配置和经济运行中开始较大程度地发挥基础性作用。但是，应当清醒地认识到，这样的市场经济仍然是发育程度较低、不健全、不完善的市场经济，是传统计划经济遗留下来的深层矛盾尚未得到根本性解决、转轨过程中又面临诸多新问题的市场经济，是随着经济发展、科技进步和对外开放而需要不断创新的市场经济。如果将建设社会主义市场经济看做一个历史过程，目前只是处在这个过程的中期。

在这样的起点上，今后的主要任务，是对初步建立的社会主义市场经济体制在发展中逐步完善。力争建成较为健全的社会主义市场经济体制，其基本内涵是，传统计划经济遗留下来的深层体制矛盾得到解决，新体制的基本制度和机制稳固确立，经济生活中的重要关系基本理顺，市场在资源配置和经济运行中的基础性作用制度化、稳定化，具有可持续性。

较为健全的社会主义市场经济体制的主要特征是：

——国民经济布局和结构的战略性调整基本完成，新的国有资产管理和经营体制有效运行，多种形式的公有制经济为主体，多种所有制经济产权明晰、融合互补、协调发展；

——以公司制度为主要形态的现代企业制度普遍建立，形成较为规范的企业治理结构和管理制度；

——要素市场较快发展，并与产品市场的发展相协调，消费者、生产者和其他利益相关者的合法利益受到保护，基本形成公平竞争、内外开放、规则统一、诚信为本的市场体系和市场秩序；

——多层次的社会保障体系基本确立，并随着经济和社会发展逐步完善，形成兼顾效率和公平的收入分配与再分配机制；

——政府职能转变取得实质性进展，经济调节、市场监管、社会管理和公共服务的基本职能能够有效发挥，政府机构和人员配置与其职能相适应，决策的科学化、民主化得到制度保障；

——中介组织和机制得到较大发展，社会成员参与经济和社会管理的方式多样化，多层次且相互协调的经济和社会治理结构初步形成；

——与社会主义市场经济体制相适应的法治体系和道德规范基本形成，重要性日益增强。

较为健全的社会主义市场经济体制的形成，将使社会主义市场经济的建设进入一个新的阶段。再经过十年的努力，到2020年，力争建成较为完善、趋于成熟的社会主义市场经济体制。其主要标志是：

——社会主义市场经济的各个组成部分的质量和效率进一步提高，尤其重要的是，形成体制的自我调整、自我完善机制；

——坚持与时俱进原则，面对国内国际形势变化的挑战持续开展制度创新；

——法治和道德在社会主义市场经济中的作用显著提高，形成社会成员普遍接受和遵循的社会主义市场经济法治规范和道德规范；

——在追求共同富裕、社会公正上取得重要进步，使经济社会发展成果合理地惠及全体社会成员；

——在全球不同类型市场经济体制的相互借鉴和竞争中，形成并发挥中国社会主义市场经济体制的独特优势。

阅读材料 

社会主义市场经济体制的提出

李兴山

传统经济学理论，包括西方经济学理论和马克思经济学理论，都不认为社会主义能搞市场经济。西方经济学理论认为，商品交换和市场经济都是建立在私有制的基础上的，社会主义国家只要坚持搞公有制，就不能搞市场经济。

改革开放以后，中国逐步提出和丰富了社会主义市场经济的理论。1982 年，党的十二大正式提出计划经济为主，市场经济为辅的观点。1984 年，党的十二届三中全会正式提出社会主义经济是公有制基础上的有计划的商品经济的观点。1987 年，党的十三大正式提出社会主义有计划商品经济的体制应该是计划与市场内在统一的体制的观点。特别是，邓小平从 1979 年提出“社会主义也可以搞市场经济”，到 1992 年提出“计划多一点还是市场多一点，不是社会主义与资本主义的本质区别。计划经济不等于社会主义，资本主义也有计划；市场经济不等于资本主义，社会主义也有市场”等重要论断，从根本上破除了市场经济姓“资”、计划经济姓“社”的传统观念，为社会主义市场经济理论的提出和社会主义市场经济体制的建立指明了方向。

在上述基础上，1992 年 6 月 9 日江泽民在中央党校所作的讲话中，首次肯定了“社会主义市场经济体制”的提法。之后，10 月 12 日在党的十四大报告中正式提出，我国经济体制改革的目标是建立社会主义市场经济体制。

1993 年党的十四届三中全会作出了《关于建立社会主义市场经济体制若干问题的决定》。《决定》基于当时对社会主义市场经济的认识，设计了社会主义市场经济体制的基本框架，确立了社会主义市场经济体制改革的各项任务。从目前我国改革发展所取得的成就看，总体上说，这一改革进展是顺利的、实践是成功的。

资料来源：http：//www. lwgcw. com，2010 - 3 - 3，《瞭望》新闻周刊。

思考分析：(1) 商品交换和市场经济都是建立在私有制的基础上的，社会主义国家只要坚持搞公有制，就不能搞市场经济吗？(2) 我国市场经济体制改革发展取得了哪些主要成就？

重要概念

经济体制　计划经济体制　市场经济体制　计划调节　市场调节　经济体制模式

实训练习

（一）判断分析

1. 市场经济就是一种生产经营方式。（　　）

2. 建立社会主义市场经济体制就是要照搬西方资本主义国家的经济体制。（　　）

3. 社会主义不能搞市场经济。（　　）

4. 公有制为主体、多种所有制经济共同发展，是我国社会主义初级阶段一项基本经济制度。（　　）

5. 在我国，公有制经济占主体地位，国有经济就不能发挥主导作用。（　　）

6. 竞争是商品经济、市场经济中的必然现象。（　　）

7. 市场经济对生产力的发展具有巨大的促进作用，但市场经济本身也存在着固有的缺陷，必须采取适当的对策加以弥补和克服。（　　）

8. 市场经济是推动生产力发展的有效方法。（　　）

（二）问题解答

1. 计划经济体制与市场经济体制的区别在哪里？

2. 政府在现代市场经济体制中的主要作用有哪些？

3. 我国社会主义市场经济的基本特征是什么？

4. 计划调节和市场调节各有哪些长处和不足？

5. 如何构建社会主义市场经济体制？

观念运用

收集资料，分析东亚国家市场经济体制的特点，并与美、法、德、日的市场经济体制相对比，比较其异同。

第八章

微观经济运行

学习要点

- 企业
- 现代企业制度
- 资本的循环和周转
- 企业经营管理
- 市场失灵

第一节　企业与现代企业制度

在人类社会发展的历史上，随着生产力的发展和社会生产关系的演进，出现过各种不同的经济主体。企业作为现代市场经济的基本组成部分，是最主要的微观经济运行主体。

一、企业的性质和特征

企业的英文词“Enterprise”，意指冒险、胆识、进取心和计划等。在传统经济学中通常把企业定义为基本的经济单位和独立的工商经营单位。企业是指从事生产、流通、服务等经济活动，以产品或劳务满足社会需要并获取盈利，实行独立经济核算、自主经营、自负盈亏，依法设立具有法人资格的经济组织，是现代社会经济的基本单位。

上述企业概念表明了企业具有如下基本属性：

第一，企业必须依法设立。它主要包括两个方面的内容，一是设立企业必须符合国家法律法规规定的条件；二是要依照国家法律法规规定的程序设立。依法设立的企业具有法人资格。

第二，企业是以营利为目的的经济实体，是从事生产、流通、服务等经济活动的组织。它的一切生产经营活动都是为了赚取利润，获得最好的经济效益。因此，它不同于一般的事业单位或行政单位。

第三，企业进行自主经营、独立核算、自负盈亏。这是指企业具有自主决策和独立的经济权益，应单独计算成本费用，计算盈亏，对企业的经济业务作出全面的反映。

第四，企业是现代社会经济的基本单位。它按照不同的经营方向、不同的组织形式等特点，可以从不同的角度划分为许多不同类型的企业，但是从总的来看，企业是国家的基本经济单位，是社会经济力量的基础。企业生产力的高低、经济效益的好坏，对国民经济的发展有着直接的影响。

企业的基本属性反映了企业的一般特征：

第一，自主经营，即企业拥有经营的自主权。企业作为市场经济中的独立的经营主体和交易主体，在法律许可的范围内，有权决定自己的经营方向和经营目标，有权决定经营什么，经营多少。

第二，自负盈亏，即在扣除成本、税收后的盈利归企业所有，亏损由企业自己负责。只有自负盈亏，企业在市场经济活动中才有足够的动力和压力。

第三，自我发展，即企业规模的扩展、经营链条的延伸、跨行业甚至跨国经营，都取决于企业自身能力。

第四，自我约束，即企业自觉约束自己的行为。市场经济中的企业，在必须接受相关法律约束的同时，还必须实行内在的行为限制。

二、企业制度的含义和内容

（一）企业制度的含义

企业制度是指企业的财产组织形式及其与之相适应的经营方式和管理体制。财产组织形式是企业制度的核心。财产组织形式包括三方面的内容：一是出资形态，即谁是出资人、以什么形式出资。二是产权的权能组合方式，即狭义的所有权、占有权、支配权和使用权是如何构架在一起的。权能组合总体上可分为两种方式：权能合一式和权能分离式。权能合一式是指所有权、占有权、支配权和使用权在企业的财产组织中合而为一，即出资人出资后集四大权能于一体，自己出资、自己管理、自己经营。权能分离式是指权能尤其是所有权与其他权能之间的分离。三是承担责任的程度，即出资人出资所设立的企业对社会债权人承担责任的程度。这从总体上可分为有限责任和无限责任。有限责任是指以企业的资产额为限承担债务责任，在企业破产清盘时，超过资产部分的责任不用承担，是合理合法的。无限责任是指以所有债务额为限来承担债务责任，承担的顺序为，先用企业资产承担，不足部分用出资人的其他财产承担，比如出资人的个人家产。

（二）企业制度的内容

构成企业制度的要素主要有：（1）企业产权制度，即公司法人产权制度；（2）法人治理制度，即公司组织制度；（3）现代企业管理制度，即公司管理制度。在上述要素中，法人产权制度表现为财产结构的制度规范，是企业制度的基础；法人治理制度是产权制度在企业控制权配置上的延伸，是企业制度的核心；公司管理制度通过公司内部的管理层级制定，同时又以一系列的管理规章制度和工作责任制度加以充实，是企业制度的保障和工具。总之，企业制度是适应社会化大生产和市场经济要求的产权清晰、权责明确、政企分开、管理科学的企业制度。

三、企业制度的类型

企业制度可以分为个人业主制、合伙制及公司制三种基本类型。

1. 个人业主制企业，又称个人独资企业，是指由一个自然人出资兴办，完全归个人所有和控制的企业。这种企业不具有法人地位，没有法人资格，是一种自然人企业。

2. 合伙制企业，是指由两个或两个以上自然人同意联合拥有并负责经营的企业。合伙制企业的实质是一种共同出资、共同经营、共享利润、共担风险的合伙契约关系。合伙制企业是个人业主制企业扩张的自然结果。

3. 公司制企业，是指全部注册资本由全体股东共同出资，并以股份形式构成的企业。公司制度作为最完善、最主要的企业组织制度，存在着区别于其他组织形式的特征，主要有：公司是法人；追求利润最大化；公司是联合体；所有权与经营权相分离。

四、现代企业制度

(一) 现代企业制度的基本特征

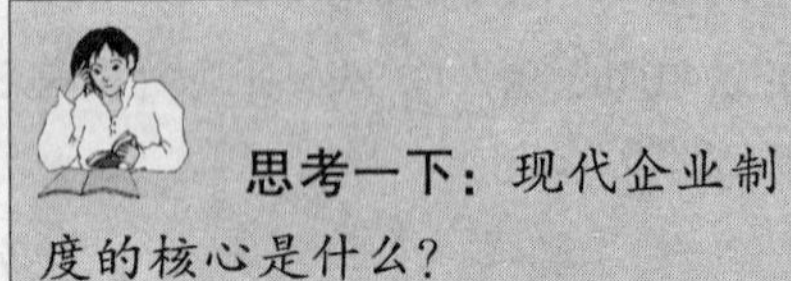

思考一下：现代企业制度的核心是什么？

现代企业制度就是以完善的企业法人制度为基础、以有限责任制度为特征、以公司形态为代表的企业组织形式。现代企业的创建及其有效运转，都是在一定的行为规则、规范的约束下进行的，并由此形成了权力制衡关系。科学合理的规范规则的建立，是保证现代企业有效运转的前提。

现代企业制度的基本特征可以概括为：产权清晰、权责明确、政企分开、管理科学。

1. 产权清晰。产权即财产权，它包括财产所有权和法人财产权。财产所有权是企业的多个出资者按照投入企业的资本额依法享有的对企业财产的最终所有权；法人财产权是企业以独立的法人身份所享有的，对企业所有出资者投入企业的资本所形成的企业财产的公有权、使用权、支配权、处置权和收益权。产权清晰就是指以法律形式界定企业的出资者与企业之间的产权关系。即企业出资者拥有企业资产的终极所有权。谁投资，谁拥有，投资多少，拥有多少。企业依法享有排他的法人财产权，成为享有民事权利、承担民事责任的法人实体。

2. 权责明确。权责明确是以法律形式确立出资人和企业法人对企业财产各自拥有的权利，承担的责任和履行的义务。在现代企业制度中，投资人的权益在于按投入企业的资本额依法享有所有者的权益，即资产受益权、重大决策权和选择管理者等权利，其责任在于对投入的资本额形成的资产负有限责任。企业作为独立的法人实体，其权益是以其全部法人财产，享有自主经营权和收益处分权；其责任在于依法照章纳税，自负盈亏，对出资者承担资产保值增值的责任。

3. 政企分开。政企分开主要是指政府的经济、行政、社会管理职能要与企业的经营管理职能分开。在现代企业制度中，政府不直接干预企业的生产经营活动，主要是通过政策法规和经济手段来调控市场，引导企业经营活动。政府的行政管理职能是政府作为国家行政机关的一种职能。此外，企业不承担社会福利、教育职能、就业职能，这些是政府职能，由政府或社会组织来承担。

4. 管理科学。管理科学是指企业依据现代市场经济的内在要求制定经营章程，建立科学规范的组织管理制度和企业体制，调节所有者、经营者和职工之间的关系，形成激励与约束相结合的经营机制，促进企业的发展。

（二）现代企业制度的主要组织形式

现代企业制度的主要组织形式是公司制度。所谓公司制，是指适应社会化大生产和市场经济要求的现代公司法人制度，是现代企业制度的目标模式。由于各国的具体情况不同，公司制企业的具体组织形式的分类也有所不同。根据我国《公司法》规定，我国公司制企业的主要组织形式有以下几种：

1. 有限责任公司。有限责任公司是指由 2 人以上，50 人以下的股东共同出资设立，每个股东以其出资额为限、公司以其全部资产为限对企业债务负有限责任的公司。其基本特征是：公司注册资金最低限额为 10 万～50 万元（不同行业的最低限额不同）；公司资产不分为等额股份；公司只向股东签发出资证明书，而不发行股票；公司股份的转让有严格规定；股东人数有一定限额；股东按其出资比例，享受权利，承担义务。有限责任公司由于不能发行股票，转让困难，筹资范围和规模小，往往适合中小企业。

2. 股份有限公司。股份有限公司是由 5 人以上股东为发起人，通过发行股票筹资设立，股东以其认购股份金额为限对公司债务负有限责任的公司。其基本特征是：公司注册资金最低限额为 500 万元；公司的全部资产分为等额股份；公司向股东发行股票，少数公司经审批其股票可以上市交易和转让；股东人数不得少于规定的发起人数，但无上限；一股一票表决权；股东以其持有的股份，享受权利，承担义务。股份有限公司的上述特点决定它适合于生产规模大、资本高度密集的企业。

3. 国有独资公司。国有独资公司是指由国家授权的机构或部门单独投资设立的有限责任公司。其特点是：只适用于国务院确定的生产特殊产品的公司或属于特定行业的公司；不设股东会但设董事会；董事长、副董事长由国家授权投资的机构或部门指定；国有独资公司的资产转让由国家授权的机构或部门办理审批和财产转移手续；经营管理制度健全、经营状况较好的大型国有独资公司，可以由国务院授权行使资产所有者的权利。

4. 控股公司。控股公司一般是指由一个自然人或法人通过掌握一定额度股份从而控制公司经营活动的股份有限公司。有些国家明文规定控股公司的控股程度一定要达到绝大多数，即 2/3 或 3/4 以上，控股人有权直接向董事会下达必须执行的指令，并对其执行的后果负全部责任。

第二节 企业资本的运动

一、企业资本的循环

资本是一种增值的价值，而它只有不断运动才能实现价值增值。这里以产业资本为例研究企业资本的运动。产业资本的运动是从投入货币资本开始的，经过一个或长或短的过程，最后收回更多的货币，使价值得到增值。这种资本从投入到收回的全过程构成了产业资本运动的一个循环，每一个循环都包括三个阶段。

(一) 产业资本循环的三个阶段和资本的三种职能形式

产业资本循环运动的第一阶段是购买阶段，即产业资本所有者以购买者身份出现在市场上，用货币资本购买劳动力和生产资料等生产要素为生产增值价值做准备。如果用 G 表示货币，W 表示生产要素，A 表示劳动力，P_m 表示生产资料，那么，购买阶段可用如下公式表示：

$$G - W \begin{cases} A \\ P_m \end{cases}$$

在这一阶段，由于货币购买了劳动力这种特殊的商品，因而取得了货币资本的形式。货币资本的职能是购买生产要素，为生产增值价值准备条件。因此，货币资本在完成上述职能时必须做到：购买的劳动力和生产资料，在性质上要互相适应，在数量上保持恰当比例。如果工人的技术状况与生产资料不适应，二者就不能在生产中有效结合；如果劳动力和生产资料的数量不成比例，就会造成社会劳动的浪费。检验比例相适应的标准是人尽其才，物尽其用。

产业资本循环运动的第二阶段是生产阶段，即企业经营者把生产资料和劳动力投入生产，生产出包含增值价值的新商品。如果用 P 表示生产过程，虚线表示流通过程的中断，W'表示包含着增值价值的商品，那么，生产阶段可用公式表示如下：

$$W \begin{cases} A \\ P_m \end{cases} \cdots P \cdots W'$$

在这一阶段，生产资料和劳动力两种生产要素的结合不仅生产出了新商品，而且转移了生产资料的旧价值，特别是创造出了包含增值价值的新价值，因而，这些生产要素就取得了生产资本的形态。生产资本的职能在于生产增值价值。由于这一阶段是生产增值价值的阶段，所以在资本循环中是决定性阶段。

产业资本循环运动的第三阶段是销售阶段，即企业经营者以售卖者的身份在市场上售出商品，实现价值和增值价值。如果以 W'、G' 分别表示包含着增值价值的商品、货币，则销售阶段用公式表示为：

$$W'—G'$$

产业资本循环的第三阶段，即由商品资本转化为货币资本的阶段，作为资本价值与增值价值的实现阶段也是十分重要的。它是这一次资本循环的终结，又是下一次资本循环的起点。商品能否卖出去，以及以什么价格卖出去，关系到产业资本的循环能否正常进行和投资经营者的命运。

货币资本、生产资本、商品资本，不是独立的三种资本形式，而是产业资本在循环过程中分别采取的三种职能形式，并分别执行着三种职能。

产业资本循环的第一阶段和第三阶段是资本的流通过程，第二阶段是资本的生产过程，所以产业资本循环过程，是流通过程和生产过程的统一。

产业资本循环的三个阶段和三种职能形式是有机相连的，产业资本必须不停顿地依次经过三个阶段，并依次采取三种职能形式，才能顺利进行循环运动，实现价值增值。

产业资本经过三个阶段，相应变换三种职能形式，使价值得到增值，最后又回复到原来出发点的运动，就是资本的循环，用公式表示为：

$$G - W \left\langle \begin{matrix} A \\ P_m \end{matrix} \right. \cdots P \cdots W' - G'$$

（二）产业资本循环的三种形式

产业资本对增值价值的追求是无止境的，因而产业资本循环就是一个连续不断永无止境的过程。从连续不断的资本循环过程可以看出，产业资本三种职能形式中的每种职能形式，都要经过循环的三个阶段而回到原来的出发点。因此，产业资本循环就有货币资本循环、生产资本循环、商品资本循环三种不同的循环形式。

1. 货币资本的循环，就是以货币资本为出发点和回归点的运动。它要顺次经过购买阶段、生产阶段和销售阶段。所以，它是以生产阶段为媒介，连接两个流通阶段的循环运动。可表示为：$G—W\cdots P\cdots W'—G'$。

2. 生产资本的循环，就是从生产资本开始，并以生产资本为终结的运动。它顺次经过生产阶段、销售阶段和购买阶段，以及再一个生产阶段，相应变换三种职能形式又回到原来出发点上。所以，它是以流通过程为媒介连接两个生产过程的循环运动。可表示为：$P\cdots W'—G'\cdot G—W\cdots P$。

3. 商品资本的循环，就是从商品资本开始，依次经过三个阶段，相应变换三种职能形式，最后又回到商品资本形式上的运动过程。用公式表示为：$W'—G'\cdot G—W\cdots P\cdots W'$。

（三）产业资本实现连续不断循环的条件

上面对产业资本循环的三种职能形式和三种循环形式的考察，是假定全部产业资本在一定时间内只采取一种职能形式，如果现实是如此就无法保持资本循环的连续性，现实的产业资本循环是连续不断进行的。产业资本实现连续不断地循环，必须具备以下两个条件：

1. 必须保持产业资本三种职能形式在空间上并列存在。就是说，全部产业资本不能同时处在一种职能资本形式上，必须按一定比例分割为货币资本、生产资本、商品资本三部分。这三部分应该各占多大比例，取决于企业生产的性质、技术水平和购销状况。如果产业资本不分割为三部分或三部分的比例失调，循环运动就会中断或不能顺利进行。

2. 必须保持产业资本三种职能形式在时间上相互继起。就是说，每一种职能资本，都必须连续不断地通过资本循环的三个阶段，相继地进行转化，顺序改变它的职能形式，经过循环回到原来的出发点。不论哪种职能形式的资本，在资本循环的哪一个阶段上都不能发生停顿。

产业资本三种职能形式与三种循环形式的并存性和继起性，是互相联系和互为条件的。继起性是由并存性决定的，没有并存性也就没有继起性。同样并存性是继起性的结果，如果继起性受到阻碍，并存性也成为不可能。

马克思关于资本循环的理论表明，资本不但是带来增值价值的价值，而且还是一种运动，它只有在不断的运动中，才能实现价值的增值。

二、企业资本的周转

资本的循环不是一次行为，而是连续不断的过程。资本周转，就是指不断重复、周而复始的资本循环过程。资本循环和资本周转都是资本运动的形式，但是二者分析的角度和侧重点不同。考察资本循环重点在于从资本运动的连续性方面揭示增值价值是如何在产业资本循环运动中产生和实现的，考察的是资本运动的阶段、形式和条件；考察资本周转的目的是为了研究资本周转速度的快慢及其对增值价值生产和实现的影响，考察的是资本运动的时间、速度和效益，其中资本周转速度是资本周转的中心问题。

（一）资本周转速度

资本周转的快慢取决于资本的周转时间。

资本的周转时间，指产业资本周转一次所需要的时间，包括资本的生产时间和流通时间。

资本的生产时间是指资本停留在生产阶段内的时间。生产资本的物质内容是生产资料和劳动力，因此生产时间也是从生产资料和劳动力进入生产领域开始到生产出产品为止的时间。它又可根据劳动力与生产资料是否相结合，再分为劳动时间与非劳动时间两部分。劳动时间是劳动者运用劳动资料作用于劳动对象生产出某种产品所需要的时间。决定劳动时间长短的因素，首先是产品的性质，如生产一件服装和一辆汽车所用的劳动时间就不同，产品比较复杂，其劳动时间一般较长；反之则较短。其次是生产技术水平的高低，在同一部门内，生产一定量的产品，技术水平高的企业，需要的劳动时间较短；反之则较长。非劳动时间是生产资料已进入直接生产领域，但还没有与劳动力结合的时间。它包括生产资料的储备时间、自然力对劳动对象独立发生作用的时间和必要的停工时间等。

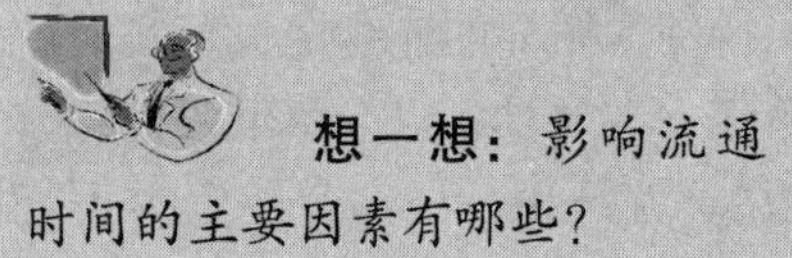

想一想：影响流通时间的主要因素有哪些？

流通时间指资本停留在流通领域内的时间。它包括生产资料和劳动力等生产要素的购买时间和商品的销售时间两部分。

资本周转速度指资本在一定时期内周转的次数。如果以 U 表示资本周转的计量单位“年”，以 u 表示资本周转一次所需要的时间，以 n 表示资本周转次数，那么，一年里资本周转次数，即资本周转速度的计算公式是：

$$n = \frac{U}{u}$$

例如，某个企业资本周转一次需要 3 个月，那么这个企业在一年之内的资本周转次数就是 12/3 =4，即每年周转 4 次。

可见，资本的周转速度和周转时间成反比。即资本的周转时间越短，资本的周转速度就越快；反之，资本的周转时间越长，资本的周转速度也就越慢。而资本的周转速度与周转次数成正比，即资本在一年内的周转次数越多，意味着资本周转速度越快；反之，一年内的周转次数越少，资本周转速度就越慢。

（二）固定资本和流动资本

资本周转速度的快慢，除了取决于周转时间的长短外，还取决于生产资本的构成，即取决于固定资本和流动资本的比例。从资本周转的角度来考察资本的构成，生产资本分为固定资本和流动资本。划分固定资本和流动资本的根据，是生产资本不同部分价值周转方式的不同。

固定资本是指以机器、设备、厂房、工具等劳动资料形式存在的生产资本。它的价值是按照在使用过程中的磨损程度一部分一部分地转移到新产品中去，产品出售后又一部分一部分地收回，并经过多次生产过程才实现其价值的全部周转。它的物质要素在生产过程中始终保持原来的形态，需待全部失效后才进行一次更新。正是根据这部分生产资本的实物形态在生产过程中保持不变，而其价值是逐渐周转的特点，把它叫做固定资本。

流动资本是指以原料、燃料、辅助材料等劳动对象形式存在和用于劳动的那部分生产资本。劳动对象的价值一次转移到新产品中去，并随着产品的出售一次收回。它的物质要素是在每次生产过程中全部消费掉，因而每次生产过程都需不断更新。根据这部分资本价值周转快的特点，把它叫做流动资本。此外，用于劳动力的资本，以工资形式在一次生产过程中支付给工人，工人将其用于购买消费资料。因而它的价值并不像劳动资料和劳动对象的价值那样转移到新产品中去，而是在生产过程中由雇佣工人的活劳动重新创造出来。但是，用于劳动力的资本的价值，也是一次全部投入生产过程，并随着商品的销售一次全部收回。根据这部分资本价值周转方式的特点，劳动力也被列入流动资本范畴。

固定资本的价值是按照它的损耗程度，一部分一部分地转移到新产品中去的。固定资本的损耗分有形损耗和无形损耗两种。固定资本的有形损耗，是指固定资本的物质要素由于使用以及自然力的作用而造成的损耗。这种损耗都是物质上的有形的，所以，又叫做物质损耗。固定资本的无形损耗，是指固定资本在其有效使用期内，由于生产技术进步而引起的价值上的损失，无形损耗也叫精神损耗。无形损耗分为两种：一种是由于生产方法改进和劳动资料生产部门劳动生产率提高而引起的固定资本价值贬值。另一种是由于出现新技术和新发明引起原有固定资本价值的贬值。例如，由于发明了比原有机器设备具有更高效能的新机器设备，使原有机器设备的继续使用成为不经济，因而缩短使用期限，提前报废。固定资本无形损耗所造成的固定资本价值的损失，并不能完全转移到新产品中去。而当代科技进步的加快，竞争加剧，使无形损耗呈上升趋势。正因为如此，资本所有者总是尽可能地提高工人的劳动强度，延长劳动时间和增加工作班次，以提高固定资本的利用率，用以减少和弥补固定资本无形损耗。

固定资本按照它的损耗程度逐渐转移到新产品中去的价值，必须在产品销售以后，提取并积累起来，进行价值补偿，以便在固定资本价值全部转移完毕时，用于更新固定资本，这种做法叫做折旧。而根据固定资本损耗程度以货币形式逐年提取的固定资本补偿金，叫做折旧基金或折旧费。平均折旧法的折旧费可用如下公式表示：

折旧费＝固定资本原始价值/固定资本平均使用年限

提取的折旧费与固定资本原始价值的比率，叫折旧率。用公式表示为：

折旧率 ＝ 折旧费 / 固定资本原始价值

（三）预付资本的总周转及对增值价值生产的影响

从上面可以知道，生产资本的构成对预付资本总周转速度的影响有两个方面：一是固定资本和流动资本的周转速度；二是生产资本中固定资本和流动资本的比例。由于固定资本和流动资本的周转速度各不相同，因此，计算预付资本的周转速度，既不能以流动资本为标准，也不能以固定资本为标准，而只能计算预付资本总周转。预付资本的总周转就是预付资本各个部分平均周转之和。其计算公式为：

$$\text{预付资本一年中的总周转次数}=\frac{\text{一年中固定资本周转价值总额}+\text{一年中流动资本周转价值总额}}{\text{预付资本总额}}$$

假定某生产企业的全部预付资本为 10 000 元，其中固定资本为 8 000 元，流动资本为 2 000 元。在固定资本 8 000 元中，厂房价值为 3 000 元，可使用 30 年，每年周转价值是 100 元；机器价值为 4 000 元，可使用 10 年，每年周转价值是 400 元；小工具价值为 1 000 元，可使用 5 年，每年周转价值是 200 元。因而固定资本年周转价值总额为 100 + 400 + 200 = 700 元。而流动资本 2 000 元，每年周转 5 次，因而年周转价值总额是 2 000 × 5 = 10 000 元。这样，该企业预付资本年周转次数为（700 + 10 000）/10 000 = 1. 07 次。

加速资本周转，对企业的经济效益具有重要影响。第一，加速资本周转能够提高资本的利用率。资本周转速度越快，维持同样生产规模所需的流动资本数量就越小，就能节约预付资本，特别是能节省预付资本中的流动资本。这样，同样的资本量可以维持更大的生产规模，取得更多的增值价值。第二，加速企业资本周转能够增加年增值价值量，提高年增值价值率。如果用 M 表示年增值价值量，M' 表示年增值价值率，则 $M = m' \cdot v \cdot n$；$M' = \frac{M}{v} = m \cdot n$。第三，加速资本周转可以缩短固定资本的回收期和提高固定资本的再利用率，以及减少无形损耗带来的损失。

第三节 企业经营管理

一、企业经营管理的基本职能

职能一般是指人、事物、机构应有的作用或功能。企业经营管理职能是指企业管理本质的外在属性及其应发挥的基本效能。企业管理的职能是由企业管理的二重性决定的。因此，现代企业管理具有两个方面的基本职能：一是合理组织生产力。它是企业管理自然属性的表现，是企业管理的一般职能；二是维护与巩固一定的生产关系。它是企业管理社会属性的表现，是企业管理的特殊职能。这两种职能在社会生产过程中总是结合在一起发挥作用的。当它们结合作用于生产过程时，又表现为计划、组织、指挥、监督、调节、激励和创新等具体的管理职能。其中计划是管理的首要职能，是组织、指挥和监督职能的依据和目标；组织、指挥和监督是有效管理的重要环节和必要手段，是计划及其目标得以实现的保障。只有统一协调管理的各个职能，使其前后关联、连续一致地形成整体管理活动，才能保证企业管理工作的有效进行和组织目标的实现。

二、企业经营管理的原则和经营机制

（一）企业经营目标

企业经营目标是企业经济行为的核心。在现实经济生活中，企业可能有各种目标，如为了获得尽可能多的利润、占有更大的市场份额、树立良好的企业形象等，但最基本的目标是利润最大化。所谓利润最大化是指企业从事生产经营，获得收益与所费成本的差额最大化。企业将利润最大化作为自己的经营目标，不会因为企业的所有制性质不同而有所改变，它是由企业作为商品生产者的地位所决定的。

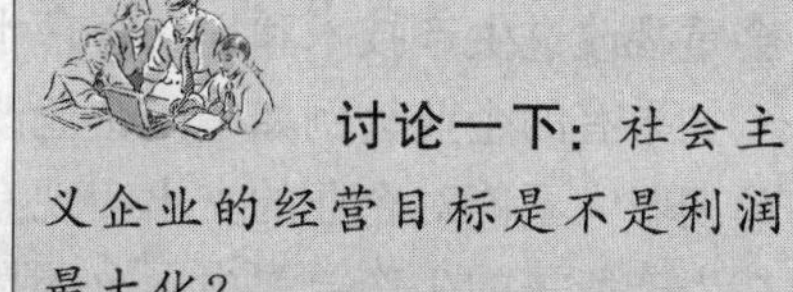

讨论一下：社会主义企业的经营目标是不是利润最大化？

（二）企业经营原则

要建立与社会主义市场经济体制相适应的企业经营机制，必须贯彻企业自主经营和自负盈亏的原则。

企业的自主经营就是企业在国家宏观经济调控下，能够根据市场的状况独立地作出各种生产经营活动的决策，如生产什么、生产多少、用何种方式进行生产、市场销售的策略等。

企业的自负盈亏就是企业在以经营收入弥补支出和履行对国家承担的财产义务后，剩余财产归企业自主支配，亏损由企业自己承担。如果企业经营有盈余，那么企业可以自主地作出分红、企业留利或对外投资的决策；而如果经营发生亏损，企业不能将亏损随意转嫁于他人，只能用企业以前获得的盈利来弥补亏损。

（三）企业经营机制

企业经营机制是指企业在其经营活动中各种有关因素互相影响、互相作用的内在机制。企业的经营机制包括企业经营的决策机制、约束机制和动力机制等。

1. 企业经营的决策机制。企业经营的关键在于决策。所谓决策机制是指企业在享有充分的法人财产权的情况下，对生产、经营等经济活动作出分析和决断的机制。这种机制包括决策主体的确立、决策组织和决策方式等。企业决策机制的中心环节是决策主体的确立，它是企业能否良性运作的关键条件。在市场经济条件下，决策的主体是企业，只有企业自主决策，才能使企业对市场信号作出灵敏的反应，从而提高企业决策的效率。

2. 企业经营的约束机制。企业经营的约束机制是指企业在经营过程中所受到的经济、法律等因素制约的机制。它是使企业保持合理的经济行为，并对自己的经济行为承担全部风险责任的机制。行为主体对自身行为的约束往往是被动的，但在市场经济体制中，企业在追求自身目标的过程中因内部条件和外部条件的限制而必须自动地约束自身的行为，这是企业内部约束；一些经济的、法律的、行政的因素可以迫使企业考虑应该做什么，这是企业外部约束。内部约束与外部约束的统一构成企业的约束机制。

（1）企业内部约束主要包括预算约束、财产约束、审计约束、责任约束和纪律约束等。其中主要是预算约束和财产约束。

第一，预算约束。预算约束是指企业必须以自己的收入来补偿自己的支出，其支出要受企业自身筹资能力和获利能力的约束。根据企业所受到的预算约束强弱程度的不同，可以分为预算硬约束和预算软约束。

预算硬约束指企业的预期收入对企业支出的控制是有效的。预算硬约束是自负盈亏原则在企业经营机制中的具体体现。在市场经济条件下，预算硬约束是企业能够不断改善经营管理，提高生产效率的必要条件。只有在预算硬约束的激励下，企业为了生存和发展才会用各种方法降低成本，增加收入；才会对市场价格和供求的变动作出灵敏的反应；才会根据市场环境的变化调整产品结构。预算硬约束会促使企业以最合理、最节约的方式使用生产要素，并会重视改进生产技术和提高管理水平。

如果有的企业，例如中国企业改革之前的国有企业，受到的约束不是预算硬约束，企业的预期收入不能对企业的支出实现有效的控制，这时的预算约束就是预算软约束。这主要表现在生产所需的生产要素由国家调拨或可以用比市场价格低的计划价格购买，企业出现了亏损可以由国家财政补贴，对国有银行的负债在经营状况不好时就可以延期偿还，甚至在资不抵债时仍然能够获得银行的贷款，使其能够维持经营活动。预算软约束会带来一系列的消极效应：不必按照市场交换原则获得生产要素，使企业生产要素的使用效率低下，而且会产生扩大占有生产要素的倾向；如果企业不必为其亏损负责，则企业在生产经营活动中必然会忽视经营风险，其亏损的可能性也会增加。处于预算软约束下的企业不会对市场上各种信号作出灵敏的反应，市场机制也就不能有效地发生作用。因此，使每个企业受到预算硬约束是市场机制能够有效运行的重要条件。

第二，财产约束。财产约束是指企业财产的所有者对企业生产经营活动的约束。企业的出资者为保障企业财产的保值增值，维护自身合法权益，通过股东大会或董事会来约束经营者的行为。

（2）企业外部约束包括市场约束、计划约束、法律约束和一定的行为约束等。

第一，市场约束。市场约束是指各种市场信号对企业经济活动的制约。企业作为自主经营、自负盈亏的商品生产者和经营者，只有根据市场的变化及时调整经营活动，才能够实现利润最大化的目标。市场约束可分为价格信号约束和数量信号约束。

价格信号约束主要包括生产要素价格和企业产品价格对企业经济行为的影响。市场上各种资源的丰裕程度及对资源的需求状况影响着生产要素价格的高低，同时，对企业产品的需求和供给的变化也会影响产品价格的上下波动。生产要素价格的变化影响企业的成本，产品价格的变化则影响企业的收入。一般说来，在其他条件不变的情况下，某种生产要素价格的提高会使企业的成本提高，为了降低成本，企业会更节约地使用该种要素；反之则增加使用该种要素。产品的价格也受到市场上供给和需求状况的影响，从而进一步影响企业的收入。需求增加导致价格上升，价格上升将使一定产量的产品销售收入增加；需求减少会导致价格下跌，从而影响企业的销售收入。生产要素的价格变动和产品的价格变化共同影响着企业的盈利，制约着企业的经济活动。

企业除了受到价格约束外，还受到数量约束。在现实生活中常常会出现这种情况，即人们虽然愿意出高价购买那些供应不足的产品，但是由于某种自然的原因，这种产品在较短的时间内供给数量却不能随价格上涨而迅速地增加；或者某种产品虽然价格已经下降，而企业却不能及时地对产量作出调整，这就是企业所受到的数量约束。

第二，计划约束。市场经济中市场在资源配置中起基础性作用，但是国家为了实现一定的社会经济发展目标，就要采取各种计划手段对企业的生产进行调节，这些计划手段就是企业面临的计划约束。经济计划可以分为指令性计划和指导性计划。在市场经济中，企业是独立的商品生产者和经营者，国家主要利用指导性计划，如利率、税收、汇率等经济杠杆影响企业的成本和收益状况，从而引导企业的生产，使其与国家的发展战略目标相一致。

在实行指导性计划的同时，在某些特殊情况下，为了稳定一些对国民经济发展有特殊意义的商品的生产和价格，国家也实行一些指令性的计划，例如对水电及一些特殊的农产品等实行价格管制。

第三，法律约束。企业外部约束除了市场约束和计划约束外，还受到国家制定的法律法规的约束。企业作为独立的经济主体，其目标是追求利润最大化，也就是追求自身经济效益的最大化。但是，企业实现了利润最大化并不等于社会整体利益的最大化，企业的经营目标与社会整体的目标不可能自觉保持一致，有时甚至是背道而驰的。例如，一个化工厂产生的有毒废水不经过处理就排放进了河流。对于这个企业来说，不投资建立废水处理设施显然减少了成本，增加了利润，但是这种行为却污染了河流，造成河流里鱼虾的死亡，并且影响河流两岸居民的生活，它给社会造成的损失可能比企业的得益要大，这时就需要制定法律法规约束企业的行为。要求企业对其在生产过程中所产生的有毒废气、废水进行处理，达到对人体无害的标准，使企业的经济行为与社会整体的目标相一致。企业在这种情况下就受到了法律的约束。

3. 企业经营的动力机制。企业的动力机制是指企业内部激励各层次管理人员和各岗位劳动者积极性的机制。在市场经济中，企业是自主经营、自负盈亏的商品生产者和经营者，实现利润最大化的目标是企业本身的动力。但是，企业的经营活动最终都是要通过人的活动来完成的。人的主观能动性是有很大弹性的，能否将人的主观能动性最大限度地发挥出来，这就是企业内部动力机制的功能。

企业内部动力机制可以包括物质和精神两个方面。在物质方面，就是要使各层次管理人员和各岗位劳动者的劳动报酬和他们的劳动绩效挂起钩来；在精神方面，就是要使各层次管理人员和各岗位劳动者得到反映他们绩效和能力的称号，也可以培养管理者和劳动者树立起一种对企业具有凝聚力的价值取向。在这两个方面，物质的激励是基本的，不能满足这一基本的要求，管理者和劳动者的积极性是很难调动起来的。但是物质的激励又不是万能的，在物质的激励这一基本的要求得到满足的情况下，精神的激励作用会更大。所以，应该把物质和精神两个方面的动力机制结合起来。

三、我国现代企业制度的建设

党的十四届三中全会通过的《关于建立社会主义市场经济体制若干问题的决议》指出："以公有制为主体的现代企业制度是社会主义市场经济的基础"，"建立现代企业制度，是发展社会化大生产和市场经济的必然要求，是我国国有企业改革的方向"。现代企业制度的提出，标志着我国国有企业改革由放权让利为主要内容的改革，转变为以理顺产权关系为重要内容的制度的建立。党的十四大提出经济体制改革的目标是建立社会主义市场经济体制，在国家宏观调控下使市场对资源配置起基础作用。企业制度是整个经济体制的重要组成部分，现代企业制度是构筑社会主义市场经济体制的基础。

我国国有企业建立现代企业制度的基本思路是：坚持公有制为主体，多种所有制形式共同发展的方针，按照行业性质和企业规模的不同，分别采取不同的产权制度和与其相适应的企业制度：第一，对那些有关国家安全和具有天然垄断性的部门，如宇航工业、兵器工业和供水、电力、电信、城市公共交通等行业，要继续坚持和发展国家所有制或地方政府公有制。但这些部门也可以实行公司制，适当向社会集资，包括发行股票和债券等。第二，对于竞争性部门的小型国有企业，尤其是浴池、旅馆、影剧院等可以出售、出租给集体或个人。第三，对于竞争性部门，特别是制造业中的国有大中型企业，一般应发展国家参股或控股的公司制形式。现在，公司制已成为我国大多数大中型企业普遍采取的形式。

建立现代企业制度是适应政府职能转变，改革国有资产产权管理体制的需要。政府职能不转变，企业经营机制就难以转换，这已形成共识。政府职能转变的关键，是要实现政府的社会经济管理职能和国有资产所有者职能分开。要达到这个目的，政资分开是关键，产权清晰是前提，这正是现代企业制度的核心内容。

建立现代企业制度也是促进社会资源最佳配置的需要。在社会生活中，资源是有限的，如何充分有效地配置资源是任何一个国家经济发展的重要任务。在高度集中的管理体制下，资源的配置完全由国家来进行。企业财产实行的是实物管理，由于不存在产权转让市场，企业的实际产权价值无法量度。国家只好对企业财产的监护采用实物资产的直接管理方式，严禁企业处分各种固定资产，以防止国有资产的流失。企业产权的转让既不计价格，也完全由行政命令来实现，一个“红头文件”就改变了企业产权的归属关系。这种情况与市场经济的发展要求非常不适应。建立现代企业制度，可以明确界定个人财产利益主体的边界，为公有产权的转让提供必要的条件。这样，对资源的配置就可以从国家行政命令转向主要以产权市场作为媒介，从而实现资源的合理有效配置。

建立符合我国改革发展实际情况和社会主义市场经济发展要求的现代企业制度，关键是切实有效地实现政企分开。对我国国有企业来说，实现政企分开是建立现代企业产权制度、现代企业法人治理制度和现代企业管理制度的共同基础。没有政企分开，企业国有资产的投资主体就不明确，企业产权也就无法明晰，企业内部权责利就不能确定，企业科学管理更无从谈起。政企分开表现在两个方面：一是指政府行政管理职能和企业经营管理职能分开；二是指政府的社会经济管理职能和国有资产所有权职能分开。在产权制度方面表现为政资分开，明确国有资产投资主体；在法人治理制度方面表现为企业要有独立的组织体系，建立规范的法人治理结构；在管理制度方面则表现为适应市场经济要求和企业特性的科学管理，要对市场、消费者负责，而不是只对政府负责。

真正有效的政企分开，必须依靠政府职能的转变才能实现。这就要求规范界定政府和企业的关系。现代企业制度下的政府与企业表现为法律关系和经济关系，即政府依靠政策法规和宏观措施调控市场，引导企业的经营活动，企业按照企业章程组织生产经营活动，按章纳税；政府不直接干预企业的活动，企业与政府之间没有行政隶属关系，企业员工不纳入国家公务员序列进行管理，企业不再承担政府和社会组织承担的社会职能。在市场经济条件下，政府作为宏观经济管理者，其职责主要有以下几个方面：第一，政府应加强宏观调控和行业管理，建立既有利于企业活力又有利于经济有序运行的宏观调控体系。第二，应当培育市场体系，发挥市场调节作用。第三，建立和健全企业的保障体系，减轻企业的社会负担。总之，政府要做的是经济活动以外的事情，政府通过市场的中介作用间接调控微观经济活动。

另外，现代企业制度是具有管理科学的企业制度。现代企业管理不同于传统管理的一个重要方面，就是适应市场经济和社会化大生产的要求，突出科学管理。科学管理是现代企业制度的生命线。离开科学的管理，企业便不可能取得好的效益。我国传统的国有企业的管理不符合市场经济条件下现代管理的要求，在很大程度上仍是单纯生产活动的组织，表现在不重视战略管理，只偏重于生产环节而忽视科研开发和销售服务两个重要的环节。现代企业制度所要求的科学管理的实质，就是要求企业必须面向市场，按照市场经济固有的价值规律、供求规律、竞争规律和社会化大生产的规律去组织和管理企业。因此，我国现代企业管理制度的建立，必须注重对市场的分析与研究相结合，生产与流通相结合，公司内部能力与外部环境相结合，经营战略与具体管理方法相结合，实现研究与开发管理、生产管理、销售管理、人力资源管理及财务管理的一体化。同时，在企业内部还要建立科学的管理制度，对企业的机构设置、用工制度、分配制度等进行改革，建立起严格的责任体系。

我国所要建立的现代企业制度，就是要赋予企业应有的权利，建立起约束机制和激励机制，使企业能够实现自主经营、自负盈亏，从而成为真正的市场经济活动主体。

第四节 市场失灵及其矫正

市场失灵的概念是由巴托（F. M. Bator，1958）在《市场失灵的剖析》一文中首次提出的。他认为，市场失灵是指价格－市场制度不能维持“合乎需要”的活动或不能阻止“不合需要”的活动的状态，它与人们对“最大福利函数”价值解释的评价有关。

一、市场失灵的定义

市场失灵是指市场机制不能或难以实现资源的有效配置。它有两层含义：一是当市场经济发展到一定程度，如果还完全由市场机制调节，经济会由于竞争过度或垄断（竞争不足）导致比例的失调、资源浪费；二是市场本身的发育还不成熟，如果这时完全由市场机制调节，也无法建立和维护正常的市场秩序，无法解决整个社会经济的协调发展。市场失灵是市场机制自身所固有的、靠市场自身的完善无法克服的。这具体包括两个方面：一是市场机制的功能客观上存在着极限，它不可能解决社会经济运行中的一切问题；二是市场机制在发挥调节功能过程中，会同时产生一些不能令人满意的消极后果，如市场机制在刺激效率提高的同时，会导致社会收入分配的不公平。

二、市场失灵的原因

1. 公共物品。经济社会生产的产品大致可以分为两类，一类是私人物品；另一类是公共物品。简单地讲，私人物品是只能供个人享用的物品，例如食品、住宅、服装等。而公共物品是可供社会成员共同享用的物品。严格意义上的公共物品具有非竞争性和非排他性。非竞争性是指一个人对公共物品的享用并不影响另一个人的享用，非排他性是指对公共物品的享用无需付费。例如国防就是公共物品。它带给人民安全，公民甲享用国家安全时一点都不会影响公民乙对国家安全的享用，并且人们也无需花钱就能享用这种安全。由于公共物品具有非排他性，因而难免产生“搭便车”的问题，即在现代经济生活中，当社会物品和劳务在消费上具有非竞争性和非排他性时，消费者一方面自己不愿意购买商品和劳务，另一方面又希望别人去购买，自己可以从别人的购买中顺便获得好处。这种某些个人虽然参与了公共物品的消费，但却不支付公共物品的生产成本的现象，被形象地称为“搭便车”。由于“搭便车”问题的存在，便产生了一个典型的市场失灵的情况，即市场无能力使之达到帕累托最优分配。既然公共物品的消费过程中不存在一种类似于竞争市场中的协调的刺激机制，从而难以避免“搭便车”的问题，那么由政府集中计划生产并根据社会福利原则来分配公共物品就成为解决“搭便车”问题的唯一选择了。

2. 垄断。对市场某种程度的（如寡头）和完全的垄断不可能使得资源的配置缺乏效率。对这种情况的纠正需要依靠政府的力量。政府主要通过对市场结构和企业组织结构的干预来提高企业的经济效率。这方面的干预属于政府的产业结构政策。

3. 外部影响。市场经济活动是以互惠的交易为基础，因此市场中人们的利益关系实质上是同金钱有联系的利益关系。例如，甲为乙提供了物品或服务，甲就有权向乙索取补偿。当人们从事这种需要支付或获取金钱的经济活动时，还可能对其他人产生一些其他的影响，这些影响对于他人可以是有益的，也可以是有害的。然而，无论有益还是有害，都不属于交易关系。这些处于交易关系之外的对他人的影响被称为外部影响，也被称为经济活动的外在性。例如，建在河边的工厂排出的废水污染了河流，对他人造成损害。工厂排废水是为了生产产品赚钱，工厂同购买它的产品的顾客之间的关系是金钱交换关系，但工厂由此造成的对他人的损害却可能无需向他人支付任何赔偿费。这种影响就是工厂生产的外部影响。当这种影响对他人有害时，就称之为外部不经济。当这种影响对他人有益时就称之为外部经济。比如你摆在阳台上的鲜花可能给路过这里的人带来外部经济。外部经济和外部不经济的共同特征是：从总体上看无法有效地通过市场机制进行补偿。

4. 非对称信息。由于经济活动的参与人具有的信息是不同的，一些人可以利用信息优势进行欺诈，这会损害正当的交易。当人们对欺诈的担心严重影响交易活动时，市场的正常作用就会丧失，市场配置资源的功能也就失灵了。此时市场一般不能完全自行解决问题，为了保证市场的正常运转，政府需要制定一些法规来约束和制止欺诈行为。

> **想一想：** 资本主义、社会主义是不是都有市场失灵的时候？

三、市场失灵矫正

1. 政府对市场的宏观调控。为了纠正市场失灵，以凯恩斯为代表的经济学理论强调政府对市场的调控，这可以称为纠正市场失灵的第一种机制。政府的经济参与体现如下：（1）减少信息不对称对经济产生的危害，政府应该发挥强有力的作用，对不同的市场类型采用不同的参与方法。（2）鼓励和保护有益的外部效应，预防和制止有害的外部效应。（3）通过某些限制和规定保护市场机制和分配的实现。通过对一些个别垄断企业的规模、市场占有率的限制，打破垄断企业的壁垒，鼓励其他企业进入市场，保证正常的竞争。（4）依靠强有力的国家机器保护经济主体的利益。

2. 市场自矫正。自20世纪60～70年代以来，罗纳德·科斯、哈罗德·德姆塞茨、詹姆斯·布坎南等著名经济学家都向市场失灵的传统结论提出了挑战，认为“市场失灵并不是把问题转交给政府去处理的充分条件”。布坎南认为，政府并不能有效地解决市场失灵问题，因为政府也存在失灵，即政府低效率。首先是政府政策的低效率，是指所执行的政策不能确保资源的最佳配置。其次是政府工作机构的低效率，政府机构低效率的原因在于：缺乏竞争压力；政府行为趋向于资源浪费；监督信息不完备。最后是政府具有寻租偏好，政府寻租的前提是其权力对市场交易活动的介入。布坎南还否认了福利经济学和凯恩斯主义者关于“市场失灵”的提法，并认为“市场失灵”的许多情况都可以并且正在由市场的力量加以矫正。他指出政府不但不会纠正“市场失灵”，还会参与寻租活动并导致严重的社会浪费。因为政府权力的介入将导致资源的无效配置和分配格局的扭曲，会产生大量的社会成本，它们包括寻租活动中浪费的资源，经济寻租引起的政治寻租浪费的资源，寻租成功后所损失的社会效率。

3. 社会中间组织对市场失灵的矫正。经济学上对市场失灵的矫正从市场和政府两个方面进行了探讨，但是在政府与市场中间还存在一个第三方，那就是社会中间组织：市民社会。市民社会也对市场失灵的矫正具有一定的作用。中间组织制定的各种制度，弥补了国家法律的空隙，从一定程度上可以弥补信息不对称造成的市场失灵；还可以弥补政府在收入分配、再分配中的不足，实现社会收入的基本公平；通过非营利团体对企业施加压力和增加企业的社会责任感来抑制市场对利润的过分追逐。

阅读材料

家族企业的出路在于向现代企业制度转变

近日，江苏省委组织部决定用两年时间在全省培养1 000名民营企业家接班人，引领民营经济新一轮发展。这些培养对象大部分将从“富二代”中选取。据江苏省委组织部一位负责人透露，近年来江苏省内企业家群体青黄不接，现状令人担忧。江苏因此推出“民营企业家后备人才培养计划”，而“富二代”年轻，知识面广，与父辈相比头脑更灵活。但“富二代”的经营管理能力却有待提升，希望能借此改观“富二代”在人们心目中的传统形象。

客观地说，江苏省的做法体现了地方政府对民营经济未来“掌门人”能力的担忧，但关键在于政府能否将“富二代”培训成企业家。纵观世界企业发展史，任何一个企业家都是由市场这只“无形的手”经过千锤百炼挑选出来的。原因很简单，企业家的创新精神不是从课堂上学来的，而只能在市场上干出来。作为市场监督者和公共服务的提供者，培训企业家从来不应成为政府所应具备的职能。此前，浙江温州市在2008年为民企“富二代”倾心打造的“黄埔军校”培训班所遭遇的尴尬场景就是前车之鉴。

我们认为，地方政府担忧民营企业家青黄不接而采取必要措施的想法是好的，近日江苏省组织部也回应说这个培训不仅仅是企业管理方面，也包括做人方面。这样的初衷是良好的。不过，关注民营经济的未来发展，不应仅仅将目光聚集于“富二代”的自身素质问题，除了在制度层面为民营经济创造公平的市场竞争环境之外，更应着眼于帮助民营经济特别是家族企业（据统计，我国75%的私营企业采用了家族式组织）克服在产权结构和治理结构方面的内在缺陷。

JP摩根家族的一项调查表明，家族企业能成功传到第二代的，只有三成，能传到第三代的，占12%，而能传到第四代的，仅占千分之一。家族企业全球网络也曾在罗马尼亚、新加坡等地做过调查，得出一个对比性结论：中国的家族企业传承是最难的。

从产权的角度上来说，中国家庭产权制度安排的典型特征是遗产均分制。遗产均分制不仅导致家庭财产成为非竞争性和非排他性的公共物品，更为重要的是，遗产均分影响了财产的集中，使家庭财产的增长呈现出匀等性甚至下降的态势，这可能会影响规模经济。而西方国家大多实行遗产长子继承制，虽然有失公平却提高了效率，清晰而集中的产权容易实现财产增长的递增性，也便于家族企业成功转型为现代企业制度。

家族企业的这种产权结构必然意味着其治理结构也必然难尽人意。一股独大的封闭产权结构，不仅两权不分，无法建立有效的激励机制和监督机制，也无法有效利用社会资源，从而最终导致家族企业的低效。

正是在这个意义上，管理学大师德鲁克在《大变革时代的管理》一书中给出了家族企业管理的四条基本原则：首先，家族成员一般不宜在企业里工作；其次，管理层至少有一个高层职位由非家族成员担任；再次，在家族企业中，越来越需要在关键的位子上安排非家族成员的专业人士，而这些非家族成员的专业人士必须受到平等的对待，他们在公司中有“完全的公民权”；最后，当管理层在继承问题上发生麻烦时，把这个问题的决策权交给一个既不是家族成员也不是企业成员的外来者来决定。

因此，家族企业的发展最终需要完成向现代企业制度的转变。这就需要逐步稀释家族资本，实施产权结构多元化，最终建立现代公司治理结构，引入职业经理人对企业进行管理从而实现对家族企业的彻底改造。正如联想集团董事局主席柳传志分析的那样：中国大多数民营企业家选择把产业传承给子女，由政府牵头对这些后备人才进行培养是一个好的方式；但企业要打造成“百年老店”，最终还是要依靠职业经理人。

资料来源：http：//www. sina. com. cn，2009－08－21，《世纪经济报道》。

思考分析：（1）建立现代企业制度对于经济体制改革有什么意义？（2）建立现代企业制度我们还有哪些工作要做？

重要概念

企业　现代企业制度　资本的循环　资本的周转　企业经营管理职能　市场失灵

实训练习

（一）判断分析

1. 企业的经营目标就是追求利润的最大化。（　）
2. 现代最典型的企业组织制度是公司制企业。（　）
3. 现代企业制度要求的产权清晰是指以法律形式明确界定出资人和企业法人各自拥有的权利、责任和义务。（　）
4. 个体生产者也是企业，具备企业的所有特征。（　）
5. 公司制在现代企业制度中没有任何的不足，是一种完美的企业制度类型。（　）

（二）问题解答

1. 企业制度的基本类型有哪些？
2. 产业资本保持循环运动的条件是什么？

3. 企业的经营机制包括哪些内容？
4. 我国国有企业建立现代企业制度的思路是什么？

观念运用

结合企业资本循环和周转的理论，分析企业资本运动与企业经营管理的关系。

第九章

宏观经济运行

学习要点

- 宏观经济运行的基本要素
- 社会总供给和社会总需求
- 社会资本的再生产
- 失业和通货膨胀

第一节　宏观经济运行概述

一、宏观经济运行及其基本要素

经济运行有两个层面，即宏观经济运行和微观经济运行。宏观经济的运行及其状态是由经济总量体现出来的，微观经济的运行及其状态是由经济个量体现出来的。

宏观经济运行分析的任务，就是研究社会主义国家经济活动中各种总量及其相互关系，目的是为国家宏观决策提供理论依据，以实现经济发展的总目标。

（一）国内生产总值与国民生产总值

国内生产总值（Gross Domestic Product，GDP），是一定时期内（通常是一年）一国境内所产生的全部最终产品和服务的市场价值总和。这里的“最终产品和服务”指的是由最终使用者购买的产品和服务，而不被用作投入品以生产其他产品和服务。

讨论一下：面包房购买面粉能否计入 GDP？购买二手自行车能否计入 GDP？

国民生产总值（Gross National Product，GNP），即

一国公民在一定时期内所得到的收入价值总和。在一个封闭经济中——与其他国家不发生任何贸易往来和资本流动——GDP 与 GNP 的值是相等的。但在实际情况下，这两个值通常是有出入的，因为在大多数国家里，总有部分国内产值为外国公民所有，而外国的部分产值又是本国公民的收入。

我们又得出一个新的概念——净要素支付，简称 NFP，它等于本国公民的国外收入减去外国公民在本国的收入。它所衡量的正是 GDP 与 GNP 之间的差异，即：

GNP - GDP = NFP

当在国外投入生产的本国生产要素所获取的收入大于在国内投资生产的外国生产要素所获取的收入，也就是当 NFP 为正数时，GNP 就会高于 GDP；反之，也就是当 NFP 为负数时，GNP 则低于 GDP。

（二）国民收入核算中的其他变量

1. 国内生产净值（NDP）。国内生产净值是指一个国家一年内新增加的产值，即在国内生产总值中扣除了折旧之后的产值，即从 GDP 中扣除资本折旧，就得到 NDP。

2. 国民收入（NI）。国民收入有广义和狭义之分。广义的国民收入泛指国民收入五个总量，即国民收入可以是指国内生产总值、国民生产总值、国内生产净值，也可以是指个人收入和个人可支配收入等。国民收入决定理论中所讲的国民收入就是指广义的国民收入。以后所提到的国民收入，指广义的国民收入。狭义的国民收入是指一个国家一年内用于生产各种生产要素所得到的全部收入，即工资、利润、利息和地租的总和，也就是按生产要素报酬计算的国民收入。

从国内生产净值中扣除间接税和企业转移支付再加上政府补助金，就得到一国生产要素在一定时期内所得报酬即狭义的国民收入。间接税是指可以转嫁给消费者的税收，企业转移支付包括企业捐赠和呆账。间接税和企业转移支付虽然构成产品价格，但不成为要素收入；相反，政府给企业的补助金虽不列入产品价格，但成为要素收入。故在国民收入中应扣除间接税和企业转移支付，而加上政府补助金。

3. 个人收入（PI）。个人收入是指一个国家一年内个人所得到的全部收入。生产要素报酬意义上的国民收入并不会全部成为个人收入。因为，一方面利润收入中要给政府缴纳公司所得税，公司还要留下一部分利润用作积累，只有一部分利润才会以红利和股息形式分给个人，并且职工收入中也有一部分要以社会保险费的形式上缴有关部门。另一方面，人们也会以失业救济金、职工养老金、职工困难补助、退伍军人津贴等形式从政府那里得到转移支付。因此，从国民收入中减去公司所得税、公司未分配利润、社会保险税（费），加上政府给个人的转移支付，即为个人收入。

4. 个人可支配收入（DPI）。个人可支配收入是指一个国家一年内个人可以支配的全部收入，即人们可以用来消费或储蓄的收入。因为要缴纳个人所得税，所以，缴纳个人所得税以后的个人收入才是个人可支配收入，即个人可用来消费与储蓄的收入。

总结以上内容，国民收入核算中的五个总量之间的关系是：

NDP = GDP - 折旧

NI = NDP - 间接税 - 企业转移支付 + 政府补助金

PI = NI - 公司所得税 - 公司未分配利润 - 社会保险税 + 政府对居民的转移支付

DPI = PI − 个人所得税 = 消费 + 投资

二、国民收入的计算与分配

（一）国民收入的核算

1. 支出法。这种方法是从产品的使用出发，把一年内购买的各项最终商品的支出加总。用支出法核算 GNP，就是通过核算在一定时期内整个社会购买最终产品的总支出来计量 GDP。用支出法计算 GDP 的公式为：

$$GDP = C + I + G + (X - M)$$

个人消费支出包括所有家庭对国内和国外生产的产品和劳务的消费。它又可细分为耐用品、非耐用品和劳务三种支出。劳务支出中包括房租的租金支出。

私人国内总投资是用于购买新生产的资本货物（固定投资）和用于变动存货的总支出。家庭用于购买新的房屋被视为投资，包括在私人国内总投资之中，而它所提供的居住服务则估算其租金计入个人消费支出之中。

政府购买商品和服务支出，包括中央和地方各级政府购买产品和劳务的数量，对政府雇员薪金的支出也包括在这个项目之中。

净出口是出口减进口的净值。

2. 收入法。这种方法是从收入的角度出发，把生产要素在生产中所得到的各种收入相加，即把劳动所得工资、土地所得租金、资本所得利息以及企业家才能所得利润相加而成。在收入法中主要包括这样几项：工资和其他补助项目、租金收入、净利息收入和公司利润，还有一项业主收入。

3. 部门法。部门法又称生产法。这种方法是按提供物质产品与劳务的各个部门的产值来计算 GDP。这种方法仅计算本部门的增值。

4. 两种国民收入核算体系。按支出法核算的国民收入或国内生产总值恒等于个人消费、企业投资、政府购买与净出口的总和，即：

$$GDP \equiv C + I + G + (X - M)$$

按收入法核算的国民收入恒等于间接税工资利息、地租、非公司业主收入、公司利润与折旧的总和，即：

GDP ≡ 间接税 + 工资 + 利息 + 地租 + 非公司业主收入 + 公司利润 + 折旧

按支出法核算的国民收入恒等于按收入法核算的国民收入，即：

$C + I + G + (X - M) \equiv$ 间接税 + 工资 + 利息 + 地租 + 非公司业主收入 + 公司利润 + 折旧

（二）国民收入核算中的恒等关系

从支出法、收入法与生产法所得出的国内生产总值的一致性，可以说明国民经济中的一个基本平衡关系。总支出代表了社会对最终产品的总需求，而总收入和总产量代表了社会对最终产品的总供给。因此，从国内生产总值的核算方法中可以得出这样一个恒等式：

总需求(AS) = 总供给(AD)

这种恒等关系在宏观经济学中是十分重要的。我们可以从国民经济的运行，即国民经济的收入流量循环模型，来分析这个恒等式。

理论研究是从简单到复杂、从抽象到具体的，所以，我们从两部门经济入手研究国民经济的收入流量循环模型与国民经济中的恒等关系，进而研究三部门经济与四部门经济。

1. 两部门经济中的收入流量循环模型与恒等关系。两部门经济指由厂商和居民户这两种经济单位所组成的经济社会，这是一种最简单的经济。在两部门经济中，居民户向厂商提供各种生产要素、得到相应的收入，并用这些收入购买与消费各种产品与劳务；厂商购买居民户提供的各种生产要素进行生产，并向居民户提供各种产品与劳务。

在包括居民户与厂商的两部门经济中，总需求分为居民户的消费需求与厂商的投资需求。消费需求与投资需求可以分别用消费支出与投资支出来代表，消费支出即为消费，投资支出即为投资，所以，总需求 = 消费 + 投资。

如果以 AD 代表总需求，以 C 代表消费，以 I 代表投资，则可以把上式写为：

$$AD = C + I$$

总供给是全部产品与劳务供给的总和，产品与劳务是由各种生产要素生产出来的，所以，总供给是各种生产要素供给的总和，即劳动、资本、土地和企业家才能供给的总和。生产要素供给的总和可以用各种生产要素相应得到收入的总和来表示，即用工资、利息、地租和利润的总和来表示。工资、利息、地租和利润是居民户所得到的收入，这些收入分为消费与储蓄两部分，所以，总供给 = 消费 + 储蓄。

如果以 AS 代表总供给，以 C 代表消费，以 S 代表储蓄，则可以把上式写为：

$$AS = C + S$$

总需求与总供给的恒等式就是 $AD = AS$，即：

$$C + I = C + S$$

如果两边同时消去 C，则可以写为：

$$I = S$$

2. 三部门经济中的收入流量循环模型与恒等关系。三部门经济是指由厂商、居民户与政府这三种经济单位所组成的经济社会。在三部门经济中，政府的经济职能是通过税收与政府支出来实现的。政府通过税收与支出和居民户、厂商发生经济上的联系。

三部门经济中，总需求不仅包括居民户的消费需求和厂商的投资需求，还包括政府的购买需求。政府的购买需求用政府购买支出来表示。因此，总需求 = 消费 + 投资 + 政府购买。

如果以 G 代表政府购买支出，则可以把上式写为：

$$AD = C + I + G$$

三部门经济的总供给中，除了居民户供给的各种生产要素之外，还有政府的供给。政府的供给是指政府为整个社会提供了国防、立法、基础设施等“公共物品”。政府要提供这些“公共物品”，必须得到相应的收入——税收。所以，可以用政府税收来代表政府的供给。因此，总供给 = 消费 + 储蓄 + 税收。

如果以 T 代表政府税收，则可以把上式写为：

$AS = C + S + T$

三部门经济中总需求与总供给的恒等就是：$AD = AS$，即：

$I + G = S + T$

3. 四部门经济中的收入流量循环模型与恒等关系。四部门经济是指由厂商、居民户、政府和国外这四种经济单位所组成的经济社会。在四部门经济中，国外部门的作用是：作为国外生产要素的供给者，向国内各部门提供产品与劳务，对国内来说，这就是进口；作为国内产品与劳务的需求者，向国内进行购买，对国内来说，这就是出口。

在四部门经济中，总需求不仅包括居民户的消费需求、厂商的投资需求与政府的需求，而且还包括国外的需求。国外的需求对国内来说就是出口，所以可以用出口来代表国外的需求。因此，总需求 = 消费 + 投资 + 政府购买支出 + 出口。

如果以 X 代表出口，则可以把上式写为：

$AD = C + I + G + X$

四部门经济的总供给中，除了居民户供给的各种生产要素和政府的供给外，还有国外的供给。国外的供给对国内来说就是进口，所以可以用进口来代表国外的供给。因此，总供给 = 消费 + 储蓄 + 政府税收 + 进口。

如果以 M 代表进口，则可以把上式写为：

$AS = C + S + T + M$

四部门经济中总需求与总供给的恒等就是：$AD = AS$，即：

$I + G + X = S + T + M$

在国民收入核算中，这种恒等式是一种事后的恒等关系，即在一年的生产与消费之后，从国民收入核算表中所反映出来的恒等关系。这种恒等关系，也是国民收入决定理论的出发点。但是，在一年的生产活动过程中，总需求与总供给并不总是相等的。有时总需求大于总供给，也有时总供给大于总需求。

第二节　社会总供给与社会总需求

一、社会总供给

（一）总供给的含义

社会总供给是指国民经济在一定时期内（通常为一年）能够提供给社会的全部商品和劳务总量。通常以国民生产总值作为其货币表现形式。

（二）总供给曲线的推导

假设社会仅使用资本和劳动两种要素进行生产，则宏观生产函数可以表示为：$Y = Af(N, K)$（A 表示技术水平）。该函数说明，经济社会的产出取决于该社会的技术水平、就业量和资本存量。

1. 短期宏观生产函数。在短期，假定资本存量和技术水平不变，总产量仅取决于就业量，即总产量是就业量的函数，则有短期宏观生产函数：$Y=f(N)$。

短期宏观生产函数具有两个基本性质：一是总产量随就业量的增加而增加；二是总产量的增加受边际报酬递减规律的制约，随就业量的增加而呈现出递减的增长趋势。

2. 凯恩斯主义（或短期）总供给曲线。假定劳动市场不完全竞争，货币工资向下刚性，实际就业量等于或低于充分就业量。一条先向右上方倾斜然后在充分就业收入水平上垂直的曲线就是凯恩斯主义的总供给曲线或短期总供给曲线，因为凯恩斯主义者不相信市场机制的宏观有效性，认为宏观经济至少在短期常常会处于低于充分就业状态。

思考一下： 短期总供给曲线和长期总供给曲线的区别和联系有哪些？

3. 古典（长期）总供给曲线。假定劳动市场完全竞争，货币工资弹性，就业量始终是充分就业量，收入始终是充分就业收入。古典总供给曲线是在充分就业产量水平上垂直的供给价格弹性等于零的供给曲线。

一条与表示收入的横轴垂直的总供给曲线就是古典总供给曲线，因为古典经济学家相信市场机制的宏观有效性，认为宏观经济总是会处于充分就业状态。由于几乎所有的经济学家都相信，在长期，经济总是处于充分就业状态，因此，古典总供给曲线又叫做长期总供给曲线。

二、社会总需求

（一）总需求的含义

社会总需求是指全社会生产需求和消费需求的总和，表现为社会总购买力。在商品经济条件下，社会总需求总是指有支付能力的需求，它是通过国民生产总值或国民收入的分配过程而形成的。

（二）总需求曲线的推导

总需求曲线是指在各种价格水平上，产品市场和货币市场同时均衡条件下的国民收入水平的轨迹。因此，可以从简单的收入－支出模型中推导出来，也可以从产品市场和货币市场的同时均衡（*IS*－*LM* 模型）中得到。总需求模型可以构造如下：

$$\begin{cases} I(r) = S(Y) \\ \dfrac{M_0}{P} = L_1(Y) + L_2(r) \end{cases}$$

（三）总需求曲线的特征

总需求曲线向右下方倾斜主要有以下四个方面的原因：

1. 价格水平上升时，实际货币供给下降，货币供给小于货币需求，导致利率上升，投资下降，总需求量减少（价格变动的利率效应——右移 *LM* 曲线）。

2. 价格总水平上升时，资产的实际价值下降，人们实际拥有的财富减少，为了保持一定量的财富，人们必然增加储蓄，减少消费（价格变动的财富效应——右移 *IS* 曲线）。

3. 价格总水平上升时，居民的名义收入水平增加，居民进入更高的纳税等级，从而增加居民的税收负担，减少可支配收入，进而减少消费（右移 *IS* 曲线）。

4. 国内物价水平上升，在汇率不变条件下，使进口商品的价格相对下降，出口商品的价格相对上升，导致进口增加，出口减少（右移 *IS* 曲线）。

通常总是假定消费函数比较稳定，即一般价格水平的变动不影响消费水平，价格水平的变动只影响利率与投资，即仅仅移动 *LM* 曲线，而不移动 *IS* 曲线。

三、宏观经济的均衡

（一）总需求 - 总供给模型

为了研究一般价格水平与收入的决定，必须将总需求与总供给二者联系起来，构建总需求 - 总供给模型：

$$\begin{cases} AD = AS \\ AD = AD\ (P) \\ AS = AS\ (P) \end{cases}$$

求解该模型，就可以得到均衡的一般价格水平与收入。

（二）一般价格水平与收入的决定过程

一般价格水平与收入的决定过程，如图 9 - 1 所示。

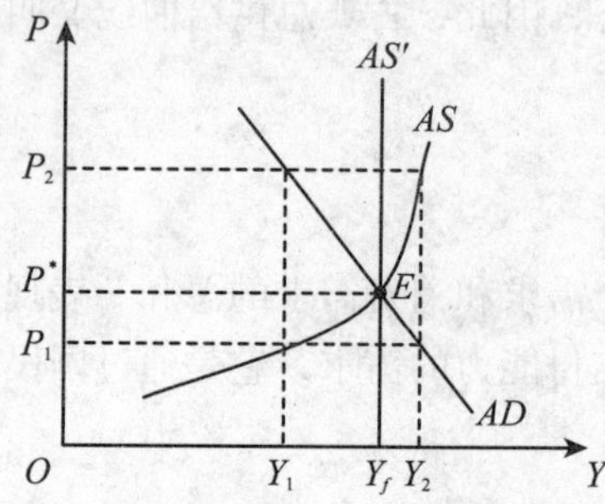

图 9 - 1 均衡时的一般价格水平与收入

在图 9 - 1 中，*AS* 表示短期总供给曲线，*AS'* 表示长期总供给曲线，*AD* 表示总需求曲线。均衡时即总供给曲线与总需求曲线的交点 *E* 所决定的一般价格水平与收入分别为 P^*、Y_f。短期总供给曲线与总需求曲线在长期总供给曲线上的 *E* 点相交，此时的均衡，是三市场即产品市场、货币市场、劳动市场的同时均衡。因为总需求曲线是根据 *IS* - *LM* 模型推导出的，所以总需求曲线上的点代表产品市场和货币市场的同时均衡。长期总供给曲线 *AS'* 也经过短期总供给曲线 *AS* 与总需求曲线 *AD* 的交点 *E*，而长期总供给曲线所对应的收入是充分就业收入 Y_f，此时的劳动市场也实现了均衡。这种产品市场、货币市场与劳动市场的同时均衡，是一种理想的经济状态。

总需求曲线与短期总供给曲线相交时，长期总供给曲线在交点的左边。这时，均衡的国内生产总值大于充分就业的国内生产总值。这种均衡称为大于充分就业的均衡。这时，资源得到过度利用，资源短缺使资源价格上升，最终会引起物价上升，因此，存在通货膨胀的压力，经济过热。

总需求曲线与短期总供给曲线相交时，长期总供给曲线在交点的右边。这时，均衡的国内生产总值小于充分就业的国内生产总值。这种均衡称为小于充分就业的均衡。这时，资源没有得到充分利用，经济中存在失业。

（三）社会总供给和社会总需求的平衡

分析一国产生社会总供给与社会总需求不平衡的具体原因主要是：（1）在计划安排上，积累基金超过国民收入总量；（2）国民收入生产额实际上未达到；（3）计划执行过程中，追加的消费性支出和积累性支出超过了当年增长的可能。

社会总供给与社会总需求的平衡主要是通过财政、信贷、外汇、物资的各自平衡和相互间平衡来实现的。社会总供给和社会总需求的关系构成了国民经济中最重要的比例关系。

第一，社会总供给与社会总需求的平衡是保证国民经济持续、稳定、协调发展的决定性因素。只有社会总供给与社会总需求平衡，国民经济才能稳定增长。否则，就会使经济大起大落。只有社会总供给与社会总需求平衡，才能保证国家重点建设，合理调整产业结构，否则就会发生预算外固定资产投资挤预算内固定资产投资，一般建设挤重点建设。

第二，社会总供给与社会总需求的平衡是保证经济体制改革顺利进行的必要条件。在社会总需求膨胀，财力、物力资源不平衡的情况下，均衡的市场难以形成，市场机制不能有效地发挥调节功能，就会造成经济生活紊乱。

第三，社会总供给与社会总需求的平衡是提高经济效益的重要条件。社会总需求超过社会总供给，就会形成卖方市场，企业将失去改善经营管理、提高产品质量、进行竞争的压力，从而影响社会经济效益的提高。社会总供给略大于社会总需求，就会形成买方市场，将给企业以压力，促其改善经营管理，提高产品质量，从而提高社会经济效益。

第四，社会总供给与社会总需求的平衡，是保证生产资料价格总水平与消费资料价格总水平基本稳定的前提。

第三节 社会资本的再生产和流通

各自独立地发挥资本的职能、实现价值增值的资本，就是单个资本。互相联系、互相依存的所有单个资本的总和，就是社会资本，又称社会总资本。

各个单个资本的循环是互相交错的，是互为前提、互为条件的，而且正是在这种交错中形成社会总资本的运动。在简单商品流通中，一个商品的总形态变化表现为商品世界形态变化系列的一个环节，同样，单个资本的形态变化则表现为社会资本形态变化系列的一个环节。

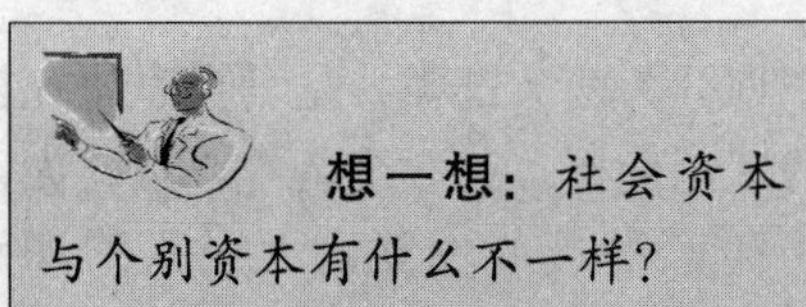

社会总资本的运动与单个资本运动有许多相同的特点：首先，从运动内容来看，都包含着增值价值的生产过程。其次，从运动形式来看，都采取货币资本、生产资本、商品资本三种职能形式，并完成各自的循环。再次，从运动过程来看，都要经过购买、生产、销售三个阶段，都是生产过程和流通过程的统一。最后，从运动的目的来看，都是为了实现资本的价值增值。

社会总资本的运动又具有与单个资本运动不同的特征，主要表现在以下几方面：

第一，单个资本的运动只包括生产消费及与此相适应的资本流通，而不包括工人和资本所有者的个人生活消费及与此相适应的一般商品流通。社会总资本的运动则既包括生产消费，又包括个人生活消费；既包括与生产消费相适应的资本流通，又包括与个人生活消费相适应的一般商品流通。因为从社会资本运动来看，资本所有者和工人用货币购买生活消费品的过程，也就是生产经营消费品的资本所有者出售商品的过程，即是他的商品资本转化为货币资本的过程。这个过程是社会资本运动的一个重要组成部分。没有这种过程，整个社会资本的运动是无法进行的。

第二，社会资本运动不仅包括预付资本价值的流通，而且包括全部增值价值的流通。考察单个资本运动时只考察预付资本价值的流通，以及扩大再生产时通过积累而资本化的那部分增值价值的流通，而不是全部增值价值的流通。

第三，考察社会资本运动既要考察资本的价值补偿，又要考察资本的实物补偿。而考察单个资本运动时，资本各部分的实物补偿是被假设不成问题的。考察社会资本运动时则不能将物质替换舍弃掉。因为对社会资本运动来说，重要问题之一就是资本各部分能不能以及怎样在物质上得到补偿。只有既实现了价值补偿又实现了物质补偿，社会资本运动才能正常进行。

一、考察社会资本再生产的理论前提

（一）研究社会资本再生产的核心问题

研究社会资本再生产的核心问题是社会总产品的实现问题，即价值补偿和物质补偿。价值补偿即把社会生产的社会总产品全部卖出去，收回预付资本，实现增值价值。只有这样，才能为下一生产过程购买生产要素创造前提条件，否则，产品卖不出去或部分卖不出去，就没有可能去购买生产要素，从而也就谈不上再生产。同时，还必须用换回的货币购买到生产中已消耗的各种生产要素——消耗掉的生产资料和劳动者消耗的消费资料，即物质补偿，否则，即便实现了价值补偿，社会再生产也不能顺利进行。所以只有实现了社会总产品的价值补偿和物质补偿，社会资本再生产才能顺利进行，这是研究社会资本再生产和流通的核心问题。马克思的再生产理论又称之为实现论。

（二）研究社会资本再生产的两个理论前提

马克思对社会总产品的构成，从实物形态和价值形式两方面进行了分析。从实物形态来看，社会总产品按其在再生产中的最终用途分为生产资料和消费资料两大类。从价值形式来看，社会总产品的价值由不变资本（c）、可变资本（v）和增值价值（m）三部分组成。

与社会总产品的实物构成相适应，马克思把整个社会生产划分为两大部类：制造生产资料的所有部门和企业为第一部类，用罗马字Ⅰ表示；制造消费资料的所有部门和企业为第二部类，用罗马字Ⅱ表示。

关于社会总产品的实物构成和价值构成以及社会生产划分为两大部类，是马克思研究社会资本再生产运动的两个基本原理，是考察社会再生产的理论前提。这两个基本原理，为考察社会总产品的价值补偿和物质补偿，揭示社会资本再生产的规律性奠定了坚实的理论基础。

二、社会资本的简单再生产

考察社会资本再生产必须从简单再生产开始：（1）简单再生产是扩大再生产的基础和

出发点。(2) 扩大再生产复杂于简单再生产，只有分析简单再生产才能为扩大再生产的研究奠定理论基础。(3) 简单再生产是扩大再生产的重要组成部分。

(一) 社会资本简单再生产的图式和交换关系

根据马克思研究社会资本再生产的两个基本理论前提，假设社会资本简单再生产的图式如下：

Ⅰ $4\ 000c+1\ 000v+1\ 000m=6\ 000$（生产资料）

Ⅱ $2\ 000c+500v+500m=3\ 000$（消费资料）

为使第二年的社会资本简单再生产能继续进行，社会总产品必须全部得到实现。在资本主义条件下，一切产品都是商品。因而，社会总产品都是通过市场交换来进行的。

社会总产品的实现过程主要包括以下三方面的交换：首先，第一部类内部各企业之间的交换。第一部类生产的6 000生产资料中价值上相当于4 000c的部分，是用于补偿本部类生产资料消耗的，通过本部类内部交换可得到实现。

其次，第二部类内部的交换。第二部类生产的3 000消费资料中有相当于$500v+500m$共1 000是用于本部类工人和资本所有者的个人消费的，通过本部类内部交换可得到实现。

最后，两大部类之间的交换。第一部类的$1\ 000v+1\ 000m$是用于本部类工人和资本所有者个人消费的，但其实物形式却是生产资料，而第二部类的2 000c是用于补偿本部类生产资料消耗的，但其实物形式却是消费资料。两个部类互相需要对方的产品，若双方的产品在价值上相等，通过两大部类之间的交换，所有产品全部得到实现。上述三大交换过程可以图式如下：

①

Ⅰ $\underline{4\ 000c}+\underline{1\ 000v+1\ 000m}=6\ 000$

③

Ⅱ $\underline{2\ 000c}+\underline{500v+500m}=3\ 000$

②

(二) 社会资本简单再生产的实现条件

第一，从上述社会资本简单再生产情况下社会总产品的实现过程可以看出，社会资本简单再生产的基本实现条件是，第一部类的可变资本价值与增值价值之和必须等于第二部类的不变资本价值，用公式表示是：

Ⅰ$(v+m)=$ Ⅱc

由这一基本实现条件还可引申出另两个实现条件：其一，Ⅰ$(c+v+m)=$ Ⅰ$c+$ Ⅱc；其二，Ⅱ$(c+v+m)=$ Ⅰ$(v+m)+$ Ⅱ$(v+m)$。

第二，上述三个公式，体现了简单再生产过程中，两大部类之间及其内部应该遵循的基本比例关系，它们从不同侧面表明了社会资本简单再生产的规律性，即社会生产与社会消费之间、两大部类之间、生产资料生产与对生产资料的消费之间、消费资料生产与生活消费之间、供给与需求之间，在使用价值和价值两个方面都必须保持一定的比例关系。只有这样，社会生产和生活才能正常进行。这正是马克思再生产理论所揭示的基本内容。

三、社会资本的扩大再生产

扩大再生产主要有两种形式：第一，外延扩大再生产是指在技术条件不变的条件下，主要依靠增加生产要素的投入即增加生产资料和劳动力来扩大生产规模。第二，内含扩大再生产是指依靠技术进步、改善生产要素的质量、提高劳动生产率来扩大生产规模。本节主要研究外延式扩大再生产。

（一）社会资本扩大再生产的前提条件

第一，社会资本的扩大再生产以资本积累为前提。由资本积累形成的追加资本分为两部分，即追加不变资本 Δc 和追加可变资本 Δv，它们分别用于购买追加生产资料和追加劳动力。资本主义的相对人口过剩准备了现成的追加劳动力。所以，主要问题在于社会总产品能否提供扩大再生产所需要的追加生产资料和追加劳动力所需要的追加消费资料。

第二，社会资本扩大再生产需要的追加生产资料，是由第一部类生产的，所以，社会资本扩大再生产的一个基本前提条件是，第一部类所生产的全部生产资料，除满足两大部类进行简单再生产所需要补偿的生产资料以外，还必须有一个余额，用以满足两大部类扩大再生产对追加生产资料的需要。这个条件用公式表示是：$\text{I}(c+v+m) > \text{I}c + \text{II}c$，这个公式可简化为：$\text{I}(v+m) > \text{II}c$。

第三，追加劳动力需要的追加消费资料是由第二部类生产的，所以，社会资本扩大再生产的另一个基本前提条件是，第二部类一年中所生产的消费资料，除了满足两大部类简单再生产过程中工人和资本所有者对消费资料的需要以外，也必须有一个余额，用以满足两大部类扩大再生产对追加消费资料的需要。如果用 m/x 表示扩大再生产情况下增值价值中供资本所有者个人消费的部分，则 $m-m/x$ 就表示增值价值中供积累的部分。这个前提条件用公式表示就是 $\text{II}(c+v+m) > \text{I}(v+m/x) + \text{II}(v+m/x)$，经整理公式就成为：$\text{II}(c+m-m/x) > \text{I}(v+m/x)$。

（二）社会资本扩大再生产的实现过程

第一，具备了上述两个前提条件，社会资本扩大再生产就有了可能性。但通过资本积累，要使简单再生产转化为扩大再生产，需要将社会总产品按照扩大再生产的两个前提条件重新组合，而且要使社会总产品的各个组成部分全部得到实现。根据这一要求，假定社会资本扩大再生产的图式如下：

$$\text{I}\ 4\ 000c + 1\ 000v + 1\ 000m = 6\ 000$$

$$\text{II}\ 1\ 500c + 750v + 750m = 3\ 000$$

在这一图式中，$\text{I}(1\ 000v + 1\ 000m) > \text{II}\ 1\ 500$，符合扩大再生产的基本前提条件，具备了进行扩大再生产的可能。

第二，同社会资本简单再生产一样，社会资本扩大再生产情况下的社会总产品也是通过三方面的交换实现的。只是多了积累因素，社会总产品要提供追加生产资料和追加消费资料，从而必须重新组合。假定第一部类积累率为50%，且原有资本有机构成不变，两大部类的产品价值按照它们在扩大再生产中的最终用途就会重新组合为：

$$\text{I}(4\ 000c + 400\Delta c) + (1\ 000v + 100\Delta v) + 500m/x = 6\ 000$$

$$\text{II}(1\ 500c + 100\Delta c) + (750v + 50\Delta v) + 600m/x = 3\ 000$$

通过第一部类内部的交换、第二部类内部的交换和两大部类之间的交换，社会总产品全部得到实现。上述三大交换过程可以图式如下：

①

$$\text{Ⅰ}(4\,000c+\underline{400\Delta c})+(\underline{1\,000v+100\Delta v})+500m/x=6\,000$$

③

$$\text{Ⅱ}(1\,500c+\underline{100\Delta c})+(\underline{750v+50\Delta v})+600m/x=3\,000$$

②

下一年的社会资本扩大再生产得以进行。若下一年的扩大再生产过程中 m' 仍是 100%，那么，到下一年年末两大部类生产出来的社会总产品的价值构成是：

$$\text{Ⅰ}\ 4\,400c+1\,100v+1\,100m=6\,600$$

$$\text{Ⅱ}\ 1\,600c+800v+800m=3\,200$$

社会总产品的价值已由上年的 9 000 扩大为 9 800，实现了社会资本的扩大再生产。

（三）社会资本扩大再生产的实现条件

从社会资本扩大再生产的实现过程，可以看出社会资本扩大再生产的基本实现条件是：第一部类原有的可变资本价值，加上追加的可变资本价值，再加上本部类资本所有者用于个人消费的增值价值三者之和，必须等于第二部类原有的不变资本价值和追加不变资本价值之和。这个基本实现条件用公式表示是：

$$\text{Ⅰ}(v+\Delta v+m/x)=\text{Ⅱ}(c+\Delta c)$$

由这一基本实现条件还可以引申出另两个实现条件，一个条件是，第一部类全部产品的价值，必须等于两大部类原有的不变资本价值和追加的不变资本价值之和。用公式表示是：

$$\text{Ⅰ}(c+v+m)=\text{Ⅰ}(c+\Delta c)+\text{Ⅱ}(c+\Delta c)$$

另一个条件是，第二部类全部产品的价值，必须等于两大部类原有的可变资本价值、追加的可变资本价值，再加上资本所有者用于个人消费的增值价值之和。用公式表示是：

$$\text{Ⅱ}(c+v+m)=\text{Ⅰ}(v+\Delta v+m/x)+\text{Ⅱ}(v+\Delta v+m/x)$$

上述三个条件表明，在扩大再生产的情况下，社会生产两大部类之间、社会生产资料的生产与对生产资料的需求之间、社会消费资料的生产与对消费资料的需求之间，必须保持一定比例关系，社会资本扩大再生产才能正常进行。

马克思的再生产理论表明，无论是社会资本简单再生产还是扩大再生产，社会生产的两大部类之间、每个部类内部的各部门之间都必须保持一定的比例关系。只有这样，社会资本再生产才能顺利进行。它揭示了社会化生产条件下，社会资本扩大再生产顺利进行的基本条件，实质上也是社会总供给和社会总需求的总量平衡和结构平衡问题、社会经济按比例协调发展和资源配置问题。这一原理对社会化大生产条件下的市场经济仍然具有普遍的指导意义。

第四节　宏观经济运行中的失业和通货膨胀

一、失业

（一）失业的含义与度量

1. 失业的含义。失业是指在一定年龄范围内、有工作能力且愿意按现行工资率工作（在最近一段时间内寻找过工作）的人没有工作。失业的基本条件有四个：

（1）在一定年龄范围内。世界各国对工作年龄和失业的范围都有不同的规定，联合国规定的劳动年龄为15岁以上，在美国、法国开始工作的年龄规定为16岁以上。

（2）有能力工作。

（3）愿意按现行工资率工作，为寻找工作付出过一定的努力，即有求职活动。

（4）目前没有工作（可能已找好工作，正等待下个月去报到）。

2. 失业的衡量——失业率。失业率是失业人数在劳动力总数中所占的比重，即：

$$失业率=\frac{失业人数}{劳动力}\times 100\%$$

就业者与失业者的总和构成劳动力。非劳动力包括从事家务、退休、没有工作能力或没有寻找工作的人，以及正在求学、培训和从军者。

（二）失业的种类

失业主要有摩擦性失业、结构性失业、周期性失业三种。

1. 摩擦性失业。摩擦性失业是劳动者在正常流动过程中所产生的失业，即由生命周期、人口迁移以及努力想得到更好工作等原因而产生的失业。其表现为充分就业下的失业，此时，不仅劳动供求总量相等，而且劳动供求结构相适应。

决定摩擦性失业大小的因素主要有两个：第一，劳动力流动性的大小，在很大程度上是由制度性因素、社会文化因素和劳动力的构成状况决定的。第二，寻找工作所需要的时间，主要取决于有关就业信息的掌握程度、寻找工作的成本、失业者承受失业的能力等因素。

2. 结构性失业。结构性失业是由于经济结构（产业结构和地区经济结构）变化，使劳动力供给和需求在产业、地区分布等方面不一致引起的失业。结构性失业往往属于非自愿失业。结构性失业也是在充分就业下的失业。在结构性失业下，虽然劳动供求总量相等，但劳动供给与需求的结构不一致。

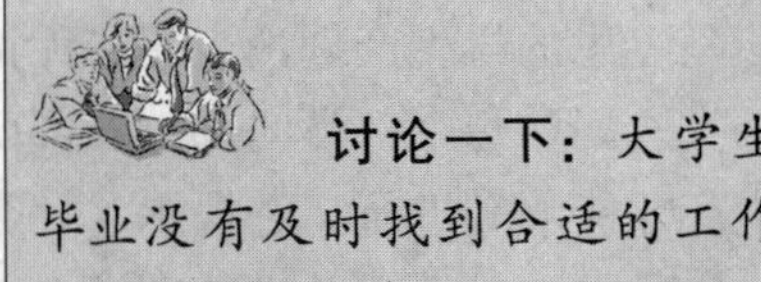

讨论一下：大学生毕业没有及时找到合适的工作属于哪种失业情况？

在纯粹摩擦性失业情况下，劳动力供给结构与劳动力需求结构相吻合，每一个寻找工作的人，都有一个适合于他的职位空缺，只是寻找者尚未找到这个空缺而已。摩擦性失业是劳动市场的信息不完全、供求双方没有很好匹配的结果。

在结构性失业情况下，劳动力的供给结构与劳动力的需求结构是不相符合的，寻找工作者找不到与自己的技能、居住地区相符合的工作。一般来说，摩擦性失业的时间较短，而结构性失业的时间较长、当事人更加痛苦。

3. 周期性失业。周期性失业又称需求不足的失业，是指经济衰退引起劳动力需求小于劳动力供给时的失业，是一种非自愿失业。

周期性失业的原因主要有两个方面：第一，有效需求不足。凯恩斯认为周期性失业的原因是有效需求不足。有效需求是指与总供给相等时的总需求。在两部门经济中，有效需求由消费与投资组成。第二，货币工资向下刚性。

（三）自然失业率

1. 自然失业率的定义。自然失业率是指劳动市场和产品市场均衡时的失业率（劳动市场均衡，则货币工资率不变；产品市场均衡，则价格不变。两市场的均衡意味着实际工资率的均衡，意味着劳动市场的均衡，实际就业量正好就是充分就业量），即充分就业时的失业率，也是一国长期可维持的最低失业率。

2. 自然失业率并不是一成不变的。自然失业率不仅受客观经济条件的影响，而且受许多制度性因素（失业救济制度）和政策性（最低工资法）因素的影响。因此，自然失业率并非自然而不能改变，政府可以通过某些措施降低自然失业率。而且，自然失业率也不是最优失业率。对西方许多国家来说，目前的自然失业率是偏高的，降低自然失业率可以增加国民产出，增加社会福利。

二、通货膨胀

（一）通货膨胀的含义

通货膨胀是指一般价格水平持续和明显的上升，表现为如下三个方面：（1）一般物价水平的上升。通货膨胀期间，个别物价可以不变，有时还可能下降。（2）一般物价水平的持续上升。（3）一般物价水平必须是显著地上升。但对上述定义，也有一些批评意见：物价的持续时间和上升幅度没有一个明显的界限，比较模糊；并不是所有的通货膨胀都表现为物价上升，在物价被管制的经济中，通货膨胀常表现为物品短缺；一般物价水平本身难以计量。

（二）通货膨胀的衡量

对于通货膨胀的衡量常用以下衡量方法：

1. 通货膨胀率。其计算公式为：

$$\text{通货膨胀率} = \frac{P_t - P_{t-1}}{P_{t-1}}$$

其中，P_t 是第 t 期的一般价格水平或物价指数，P_{t-1} 是第 $t-1$ 期的物价指数。

2. 一般价格水平（平均价格水平）或物价指数。物价指数的基本计算公式为：

$$P_t = \sum_{i=1}^{n} g_i \cdot \frac{P_i^t}{P_i^{t-1}}$$

其中，P_i^t 是第 i 种商品在第 t 期的价格，P_i^{t-1} 是第 i 种商品在第 $t-1$ 期的价格，g_i 是社会对第 i 种商品的支出在所有各种商品支出总额中的比重，即某种商品的价格总额在所有商品价格总额中的权数：

$$g_i = \frac{P_i^{t-1} q_i^{t-1}}{\sum_{i=1}^{n} P_i^{t-1} q_i^{t-1}}, \quad 且 \sum_{i=1}^{n} g_i = 1$$

（三）通货膨胀的类型

1. 按照价格上升的速度，可以将其划分为：（1）温和的通货膨胀，指每年物价的上升率在10%以内。其中3%以下的物价上升称为爬行的通货膨胀，是经济发展的润滑剂。因为通常人们感觉不到这种价格上升，从而会将任何小于物价上升幅度的货币工资的上升当做实际工资的上升。这样，一方面，工人增加劳动供给；另一方面，厂商增加劳动需求（实际工资下降），最终使就业量和收入增加。（2）奔腾的通货膨胀，指年通货膨胀率在10%与100%之间。（3）超级通货膨胀又称恶性通货膨胀，指年通货膨胀率在100%以上。

2. 按照通货膨胀的表现形式，可以将其划分为：（1）公开的通货膨胀，指完全通过一般物价水平上升的形式表现出来的通货膨胀；（2）隐蔽的通货膨胀，指不以物价水平的上升而以物品短缺表现出来的通货膨胀。

3. 按照公众对通货膨胀是否预期到，可以将其划分为：（1）预期的通货膨胀，指公众正确地预期到的通货膨胀。由于人们都会将预期到的通货膨胀考虑到交易契约中去，故预期到的通货膨胀常常变成有惯性的通货膨胀，会年复一年地持续下去。（2）非预期的通货膨胀，指公众没有正确地预期到的通货膨胀，即价格上升的速度超出人们的预料，或者人们根本没有想到价格的上涨问题。非预期的通货膨胀没有惯性。

4. 按照所有物价是否均等地上升，可以将其划分为：（1）平衡的通货膨胀。此时，商品的相对价格不变，跟没有发生通货膨胀一样。（2）不平衡的通货膨胀。此时，商品的相对价格改变。

（四）通货膨胀的原因

引起通货膨胀的原因主要有三种：需求拉上、成本推动和结构性因素的变动。

1. 需求拉上的通货膨胀。需求拉上的通货膨胀是指总需求增加，使得总需求超过总供给引起的通货膨胀。在总供给和总需求模型中，需求拉上的通货膨胀表现为总需求曲线右移造成的价格上升。

需求拉上的通货膨胀的类型主要有两种：第一，完全通货膨胀，即总需求的增加仅引起价格水平的上升而收入不变；第二，半通货膨胀，即总需求的增加在引起价格水平上升的同时，也引起收入增加。

2. 成本推动的通货膨胀。成本推动的通货膨胀，是指总供给减少，使得总需求大于总供给引起的一般价格水平持续和显著的上涨。成本推动的通货膨胀可能有三种根源：工资成本的增加、利润的增加、进口原料成本的增加。在总供给和总需求模型中，成本推动的通货膨胀表现为总供给曲线左移造成的价格上升。

3. 需求拉上和成本推动的交互作用：工资－物价的螺旋上升。供求混合型通货膨胀，如图9－2所示。

4. 结构性通货膨胀。社会经济结构变动使得总需求超过总供给引起的一般价格水平的持续上涨，叫做结构性通货膨胀。

经济体系中某些部门的劳动生产率增长率比较高，从而货币工资率增长率较高；另一些部门的劳动生产率增长率比较低，这些部门的货币工资率增长率按理来说，应该比较低，但

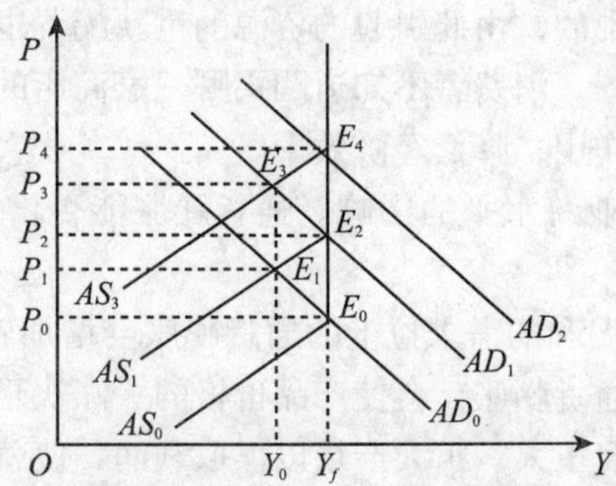

图 9-2　供求混合型通货膨胀：工资-物价的螺旋上升

在“攀比效应”或“看齐效应”作用下，劳动生产率增长率较低的部门的货币工资增长率也比较高。然而由于没有相应的物质基础，货币工资率增长率的上升必然引起这些部门的产品的平均成本上升和价格上升，进而引起整个社会的通货膨胀。

三、失业和通货膨胀对经济的影响

（一）失业对经济的影响：奥肯定律

失业在经济上最大的损失就是导致实际国民收入的减少，延缓经济增长速度。曾任美国约翰逊总统首席经济顾问的美国经济学家阿瑟·奥肯（Arther M. Okun），在 20 世纪 60 年代所提出的奥肯定律，说明了失业率与实际国民收入增长率之间的反方向变动关系：实际国民收入增长率相对于潜在国民收入增长率每下降 2～2.5 个百分点，失业率就上升 1 个百分点。

奥肯定律主要适用于没有实现充分就业的情况，即失业率是周期性失业率。在充分就业情况下，自然失业率与实际国民收入增长率的这一关系就要弱得多。一般估计在 0.76 左右。

以美国为例，美国在 1979～1982 年的三个经济停滞时期，实际 GDP 没有增长，而潜在产出每年增长 3%，三年共增长 9%。相对潜在产出，实际产出下降了 9%。如果奥肯定律的系数为 2，则失业率应该上升 4.5%。1979 年的失业率为 5.8%，1982 年的预期失业率为 10.3%。官方统计显示，1982 年的实际失业率为 9.7%。就经济学这门社会学科来说，这种预言算是比较准确的了。

（二）通货膨胀对经济的影响

1. 通货膨胀对收入分配的影响。通货膨胀对社会不同成员的收入分配有不同的影响，一些人从中受益，另一些人受损。

（1）通货膨胀有利于利润收入者，而不利于工资收入者。因为在通货膨胀期间，名义工资的增加不仅滞后于价格的上升，而且往往赶不上价格上升的幅度，实际工资下降。

（2）通货膨胀不利于债权人，而有利于债务人。因为实际利率（实际利率=名义利率-通货膨胀率）在通货膨胀时往往下降。

（3）通货膨胀有利于政府，而不利于公众。第一，随着名义工资的增加，个人的所得税将增加；第二，政府是净债务人，通货膨胀使政府的内债负担下降；第三，通货膨胀往往是由货币发行量过多引起的，直接剥夺民众。

2. 通货膨胀对资源配置的影响。在市场经济中，资源的配置是通过价格进行的。在通货膨胀期间，价格变动是紊乱的，由此引起的资源的重新配置也不一定是合理的。厂商不知道生产哪一种产品更有利可图，消费者不知道购买哪一家商店的产品更便宜。价格会在一定程度上失去合理配置资源的作用，降低经济效率。

3. 通货膨胀对产出、就业总水平的影响。通货膨胀能否增加就业，促进产出增长，主要有两种观点：

（1）促进论：非预期的温和的需求拉上的通货膨胀会增加就业和国民产出。在短期内，非预期的温和的需求拉上的通货膨胀，会使产品价格的上涨快于货币工资率的上涨，实际工资率降低，从而促使企业增雇工人、扩大产量以谋取利润，使就业和国民产出增加。

（2）中性论：长期中，通货膨胀能被人们预料到，不会对就业和国民产出水平发生实质性影响。奔腾的或恶性的通货膨胀对经济的稳定发展总是不利的。

四、对失业和通货膨胀的治理

（一）失业与通货膨胀的关系：菲利普斯曲线

1. 初始的菲利普斯曲线。1958 年，伦敦经济学院教授菲利普斯在《经济学报》发表《1861 ~ 1957 年英国的失业和货币工资变动率之间的关系》一文，他根据英国 1861 ~ 1957 年的统计资料，推导出了一条反映货币工资变动率与失业率之间非线性反方向变动关系的曲线，这就是初始的菲利普斯曲线。如图 9 - 3 所示。

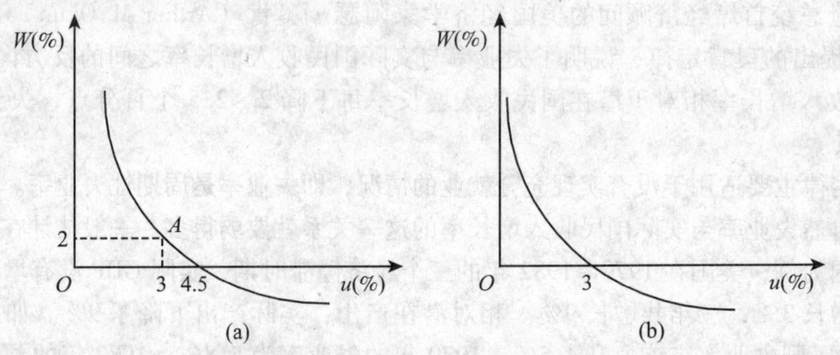

图 9 - 3　初始的菲利普斯曲线和凯恩斯主义的菲利普斯曲线

在图 9 - 3（a）中，横轴表示失业率（u），纵轴表示货币工资变动率（w），初始的菲利普斯曲线是一条向右下方倾斜且凸向原点的曲线，2% 的货币工资增长率对应着 3% 的失业率，当货币工资增长率下降到零时，失业率上升到 4.5%。

2. 正统凯恩斯主义的菲利普斯曲线。萨缪尔森与索洛认为（1960），通货膨胀率等于货币工资变动率减去劳动生产率的增长率。因此，货币工资增长率与失业率之间的关系也可以表述为通货膨胀率与失业率之间的关系。只要将初始的菲利普斯曲线垂直向下移动劳动生产率增长的距离，就可以得到正统凯恩斯主义的菲利普斯曲线。正统凯恩斯主义的菲利普斯曲线不仅为政府干预经济提供了理论根据，也为经济目标与相应的政策选择提供了一份菜单：政府应该而且可以采取相机抉择的需求管理政策来调控宏观经济，以选择最优的通货膨胀率与失业率的组合。

20 世纪 60 年代末和 70 年代初，出现生产停滞与通货膨胀同时并存的“滞涨”局面，通货膨胀率和失业率都开始上升，表现为菲利普斯曲线向右移动。通货膨胀率与失业率之间的反向关系变得很不稳定，政府干预经济的相机抉择的需求管理政策开始失灵，出现了货币主义的菲利普斯曲线。

3. 附加适应性预期的菲利普斯曲线或货币主义的菲利普斯曲线。

（1）修正的方法。弗里德曼认为，实际上，雇主和雇员关心的都是真实工资，而不是货币工资。由于劳动合同的期限是不连续的，即不是永久性的，所以预期通货膨胀率必然影响预期真实工资，从而影响劳动供给决策。因此，应该用实际工资变化率来确定菲利普斯曲线。为此，必须将预期通货膨胀率当做决定货币工资变化的一个附加变量。

（2）适应性预期的含义。货币主义者在分析中使用的预期是适应性预期。适应性预期是指人们总是根据过去的经验来形成与调整对未来的预期。以通货膨胀为例，人们总是按照过去的通货膨胀率来形成与调整对未来通货膨胀率的预期。

适应性预期的特征表现为以下两个方面：第一，仅仅根据过去的经验或者信息来预期未来，不考虑现在所能得到的各种信息。第二，如果预期不正确，经济主体虽然会调整预期偏差，但调整的速度是缓慢的。这意味着私人部门的预期会犯系统性的误差；如果未来的变量值不断变化，由于调整速度的缓慢，预期误差将始终存在。

（3）货币主义短期的菲利普斯曲线：向右下方倾斜。设初始的失业率为自然失业率。如果央行为降低失业率采取扩张性货币政策，在公开市场上购买债券，则公众持有的货币量增加。由于随着任何资产持有量的增加，该资产的边际收益率都会降低，所以货币的边际收益率将下跌，人们会购买非货币资产来减少超过其意愿持有的现金余额，以便使各种资产的边际收益率再次相等，重新确立均衡的资产组合。

人们对非货币资产需求的增加，导致非货币资产的价格的上升和利率的降低，刺激新资产的生产即真实投资增加，并导致劳动需求的增加和货币工资的上升。通常产品价格要比货币工资调整得快得多，因而真实工资下降，厂商仍然增加对劳动的需求。但对于工人来说，由于最近经历了一段物价稳定时期，预期通货膨胀率为 0，故工人会将货币工资的增加误认作真实工资的增加，即他们会暂时陷入货币幻觉，因而提供更多的劳动。在劳动需求与劳动供给都增加的条件下，就业增加，失业率就会降至自然失业率之下。如图 9 –4 所示。

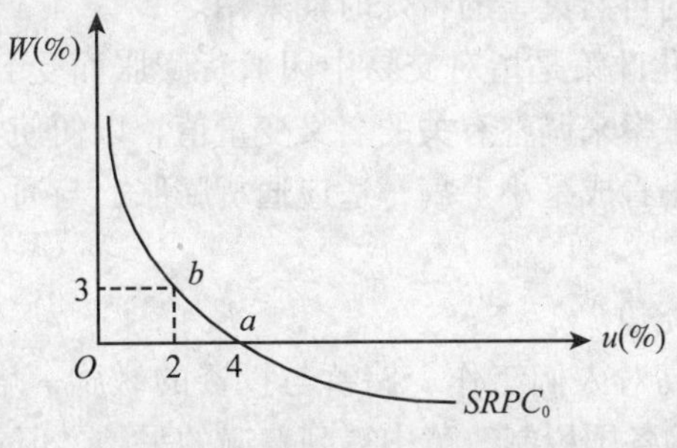

图 9 –4　短期菲利普斯曲线

在图 9 –4 中，假设劳动生产率的增长率为 2%，初始的货币工资增长率为 2%，则实际通货膨胀率为 0，从而预期通货膨胀率为 0，失业率为自然失业率，即 $u_n=4\%$。

（4）长期菲利普斯曲线：垂直。在长期，随着通货膨胀的持续，工人慢慢地会根据所经历的较高的实际通货膨胀率来调整其对通货膨胀的预期。他们会认识到，虽然货币工资增加了，但真实工资却减少了，他们会要求增加货币工资，最后导致真实工资增加。此时，厂商会解雇工人，失业将增加。这个过程将一直持续到真实工资恢复到原来的水平，失业率则返回至自然率水平。因此，一旦货币幻觉消失，失业率与货币工资变动率或通货膨胀率之间便不会再有长期的反方向变动关系，长期的菲利普斯曲线就在充分就业处垂直。

（二）降低失业率的措施

1. 增加总需求，减少周期性失业。凯恩斯主义认为，既然周期性失业起因于总需求不足，那么政府可以通过扩张性财政政策和货币政策的实施来刺激总需求，减少或者消除周期性失业。

2. 降低自然失业率。

（1）进行职业培训；

（2）建立多种就业服务机构，完善劳动市场，全方位提供就业服务；

（3）改革失业救济制度，由消极救济变为积极就业。

西方各发达国家因失业保险制度健全、失业津贴和救济水平偏高、支付期较长，致使部分失业者不愿积极寻找工作，造成自然失业率的上升。目前，西方各国对失业保险制度进行了改革，严格领取条件、缩短救济时间、降低津贴金额，用压缩下来的失业保险经费，建立各种职业教育与培训机构。

（三）治理通货膨胀的对策

1. 实行紧缩性的需求管理政策。实施紧缩性需求管理政策（紧缩性财政政策与货币政策），使总需求曲线右移，降低通货膨胀率。

（1）逐渐制造衰退，以较少的失业和较长的时间降低通货膨胀率，称为渐进的方法。

（2）大规模制造衰退，以较高的失业率和较短的时间降低通货膨胀率，称为“速冻火鸡”的方法。

2. 降低自然失业率。采取紧缩性政策降低通货膨胀率会增加失业。如果采取某些措施降低自然失业率，则会降低对付通货膨胀的成本。

3. 收入政策。收入政策是指政府为了降低通货膨胀率而对货币工资和价格采取的管制政策。只能在战争和严重的自然灾害的特殊时期采用。

4. 指数化政策。指数化政策是指对交易中因通货膨胀而受到利益损失的一方给予一定补偿的政策，或按通货膨胀率来调整有关的名义变量值，以便使实际值保持不变的政策。指数化政策是一种将通货膨胀看成是小毛病，适应通货膨胀，与通货膨胀共存的政策。

5. 扩大总供给。

（1）减少管制，鼓励竞争。

（2）降低税率，以提高对人们工作、储蓄与投资的激励，增加总供给。供给学派的减税主张在20世纪80年代的各国税制改革中得到普遍的采纳，但在刺激生产的同时，也带来了财政的巨额赤字。最形象化地说明减税能够增加总供给的理论是“拉弗曲线”。

拉弗曲线是一条描述税率与税收量之间关系的曲线，如图9－5所示。美国南加利福尼亚州大学商学院教授拉弗，1974年任职于福特政府的联邦预算局期间，在华盛顿一家饭店与当时的白宫参谋长助理理查德·切尼（Richard Cheney）共进午餐时，为了向切尼说明税率与税收的关系，在餐巾上画了这条曲线。

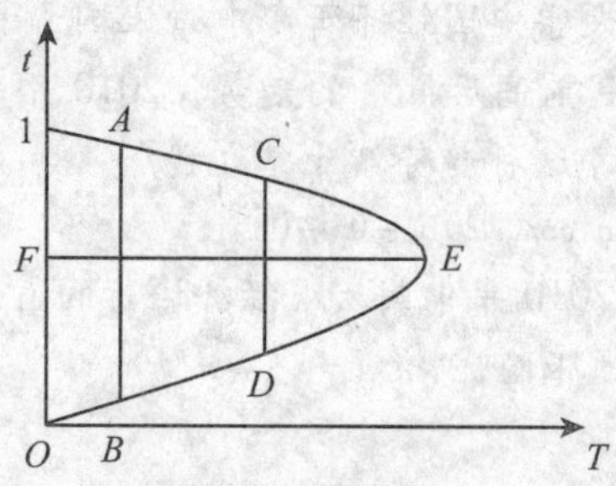

图 9-5 拉弗曲线

图 9-5 中，纵轴表示税率，横轴表示政府税收收益。税收量等于税率与税基的乘积。当税率为零时，政府收益等于零，政府也就不可能存在，这时经济处于无政府状态，这种经济显然是不可取的。当税率上升到 100% 时，无人愿意工作或投资，没有税源或者税基，因此，政府的收益也为零。

实际税率总是介于上述两种极端税率之间。在 A 点代表一个很高的税率和很低的产量，而在 B 点代表一个很低的税率和很高的产量，然而两者可以为政府提供同样多的收益。显然，税收量和产量在 E 点对应的税率上达到最大。在 E 点，如果政府降低税率，产量将增加，但收益会下降；如果提高税率，产量和收益都会下降。E 点所对应的税率是最佳的税率，政府和政治家的主要经济任务就在于找到这样的税率。

阅读材料

25 家顶级机构和经济学家预计一季度 GDP 增 11.2%

李玉生

25 家顶级机构和经济学家对 2010 年一季度 GDP 增长的预测均值达 11.2%，比 2009 年四季度的 10.7% 高出 0.5 个百分点。这表明，强劲经济复苏仍将继续。同时，对 2010 年全年 GDP 增长预测均值为 9.9%，高于世界银行 9% 的预测，略低于国际货币基金组织（IMF）10% 的预测。

根据 2010 年一季度和全年预测的结果，大致可以认为，中国经济 2010 年走势很可能呈“前高后低”的态势。所谓“前高后低”可能有两种形态：其一，各季度增长呈“U”型；其二，各季度增长逐步减弱。

中信证券的褚建芳和交通银行的连平支持“U”型的“前高后低”；中国银行的袁跃东、石磊，光大证券的潘向东和中金公司的哈继铭倾向后一种逐渐递减式“前高后低”。

中国银行的石磊表示，内需的根本是流动性，政策的收紧会使固定资产投资下降，房地产投资已经有所回落，所以内需 2010 年不会太强。欧美经济恢复主要是补库存行为，外需在 2010 年三季度会下滑，预计 2010 年中国 GDP 将是前高后低。

根据光大证券潘向东的预测，2010 年 GDP 增速将达到 9.5% 左右，其中一季度 11% 左右，二季度9.5%～10%，三季度9%左右，四季度8.5%～9%。

“西线无战事”，这是北京大学中国经济研究中心宋国青教授对2010年中国宏观经济走势的评价。总之，不管是哪种“前高后低”的走势，2010年的经济整体增长态势都要优于2009年，中国经济将强劲复苏，这种趋势“十拿九稳”。

资料来源：http：//www.cs.com.cn/，2010－03－08。

思考分析：(1) 谈谈你对2010年中国宏观经济运行的看法。(2) 着眼于未来，中国经济发展中如何解决结构失衡和通胀隐忧？

重要概念

国内生产总值　社会总供给　社会总需求　社会资本　简单再生产　扩大再生产　失业　自然失业率　通货膨胀

实训练习

(一) 判断分析

1. 对国民经济实行宏观调控是社会主义优越于资本主义的重要表现。（　）
2. 充分就业就是没有失业。（　）
3. 物价上涨即为通货膨胀。（　）
4. 奥肯定律揭示了经济增长与就业的互补关系。（　）

(二) 问题解答

1. 国民收入核算中五个总量之间存在着怎样的数量关系？
2. 简述马克思社会资本再生产理论的两个基本原理。
3. 菲利普斯与凯恩斯在失业和通货膨胀的关系上有何不同的看法？
4. 在长期中，失业率和通货膨胀率是否存在替代关系？为什么？

观念运用

根据本章所学内容，试析需求拉上通货膨胀的形成。为保证一国宏观经济良好运行对此应如何治理？

第十章

经济增长与经济发展

学习要点

- 经济增长
- 经济发展
- 经济社会发展战略
- 科学发展观
- 全面建设小康社会

第一节 经济增长

一、经济增长概述

（一）经济增长的内涵

经济增长理论是现代经济学的一个重要的基本理论，它研究的是经济发展的速度问题。经济增长通常是指一个国家或地区在一定时期内国民经济总量和人均量的增加，经济规模在数量上的扩大。或者说，经济增长是指一个国家或地区在一定时期内（通常一年）商品和劳务产出量的增加。衡量经济增长的指标一般有国内生产总值（GDP）、国民生产总值（GNP）或国民收入（NI）等具体的国民产出指标。

目前世界各国一般都使用国内生产总值这一指标来衡量经济增长总量或经济增长速度。在度量经济增长时需要注意三个因素：（1）价格因素，需要剔除通货膨胀。由于国内生产总值等衡量指标都是以当年的市场价格进行计算的，因此在衡量经济增长时必须排除价格变动的因素，以某一基年为基础，按不变价格进行计算，得出实际国内生产总值。（2）人口因素。应考虑人口数量的增长，计算人均值。比如论经济总量，中国目前位居世界第三，

2010年可望超过日本，但以人均GDP排名，中国在104位左右，约为3 400美元，不及日本的1/10（日本的人均GDP为44 500美元）。(3) 生产能力的利用程度，注意实际经济增长与潜在经济增长的区别。潜在的经济增长即如果全部生产能力充分利用可能达到的增长水平。

（二）经济增长的因素分析

一国经济增长的快慢，取决于许多因素。经济学通常把这些因素概括为两大类：一类是由各种生产要素投入量增加所引起的增长；另一类是由各种要素生产率提高所作出的贡献。具体说有以下几种因素：

1. 物质资本。物质资本，是指用于生产物品与服务的设备、材料和建筑物存量，主要体现在机器、设备、厂房、原材料等有形资本上。物质资本数量越多、技术含量越高，越有利于提高生产效率。科学技术、人力资本、制度等其他要素对经济增长的作用，要以物质资本为载体，通过物质资本的利用效率体现出来，所以物质资本是经济增长的基础性要素。

物质资本存量取决于经济中资本积累的数量，资本积累越多，物质资本存量就越大。物质资本存量的改变是通过投资来实现的。由于资本在生产过程中会被逐渐消耗，即存在折旧，投资的一部分要用于补偿折旧，这部分投资称为重置投资；其余部分则转化为新增资本，这部分投资称为净投资。

2. 人力资本。人力资本，是指个人通过教育、培训、医疗健康等投资，获得的具有经济价值的知识、技能、能力和健康等。人力资本的核心体现在劳动人口的质量上。与物质资本相比，人力资本不仅有折旧慢的特征，同时劳动者所拥有的知识和技能具有很强的示范效应，对他人能产生正的外部性。这种正外部效应，使人力资本的拥有者对生产产生了高于本身的贡献。增加人力资本的投入，不仅可以提高人力资本自身的生产效率，还可以提高其他生产要素的生产效率。

随着经济社会的发展，人力资本对经济增长的作用也越来越大。对我国来说，尽管人口数量大，但人力资本总体水平与发达国家的差距较大，对人力资本的投入较少，同时人力资本浪费和利用效率低的问题也比较突出。例如，目前高级技术工人占全部技术工人的比例，发达国家达到35%，而我国仅为4%。

3. 自然资源。自然资源是经济增长的基本条件，具体是指由自然界提供的用于生产物品与服务的投入，如土地、水、能源、矿藏、环境等。自然资源的开发利用对经济增长的影响，主要表现在以下几个方面：第一，自然资源的开发程度决定了可利用资源的多少。作为生产要素意义上的自然资源，必须是已经开发并可利用的资源，在其他条件不变的情况下，经开发加工的自然资源的数量越多，经济增长的可能性就越大。第二，自然资源深加工程度影响总收益水平的高低。一般而言，资源加工越深、越精，所能带来的附加值就越大，经济总收益就越高。第三，改善资源的使用结构，提高利用效率，有助于产出或收入增长。同一种资源在不同用途上对产出或收入的作用不同。在同一种用途上，资源的利用程度不同，其结果也不一样。第四，能源等战略性的自然资源，对一国经济增长尤为重要。

丰富的自然资源有时甚至能直接决定一个国家的经济状况。例如沙特阿拉伯、科威特等中东国家就是依靠大量的石油资源，带动其迈入全球最富有的国家行列。但总体来看，随着科技的不断进步，资源替代技术的发展，生产对自然资源的依赖性下降，资源短缺对经济增长的制约效应在下降，资源不再是影响经济增长的主要因素。

4. 科学技术和管理技术。科学技术和管理技术在经济增长中的作用，主要通过提高物质资本、人力资本、自然资源的使用效率，改善生产的总体效率。例如蒸汽机、内燃机、计算机的发明和运用，每一次都带来了新的产业革命和经济的快速增长。与物质资本、自然资源、人力资源相比，科学技术和管理技术的一个重要特征，是具有非排斥性，通过科学和知识的推广，惠及整个国家甚至全人类社会。物质资本等要素投入量的增加，固然可以推动经济的增长，但这些资源是有限的。实现持久的经济增长，要更多依靠科技进步来提高要素的生产率。

5. 经济体制。经济体制也是影响经济增长的一个重要因素。各国发展的经验教训表明，经济增长不单是一个经济学问题，同时也是一个社会制度演进问题。市场制度、产权关系、要素流动性、政府行为等制度因素，极大地影响了经济增长的速度和质量。进一步完善我国的社会主义市场经济体制，就是为了构筑有效率的经济组织形式和运行方式，为国民经济实现又好又快的发展创造良好的体制环境。

二、经济增长方式

（一）经济增长的两种基本方式

经济增长方式就是实现经济增长的途径和方法。一般来说，经济增长的基本方式有两种：一种是数量扩张型的增长方式，即经济增长主要依靠增加要素投入，实现外延型的扩大再生产。这种经济增长方式也叫粗放型增长模式。另一种是质量效益型的增长方式，即经济增长主要依靠科学技术进步和提高劳动者素质、提高各种生产要素的使用效率，实现内涵型的扩大再生产。这种经济增长方式也叫集约型增长模式。

粗放型增长模式以扩大经济规模为目标，其优点在于能集中力量加强国民经济重点部门和薄弱环节的建设，在短期内以较快的速度实现预定的经济增长目标；其局限性在于增长的实现需要大量的资本积累，经济增长以牺牲环境和消费为代价，使经济增长遭遇资源匮乏和环境恶化的瓶颈，经济发展难以为继，人民无法从经济增长中得到更多的实惠。集约型增长模式以提高经济效益为目标，其优点在于能充分挖掘现有企业的内部潜力，提高生产要素的质量和利用效率，促进技术进步和产业结构合理化、高级化，有利于经济的持续、稳定和协调发展，也能够使人民在经济增长中得到更多的实惠。

在经济增长过程中，粗放型增长模式和集约型增长模式是相互依赖和相互联系的。粗放型外延增长是集约型内涵增长的基础和前提；集约型内涵增长是粗放型外延增长的提高和发展。在外延增长中必然有伴随技术进步的内涵增长；在内涵增长中也必然有一定的外延增长。从市场经济国家经济增长的实践来看，一般来说，在工业化的起步阶段，要以粗放型的外延增长为主来奠定工业化的基础，而在工业化实现以后，则必然走上集约型的内涵增长为主来提高经济技术水平。这是市场经济国家在经济增长模式选择上所走过的共同道路。

（二）转变经济增长方式的必要性

转变经济增长方式已成为我国现阶段经济发展的紧迫任务，其原因在于：

1. 新时期经济增长遭遇严峻的能源资源瓶颈。我国过去的经济增长是靠大量消耗能源资源来实现的，随着我国经济的快速增长，现有资源已经无法满足今后国内经济社会发展的需求，如果不尽快转变经济增长方式，我国的能源资源消耗将会使经济社会良性发展难以为继。

2. 资本形成和资本积累对新时期经济增长形成严重制约。过去粗放型的经济增长模式使我国经济增长中资本产出率很低，投资和资产在使用中浪费严重，并且情况不断恶化。如果经济增长长期依靠高投入、高消耗、低产出、低效益的方式，那么，可供积累的基数会更小，而资本投资需要量却更大，必然使资本供求关系更为恶化。这种恶性循环的结果将导致居民收入增长缓慢，通货膨胀加剧，经济运行大起大落，最终导致经济增长停滞甚至后退。所以，如果不尽快改变资本高投入、低产出、低效益的状况，国内资本积累和供给能力就根本无法保证未来的经济按照预期的目标和速度增长。

3. 开放经济条件下国际竞争的严峻挑战。今后的国际竞争将以综合国内的竞争为主要形式。综合国内竞争不仅是数量的较量，更是质量和效率的较量。与国际水平相比，目前我国经济仍呈现较为典型的粗放型增长特征。如果不改变粗放型的经济增长方式，我们将难以在越来越激烈的国际竞争中立足，难以适应日益严峻的国际竞争环境。

（三）实现经济增长方式转变的主要途径

2010 年是“十一五”规划的最后一年，未来的“十二五”建设期间，转变经济增长方式的主要途径有：

1. 坚持依靠科技进步推进环境与生态的保护和治理，推进资源的开发与节约。要以优化资源利用方式为核心，以提高资源生产率和降低废弃物排放为目标，推动和开展技术创新，提高常规能源开采使用的效率，加速新能源的研究、开发应用，努力形成有利于充分发挥科学技术作用、降低能源资源消耗、减少环境污染的产业格局。

2. 以发展节约型经济、循环经济、生态经济、绿色经济为基础，构建节约型社会。要引导全社会树立节约资源的意识，以优化资源利用、提高资源产出率、降低环境污染为重点，加快推进清洁生产，大力发展循环经济，加快建设节约型社会，促进自然资源系统和社会经济系统的良性循环。为此，必须从全局出发，统筹规划，标本兼治，突出重点，务求实效，进一步控制全国污染物排放总量，改善重点地区环境质量。在大力调整产业结构，根治和减少污染严重的企业，用高新技术改造传统产业的同时，在制度上要大力推进清洁生产，淘汰落后的生产工艺、设备和产品。在具体的实施环节上，要引入市场机制，加快城市污水和垃圾处理设施建设，切实改善城市环境质量。要加强农业和农村的污染防治，积极推广生态农业和有机农业，保护农村饮用水源地，保证食品安全。要继续抓好重点地区和重点项目的污染防治。

3. 围绕提高自主创新能力，强化科技进步对经济增长的促进作用。企业的技术创新能力是国家技术创新能力的基础，资源配置的优化和产业升级也都要依靠企业的技术进步和市场竞争力的提高去实现，所以，促进科技进步应以企业为重点，要加快以企业为主体的技术创新体系建设，支持企业大力开发具有自主知识产权的关键核心技术，打造出企业的知名品牌。而对于企业而言，加大对研究开发活动的投入，大力开发具有自主知识产权的关键技术，形成自己的核心技术和专有技术，打造知名品牌，增强核心竞争力就成为必然。对于国家来说，要抓紧制定若干重大领域关键技术创新的目标和措施，务求尽快取得新突破，并完善鼓励创新的体制和政策体系，努力营造有利于技术创新、发展高科技和实现产业化的政策环境，营造科技创新活动平等竞争的氛围。要在制度上保证国有企业技术创新机制的形成，在国家财税政策和金融政策上引导和鼓励企业增加科技创新的投入。对于民营企业的技术创新可以通过科技型中小企业创新基金等方式进行扶持。同时，要加强技术创新服务体系的建设，发挥知识产权制度对技术创新的保障作用。要以统筹的观念处理好引进先进技术和自主创新的关系，把引进先进技术和消化吸收创新相结合，增强自主开发能力，开创迅速提高我国自主创新能力的新局面。

4. 学习和领会《中国教育改革与发展纲要（2010－2020）》，加大人力资源的投入与开发力度。21世纪是中华民族伟大复兴的世纪。从现在起到2020年，是我国全面建设小康社会、加快推进社会主义现代化的关键时期。世界格局深刻变化，科技进步日新月异，人才竞争日趋激烈。我国经济建设、政治建设、文化建设、社会建设以及生态文明建设全面推进，工业化、信息化、城镇化、市场化、国际化深入发展，人口、资源、环境压力日益加大，调整经济结构、转变发展方式的要求更加迫切。国际金融危机进一步凸显了提高国民素质、培养创新人才的重要性和紧迫性。中国未来发展、中华民族伟大复兴，关键靠人才，根本在教育。

面对前所未有的机遇和挑战，必须清醒地认识到，我国教育还不适应国家经济社会发展和人民群众接受良好教育的要求。教育观念相对落后，内容方法比较陈旧，中小学生课业负担过重，素质教育推进困难；学生适应社会和就业创业能力不强，创新型、实用型、复合型人才紧缺；教育体制机制不活，学校办学活力不足；教育结构和布局不尽合理，城乡、区域教育发展不平衡，贫困地区、民族地区教育发展滞后；教育投入不足，教育优先发展的战略地位尚未完全落实。接受良好教育成为人民群众强烈期盼，深化教育改革成为全社会共同心声。

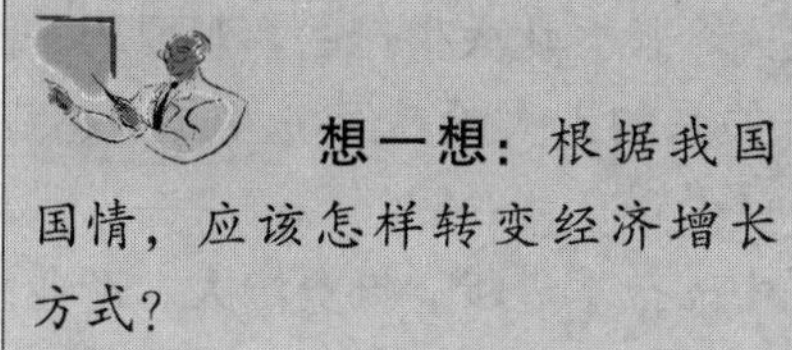

想一想： 根据我国国情，应该怎样转变经济增长方式？

国运兴衰，系于教育；教育振兴，全民有责，在党和国家工作全局中，必须始终坚持把教育摆在优先发展的位置。按照面向现代化、面向世界、面向未来的要求，适应全面建设小康社会、建设创新型国家的需要，坚持以育人为根本，以改革创新为动力，以促进公平为重点，以提高质量为核心，全面实施素质教育，推动教育事业在新的历史起点上科学发展，加快从教育大国向教育强国、从人力资源大国向人力资源强国迈进，为中华民族伟大复兴和人类文明进步作出更大贡献。

第二节　经济发展

一、经济发展概述

（一）经济发展的内涵

经济发展是指一个国家或地区随着国民收入持续稳定增长而出现的经济结构、社会结构和政治结构等方面的改进和优化，是经济领域的工业化，政治领域的民主化，社会领域的城市化，价值观念领域的理性化的互动过程。发展的最高层次体现在人的思想、观念、心理和行为的现代化上，即人的全面发展和社会进步。

经济发展和经济增长是现代市场经济中既有区别又有联系的两个概念。一方面，经济增长包含在经济发展之中。持续稳定的经济增长是促进经济发展的基本动力和必要的物质条件，没有增长便谈不上发展。同时，人类社会生活的每一历史性进步又总会带来更高水平的经济增长。另一方面，经济增长并不等同于经济发展。经济增长是指更多的产出和更高的生产率；而经济发展不仅包含经济增长，而且还包含适应这种增长的结构演进和制度变革等问题。经济增长是经济发展的前提，但并非所有的经济增长都意味着经济发展。

在现代市场经济中，经济发展主要表现为以下几个方面的内容：

第一，收入能持续稳定增长，社会成员生活水平和生活质量得到较快提高。人类发展生产的最终目的都是为了满足人的需要。因此，不论是以工业化为内容的经济发展，还是以产业结构高级化、智能化为内容的经济发展，都是以居民收入的持续稳定增长和消费结构的显著变化为核心标志的。

第二，科学技术发展迅速，人类文明不断进步。技术进步是人类经济生活向前发展的根本推动力，它使人们获得了不断突破传统技术限制的劳动生产率，从而推动人类社会走向现代文明。

第三，产业结构发生较大变化。产业结构的变革是经济发展的主要表现和核心内容。它会使一定社会的经济生活发生质的变化，从而是人均收入持续增长的物质条件。

第四，投资量不断增大。产业结构的变化和科学技术的不断进步，必然带来投资需求的增大，而投资总量具有推动经济运动的职能，因而它同技术进步、结构变革一样，是经济发展的重要内容和表现。

第五，国际经济关系扩大。一个国家或地区的经济发展，总是处在产品和劳务、资本、技术等方面与其他国家或地区的相互依存关系之中，这是当今社会化大生产的客观要求。因而经济发展要求实行对外开放型经济关系。这种国际经济关系的扩大既是经济发展的趋势，又是推动经济发展的重要因素。

第六，社会结构的变革及价值观念的转变。经济发展中的技术进步、投资增大、产业结构变化以及国际经济关系的拓展等，是以特定的社会体制结构和文化结构变革为前提的。在经济发展中，国家的独立、统一和稳定是其政治前提，具备有效配置资源的经济体制及其运行机制是其运行前提，文化观念和价值观念的转变则会为其提供健康的精神和心理环境。

（二）衡量经济发展的主要指标

1. 衡量社会经济发展的总量指标。衡量社会经济发展的总量指标，反映的是经济发展所达到的总量水平。主要有：(1) 国民生产总值或人均国民生产总值；(2) 国民收入或人均国民收入。

2. 衡量社会经济发展水平的相对指标。衡量社会经济发展水平的相对指标，是用本期总量与上期总量相比较的比率。主要有：(1) 发展速度、增长速度和平均增长速度；(2) 工业化率；(3) 文盲率。

3. UNRISD 的指标。UNRISD 是联合国社会发展研究所的英文缩写（United Nation Research Institute for Social Development），该机构在 1970 年出版的《社会经济发展的内容和衡量标准》一书中，提出了包括 16 个指标在内的经济发展衡量指标体系。这些指标是：(1) 出生时的预期寿命；(2) 万人以上城市人口占总人口的百分比；(3) 人均每日消费的动物蛋白质；(4) 中小学入学率；(5) 职业学校入学率；(6) 每间居室平均住人数；(7) 人均报纸发行量；(8) 从事经济活动人口中使用电、水、煤气等的百分比；(9) 每个男性农业工人的农业产量；（10）农业中成年劳动力的百分比；（11）人均消费电力的千瓦数；（12）人均消费钢的公斤数；（13）能源消费（折合人均消费煤的公斤数）；（14）制造业在国内生产总值中的百分比；（15）人均对外贸易额；（16）工资收入者在整个从事经济活动人口中的百分比。在上述指标中，有些指标反映的是人均国民生产总值不同的国家，满足人的基本生活需要的不同程度，如人均动物蛋白消费量、教育、住房、报纸发行量等；有些则直接反映了经济发展水平，如从第（10）项到第（15）项指标。按这个指标体系计算的发展指数，用来反映的社会发展水平，比人均国民生产总值更为确切。在反映经济发展水平方面，用该指标体系计算的发展指数，对发达国家的经济发展水平的反映与人均国民生产总值的反映相当接近。

4. 世界银行的发展指标。世界银行用人口、环境、新技术的传播、与全球的联系、经济等指标来衡量一个国家或地区的发展水平。

二、我国经济发展的根本指导思想——科学发展观

（一）科学发展观的内涵

科学发展观是坚持以人为本、全面、协调、可持续的发展观。科学发展观的确立，是中国共产党对社会主义市场经济条件下经济社会发展规律在认识上的重要升华，不但是对党的执政理念的丰富，而且充分体现了全面建设小康社会的内在要求，因而是统领我国经济社会发展全局的根本指导方针。

科学发展观的核心理念是“坚持以人为本”。坚持以人为本，就是要以实现人的全面发展为目标，从人民群众的根本利益出发谋发展、促发展，不断满足人民群众日益增长的物质文化需要，切实保障人民群众的经济、政治和文化权益，让发展的成果惠及全体人民，把实现好、维护好、发展好最广大人民的根本利益作为发展的根本出发点和落脚点。

科学发展观要求的全面发展，就是要以经济建设为中心，全面推进社会主义经济建设、政治建设、文化建设和社会建设，全面提高我国的综合国力、国际竞争力和抗风险能力，实现经济发展和社会全面进步。实现经济社会更快、更好的全面发展，是科学发展观的实质。

科学发展观要求的协调发展，就是要做到“五个统筹”，即统筹城乡发展、统筹区域发展、统筹经济社会发展、统筹人与自然和谐发展、统筹国内发展和对外开放。“五个统筹”的实质就是要推进生产力和生产关系、经济基础和上层建筑相协调，推进政治、经济、文化、社会建设的各个方面、各个环节相协调。统筹兼顾是科学发展的根本要求。

科学发展观要求的可持续发展，就是要促进人与自然的和谐，实现经济发展和人口、资源、环境相协调，坚持走生产发展、生活富裕、生态良好的文明发展道路，保证一代接一代地永续发展。可持续发展是我国经济社会发展中的基本国策，也是当今国际社会普遍关注的话题。

以人为本，全面协调可持续的科学发展观有两个显著的特征：一是在发展中始终坚持维护人民群众的根本利益，这是科学发展观的基石；二是把发展作为社会进步的总体过程，政治、经济、文化等社会每一个方面的发展，生产力与生产关系、经济基础与上层建筑的发展、城乡发展、区域发展、人与自然发展，经济发展和人口、资源、环境发展等，都存在于社会发展这个总过程中。这是科学发展观的内涵，也是中国未来经济社会科学发展的基础。

（二）树立与落实科学发展观的基本要求

树立与落实科学发展观，必须以科学发展观统领我国经济社会发展全局。为此，应注意把握好以下几个问题：

（1）要在总体思路上坚持以人为本的发展理念，彻底转变发展观念，大胆创新发展模式，努力提高发展质量，落实和实施好“五个统筹”，切实把我国经济社会发展转入全面协调可持续发展的轨道。

（2）要在不断促进城乡和区域协调发展中解决农村工作中存在的许多突出问题，并逐步缩小区域发展差距。

（3）要不失时机地推进改革开放，充分发挥市场在资源配置中的基础性作用，加强和改善宏观调控，努力从体制机制上解决制约经济社会又快又好发展的深层次问题。

（4）要健全和创新社会管理体制和管理办法，加快社会事业的发展，促进和谐社会建设。

世界上不少国家的发展经验表明，在人均 GDP 从 1 000 美元到 3 000 美元的社会发展过程中，往往是一个产业结构快速转型、社会利益格局剧烈变化的特殊时期，这个时期既充满了新的机遇，又面临着各种潜在的社会风险。根据资料显示，2003 年我国人均国内生产总值首次突破 1 000 美元，2010 年国内生产总值估计为 3 400 美元，到 2020 年我国人均国内生产总值预计将达到 5 000 美元。而且，这一时期又是我国改革发展的攻坚阶段，各种积累遗留和潜在的大量问题都暴露出来了，处理不当就会造成社会动荡，阻碍社会的进一步发展。所以，必须在体制和政策导向上反映出对人民群众的关注。

（三）建立体现科学发展观要求的经济社会发展综合评价体系

我国现行所采用的评价体系主要以 GDP 为核心指标，这也是国际上衡量一个国家发展程度的统一标准。GDP 及人均 GDP 指标在对度量一个国家的发展程度上是有一定合理性的，而且在目前世界上还没有一个比 GDP 更好的、人们普遍认同的经济社会发展综合评价体系。但是应该看到，过去流行的 GDP 统计存在着不容忽视的明显缺陷。随着可持续发展观念在国际社会的逐步深入，许多国家开始了新的经济社会发展综合评价体系的研究。如英国针对传统指标的缺陷提出了一种新型的衡量社会全面发展的核算体系——国家进步指数（MDP）。这是在 GDP 的基础上，扣除经济增长所付出的社会、环境和自然资源三大类成本，对社会进步和社会发展所作出的一个综合评估。世界银行从经济学的角度提出“绿色 GDP”和“绿色国民储蓄”这两种绿色国民经济核算方法来弥补现有国民核算体系的不足，从环境—经济—社会——体化的角度进行国民核算，测算地区可持续发展能力。

绿色 GDP 和绿色国民储蓄都考虑了资源消耗、生态退化和环境污染等损失给经济发展带来的影响。但与绿色 GDP 相比，绿色国民储蓄方法更能体现可持续发展的内涵。绿色 GDP 是从 GDP 中扣除因发展经济而带来的资源消耗、生态退化和环境污染损失后计算真实的经济发展水平；绿色国民储蓄是在净储蓄的基础上扣除资源消耗、生态退化和环境污染损失后计算绿色的国民财富。并且，只有通过时间所增加的财富，才能反映代际福利的增加。因此，绿色国民储蓄更能体现“既满足现代人的需求，又不损害后代人满足其需求能力”的可持续发展内涵。

建立体现科学发展观要求的经济社会发展综合评价体系，是既要吸收国际上有关发展评价体系的最新研究成果，同时还要依据我国在“十二五”期间经济社会发展的实际情况和考虑中国经济社会所具有的自身特点来制定，既要具体到每个行业领域和区域发展的实际，又要避开传统考察指标的弊端和缺陷。这就需要在原则上体现如下两点要求：

第一，应该在宏观上体现以人为本的精神，不但要反映人们实际享有的社会福利水平，还能准确地衡量社会分配和社会公正的实际状况，而且要容易准确地反映中国经济增长的质量和结构，即全面反映经济、社会和人的全面发展情况。所以，在整个指标体系的设置上，由于经济发展是社会进步和人的全面发展的物质基础和前提条件，必须把经济指标摆在整个指标体系的突出位置。但是，发展是全面的，仅有经济发展是不够的，因而指标体系中除了经济指标外，还必须有其他指标，形成衡量经济社会发展的全面的指标体系。

第二，要改变过去单项指标所导致的一些地方和领域重经济指标、轻社会进步，重物质成果、轻人的价值，重眼前利益、轻长远福祉等现象，设计出一些综合指数来反映社会和谐的实现程度。可以运用基尼系数、人文发展指数和经济结构变动系数等指标来判断城乡差距和地区差距的变化情况和未来的发展趋势，等等。另外，在指标体系的设置上，要把反映经济增长的指标和反映经济发展的指标同时并重，即既要重视 GDP，但又不能唯 GDP 是从，要在重视 GDP 的同时，重视衡量社会成本、社会增长发展代价、发展质量，衡量资源配置、价值判断等方面的指标。

讨论一下：我国今后在经济社会发展中，怎样落实科学发展观的要求？

经济社会发展综合评价体系的建立和实施过程，是一个统一并深化对科学发展观的认识过程，也是一个促进落实科学发展观的过程。建立体现科学发展观要求的发展评价指标体系，应该在深入调查研究和科学论证的基础上，认真总结经验，不断对现有的评价体系加以改进和完善。

第三节 经济社会发展战略

一、经济社会发展战略的内涵

所谓经济社会发展战略，是指一个国家或地区根据对制约自己经济发展的主客观条件的估量，从全局出发制定的一个较长时期内经济发展和人民生活所要达到的目标，以及实现这一目标的方针和步骤的总体筹划和决策。与具体的经济计划和经济政策相比，经济社会发展战略具有全局性、长期性和根本性的特征。

由于各个国家的社会制度不同，生产目的不同，同一时期所要解决的具体问题不同，因此，不同国家的经济社会发展战略所包含的内容也各不相同。但就其基本内容而言，一般都包括以下几个方面：

第一，战略指导思想。它是制定经济社会发展战略的理论基础。不同国家因社会制度不同会有不同的战略指导思想，从而形成不同的发展战略。

第二，战略目标。它是指一个国家在一个较长的时期内发展国民经济所要实现的总任务，或者说是经济社会发展所要达到的程度或水平。战略目标的制定，既要保持相对稳定性，又要科学地划分为若干阶段来实施，每一个阶段要有具体的子目标和任务，然后使它们相互衔接，分步骤地实现总目标。战略目标在经济社会发展战略中居于首要地位。

第三，战略重点。战略重点是各个阶段的主攻方向和中心任务，主要是那些对实现战略目标具有关键意义和作用的经济部门。这些部门主要有：目前发展比较薄弱的“瓶颈”产业部门、主导产业部门（即在一国经济中居于支配地位，能够带动许多产业部门发展的部门）、先导产业部门（即代表科学技术和社会生产力发展方向的新兴产业部门）等。正确地选择战略重点，是实施战略决策的重要内容和决定其成败的关键。

第四，战略阶段。就是把一个较长时期的发展目标以及发展重点，划分为若干相互衔接的实施步骤。它包括：安排各个步骤的起止和持续时间，每一个阶段的主要目标和工作重点，及其主要对策和前后的衔接，并在实施中不失时机地推动一个阶段转向另一个阶段。这是组织社会经济活动，实现战略目标的重要方法。

第五，战略对策。它是指与实现战略目标相联系的重大发展方针和基本政策措施。因此，正确的发展对策，是顺利实现发展目标的可靠保证。战略对策既有总体战略对策，又有分步骤分阶段战略对策，是一个相互关联的完整体系。

经济社会发展战略关系到一个国家和地区经济社会的发展及其发展前景，因此，它的制定必须有科学的依据和正确的原则。制定经济社会发展战略的科学依据主要有：（1）要符合本国社会制度的性质。不同社会制度的国家具有截然不同的社会生产目的，而一国经济社会发展战略指导思想的确定是以实现社会生产目的为转移的。（2）要从基本国情出发。一国制定发展战略时，必须依据本国的历史、现状和社会发展阶段，即从本国的人口状况、经济技术状况、社会政治状况、环境与生态状况，国土、资源、气候条件、群众的消费习惯、消费结构、文化传统等各个方面的情况出发。这样，制定出来的发展战略才可能符合实际，具有可行性。(3）要按经济社会发展规律办事。一国制定发展战略时，必须充分认识、尊重和利用客观规律。既发挥主观能动性，也不违背客观规律。（4）要充分考虑国际形势及其变动趋势。当今世界是开放的世界，任何国家都不可能脱离世界而孤立发展。一国制定发展战略时，必须充分考虑全世界的政治、军事、经济形势及其变动趋势，加强对世界形势的研究和预测，使发展战略尽量避免国际形势变化带来的不利影响，利用其有利因素求得本国经济社会的迅速发展，从而使自己紧紧跟上世界发展的潮流。

二、我国社会主义初级阶段的经济社会发展战略

我国社会主义初级阶段经济社会发展战略简称“三步走”战略，即：第一步，1981～1990年是战略准备阶段，实现国民生产总值比1980年翻一番，解决人民的温饱问题；第二步，1991～2000年是战略发展阶段，实现国民生产总值再增长一倍，人民生活达到小康水平；第三步，2001年至21世纪中叶是全面振兴阶段，实现人均国民生产总值达到中等发达国家水平，人民生活比较富裕，基本实现现代化。然后，在这个基础上继续前进。现在，前两步的发展任务已顺利完成，我国人民的生活已总体上达到小康水平，正在向第三步的目标奋勇迈进。

实现我国社会主义初级战略目标的战略重点是：（1）把发展科学技术和教育事业放在首要位置，使经济建设转到依靠科技进步和提高劳动者素质的轨道上来。（2）保持社会总供给和总需求的基本平衡，合理调整和改善产业结构。（3）进一步扩大对外开放的广度和深度，不断发展对外经济技术交流和合作。这三大战略重点的选定，抓住了实现我国经济社

会发展战略目标的具有关键性意义或比较薄弱的环节，顺应了当今世界发展的三大潮流——科技革命、结构调整、经济生活国际化。因此，这三大战略重点的突破，对于我国经济社会发展战略目标的实现具有决定性意义。

三、全面建设小康社会

党的十六大根据十五大制定的三个阶段的发展目标，提出要在21世纪头20年，集中力量，全面建设惠及十几亿人口的更高水平的小康社会。全面建设小康社会的目标是：

1. 在优化结构和提高效益的基础上，国内生产总值到2020年力争比2000年翻两番，综合国力和国际竞争力明显增强。基本实现工业化，建成完善的社会主义市场经济体制和更具活力、更加开放的经济体系。城镇人口的比重较大幅度提高，工农差别、城乡差别和地区差别扩大的趋势逐步扭转，社会保障体系比较健全，社会就业比较充分，家庭财产普遍增加，人民过上更加富足的生活。

2. 社会主义民主更加完善，社会主义法制更加完备，依法治国方略得到全面落实，人民的政治、经济和文化权益得到切实尊重和保障。基层民主更加健全，社会秩序良好，人民安居乐业。

3. 全民族的思想道德素质、科学文化素质和健康素质明显提高，形成比较完善的现代国民教育体系、科技和文化创新体系、全民健身和医疗卫生体系。人民享有接受良好教育的机会，基本普及高中阶段教育，消除文盲。形成全民学习、终身学习的学习型社会，促进人的全面发展。

4. 可持续发展能力不断增强，生态环境得到改善，资源利用效率显著提高，促进人与自然的和谐，推动整个社会走上生产发展、生活富裕、生态良好的文明发展之路。

四、优化产业结构

产业结构的变革是经济发展的主要表现和核心内容。在我国社会主义初级阶段，要促进经济发展，必须认识产业结构演进的内在规律，选择推进产业结构优化发展的模式，制定保证产业结构优化升级的产业政策。

（一）产业结构及其分类

产业结构从一般意义上讲，是指产业的构成和各产业部门在国民经济中所占的比重及其相互关系。产业结构是在社会分工的基础上产生和发展起来的，它随着社会经济政治条件的变化而变化，变化的趋势是由低级向高级发展。

目前世界上大多数国家和地区通用三次产业分类的方法，也是西方国家广泛采用的分类法。但目前西方各国对三次产业具体划分的标准和方法不尽相同，多数以劳动对象的属性划分。我国于1985年由国家统计局参照联合国经济发展与合作组织对三次产业划分的规定，明确了我国三次产业的范围。第一产业：农业（包括林业、渔业、牧业等）；第二产业：工业（包括采掘业、制造业、建筑业和水、电、气、煤各业）；第三产业：除上述第一、二产业外的其他各业。按其在国民经济中的不同作用，第三产业可分为流通和服务两大部门，具体可分为四大类别：（1）流通部门；（2）为生产和生活提供服务的部门；（3）为社会公共需要提供服务的部门；（4）为提高科学文化水平和居民素质服务的部门。三次产业分类法具有一定的科学性。它把非物质生产部门纳入产业概念之中，肯定了服务部门具有生产的性质和作用，有利于促进第三产业的兴起和发展；三次产业的划分也反映了社会分工的发展和产业结构的变化。

除上述分类法外，还有按产业的密集度分类的，即根据不同的产业在生产过程中对各种资源（如资本、劳动力、技术、自然资源等）的依赖程度，而划分为资本密集型产业、劳动密集型产业、技术密集型产业等。由于任何一种产业都不可能只单独使用某一种资源，而必须综合使用各种资源，因而这种划分只具有相对的意义。但运用这种产业划分来研究不同类型产业的特征及其优点，对于不同国家和地区从自身实际出发，确定合理的产业结构，以有效地利用自身资源，提高宏观经济效益，是具有积极意义的。

（二）产业结构优化发展的表现

产业结构的优化发展，表现在两个方面：一是通过产业结构变革，使得社会生产能力和社会需要的满足程度达到新的标准，实现产业结构的高经济效益化；二是能够保持国民经济各部门协调和均衡发展，即实现按比例发展。

从实现产业结构的高经济效益化来看，在当代主要表现在以下几个方面：

第一，产业结构中各产业的比例关系发生优化变动。即随着新技术革命的发展，不仅三大产业都不同程度地受到了高技术的洗礼，使它们所依托的技术基础发生着革命性变革，而且第三产业迅速崛起，在整个经济结构中无论产值还是就业人数都占有越来越大的比重。

第二，产业结构中的资源密集度发生优化变动。即沿着劳动密集型产业为主的结构→资金密集型产业为主的结构→技术密集型产业为主的结构这一轨迹变动。

第三，产业结构中的产品加工度发生优化变动。即从总体上看，产业结构中的产品加工度是沿着原材料工业为中心的发展阶段渐次向加工、组装工业为中心的发展阶段，再到高加工工业占优势的发展阶段演进的。这一优化变动与产业结构中的资源密集度优化变动的演进过程是相吻合的。

从实现产业结构的按比例发展来看，产业结构优化发展所要着力解决的问题，是消除“瓶颈”产业对整个国民经济发展的严重制约作用。因此，一个国家或地区战略重点的确定，多半是同某一产业在国民经济中既具有重要地位又发展特别落后的状况相联系的。

（三）我国实现产业结构优化发展的对策

促进产业结构优化发展的核心问题，是制定和实施正确的产业政策。

产业政策是国家根据国民经济发展的内在要求调整产业结构和产业组织形式，从而提高供给总量的增长速度，并使供给结构能有效地适应需求结构要求的所有政策措施和手段的总和。产业政策的内容十分丰富，包括产业结构政策、产业组织政策、产业技术政策、本国产业与国际产业关系的政策等。这里着重分析我国的产业结构政策和产业组织政策。

1. 产业结构政策。产业结构政策是指政府规划产业结构演进目标及实施保障措施，从而推动经济发展的政策。产业结构政策着重于调整产业结构，因此，产业结构政策的主要任务，实际上是通过对产业结构的调整而调节供给结构，协调供给结构与需求结构的矛盾。可以说，一个国家要获得经济发展，要取得经济增长的效益，从而极大地促进供给的有效增加，关键是要具有推动产业结构演进的能力。而这种能力的高低，又与产业结构政策正确与否密不可分。

讨论一下：结合全国人大、全国政协十一届三次会议精神，说一说目前我国为什么要优化产业结构。

正确制定和实施产业结构政策的关键是正确确定战略产业。因为一国产业结构的状况决定于战略产业，战略产业的阶段性转换决定了产业结构的转换。因此，战略产业是整个产业结构的重心。所谓战略产业，是指主导产业、支柱产业。选准战略产业，要从国情出发，选择那些关联度强、产值比重大、市场占有率高、对整个经济影响大，并能反映当代技术进步的产业。我国今后一段时间内的战略产业为：农业、消费品工业、基础工业和基础设施、能源工业、原材料工业、交通和通信业、机电工业及建筑业八个方面。

2. 产业组织政策。产业组织政策是处理同一产业部门内各企业之间相互关系的政策，主要是有关市场秩序的政策、处理竞争同垄断关系的政策等。产业组织政策的核心问题是保证最有利于资源合理使用和合理配置的市场秩序的建立。从我国情况来看，制定和实施产业组织政策要抓好以下两个关键问题：

第一，充分利用规模经济。发展适度规模经济对于我们这个中小企业比重很大的国家尤为重要。我国规模效益差，因重复建设和重复生产造成的资金、人力、物资、技术等方面的浪费十分惊人。因此，发展规模经济对于提高我国经济效益十分重要。我国发展规模经济的产业组织政策是对企业进行改组、兼并和联合，组建各种形式的企业集团。企业兼并政策是我国现阶段重要的产业组织政策。

第二，处理好竞争活力与规模经济的关系以及竞争与垄断的关系，即组织起合理配置资源的产业关系或市场秩序。在垄断存在的市场秩序里，规模经济往往能较好利用资源，但对于市场机制正常作用的干扰又往往阻止了资源的合理分配。因此，产业组织政策的任务之一，就是通过政策措施保护适度竞争，防止高度垄断和不正当竞争，以在保持市场机制竞争活力的同时来取得规模经济效益。目前我国经济中也存在诸多垄断现象，诸如国家垄断、地方垄断和行业或集团垄断等，情况比较复杂，应当在对其作用作出正确、客观判断的基础上，采取恰当的对策。

应当指出，在社会主义市场经济条件下，产业政策的制定和实施，都应以不损伤市场机制的内在机理为前提。国家制定和实施产业政策，是为了指导和补充市场机制在调节产业结构发展时的不足，保证市场机制调节作用的有效发挥。因此，要使产业结构的变化符合市场需求结构变动的需要，依据市场需求结构的发展趋势来协调产业结构的发展，而不应该强制地用产品分配的方法来促使产业结构向某一方向发展。否则，就会扼杀市场机制的作用，造成产业结构的紊乱。

五、经济发展方式的途径选择——走新型工业化道路

坚持科学发展观的一个重要环节，就是既要保持经济平稳较快发展，提高增长的质量和效益，也要加快经济结构的战略性调整，避免经济发展的大起大落。而坚持走新型工业化道路，则是在科学发展观指导下，我国经济发展基本途径的最佳选择。

我国的新型工业化是资源节约、环境友好、科技创新主导的工业化。走新型工业化道路，在具体措施和途径上有以下几点要求：（1）依靠科技进步促进经济结构升级，做到以信息化带动工业化，以工业化促进信息化，把工业化与信息化结合起来，大力发展信息产业和高新技术产业，大力发展现代服务业和制造业。（2）依靠科技进步发展清洁能源和清洁生产，大幅度提高资源利用效率，改善生态环境，在科学发展观指导下建立资源节约型和环境友好型社会。(3）以生物技术创新为龙头，带动现代农业和医药事业发展，确保食物安

全，提高全民营养和健康水平。（4）依靠科技进步促进先进文化发展，提高全社会科技文化素质，满足人民群众日益增长的精神文化需求，促进人的全面发展。（5）加快用高新技术和先进适用技术改造和提升传统产业的步伐，争取以重大工程为依托，推动装备制造业的振兴。（6）在专项规划的指导下，继续加强能源、重要原材料等基础产业和水利、交通、通信等基础设施建设。总之，我国的新型工业化道路，就是要充分发挥科技进步和创新在引导和支持经济社会发展中的决定性作用，形成以高新技术产业为先导、基础产业和制造业为支撑、服务业全面发展的产业格局，推动产业结构优化升级。

与传统工业化相比较，新型工业化是我国工业化发展的一个新阶段，是21世纪我国经济发展和工业化发展战略的重新定位，体现了我国21世纪经济发展和工业化发展战略的新选择。主要表现在：第一，走新型工业化道路是我国完成工业化任务的必然途径。目前我国正处于工业化的中期阶段，在信息技术迅速发展的今天，我国不仅要加快工业化的进程，而且要提高工业的现代化水平。因此，我国要完成工业化的历史任务，必须总结世界各国工业化和我国传统工业化的经验教训，走新型工业化的道路，实现跨越式发展。第二，走新型工业化道路是由我国国情所决定的必然选择。我国的基本国情是人口多，底子薄，发展不平衡。要在短短几十年的时间内加速实现工业化，必然会加大资源的利用规模，使资源、环境、生态和能源问题更为突出。如果继续走其他国家以及我国传统的工业化道路，会影响我国资源、环境和生态的承载能力，造成人与自然关系的紧张，影响经济发展的可持续性。第三，我国已经具备了走新型工业化道路的基本条件。改革开放以来的经济发展为新型工业化道路提供了物质条件，社会主义市场经济体制的建立为新型工业化道路创造了体制条件，同时，我国的新型工业化道路是在全球经济一体化进程中推进的，外部国际环境为我国实现新型工业化提供了增长的市场空间。因此，走新型工业化道路是21世纪我国经济发展的新途径。

阅读材料 

碳减排指标或纳入国民经济发展规划

略显冗长、令人疲惫的哥本哈根会议终于在12月20日结束了。

尽管本应在当地时间12月18日结束的会议延期了2天，但是在经过10多天的密集谈判后，一份名为《哥本哈根协议》的非法律性文本最终由大会宣布达成。

相比欧盟、日本、美国等发达国家提出的与发展中国家要求其减排40%的目标相差甚远的现实，中国和印度等发展中国家宣布的各自减排目标，给并不乐观的哥本哈根大会带来了“一些积极信号”。

我国政府承诺到2020年单位GDP碳排放比2005年减少40%～45%的目标即将付诸实施，发展低碳经济的路线图已初现端倪。但是，前有“十一五”规划万元GDP能耗目标，现在又多出了一个碳排放目标，是否会让快速发展的中国经济减速？

GDP是否会出现负增长

据悉，哥本哈根会议要求发达国家是强制减排，发展中国家是自愿承诺减排。在此条件下，发达国家和发展中国家迥然不同的做法，国家发改委能源研究所所长韩文科用“保留”和“积极”两个词来概括。

“按照期望值，发达国家整体碳排放绝对量比1990年基准年要减排40%，而绝大多数发达国家都有所保留，并没有承诺出它们最大的潜能。中国作为发展中国家，已经尽力承诺出了最大潜能，中国的态度是积极的。”

碳排放与经济发展有着最直接、最紧密的联系。我国目前正处在工业化进程中，经济要增长就必然会增加碳排放，而现在要抑制碳排放，经济增长难免受到影响。更有人担心，减排会令中国GDP出现负增长。

中国社科院城市和环境发展中心主任、哥本哈根气候变化大会国家谈判团成员潘家华日前向媒体公开表示，根据测算，目前中国GDP每增长1个百分点，能源消耗就要增长0.8~1个百分点。即使调整产业结构使用清洁能源之后，这一数据也不会低于0.5%。所以，如果在总量上控制，那么中国的GDP可能出现负增长，这是不能承受的。

但是“GDP负增长”观点并没有得到专家的一致认同。国家发改委能源研究所所长韩文科告诉《中国经济周刊》：“碳减排强度下降40%~45%，这一数字的提出，是经过研究测算出来的，总体上不会导致GDP负增长。”另一位不愿具名的业内人士告诉《中国经济周刊》：“我们在计算碳排放时，考虑到了GDP的增长，大概是按8%来计算。中国毕竟是一个发展中国家，最大的机遇就是发展，只有发展了才能发达，而那些发达资本主义国家的碳排放都已经排放完了，所以我们必须要考虑经济增长因素。”

或作为约束性指标纳入中长期规划

中国提出了单位GDP碳减排下降40%~45%的目标，而在此前的“十一五”规划中，单位GDP能耗是节能减排的主要指标。

现在为应对气候变暖，中国已经提出了单位GDP碳减排目标，那么，在“十二五”规划中，单位GDP能耗和单位GDP碳减排这两个双指标是否有必要共存？

“为了同时应对能源和环境的双重约束，‘十二五’规划应当同时设定能源强度和碳强度目标。”厦门大学中国能源经济研究中心主任林伯强说。

业内人士向记者分析，目前中国承诺的碳减排40%~45%，其中包括两个约束指标：一是单位GDP的碳排放，另一个是以2005年的单位GDP碳排放作为衡量减排的参照指标。

“哥本哈根会议结束了，碳减排40%~45%肯定要写入国民经济发展规划中，因为这是政府承诺了的。”宋忠奎说。

资料来源：http：//news.qq.com/，2009-12-29，《中国经济周刊》。

思考分析：（1）碳减排指标与经济增长和经济发展有什么关系？（2）你觉得为了同时应对能源和环境的双重约束，“十二五”规划应当同时设定能源强度和碳强度目标吗？

重要概念

经济增长　经济增长方式　经济发展　科学发展观　经济社会发展战略　产业结构

实训练习

（一）判断分析

1. 我国要实现的经济增长方式转变就是从粗放型转向集约型。（　）

2. 经济增长与经济发展的关系是经济发展包含在经济增长之中。 ( )

3. 促进我国经济发展的新途径是走新型工业化道路。 ( )

4. 在社会主义市场经济条件下，促进产业结构优化发展的核心问题是制定和实施正确的产业政策。 ( )

（二）问题解答

1. 我国当前经济增长方式转变的方向是什么？如何实现经济增长方式转变？

2. 什么是经济发展？在现代市场经济中经济发展主要表现在哪些方面？

3. 我国新型工业化道路的基本特征是什么？实现新型工业化的基本途径是什么？

4. 全面建设小康社会的基本目标是什么？

观念运用

如何理解科学发展观的基本内涵？树立与落实科学发展观的基本要求是什么？

第十一章

经济全球化与国际经济关系

学习要点

- 经济全球化
- 经济全球化的新特点
- 国际经济运行与国际惯例
- 经济全球化与中国经济发展

第一节 经济全球化发展的客观趋势

一、经济全球化的形成与发展

所谓经济全球化，是指在市场经济规律的作用下，商品、资金、技术和人员等各种经济载体在全球范围内自由流动的规模增大，世界资源在全球范围内日益合理配置和利用，各国、各地区之间的经济日益融为一体的发展趋势。经济全球化是当今世界经济发展的重要趋势。

经济全球化是以市场经济和经济国际化为基础的。经济国际化伴随着市场经济的发展而发展，到目前为止，已经历了以下几个发展阶段：

第一阶段：商品国际化阶段。19 世纪末以前，随着世界市场的形成和国际贸易的发展，主要资本主义国家向外输出制成品，从落后地区输入原料，进入商品国际化时期。

第二阶段：资本国际化阶段。19 世纪末 20 世纪初，资本主义国家国内垄断的形成，使资本输出成为帝国主义的重要经济特征，进入资本国际化时期。

第三阶段：生产国际化阶段。第二次世界大战后，跨国公司的大发展引起生产国际化趋势的形成。这时国际经济关系从以流通领域的国际联系为主，走向生产领域的国际衔接。企业内部也出现了跨国分工，从微观层面上使国与国之间的经济联系更为紧密，促使国别经济开始走向国际融合。

第四阶段：经济全球化的发展阶段。20 世纪 80 年代以后，由于冷战结束，世界市场因两大政治集团对抗而受到分割的状况得以打破。计划经济国家经济转轨和发展中国家以市场经济及扩大开放为导向的经济改革，使市场经济的运行规则和运行方式在全球范围内大大推进，为国际经济接轨提供了空前便利的条件，而信息技术的发展使国际贸易和国际金融的流转速度大大加快，流转额空前提高，并且使资源的全球配置和利用更有效率，更具效益。同时，世界贸易组织（WTO）和地区经济组织如亚太经合组织（APEC）、北美自由贸易区（NAFTA）、欧洲联盟（EU）等的建立，也促进了世界贸易和投资自由化的进程。商品国际化、资本国际化、生产国际化都达到了前所未有的高度，使得经济国际化发展到了以市场经济覆盖全球为基础和前提的经济全球化阶段。

经济全球化发展的终极是世界经济的高度一体化。届时，世界各国和地区的生产、金融、科技等经济领域将融合为一个整体，形成完整统一的世界市场，并实现生产要素在全球范围内的相对合理配置。而随着全球性的金融、贸易等经济组织的设立和权限的扩大，将导致各主权国家部分经济主权的让与及经济国界的淡化。但这将经历一个漫长的发展过程。

二、经济全球化发展的动因

从经济国际化到经济全球化的发展过程，从根本上说是由经济发展的内在规律决定的。

第一，发达的商品经济是经济全球化的客观基础和决定力量。当代，特别是第二次世界大战以后，在世界各国商品经济都占据了主导地位。西方经济发达国家和许多发展中国家商品经济已高度发达。发达的商品经济不仅需要不断扩大的国内市场，而且需要不断扩大的世界市场。这就是当代经济全球化趋势的客观基础。另外，商品经济的市场机制还决定着生产要素的配置，它决定着公司、企业、生产者生产什么、生产多少和在哪里生产，市场机制的这种调节作用，是当代经济全球化的决定力量。跨国公司在全球范围的投资、生产和销售，正是市场机制作用的结果，而在市场诸种因素中，市场容量又起着决定性的作用。

第二，科学技术的进步、社会生产力的发展是经济全球化的主要动力。人类历史证明，科学技术越是进步，生产力越发达，人们的经济交往就越多，不同地区、不同国家间的经济关系就越密切。这是因为，生产力的发展促进了生产的社会化，推动了社会分工的发展，以至越出国界形成跨国分工，从而不同地区、不同国家之间的经济关系日益密切，相互依存日益深化。马克思在谈到第一次产业革命出现的机器大工业时就曾经指出：由于机器和蒸汽机的应用，分工的规模已使脱离了本国基地的工业完全依赖于世界市场、国际交换和国际分工。

科学技术的进步和社会生产力的发展，还推动了企业经济规模的日益扩大。在日益现代化的科学技术基础上，通过资本的积聚和集中，生产规模不断扩大。经济规模的扩大使公司、企业的经济实力日益增强，形成了一些拥有雄厚资本、实力强大的大公司、大企业，它们开始凭借其巨大优势（技术和资本等）逐渐实行跨国经营，把资本投向国外，在其他国家从事生产和销售。

此外，科学技术的迅速发展还为经济全球化创造了技术条件。例如，愈来愈现代化、愈来愈迅捷的交通工具、卫星通信、互联网络等技术设施，把相距遥远的全球各地微缩成了一个“地球村”，在全球任何一个地方进行经济活动，犹如在同一个村庄或同一个城市从事经济活动一样方便，这就极大地促进了经济全球化的进程。

第三，国际竞争是经济全球化的强制力量。马克思在谈到竞争对于资本主义商品生产的意义时，不止一次地谈到竞争的促进作用。例如，马克思说过：“产业资本家总是面对着世界市场，并且把他自己的成本价格不仅同国内的市场价格相比较，而且同全世界的市场价格相比较，同时必须经常这样做。”① 因为，商品经济“不承认任何别的权威，只承认竞争的权威，只承认他们互相利益的压力加在他们身上的强制”。② 在国际竞争中，这种竞争的权威将强制各国商品与服务的生产者不断地采用新技术、新工艺，生产优质低价的新产品和新服务。

国际竞争作为一种强制力量，还决定着公司、企业投资的地区方向和投资结构。在当代发达的商品经济条件下，所有有实力的企业都会千方百计地去占领更大的市场，不仅要扩大国内市场的份额，而且要占领和扩大世界市场的份额，这同样是国际竞争的强制，而不是企业或生产者愿意不愿意的问题。世界市场你不去占领，别人就会去占领，而市场的有无，或扩大，或缩小，对任何一家企业都是生死攸关的问题。这就会迫使有实力的企业到国外投资，就地生产，就地销售，直接占领国外市场。而且，在国外投资还可以适应当地需求结构，绕过关税壁垒，降低成本，增强竞争力。这无疑是推动经济全球化的强大力量。

三、经济全球化的主要标志

1. 国际贸易规模的巨大增长和速度的加快。国际商品贸易已有几百年的历史，但在没有进入经济全球化时期以前，其规模相对有限，增长速度一直低于世界经济增长的速度。第二次世界大战以后，国际贸易的增长速度开始长期高于世界经济的增长速度，也高于许多国家国内生产总值和工业生产的增长速度。特别是进入 21 世纪以来，国际贸易规模更大，增长速度更快。以 2004 年和 2005 年为例，根据国际货币基金组织的统计，2004 年、2005 年世界贸易的增长速度分别为 8.8% 和 7.2%，而同期世界国内生产总值年均增长率仅为 3.5%。③ 2005 年，全世界国际贸易额达 63 809 亿美元，5 年增加了 3.1 倍。

进入 21 世纪以来，不仅国际贸易的货物量在增长，而且国际货物贸易交换品种也有了极大增加，特别是制成品的交换品种增长更快。就是在发展中国家的出口货物中，制成品出口也已占到一半以上。国际贸易的巨大发展，还表现在国际贸易的手段、方式的巨大变化上。目前国际贸易普遍使用电子化、电子数据交换（EDI）等手段，电子商务（EC）已在许多国家使用，消费者可以通过因特网（Internet）购买世界各国的商品，并将越来越普遍，ISO9000 系列已成为国际贸易商品的共同标准。国际贸易的手段、方式日益国际化、规范化。国际贸易的巨大发展，还表现在国际服务贸易的巨大增长上。2000 ~ 2005 年，世界服务贸易额从 4 809 亿美元增加到 67 000 亿美元，6 年间增长 13 倍。这一切都大大加速了国际贸易的发展，减少了国际贸易交易成本，有力地推动了经济全球化进程。

2. 生产要素的全面国际化和跨国公司活动的急剧膨胀。这是经济全球化趋势的关键标

---

① 《马克思恩格斯全集》第 25 卷，人民出版社 1972 年版，第 126 ~ 127 页。

② 《马克思恩格斯全集》第 23 卷，人民出版社 1972 年版，第 394 页。

③ 引自世界贸易组织：《2005 年度报告》第 2 卷，第 117 页。

志，它使得生产领域的活动在国际经济关系中居主导地位。

生产要素在国际间移动早已有之。在资本主义发展初期，生产要素在国际间的移动主要是采取国际贸易方式进行的，当时国际贸易中的大量载体是属于生活用品的一般商品，属于生产要素的资本货物不占主要地位。第二次世界大战以后，随着第三次科技革命的发展，特别是跨国公司的发展，生产要素的国际移动突破了属于流通领域的国际贸易形式，而采取联合开发、共同投资、共同经营的国际合作生产形式。跨国公司的跨国经营活动，使生产要素在国际生产领域直接地结合和重新配置，从而加速了生产要素的国际移动。跨国公司以世界为工厂，以各国为车间，充分利用世界各地的技术、资源、劳动力和市场优势，进行全球范围的生产和经营。这种新的世界性国际分工最能代表经济全球化的特征。

战后跨国公司的发展极为迅速。据统计，2005 年全世界共有跨国公司 6 万多家，其国外子公司则达到 476 659 家，其中发达国家的跨国公司占全世界跨国公司的 81.7%，发展中国家和地区的跨国公司占 17.8%，其余中欧和东欧国家的跨国公司，仅占 0.5%。这些跨国公司在国际生产中的规模和重要性日益增长。据统计，约占全球生产的 40%，占全球贸易的 2/3，占国际技术贸易的 60% ~70%，占全球科研和开发的 80%。特别是跨国公司作为国际直接投资的主导力量，推动着国际生产活动的快速发展。据统计，跨国公司在国际直接投资额中占 90% 以上。20 世纪 90 年代以来，跨国公司的国际直接投资每年都在 2 800 亿 ~4 300 亿美元。跨国公司在全球直接投资的剧增，使通过国际直接投资形成的生产和销售有机地结合起来，从而使经济全球化的进程大大加快。

3. 虚拟经济的膨胀及其全球化。所谓虚拟经济，是相对于以实物商品或生产要素形式存在的实物经济而言的。它是指货币、资本及其金融和信息的运动形式。而货币资本作为一种特殊商品，脱胎于实物商品本身而单独进行交易，有其自身的运动规模，其目的是为卖而买，以获取更大的利益。虚拟经济全球化的具体表现主要有：

（1）全球性国际资本流动量猛增。

（2）各国放松对外资金的管制，实行金融自由化政策。

（3）经济与金融日益相互渗透，融为一个整体，经济关系和社会资产日益金融化。

虚拟经济的膨胀及其全球化，形成了实物经济全球化和虚拟经济全球化相互促进、相互作用的复杂局面。

4. “大经济概念”的全球化。所谓“大经济概念”的全球化，是指既包括与“经济”有密切关系的科技人才、文化、体育、旅游等领域活动的全球化，还包括生活习俗、思想意识、价值观念的全球化。第二次世界大战后，由于世界生产力的迅速发展，使经济发展与社会发展的关系日益密切，相互促进，并日益融为一体。随着经济发展和国际竞争的加剧，国际旅游与国际间的科技人才、体育、文化交往急剧增加。据世界旅游组织统计，2005 年全世界国际旅游人数高达 8.08 亿人次，旅游收入达 7 231.16 亿美元。特别是国际科技人才的争夺十分激烈，美国每年从世界各国吸收的科学家、教授、工程师、医生、各种技术人才和高级知识分子高达 20 万人，各国大公司也千方百计地收罗和吸收国际性人才，成为经济全球化的一个重要方面。

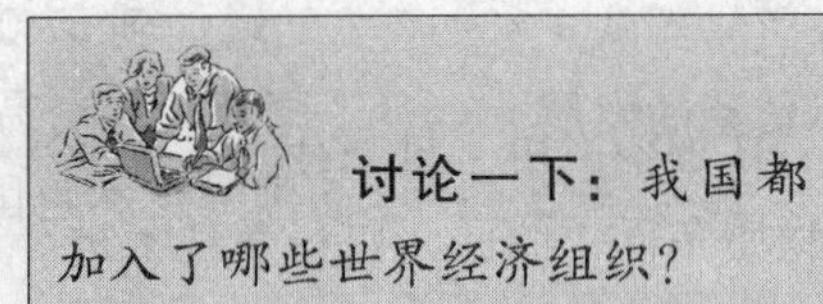

5. 各种国际经济组织和区域性经济组织对国际经济活动的协调作用日益加强。世界贸

易组织、国际货币基金组织等世界性国际经济组织，制定了一系列规章制度及其运行机制，有力地推动着世界经济的全球化、一体化。区域经济组织如欧洲经济共同体、北美自由贸易区、亚太经济合作组织等，在一个区域范围内加强经济协调，促进区域经济的一体化进程，是经济全球化的一个发展阶段和组成部分。

四、经济全球化在现阶段的特点

经济全球化在现阶段的特点是：以发达国家为主导，以扩大的市场经济为基础，以跨国公司为主要载体，以信息技术革命为主要动力，在世界范围内实现生产资源的重新配置和产业结构调整、联合、升级的联动过程。

现阶段发达国家在经济全球化进程中的主导作用主要表现在以下五个方面：（1）经济全球化借以发展的信息技术基础掌握在发达国家手中；（2）发达国家的跨国公司掌握了全球经济网络，是经济全球化的主要载体；（3）世界金融中心集中在发达国家，全球经济活动使用的货币是美元以及发达国家的货币，全球金融网络也主要掌握在发达国家手中；（4）发达国家是全球经济自由化的主要推动者；（5）制定经济全球化“游戏规则”的主要是发达国家。发达国家在经济全球化中占据主导地位的状况，在今后相当长的一个时期里，难以有根本性的改变。

经济全球化以发达国家为主导带有历史的必然性，因为经济全球化是世界生产力高度发达的产物。正是生产力最发达的西方发达国家最渴望将其经济活动推向全球范围，追求在全球范围充分利用和重新配置各种生产要素资源，以实现其自身的最大利润。正是发达国家拥有最大量和规模巨大的跨国公司作为推动经济全球化的载体。只有发达国家具有最强大的市场竞争能力和最丰富的市场竞争经验，而且发达国家又是各种国际经济组织的实际操纵者。所有这些条件必然使发达国家成为经济全球化的主导力量。

正是因为发达国家在经济全球化中占据着主导地位，所以经济全球化虽然促进了世界经济的发展，但它也带来了许多矛盾和问题，突出表现在美国等西方发达国家利用自身的强势，将自己的意志、价值观强加于国际社会。它们利用全球化的口号，弱化一个国家的主权，强调国际游戏规则，露骨地干涉别国内政，从而使得早已存在的不公正、不合理、不平等的旧的国际经济秩序得以继续存在，并给广大发展中国家带来了越来越严重的危害。

发达国家在经济全球化中占据主导地位，使现阶段的经济全球化不可避免地带有资本主义性质。然而，经济全球化并不必然是资本主义化。认识这一问题的基本前提，是正确认识经济全球化是世界经济发展的客观趋势。经济全球化是由现代科学技术的进步和社会生产力发展推动的一种客观趋势和历史进程。从经济国际化到经济全球化的发展，主要是由技术的推动尤其是运输和通信方面的突破性进展（轮船、铁路、电话和海底电缆等），使交易成本大大降低的结果。尤其是20世纪90年代以来的经济全球化浪潮，更是在信息技术特别是通讯费用大幅度下降的推动下引起的。

从理论上讲，科学技术是人类智慧的结晶，是创造人类财富、推动经济和社会前进的重要物质条件，因此，以科学技术进步和社会生产力发展为根本动力的经济全球化应当是中性的，并不必然带有资本主义性质。同时，经济全球化是以市场经济体制的全球化为客观基础的，“市场经济不等于资本主义”，因此，经济全球化也不等于全球经济的资本主义化。

从实践上看，从20世纪80年代末以来的经济全球化浪潮中，参与经济全球化的既有发达资本主义国家经济，也有发展中国家经济，既有转型国家经济，又有中国特色的社会主义经济，从而使得经济全球化虽然以发达国家为主导，但却并不完全具有资本主义性质。同时，在经济全球化的发展中，随着广大发展中国家特别是中国这样的社会主义国家的积极参与和加入，以及广大发展中国家特别是中国经济实力的壮大，有可能逐渐改变经济全球化的性质，并将促进经济全球化朝着理想的方向发展。世界贸易组织就可能会逐步发挥出这样的作用。

第二节 现代世界经济的运行

一、生产国际化与生产要素的国际流动

（一）生产国际化的形成与发展

生产国际化是生产社会化发展的高级阶段，是指世界上许多国家的工人，按照生产的国际分工，在生产的不同阶段参与产品的制造，使产品成为国际专业化分工协作的产物。生产国际化的基础是国际分工，其表现是生产的国际专业化。

19世纪末到20世纪初是国际分工体系的形成阶段。这一时期垄断代替了自由竞争，资本输出成为帝国主义的主要经济特征之一。资本主义国际分工的重要形式，即宗主国与殖民地半殖民地间的分工、工业产品生产国家与初级产品（农产品、矿产品）生产国之间的分工日益加深，形成了国际分工体系，从而加强了世界各国之间的相互依赖关系。第二次世界大战后，第三次科技革命使世界生产力得到迅猛的发展，它所释放出来的巨大生产力进一步突破了民族的国家的疆界，使生产进一步国际化。加之战后跨国公司的发展，旧殖民体系的瓦解，发展中国家的出现，社会主义国家的建立，都使得国际分工深入发展。

当代生产国际化和国际分工深入发展的具体表现为：在国际分工格局中，工业国之间的分工居于主导地位，以自然资源为基础的分工逐步发展为以现代化工艺、技术为基础的分工；各国间工业部门内部分工有逐步增强的趋势，原来的生产部门逐步划分为更多更细的部门；发达资本主义国家与发展中国家间工业分工在发展，而工业国与农业国、矿业国的分工在削弱，出现了高精尖工业与一般工业的分工、资本技术密集型产业与劳动密集型产业的分工；参加国际分工国家的所有制发生了变化，社会主义国家积极参与国际分工；国际分工的机制发生了显著变化，殖民统治力量大为削弱，跨国公司作用日益加强；国际分工从有形商品生产和贸易的领域向劳务部门发展，相互结合、相互渗透；国际分工从垂直式的分工向水平式分工过渡。

（二）生产要素的国际流动

在当代世界经济范围内，随着科学技术和社会生产力的发展，生产要素的国际流动规模之大、涉及面之广为第二次世界大战之前所无法比拟的。生产要素的国际流动是指生产要素以国际经济合作的形式在各国间所进行的直接流动。

1. 劳动力的国际流动。劳动力的国际流动是指劳动力由一个国家流向另一个国家。它分为直接流动和间接流动两种形式。直接流动的主要形式是移民，间接流动主要通过国际贸

易中的无形贸易如办理运输、保险、旅游、金融等，以及在外国跨国公司中工作的本国劳动者等形式实现。发展中国家由于受到自身经济技术水平的限制，主要通过提供劳务与智力引进、国际承包工程、国际旅游等形式进行。

2. 资本的国际流动。资本的国际流动是指资本从一国向另一国转移，主要通过国际投资来完成。国际投资可分为直接投资和间接投资两大类。前者指一国的资本所有者在另一个国家建立、购买或控制一个经济实体；后者指一国的资本用于购买外国公司股票、债券、政府债券和其他证券的投资，以及长短期的国际信贷等。

3. 国际技术交流。国际技术交流是国际间技术知识产品的移动、组合与配置，大多属有偿转让。国际技术交流主要有两种形式：一种是国际科技交流，基本上是无偿转移；另一种为国际技术贸易，其内容是技术使用权的转让，包括技术输出和技术引进，属于盈利性技术转让，为国际技术交流的主要形式。

国际技术贸易的主要内容有：国际许可证贸易（包括专利许可、专利技术许可、商标许可）、国际技术协助（包括国际技术咨询和国际工程服务），以及合作研究与合作生产等。战后，国际技术贸易额增长迅速，发达国家约占80%，发展中国家占10%。通过技术出口，出口国可获取大量的技术转让费，占领国外市场；技术进口国通过技术进口，可以加快本国国民经济各部门的技术改造和发展速度，缩短新技术研制时间和节省研制费用，提高商品质量以增强在国际市场的竞争力。随着世界新技术革命的发展，国际技术贸易必将会有较大的增长。

（三）跨国公司的发展及其作用

战后跨国公司得到了迅速发展，其原因主要是：战后大量的“过剩”资本，需要到国外寻找有利的投资场所；生产国际化和资本国际化的发展速度加快；国际竞争日益尖锐化，跨国公司通过对外直接投资，可避开或绕过贸易壁垒；国家垄断资本主义支持和鼓励跨国公司向外扩张，等等。

跨国公司的经营特点主要表现在：（1）跨国公司具有全球战略目标和高度集中统一的经营管理，子公司根据母公司的全球战略制订各自的经营计划及措施；（2）跨国公司废弃单一的产品生产，向综合型的多种经营发展；（3）以开发新技术推动跨国公司的发展，在新技术革命中，始终保持领先地位；（4）跨国公司从利用传统的价格竞争手段，转向非价格竞争手段来争夺世界市场。

想一想：你熟悉的跨国公司有多少？给我们的生活带来了什么影响？

跨国公司日趋活跃和跨国直接投资增加，将使世界经济越来越国际化和相互依存，有利于世界经济发展。（1）在新技术革命和国际经济的直接影响和作用下，跨国公司已成为当代经济、科学技术和国际贸易中最活跃最有影响的力量。（2）跨国公司的发展直接影响着国际贸易。对于发达国家来说，跨国公司通过对外投资，可绕过贸易壁垒，减少对发展中国家的依赖，提高其产品的市场竞争力；对发展中国家而言，跨国公司的对外投资，可弥补发展中国家的资金短缺，促进其外贸商品结构的改造和国民经济发展。（3）跨国公司控制了许多重要的制成品和原料贸易以及国际技术贸易，从而对国际贸易特别是发展中国家的国际贸易及其经济发展造成不利影响。

二、世界市场与国际贸易

（一）世界市场的形成与发展

世界市场是人类商品交换关系突破国家和地区界限扩展到整个世界的结果，是生产国际化和国际分工的产物。世界市场有广义和狭义之分。狭义的世界市场是指商品在全世界范围内交换的场所或领域；广义的世界市场是指国际间各种商品交换关系的总和。

15 世纪末 16 世纪初的地理大发现促进了西欧各国的经济发展，使世界市场进入萌芽阶段；18 世纪中期到 19 世纪中期，随着资本主义生产方式的确立，世界市场进入迅速发展的时代；19 世纪末 20 世纪初，资本主义进入垄断阶段，资本输出进一步加强，形成了统一的世界市场。第二次世界大战以后，随着国际分工和生产专业化进一步深化，世界市场迅速发展，呈现出前所未有的新特点。

第一，世界市场结构更加复杂。从国际市场的组织结构看，以自由竞争为特征的开放性市场和以商业合同为基础的商品市场依然存在，但地位日益削弱。从世界市场的国家构成结构看，战前那种少数发达国家占绝对统治地位的局面有了根本改变，世界市场成为工业发达国家、社会主义国家和广大发展中国家共同活动的舞台。

第二，国际贸易方式多样化。随着科技的进步，社会生产力的发展，国际分工进一步向深度和广度发展，现代化大生产要求资金、技术、劳务和知识产权进行国际间的联合，共同开发某种市场，这就迫使各国相互间在投资、科研等方面进行国际经济合作，出现了诸如补偿贸易、对外加工装配贸易、租赁贸易等新贸易形式。

第三，国际贸易的商品结构变化显著。初级产品比重下降，工业制成品比重上升；燃料在初级产品贸易中所占比重上升，制成品贸易中的机械产品增长最快；劳务贸易发展迅速；新产品的开发与市场占有率不断提高；对消费品需求趋向多样化和高级化。

第四，世界市场上的垄断与竞争更为剧烈。战后，世界市场由卖方市场转向买方市场，垄断性加强，使得市场上的竞争更加激烈。主要表现在：组织经济贸易集团控制市场，内部贸易量不断扩大；跨国公司的内部贸易在世界贸易中的比重不断增大；国家积极参与世界市场的争夺；竞争方式由价格竞争转向非价格竞争。同时为减少政治经济上的风险和损失，许多国家广泛开辟新市场，使出口市场呈现多元化。

第五，贸易保护主义盛行。20 世纪 70 年代后，国际市场供过于求的局面更加严重，国际市场的商业竞争日益激化。为保护国内产业，促进经济稳定发展，各国纷纷采取了“奖励出口，限制进口”的贸易保护主义措施，导致国际贸易战加剧。尽管反对贸易保护主义的呼声越来越高，但保护主义的措施却有增无减，无疑会给国际经济和国际贸易的发展带来不利的影响。

（二）国际贸易及其作用

国际贸易是指世界各国之间商品和劳务交换的活动，是各国之间分工的表现形式，反映了世界各国在经济上的相互依赖。

国际贸易在国际经济关系中的作用主要表现为：（1）国际贸易是世界各国对外经济关系的核心。当今国际间的经济关系已从单纯的买进与卖出发展成为多元化的经济关系，从商品关系演变到劳务贸易，从提供物质产品到开展人类精神享受的旅游等。尽管如此，对外经济关系仍以对外贸易为核心，劳务和科技的交流、资本的使用，都以对外贸易为中枢。（2）对外贸易是国际经济中“传递”的重要渠道。“传递”是指一国经济的盛衰对另一国发生的影响。各国经济通过对外贸易“传递”的过程是：世界市场价格变动→国内开放部门价格变动→国内非开放部门价格变动；国内价格变动→产量与就业变动；产量与就业变动→整个经济的变动。随着资本和生产的国际化，这种作用日益明显。(3) 国际贸易是各国进行政治斗争的重要手段。对外贸易政策成为各国对外政策的重要组成部分。通过对外贸易，维护本国的社会制度和世界和平，扩大相互作用，促进相互的经济合作，改善国际环境，为经济发展创造良好的外部条件。

(三) 国际价值规律

价值规律是市场经济的基本规律。在国际市场上，价值规律要求商品按国际价值或国际生产价格进行交换。商品的国际价值是由“世界劳动的平均单位”即世界社会必要劳动时间决定的，世界社会必要劳动时间是在世界平均技术条件下，在各国劳动者的平均熟练程度和劳动强度下，生产某种产品所需要的劳动时间。国际价值规律要求商品交换按国际价值量进行。商品的国际价值量与世界平均的劳动生产率成反比例，与各国的劳动生产率成正比例。

在世界市场经济运行中，国际市场上的商品价格与其国际价值很少完全一致，经常表现为国际价格与国际价值相背离。国际市场价格围绕国际价值或国际生产价格上下波动，是国际价值规律的作用形式。一方面，当商品的供给超过需求时，国际市场价格会低于国际价值；反之，当商品的需求超过供给时，价格就可能涨到价值以上。另一方面，价格本身的变动，又会反过来影响供求的变化，使它们逐渐趋于平衡，从而使国际市场价格接近国际价值或国际生产价格。同时，由于受到国家界限的限制和国家政策的干预，国际价值规律有时也难以起到迫使落后国家提高劳动生产率的作用。随着经济生活国际化趋势的加强，国际价值规律作用的条件将大为改观，其作用将会得到充分地发挥。

三、国际信贷与汇率

(一) 国际信贷与国际结算

国际信贷是指借贷资本在国际间的运动形式。国际信贷包括国际商业信贷和国际银行信贷两种形式，其特征是价值单方面转让，到期还本付息。国际信贷在第二次世界大战后获得了迅速发展，规模不断扩大，作用明显增强，已成为国际经济联系的重要形式。

国际信贷一般分为短期信贷、中期信贷和长期信贷三种类型。短期信贷主要用于满足国际上资金盈余单位的货币增值和资金不足单位的临时性对短期流动资金的需要。短期信贷灵活方便，银行存贷款利差小，资金数量充沛，在国际信贷中出现最早，规模最大。中期信贷期限为1~5年，并有延长趋势。长期信贷期限在10年以上。中长期信贷主要用于跨国公司、国际组织、各国政府、中央银行和国家机构等对于中长期资金的需要。

国际信贷和国际贸易的发展，使得国际结算在世界市场经济运行中显得越来越重要。国际结算是指各国政府之间由于对外贸易和其他方面所发生的债权债务关系，通过指定的银行账户相互抵销而不用支付外汇或黄金进行结算。一般由各国的中央银行作为结算的负责机构，代表政府处理双边结算工作。

中央银行办理结算业务，是通过开立账户的方法进行的。绝大多数的国际结算账户都是双边账户，即两个缔约国家的中央银行互为对方国家开立结算账户，以办理双方的债权债务结算。在双边账户下，使用的货币分为记账货币和支付货币。记账货币可用一方的货币，也可用另一方的货币或第三国的货币。国际结算的支付方式采用信用证支付。信用证是银行根据买主要求和指示向卖方开具的具有一定金额，在一定期限内凭规定的单据支付的书面承诺。信用证是一种银行信用，由开证银行以自己的信用作出付款保证，出口商凭严格与信用证一致的单据向发证银行取款。

（二）国际收支及其调节

国际收支即国际间的外汇收付，是指一个国家在一定时期（一年、一季或一个月）内，由于经济政治与文化等各种对外交往而发生的、必须立即结清的、来自其他国家的货币收入总额与付给其他国家的货币支出总额的对比。如果货币收入总额大于货币支出总额，便是国际收支顺差（盈余）；反之则是国际收支逆差（赤字）。一个国家的国际收支，常以国际收支差额表来表示，国际收支差额表是重要的经济分析工具。

事实上，一国的国际收支总是不平衡的。国际收支不平衡产生的主要原因是：（1）经济周期。主要西方国家经济周期阶段的更替会影响其他国家经济，致使各国发生国际收支不平衡。（2）经济结构。一国的国际收支状况往往取决于贸易收支状况。（3）国民收入的变化。一国国民收入的增减，会对其国际收支发生影响。（4）货币价值的高低，也会引起国际收支的不平衡。一般说来，结构性不平衡和经济增长率原因所引起的国际收支不平衡，具有长期、持久的性质，被称为持久性不平衡。

调节国际收支的政策措施包括：（1）经济政策。在国际收支出现逆差的情况下，政府实行紧缩性的财政政策，有利于改善贸易收支和国际收支；反之则实行扩张性的财政政策。调节国际收支的货币政策手段主要是贴现政策和改变准备金率的政策。（2）国际信贷。借用国外资金（包括利用国际金融机构或政府贷款），来弥补国际收支逆差，虽然利率较高，但限制较少，使用方便，也是西方国家调节国际收支最经常采用的办法。（3）外汇政策。包括建立外汇平准基金和推行一定的汇率政策。（4）直接管制。它是指政府通过发布行政命令，对国际经济交易进行行政干预，以求平衡国际收支的政策措施。直接管制主要表现在：外汇管制，促进外汇收入，限制外汇支出；外贸管制，即商品的输出输入管制等。当一国的国际收支出现不平衡时，须针对形成的原因而采取相应政策。

（三）世界货币与货币汇率

世界货币是指在世界范围内流通的货币，是在世界市场上充当一般等价物的特殊商品，反映着国际间的商品交换关系。金银是世界货币的标准形式，也是世界货币发展的初级形式。第一次世界大战之前，西方各国盛行金本位制，是黄金作为世界货币的鼎盛时期。后来各国相继放弃金本位制，实行纸币流通制并成立诸如英镑集团、美元集团等货币集团。第二次世界大战以后，由于美国经济实力膨胀迅速，形成了美元－黄金本位制，美元成为等同于黄金的世界货币，后来由于发生美元危机，又被迫取消了这一制度。

在当代世界经济中，主要资本主义国家的货币是可兑换货币。各国的货币虽不是世界货币，但它们之间的相互联系使它们都成为世界货币。1999 年以后，欧元成为欧洲联盟的统一货币，这样，欧元便成为意义上更完整一些的世界货币。

外汇汇率是一个国家的货币折算成另一个国家的货币的比率、比价或价格，也可以说，是以本国货币表示的外国货币的“价格”。国际上的汇率标价方法有两种：（1）用 1 个单位或 100 个单位的外国货币作为标准，折算为一定数额的本国货币，叫做直接标价法，如

2006 年 7 月 31 日，人民币外汇市场的汇率为 1 美元 = 7. 973 2 元人民币，100 日元 = 6. 898 7 元人民币；（2）用 1 个单位或 100 个单位的本国货币作为标准，折算为一定数量的外国货币，叫做间接标价法。英国和美国都是采用此法标价的国家，如 2006 年 7 月 31 日，伦敦外汇市场英镑对美元的汇率为 1 英镑 = 1. 859 1 美元，英镑对日元的汇率为 1 英镑 = 214. 863 4 日元等。

在外汇市场上，汇率是经常波动的。影响汇率波动的因素主要有：（1）经济增长情况。一般来说，经济稳定增长是一国货币坚挺的基础。（2）国际收支状况。外贸顺差，本币汇率就上升；反之，就下跌。（3）通货膨胀程度。通货膨胀减缓，本币汇率就上涨；反之则会下跌。（4）利率水平。一定条件下，高利率水平可吸引国际短期资本流入，提高本币汇率；低利率则反之。（5）各国的汇率政策。各国根据本国货币走势，在一定时期采取加剧本币汇率的下跌或上涨的措施，其作用不可低估。（6）投机活动。特别是跨国公司的外汇投机活动，有时能使汇率波动超出预期的合理幅度。（7）政治事件。国际上突发的重大政治事件，对汇率的变化也有重大影响。

外汇汇率的波动对各国经济都会产生重要影响：（1）影响进出口贸易。汇率稳定，有利于对外贸易的发展。（2）影响非外汇收支。汇率上升，会减少该国的非贸易外汇收入。（3）影响国际资本流动。当一国国际收支出现大量顺差，本国货币汇率呈上升趋势而未上升时，资本所有者就会将资本调入该国，进一步增加该国的国际收支顺差额。（4）影响国内经济发展。本币汇率下降，有可能带动国内同类商品价格上升，从而带动国内物价总水平的上涨。此外，汇率的升降还会影响一国的国民收入和就业。

（四）外汇市场

在价值量对比的基础上，两种货币之间的汇率受外汇市场上供求状况的影响而不断变动，外汇市场是汇率最终决定的场所。外汇市场参加者的买卖、心理预期及某些技术性因素对国际上主要货币的汇率决定具有一定作用。

外汇市场主要由三部分组成：（1）外汇银行。通常包括专营或兼营外汇业务的本国商业银行；在本国的外国银行分行或代办处；其他金融机构。外汇银行不仅是外汇供求的主要中介人，且自行对客户买卖外汇。（2）外汇经纪人。外汇经纪人自己不买卖外汇，而是依靠同外汇银行的密切联系和了解外汇供求情况，得以促成双方成交，从中收取手续费。目前这项业务已为大经纪商所垄断，其利润十分可观。（3）中央银行。西方国家的政府为防止国际短期资本的大量流动而对外汇市场发生冲击，由中央银行对外汇市场加以干预，即外汇短缺时大量抛售，外汇过多时大量收购，从而使本国货币的汇率不致发生大的波动。中央银行不仅是外汇市场的成员，而且是外汇市场的实际操纵者。

目前具有国际影响的外汇市场主要有纽约、伦敦、巴黎、法兰克福、苏黎世、东京、米兰、蒙特利尔、阿姆斯特丹等，买卖的外汇主要有美元、英镑、德国马克、法国法郎、日元等。外汇市场的交易是利用现代化的电子通信设备进行的，并且相互间有现代化的联络系统，构成了一个紧密联系的复杂网络。

四、国际惯例

（一）国际惯例的一般情况

国际惯例是指在长期的国际或区域交往实践中，人们逐渐形成的一种被普遍承认和接受的习惯做法。而国际经济活动惯例，就是在国际经济交往的长期实践中约定俗成并被反复使用的习惯做法、著名先例以及公认原则。随着国际交往和国际贸易的发展，用普遍接受的国际惯例作为确定权利和义务的规范，对于众多从事国际经济活动的人们来说，不失为最佳选择。在长期的国际经济实践活动中，国际惯例不断趋于系统化、合理化、公平化，并逐渐形成相对成熟的体系。

在国际经济活动中，国际惯例有各种各样的表现形式，有成文的，也有不成文的。其表现形式主要有：（1）成文的文件、通则、先例。这是某些国际经济组织或商业团体将涉及某一行业的习惯性做法整理、归纳编纂而成的文件或某些国家或组织处理某件事情形成的文字记录，因影响国际社会而被各国经常依照从而成为习惯性做法。（2）国际公约、条约。许多国际公约中的某些规则、原则或某种国际条约或条约中的某些条文，被国际经贸活动当事人经常援引采用，从而成为国际惯例。（3）司法判例及国际法学家的学说。当许多国家对某一方面的司法判例或裁决案例都表达相同的观点时，该司法判例或裁决案例便会形成为国际上的规范和准则，也就发展成为国际惯例。权威的国际法学家的著名观点经常被援引而成为国际通用的原则，这些观点也会发展为国际惯例。此外，许多国家的国内经济立法(非政治性或不涉及主权问题)、商业团体或国际经济组织制定的某些商品交易规则也会发展成为国际惯例。

国际惯例与其他类型的原则、做法和法律规范相比较，具有普遍接受性、适度强制性、相对稳定性等特征。国际惯例对促进国际经贸活动的发展、维护贸易当事人的权益、解决国际经济纠纷以及谋求国际经济新秩序的建立等方面，具有重要作用。当然，国际惯例也有不利于国际经济活动的消极作用。

（二）国际贸易活动惯例

国际贸易活动是国际经济活动中最经常、最大量也是最主要的活动，国际经济活动惯例就是在国际贸易活动惯例的基础上形成和发展起来的。这里主要介绍国际贸易活动中发盘、接受、签订合同和履行合同等几个方面的国际惯例。

1. 发盘。又称报价或发价，是指交易一方以口头或书面表达的方式向另一方提出买卖某种商品的交易条件，并表示愿按所提条件达成交易的行为。在一盘发盘中，有发盘人，也相应有受盘人。发盘有实盘和虚盘两种。实盘是发盘人在收盘的有效期限内不得撤回或修改的一种发盘，一经受盘人在有效期限内表示无条件接受，交易即告成立。实盘按国际惯例一般要求具备三个条件：（1）内容清楚确切；（2）主要交易条件完备；（3）发盘的内容和条件是最后的，即发盘人无保留条件，并愿与对方达成交易的肯定表示。在遇到下列情况之一时，实盘即失效，发盘人不再受该实盘约束：第一，受盘人对发盘作出拒绝表示；第二，实盘有效期满或超过合理时间；第三，受盘人对原发盘的交易条件提出异议，即还盘时，该盘失效。至于虚盘，是对发盘人没有约束力的发盘，如交易条件不肯定、主要交易条件不完整、附有保留条件等。

2. 接受。它是指受盘人在有效期内以声明或行为方式，表示无条件同意发盘人在发盘中所提出的交易条件的行为。但发盘只有有效地接受，才能产生交易双方的合同关系。所谓有效地接受，必须具备以下条件：（1）接受必须是由特定的受盘人作出；（2）接受必须是无条件地全部同意发盘的内容；（3）接受必须在发盘的有效期限内作出；（4）接受的传递方式必须符合发盘所提出的要求。

3. 签订合同。当一方的实盘被另一方有效地接受后，交易即告成立，对双方都具有约束力，但根据国际贸易惯例，买卖双方通常还须签订书面正式合同或成交确认书。合同是交易条件的具体化，其内容要求比较全面详细。除了包括交易的主要条件如品名、规格、包装、数量、价格、交货、支付等外，还包括不可抗力、索赔、仲裁等条款。确认书是合同的简化形式。

4. 履行合同。进出口双方在履行合同时，要进行不同的具体工作。就海运情况来看，其程序为：(1) 出口合同的履行，主要包括货、证、船、款四个紧密的环节。首先，要按照合同规定，按时、按质、按量准备好应交的货物，以便及时装运。其次，做好催证、审证工作。催证就是催促对方按合同规定及时办理开证手续；审证是在信用证开到后，逐项审核信用证内容是否与合同规定的内容相符，如不符，应立即要求对方修改。再次，做好租船、订舱和装船工作。最后，做好制单结汇工作。在货物装船后，应立即按信用证规定，正确备制各种单据，并在信用证有效期内送交银行结汇。(2) 进口合同的履行，一般包括开出信用证、催装、租船订舱、派船接货、办理保险、付款赎单（付款赎回货物所有权凭证的单据)、报关提货等环节。

（三）国际信贷活动惯例

国际信贷活动惯例是指那些随着国际间融资活动的发展而发展起来的，借贷各方当事人普遍认可的习惯性做法。下面介绍几种主要国际信贷惯例：

1. 国际信贷合同的共同条款。国际信贷合同是国际信贷的基本法律文件，包括借贷协议和债券承购协议两种。按照国际惯例，信贷合同通常都要使用一些共同的标准条款。(1) 借款人对事实的说明与保证。信贷合同通常订有说明与保证条款，内容分为两类：一类是借款人对其法律地位的说明及对该说明的真实性的保证；另一类是借款人对其财务状况和商务状况的说明及对该说明的真实性的保证。(2) 约定事项。在借款协议中一般都要有约定事项的规定。内容主要有借款人保证他应当做什么、不应当做什么或保证他对某些事实的说明是真实可靠的等。在无担保权益的国际信贷中，约定事项应具体包括消极保证条款、比例平等条款、贷款的用途、保持资产条款、合并条款、财务方面的约定事项等方面内容。(3) 违约事件。在国际借贷协议中，都要有一项关于违约事件的条款，把各种可能发生的违约事件一一加以列举，并明确规定一旦发生该条款所列举的任何事件，不论是何原因引起，均按借款人违约处理。(4) 借贷协议的签署地、贷款的提取使用与偿还。国际借款协议一般在贷款国举行的签字仪式上签字，并互换文本；借贷协议通常规定借款人提取贷款的具体期限，并规定借款人应在提款前若干天通知贷款人，但对贷款用途一般不加限制（但不能用于非法目的，如收购另一家公司)，贷款常采用按规定期限分期偿还方式，但一般限制贷款的提前偿还。

2. 国际银行信贷活动中的惯例。主要有下列几条：(1) 利息。欧洲美元短期信贷的付息采取贴现法，即先付利息的做法。中长期银行信贷的浮动利率一般是每隔三个月或半年调整一次，期限短者在整个贷款期内采用一个附加利率，期限长者则采用分段计算的附加利率。(2) 期限与使用。国际上的贷款期限指的是在该期限内，借款人要分次等额偿还本金，到期限届满时则全部还清贷款本金。借款人应在承担期内用完贷款额，若未用完的则要缴纳承担费，过期未用的贷款额自行注销。(3) 银团贷款。其当事人涉及两个方面，一方面是借款人，另一方面是参加该银团的各国银行，包括牵头银行、经理银行、共同经理银行、参与银行和代理银行。银团中各贷款成员的最低贷款金额在 100 万 ~200 万美元间，并且经借款人事先同意，贷款银团各成员间可在银团内部转让其借贷协议项下的债权和其他权利。此外，国际银行信贷通常都采用周转信贷的贷款组织形式。

3. 对外贸易信贷活动中的惯例。主要有以下几点：（1）利息。国际通行的计息时间为"算头不算尾"，唯独日本两头都算。美国一年按 360 天计息，而德国、法国一年按 365 天计息。买方信贷的利率一般都低于市场利率，各国官方出口信贷机构的买方信贷利率一般都执行经济合作与发展组织规定的利率。（2）短期信贷。包括对出口商的短期信贷、对进口商的短期信贷和承购应收账款业务三种。它们贷款的金额、偿还的方式及利率各不相同。（3）中长期信贷。其目的在于扩大出口，故亦称出口信贷，主要形式有卖方信贷、买方信贷、买单信贷、混合信贷以及签订《存贷协议》等。出口信贷的贷款不得用于当地费用支出，也不得用于第三国，只能用于支付贷款国的出口商。出口信贷均为分期偿还，且各国一般都由国家对出口信贷的政治、经济风险给予接近全部的担保。

第三节 经济全球化与中国经济发展

一、中国的经济全球化进程

从总体上看，我国融入经济全球化进程的速度与规模，基本上是由我国现阶段的经济技术发展水平和国民经济发展的总体目标与战略决定的。我国目前在经济发展方面实施赶超战略，即：要求国民经济在一个相对较短的时间内以较快的速度增长，以实现"三步走"的宏伟目标。融入经济全球化无论在政治上还是经济上，都是实施这一战略的必然选择。

从党的十一届三中全会确立对外开放的基本国策至今，我国融入经济全球化的进程大致可以分为三个阶段：

第一，广泛发展对外贸易和利用外资的初级阶段。这一阶段从 1978 年至 20 世纪 90 年代初。由于当时我国的经济体制和经济运行机制与市场经济国家还有极大差异，所以，这时的对外贸易和利用外资，特别是利用外资还只是单方面的，即主要是引进外资，而且数量上受到很大限制。

第二，对外贸易和利用外资快速增长阶段。这一阶段从 20 世纪 90 年代初至 20 世纪末。表现为我国国民经济的发展对国际资本、技术、资源和市场的依存度逐步加深。所谓"依存度"其全称是"相互依存度"。它反映的是一国经济对他国经济或对世界经济相互依赖的程度，即：外部经济变动对一国经济产生影响的程度及一国经济变动对外部经济产生影响的程度。这一阶段我国经济与国际经济相互依存度的加深表现在以下几个方面：

从贸易依存度看，1998 年我国按现行汇率计算的贸易依存度为 35% 左右，[①] 低于东亚新兴工业化国家和地区的一般水平，但明显高于世界其他发展中国家。这个数字如从全球贸易发展的整体水平看，我国的贸易依存度处于居中略高的水平，因而可以说，我国这一时期

---

① 国家统计局：《中国统计年鉴（1998）》。

的贸易依存度在世界上是居中的。

从资本依存度看，这期间我国资本的跨国流动规模不断扩大，特别是长期资本的跨国流动非常明显。1990～1995年间，我国的资本依存度由4.8%提高到6.6%，增加了1.8个百分点，外商直接投资占固定资产投资的比重，1994年达12.6%，比1990年增加了10个百分点，2000年更高达15.7%，比1990年更增加了13个百分点。

从生产依存度看，虽然这一阶段我国的对外经济关系仍以贸易和资源取向为主，对外投资规模小，技术水平低，但我国企业对外直接投资已开始具有全球的眼光和意识。在投资方式和区域分布上，我国企业的对外直接投资以合资经营和新建项目为主，独资经营和并购国外企业的投资方式居于从属地位。除港、澳、台地区外，2000年我国多家海外企业70%以上集中在欧美等发达国家，其他投资区域主要集中在俄罗斯、东盟和拉美的少数国家。

这一阶段虽然我国经济融入经济全球化的步伐空前加快了，但在结构上和整体竞争能力的提高上还显得滞后。

第三，从20世纪末最后两年至今，是我国经济融入经济全球化进程中的一个重大转折阶段。这个阶段之所以被称为“重大转折”，是因为我国经济的对外联系已从追求数量上的快速增长转向了以质量提高为主，数量的增长与质量的提高同时并重的轨道。特别是党的十六大提出把推进国际化的重点放在优化产业结构和提高经济效益的战略决策上来，我国经济全球化的进程在保持合理规模的同时，不断提高结构水平和整体素质，增强国际竞争力，使经济全球化程度的提高成为支持我国经济独立自主发展的重要因素。

二、经济全球化为中国带来的发展机遇

1. 融入经济全球化可以使中国保持相对较快的经济发展速度。邓小平同志说过，发展才是硬道理。中国经济要实现结构调整，解决结构性失业，实现经济增长方式的转变，解决地区间经济发展的差距，保持社会长治久安等一系列的问题，经济发展速度慢了是不可能的。为此，必须为经济发展创造良好的环境。如果说改革开放是中国发展的客观要求和内部环境的变化，那么，经济全球化则是中国成为经济强国的重要外部环境。当今的世界经济强国无一不是抓住了世界贸易自由化的机会而迅速发展起来的。19世纪后期的自由贸易环境造就了20世纪的经济强国美国、德国。第二次世界大战后到20世纪70年代初的贸易自由化，造就了日本及一批新兴工业化国家和地区。苏联经济学家康德拉杰夫认为，经济运动大约50年为一个周期，前20～25年是增长期，随后开始进入衰退期。近年来世界经济的发展与经济运动的长周期是相吻合的。19世纪90年代中期到第一次世界大战约20年，这一时期世界生产增长明显加快，仅1900～1913年，世界工业增长为4.2%，比以前任何时期都高。第二个增长期是1950～1971年的21年，世界经济平均年增5%。第三个增长期从1993年开始，1993～1997年全球GNP年均增长3.5%以上。第四个增长期从2003年开始，经过2001年、2002年的低迷后进入快速发展期。2004年以来全球经济呈现出强劲增长势头，国际货币基金组织统计为经济增长达到5.0%以上。这是我们发展经济的大好时机。抓住这个机遇，积极参与经济全球化，实现经济增长6%～8%，到2020年，中国成为经济强国的目标是完全可以实现的。

2. 经济全球化是中国经济赶超发达国家的必由之路。经济发展不仅意味着经济总量的增长，更重要的是体现在产业演进、技术进步、制度创新和现代经济结构的不断产生和变革

上。而现代经济结构对于包括中国在内的发展中国家来说是外生的，发展中国家要建立现代经济结构，必须积极从外部引进。否则，单纯或主要依靠自身的力量是不可能成功的。以技术进步为例，在始于西方工业革命的现代经济中，绝大多数经济技术和方法都发轫于西方发达国家。因此，发展中国家要实现经济现代化，就必须积极地进口这些技术和方法并加以创新。从实践来看，凡是成功实现经济现代化的后起国家，无一不重视对国外先进技术的引进和吸收。东亚国家和地区就是通过技术引进实现较快经济发展的典范。

1996 年 5 月 7 日，世界银行发表了题为《世界经济前景与发展中国家》的研究报告。该报告认为，发展中国家的经济发展和参与经济全球化的程度之间存在密切的因果关系。参与经济全球化有利于发展中国家的经济增长。反之，面对经济全球化裹足不前，必然阻碍经济顺利发展。该报告提供的有关数据证明了这一结论的正确性。因此，中国必须抓住经济全球化带来的经济发展机遇，积极融入世界经济全球化的进程中去，继续保持国民经济的持续、快速、健康发展。

3. 融入经济全球化是保障国家经济安全和维护国家利益的战略选择。目前，国家利益最大的体现是经济安全利益与国防安全利益。国家经济安全是国防安全、政治安全的基础，是实现意识形态利益的条件。要想实现国家经济安全，中国必须向经济发达国家学习，一方面加入世界贸易组织（WTO），在其范围内保护自己的经贸利益；另一方面努力建立以自己为中心的贸易集团、地区甚至跨地区的经济一体化组织。在此基础上，通过制定对外经贸的综合法律，建立贸易投资自由化的保障机制，形成一种单边、双边、区域及多边的经济安全战略体系，而不能采取消极防御的贸易保护战略。目前，世界贸易组织正在加强与国际货币基金组织、世界银行及联合国贸发会议、世界知识产权组织、国际劳工组织、国际标准化组织等一系列国际组织的合作，以使国家经济政策决策有一致性的提高。在这种情况下，如果中国不能参与国际经济竞争规则的制定，要想维护自身的经济利益以及国家整体利益是不可能的。

三、经济全球化给中国经济发展带来的挑战

经济全球化在给中国带来空前机遇的同时，也使中国面临着巨大的挑战。主要表现在：

1. 融入经济全球化使国内经济波动的可能性大大增加。经济全球化使中国经济同世界经济的联系越来越紧密，每天都发生着中国与世界之间的商品和生产要素的大规模流动。通过这种日益密切的经济联系，中国在影响着世界，世界也在影响着中国。在这一背景下，中国国内经济的稳定将不仅取决于国内因素，而且也将受到国际因素的巨大影响。因此，国际性的经济波动如通货膨胀、通货紧缩、金融危机等现象将通过国际经济传递机制影响到我国。如果我国的经济结构存在某些类似的隐患，这些现象不可避免地要在国内出现。1997 年 7 月以后发生的亚洲金融危机，虽然由于资本市场没有开放等原因，使中国避免了发生类似的危机，但亚洲金融危机对中国经济的影响却是实实在在的。

2. 融入经济全球化对国内产业和市场造成一定的冲击。经济全球化把中国的国内市场和国际市场联结为一体，随着外国商品的大量涌入，中国的国内产业也将面临外国产业竞争力的冲击。过去，中国通过贸易保护的办法建立了门类繁多、体系齐全的国内产业，这些产业中的大多数都不具有国际竞争力，因而开放国内市场后所受到的外来冲击将是巨大的。由于现在中国仍然存在较多的贸易壁垒，所以国内产业所受到的冲击暂时

思考一下：我们应该怎样应对经济全球化给我国带来的挑战？

还不大。但是，绕过贸易壁垒，通过投资方式进入中国国内市场的外国商品已对民族产业形成冲击。随着中国国内市场开放程度的不断提高，国内产业所受到的冲击将越来越大。

3. 融入经济全球化可能诱发国内金融风险。金融全球化是经济全球化的重要方面。在金融全球化的浪潮中，国际资本流动的速度大大加快。在流动的国际资本大军中，短期资本即“游资”占很大的比重。这种国际资本的最大特点是投机性强，它以很快的流动速度出入各国的资本市场，在给各国带来巨大的资金供给的同时，也给各国的金融和经济带来了巨大冲击。如果短期国际资本突然大规模撤出一国市场，该国将不可避免地发生货币和金融危机。20 世纪 90 年代的墨西哥金融危机、亚洲金融危机和巴西金融危机就是这样发生的。由于目前中国的国内资本市场还没有开放，所利用的国际资本绝大部分是国际直接投资，所以暂时还没有受到国际“游资”的冲击。但随着中国的资本市场充分开放，也不可避免地会受到国际“游资”的冲击。到那时，如果再出现其他不利因素，发生货币和金融危机的可能性就会大大增加。

4. 融入经济全球化将给国内经济改革带来一定的压力。经济全球化必然带来国际游戏规则的全球化，中国要参与经济全球化，就必须遵循国际游戏规则，按照这些规则来变革国内的贸易和经济体制。例如，中国“入世”就曾存在一定的压力。中国“入世”的首要条件，就是关贸总协定缔约方对中国贸易和经济体制的审查和认可。20 世纪 80 年代以来，中国一直在进行着由计划经济体制向市场经济体制的变革，改革的道路是漫长的，改革的过程也是艰难的。在那一阶段，改革的任务本来就已经很繁重，再按照国际规则来重塑经济体制，必然增加改革的困难。同时，经济全球化所带来的外来冲击也恶化了改革的外部环境，对改革也会产生一定的不利影响。

四、中国应对经济全球化的对策

趋利避害是中国参与经济全球化的基本原则。中国要从这一基本原则出发，采取相应措施，在充分分享经济全球化为中国带来的巨大利益的同时，又最大限度地避免它给中国经济带来的消极影响。

1. 切实遵循比较优势原则，合理安排国内的产业结构。所谓比较优势原则，是指一国应该生产并出口本国具有成本优势的产品，进口本国不具有成本优势的产品。其核心内容是一国放弃机会成本较大的产品生产，而专门从事机会成本较小的产品生产，因此，比较优势原则的实质是机会成本原则。在现实条件下，一国总要面临稀缺资源的约束，一定数量的资源一旦用于某种产品的生产，就不能再用于生产他种产品，即一种产品的生产总是以放弃他种产品的生产为代价。在面临非此即彼的矛盾选择面前，明智的态度只能是集中资源用于机会成本最小的产品生产。可见，比较优势不仅是一国贸易活动必须遵循的基本原则，而且是一国整个经济发展都必须遵循的基本原则。目前，经济全球化的比较优势，在既定的国际、国内相对价格下，按照本国的比较优势来建立产业和配置资源，才能分享经济全球化带来的利益，并在国际竞争中得到生存和发展。

长期的国际经济实践表明，发展中国家要谋求经济的发展，就必须切实遵循比较优势原则。在经济全球化的今天，中国必须遵循比较优势原则，放弃对劣势产业的保护和“大而全”的产业发展模式，集中资源发展我国具有比较优势的产业，形成某些产业竞争优势。目前，中国的要素禀赋状况仍然是劳动力丰富而资本和技术短缺，这决定了中国必须继续积极发展劳动密集型产业或产品。同时，中国的资本和技术也已经有了一定的积累，可以有选择地发展一些具有较好基础的资本和技术密集型产业。

2. 加强宏观管理以降低融入经济全球化带来的风险。经济全球化使一国所面临的经济风险空前加大。为此，各国政府都积极加强对经济生活的干预，以减轻国际经济震荡对国内的影响。结合中国的实际，我们至少应该采取以下几个方面的措施：

第一，实行稳健的经济政策，保证宏观经济的稳定。这主要包括：（1）保持国际收支平衡，维持充足的外汇储备。（2）实行稳定的财政政策，把财政赤字保持在合理的限度内。（3）实行以稳定币值为根本目标的货币政策，既要避免通货膨胀，又要防止通货紧缩。这是保证我国宏观经济稳定的重中之重。

第二，调整我国利用外资的政策，拓宽利用外资的渠道。当前，我国已出现了重复投资和广泛的生产过剩。但是，仍有许多经营不善的企业通过引进外资求得生存，于是出现了利用外资排挤中资、大量经营不善的中小企业排挤经营良好的大企业的“劣胜优汰”现象，加大了我国经济结构调整的难度。而我国需要发展的新产业，或由于外方不愿转让技术，或由于我方要保持控股权和市场份额，而无法引进外国直接投资。这种状况表明，当前引进的外国直接投资，有一部分是不符合我国产业政策的。鉴于此，我国也应当通过调整引资政策，拓宽利用外资的渠道来解决这些问题，如有步骤地开放证券市场、适当增加外债比重等来实现资源的合理配置。

第三，加强金融监管，整顿金融秩序。经济全球化对中国最大的压力是金融体系。针对当前金融领域存在的各种严重问题，要下力气坚决整顿。应尽快降低银行不良资产的比例，化解金融领域内的微观风险。要严格执法，切实规范金融从业人员的行为，坚决打击各种扰乱金融秩序的违法犯罪现象。我们一方面要稳妥地推进金融服务的自由化，适当引进外资银行、保险公司和投资基金；另一方面，也要防止国际“游资”冲击国内资本市场。特别要积极推动金融体制的进一步改革，注意建立健全对国际短期资本流动的监管制度。

第四，积极稳妥地开放国内市场。经济全球化要求世界各国相互开放本国的国内市场，以保证产品和生产要素在世界范围内的自由流动，实现资源的最优配置。对外开放是我国的基本国策，开放国内市场作为对外开放的组成部分，也必须积极进行。积极开放我国国内市场可以使我国产品进入外国市场，分享经济全球化带来的市场扩大的好处；可以引入国际竞争，打破国内垄断，提高国内供给效率，提高我国企业的竞争力。我国国内市场的开放既要积极又要稳妥，应以国内经济能够承受为前提，以有利于国内经济改革和发展为出发点，积极稳妥、循序渐进地进行。对于一些特殊领域的对外开放和资本市场的开放尤其要谨慎，必须在国内条件成熟后方能进行。

3. 提高我国的国际竞争力。在经济全球化条件下，提高我国国际竞争力的主要途径有：

第一，尽快实现经济增长方式的转变。我国经济增长目前主要靠廉价的劳动力、丰富的资源及大量的投资驱动，技术贡献率不高，这就要求通过购买技术许可、兴办合资企业及其他方式，获得外国更复杂产品的生产技术，并改进其技术，提高企业吸收和改进外国技术的能力，这样才能提高竞争力。

第二，认真落实科教兴国战略，提高科技竞争力。长期以来，我国用于研究与开发的投入过低，在1991～1996年的6年间，研究与开发支出占GDP的比重一般为0.5%～0.8%。进入21世纪以来，投入有很大增加。但与中国经济增长比起来，还显得不足。人力资源的投入也严重不足，从事研究与开发的人员近几年来持续减少。企业缺乏高级使用人才。另外，政府教育支出人均不足的问题仍未得到根本解决。因此，要想实现现代化，就必须落实科教兴国战略，培养长期竞争力。

第三，发展现代化的服务业。我国必须加快经济结构向生产性服务业结构转移，大力发展为农业、制造业服务的服务业，改变服务业的落后状况。各国产业结构演进的历史充分说明，只有建立现代化的服务业，才能实现经济的现代化。知识经济与信息技术产业都是重要的服务业。

第四，积极扶持企业进入创新驱动的经济增长阶段。目前，我国个人收入水平、教育水平普遍提高，对生活便利的要求不断增强。国内贸易局近年对600多种商品供需分析的结果表明，仅棕榈油供不应求，经济总体状况是供大于求，消费者需求越来越成熟，国内外市场竞争日趋激烈。这就要求企业不仅要运用和改进从其他国家引进的技术，而且更需要创新技术；要充分利用有利的需求条件、供给基础、专业化的要素以及本国相关产业的形成，不断地进行创新，并使创新能力向更多新产业扩散。

第五，重视人力资本开发及其利用。我国要向高附加值产品出口方向发展，利用各种先进技术，发展知识经济产业、信息技术产业，就需要不断提高劳动力素质，对劳动者进行培训，包括各种在职培训，以使他们不断适应新的岗位的需要。当前，迫切需要解决人力资本的价值及其在分配中的地位问题。人力资本是一种持久性财产，它对企业的生产经营及管理具有重大的决定性影响。因此，在今后的发展中，我们既要注重人力资本的开发，又要充分合理利用好人力资本，在分配中充分考虑其价值。特别是在人力资源培养上不仅要重视数量，更要重视质量。

4. 积极参与国际经济协调。积极参与国际经济协调，必须注意两个方面的问题：一方面，要积极参与区域经济合作问题。加强区域经济合作能够减少经济全球化的负面影响。20世纪末的东南亚的金融危机，使东南亚多数国家认识到加强东南亚经济合作的必要性。在中国政府的倡议下，中、日、韩和东盟国家于1999年3月在越南首都河内举行了东亚“10+3”副财长和央行副行长会议，就如何监控短期资本流动和国际金融体制改革这两个议题进行了讨论，取得了许多共识。“10+3”的磋商与合作机制为后来建立东亚经济合作机制创造了良好的基础。此外，中国一直重视亚太地区的官方合作论坛机构——APEC的活动，为APEC开展贸易与投资自由化及经济技术合作提出了许多积极的建议。另一方面，要积极参与国际金融与贸易规则的修订。现在的国际经济组织无论是WTO还是IMF和世界银行，或者其他组织，其规则都是在发达国家主导下制定的，很少反映发展中国家的利益和要求。中国加入WTO以来，首先根据WTO的法规相应地修改自己的某些法规，但同时中国作为发展中国家的一员，在积极地参与WTO和其他国际经济组织现行规则的修订，以反映发展中国家的要求，尽可能减少经济全球化的负面影响。

阅读材料

中国对外贸易60年：变革与成就

新中国成立60年来，对外贸易发生了翻天覆地的变化。外贸体制、外贸政策以及外贸功能等均有了相应的改变。目前，中国的贸易伙伴多达220多个，遍及世界上几乎每一个角落；货物贸易规模扩大了数千倍，占全球贸易比重提高到近8%，居世界第3位；服务贸易从无到有；出口和进口分别居世界第7位和第5位；外贸管理政策与制度严格履行国际承诺，贸易透明度不断提高。

在国际上，中国已从昔日的一个游离于国际市场边缘的经济相当落后的发展中国家，成长为当今世界上的重要加工制造基地，成为名副其实的贸易大国、多边贸易体制和区域经济合作的积极参与者，并与其他新兴经济体一起，是世界经济和国际贸易增长的重要驱动力量。

如图1所示，1950年全年，中国外贸总额为11.35亿美元，其中出口5.52亿美元，进口5.83亿美元。到1978年，对外贸易总额扩大到了206.38亿美元，其中出口97.45亿美元，进口108.93亿美元。1978~1991年，进出口总额由206.4亿美元增长到1 356.3亿美元，出口和进口年均增速分别达到16.6%和14.6%。2002~2008年，进出口贸易年均增速达26.7%，其中出口27.9%，进口25.1%。自2001年开始，中国外贸顺差逐年扩大，至2008年已达到2 954.6亿美元。

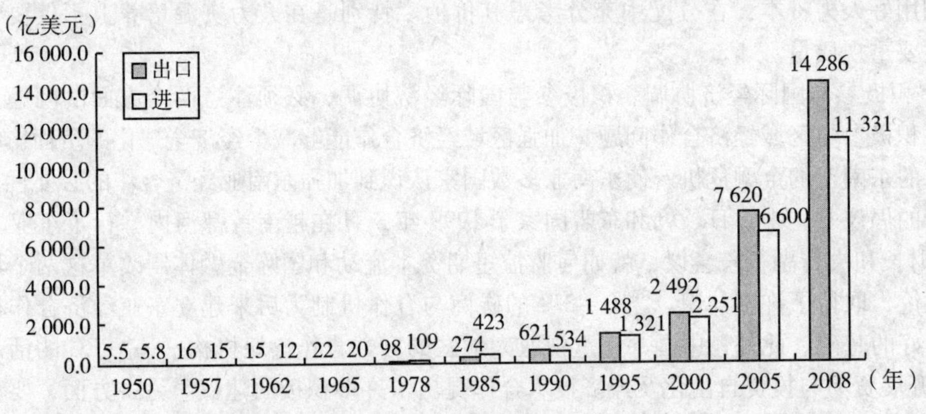

图1 1950~2008年中国进出口额柱状图

目前，中国对外经济贸易已形成内容丰富、形式多样、各种对外经济交往互相融合、互相促进的格局。不仅对外贸易总额迅速增加，市场不断扩大，经营方式日趋灵活多样，同时利用外资、对外承包工程与劳务合作、对外投资等从无到有、从小到大不断发展，与对外贸易相互促进，共同发展。

当前席卷全球的金融危机使美、日、欧三大经济体同步陷入衰退，中国的外需市场大幅萎缩，对外贸易遭遇改革开放30年来前所未有的困难和挑战。但在困境中，一些新的力量正在孕育和成长，中国出口的市场格局发生变化，对美、日、欧贸易比重大幅下降，新兴市场重要性上升。总体而言，中国出口商品的比较优势依然存在，未来一段时期中国外贸仍将持续发展。

资料来源：www.people.com.cn。

分析思考：(1) 新中国成立60年来，分析促进我国国际贸易发展迅速的原因有哪些？(2) 金融危机的背景下，我国应怎样应对冲击？(3) 今后相当长的一段时期内，为保持外贸领先优势，我国应采取哪些策略？

重要概念

经济全球化　跨国公司　国际贸易　国际信贷　国际惯例

实训练习

(一) 判断分析

1. 由于发达资本主义国家在当今经济全球化中处于主导地位，所以，经济全球化就是全球经济的资本主义化。 (　　)

2. 生产要素的国际流动是经济全球化发展的前提和基础。 (　　)

3. 进入21世纪以来跨国公司发展更为迅速，因为它是完全有利于世界经济发展的。 (　　)

4. 现代科技进步和生产力发展是经济全球化的根本原因。 (　　)

5. 发展对外经济关系是我国实现现代化的需要。 (　　)

(二) 问题解答

1. 简述经济全球化的成因。
2. 经济全球化加强的主要表现是什么？
3. 什么是国际价值规律？它起作用的形式是怎样的？
4. 国际惯例主要有哪些方面的内容？
5. 当今世界市场发展的新趋势是什么？

观念运用

以我国改革开放以来经济发展的实例，试分析我国融入经济全球化的必要性。

第十二章

宏观经济政策

学习要点

- 宏观调控的概念
- 宏观调控的目标
- 宏观调控的基本方式和手段
- 宏观经济政策及其综合利用

第一节　宏观调控的基本目标和手段

一、宏观调控的基本任务和目标

宏观调控就是国家适应社会化大生产的需要，为弥补市场缺陷，维护市场经济正常运行，而运用各种宏观经济政策和手段对国民经济总量和结构进行的调节和控制。宏观调控的主要任务是：保持经济总量的基本平衡，稳定市场物价，促进重大经济结构优化，引导国民经济持续、快速、健康发展，推动社会全面进步。宏观调控的主要任务决定着宏观调控的具体目标。党的十六大报告指出，要把促进经济增长、增加就业、稳定物价、保持国际收支平衡作为宏观调控的主要目标。根据宏观调控的主要任务，宏观调控的具体目标可以分为以下几个方面：

1. 促进经济稳定增长。经济增长是经济全面发展的主要指标。其要求政府通过宏观调控来实现经济持续、稳定、健康增长。宏观经济调控谋求的是比例基本协调、质量好、效益高的经济增长，是持续、快速、健康的经济增长。为此，关键是实现经济增长方式从粗放型向集约型转变，从过去主要依靠增加投入、铺新摊子、追求数量，转到以提高经济效益为中心的轨道上来，转到依靠科技进步和提高劳动者素质的轨道上来。

2. 促进重大经济结构优化。经济结构优化是指经济结构的合理化和高级化。经济结构的合理化就是使经济结构内部的各构成要素保持协调的比例关系；经济结构的高级化就是使经济结构内部各构成要素的比例安排能够体现社会经济发展的方向，能够实现最有效地配置社会资源、引导生产力合理布局，能够适应世界新技术革命发展的要求，能够促进国民经济总体素质的提高。重大经济结构优化是促进市场经济协调发展的重要条件。

3. 保持物价总水平基本稳定。物价稳定是通货稳定、经济稳定、比例协调的综合反映。保持整个社会物价总水平的相对稳定，避免大幅度的通货膨胀造成各种经济关系的严重扭曲、避免经济面临宏观失衡的危险，是保持国民经济持续、稳定、协调发展的必要条件。因此，物价稳定一般被认为是宏观经济调控的首要目标。物价基本稳定的标志是：物价指数每年自发上涨的幅度保持在3% ~4%以内。即使考虑到价格的结构性调整，物价指数年上涨率也应保持在5% ~7%以内。各发达市场经济国家一般都把物价指数年上涨率达到10%划定为“危险警戒线”。

4. 实现充分就业。充分就业就是保障有劳动能力的公民享有就业的权利。充分就业并不意味着百分之百就业，因为，随着市场经济的发展，劳动力优化组合和“双向选择”制度的实行，必然会出现劳动力的合理流动，也就不可避免地产生待业或失业现象。一般来说，失业率在5%以内，就算得上是充分就业。

5. 促进社会公平。社会公平是指社会成员之间的收入分配应尽量公正，避免因分配不公导致国民收入分配向某些阶层或集团倾斜，使社会各阶层、各集团的收入悬殊。社会公平是协调各方面经济利益关系、保持社会稳定的重要条件。这一目标对社会主义国家来说尤其应该重视。为了实现社会公平，在国民收入分配中，尤其是个人收入分配中，政府既要注重效率又要注重公平，一方面运用税收和各种福利措施，抑制某些阶层和个人收入的过分膨胀；另一方面又要通过提高低收入阶层的收入，缩小社会成员之间的收入差距，让我国改革的成果惠及社会全体成员。

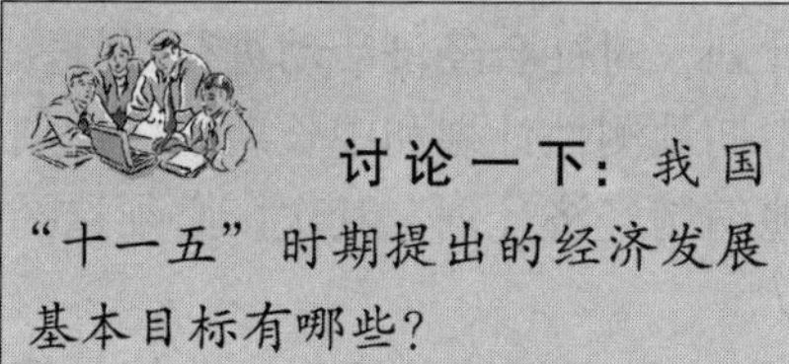

讨论一下：我国“十一五”时期提出的经济发展基本目标有哪些？

6. 维持国际收支平衡。国际收支平衡指政府通过运用各种经济政策和经济法规引导、促进对外贸易的发展和国际资本的流动，以保障国际收支平衡。在经济生活国际化的当代，国际收支平衡对于国内货币稳定、经济稳定与发展都关系极大。在国际收支平衡中，重要的是外汇收支差额与偿债率要适当。对于发展中国家来说，利用外资、举借外债必须保持适度规模，其标志就是合理的偿债率。偿债率是一定时期内外债还本付息额同该时期出口创汇总额的比率。国际上一般将20%的偿债率作为警戒线。

当然，在实际生活中宏观调控的目标同时兼顾是很难的。因此，政府要根据不同时期不同经济环境，以某一目标为主，辅之以其他目标，并尽量做到统筹兼顾，寻求一个最佳组合，以保证整个社会经济的正常运行。

二、宏观调控的基本方式和手段

（一）宏观调控的基本方式

在现代市场经济中，宏观经济调控的基本方式有两种：直接宏观调控和间接宏观调控。

其中间接宏观调控是重要方式。

1. 直接宏观调控。所谓直接宏观调控，主要是指国家以投资者和巨大消费者的身份，运用必要的行政手段，在生产、流通、分配等领域，对国民经济中的生产要素和劳动成果进行直接干预和调节。在现代市场经济国家的宏观调控方式中，一般都有对直接宏观调控方式的运用。直接宏观调控能够有效地集中人力、财力、物力投入重点建设，抑制市场调节的自发性和盲目性可能产生的失控现象，保持市场的稳定。主要方式有：国家投资、国家消费、国民收入再分配。

2. 间接宏观调控。间接宏观调控是指国家以市场为对象，以供求平衡为目标，主要通过经济政策和经济计划来调节，利用经济利益的吸引和鼓励，对国民经济进行的宏观调控。间接宏观调控的主要特点是：在调控的着眼点上是总量调控和价值形式调控，即主要调控总供求关系和总体结构；在计划管理的形式上是间接计划，即指导性计划和政策性计划；在调控的基本模式上是“国家调控市场，市场引导企业”。这是市场经济国家实施宏观调控的最主要方式，也是我国社会主义市场经济条件下理想的宏观调控方式。

间接宏观调控方式有两种不同的形式：一种是间接的行政性调控，即国家直接规定物价、利率、工资等市场价格信号（从广义上说，利率是资本价格、汇率是本币的外汇价格、工资是劳动力价格），或规定市场价格信号的变动幅度，并以此来调节企业的微观经济活动。另一种是间接的参数调控，即国家不直接规定用以引导企业的市场价格信号，而是通过给出或调控决定和影响市场价格信号的经济参数（可控经济变量、货币增发量、外汇储备量、财政收支及其差额、重要物资和商品的储备量、吞吐量、国家直接投资额等），由市场机制本身的运动来确定和输出市场信号，进而调节企业的经济行为。

（二）宏观调控的基本手段

实现宏观调控的目标，要运用宏观调控的手段。市场经济宏观调控手段体系主要是由国家计划、经济手段、法律手段和行政手段构成的。

1. 国家计划手段。国家计划手段是指国家依据和运用经济规律，在发挥市场机制作用的基础上，通过各种具体的指导性计划和必要的指令性计划，对社会经济活动进行指导、协调、控制和监督。经济计划的种类一般包括短期计划、中期预测性计划和中长期经济计划三种形式。要发挥经济计划的应有作用，首先，必须科学地编制经济计划。其次，必须选择达到计划目标的措施或手段，以具体实施计划。

2. 经济手段。经济手段是指国家通过调节经济变量影响微观经济的行为，并使之符合宏观经济发展目标的一切政策措施的总和。用经济手段调控经济主要是指依靠经济政策和经济杠杆。

经济政策是由国家颁布和实施的，同价值范畴相联系，用以规范、指导、激励、约束特定经济行为的基本准则。它是整个宏观经济调控体系的主体。一般来说，现代市场经济国家用于进行宏观经济调控的经济政策主要包括：产业政策、财政政策、货币政策、收入政策、区域政策和外贸政策等。

经济杠杆是指国家依据客观经济规律（主要是价值规律），综合运用价格、信贷、利率、税收、工资、汇率、财政等各种价值形式，调节各个经济运行环节和经济主体的行为，使其趋利避害，形成自动的调节机制，从而达到实现国民经济良性循环的目的。经济杠杆中最主要的是价格杠杆、税收杠杆和信贷杠杆。各种经济杠杆之间彼此相关，互相制约。因此，必须加强经济杠杆的综合利用，发挥经济杠杆的整体性、互补性、选择性功能，形成一种相互促进的合力，从而达到最佳的经济效果。

3. 法律手段。法律手段是指国家通过制定和运用经济法规来调节经济活动的手段。法律是实行宏观调控和维持市场经济秩序的保证。在社会经济活动中，一方面，国家通过经济立法，制定各种必要的经济法规，规定企业行为的基本准则和政府行为的规范，调整各方面的经济关系，保证各种经济政策、经济措施、经济合同等的贯彻执行，以保证社会生产和流通的有序进行。另一方面，政府还可通过经济司法，审理各种经济案件，制止和纠正经济发展过程中的消极现象，打击和惩办各种经济犯罪活动。这些都是市场经济运行所不可缺少的。

4. 行政手段。行政手段是指国家通过行政机构，采取带强制性的行政命令、指示、规定等措施，来调节和管理经济。如利用工商、商检、卫生检疫、海关等部门禁止或限制某些商品的生产与流通。

总之，市场经济宏观调控的过程，实际上就是上述手段配合运用的过程。它们各自从不同方面对经济运行起着不同的作用。在实际操作中，必须根据它们作用的特点，组成一个有机体系，综合发挥作用，尽量避免不同手段之间可能发生的某些冲突和摩擦，加强相互间的衔接和协调，并根据不同经济时期的特点，确定运用调控手段的侧重点，寻求不同阶段相互组合的综合效应。

第二节　宏观经济政策的种类

宏观经济政策是现代市场经济国家普遍采用的重要的宏观调控手段。宏观经济政策主要包括财政政策、货币政策、产业政策和收入政策等。本节主要分析财政政策和货币政策。

一、财政政策

财政政策是国家在一定时期内，综合运用各种财政调节手段（税收、国家预算、财政补贴和国债等），对经济变量进行调节以达到特定目的的基本准则。它主要包括财政收入政策和财政支出政策，其调节原理是通过财政收入和财政支出的增减变动，来影响经济总量变动，以维持社会总供给和社会总需求的平衡关系，促使国民经济稳定运行。在我国，财政政策在促进经济增长、优化经济结构和调节收入分配等方面发挥着重要作用。

（一）财政政策的内容

现代发达的市场经济国家财政政策的主要内容，包括政府财政支出和财政收入。

1. 财政支出。财政支出按支出方式可分为政府购买支出和转移支付。

政府购买支出主要包括两个方面：（1）政府举办公共工程的支出。如政府对社会需要而私人经济主体无力举办或私人不愿举办的公共设施和公共建筑、桥梁、高速公路、机场、港口、公园、学校、水利的投资。（2）政府管理各种社会事业的支出。包括政府对国家安全、政府行政、科学研究、教育、文化、环境保护、卫生等管理的需要而购买商品和劳务的支出，以及向公务人员支付的薪金等。

政府转移支付主要是指政府不以取得商品和劳务为目的的支付。如政府的社会保障与社会救济支出；政府公债的利息支出以及对农业的补贴等。如我国近年来增加对种粮农民的直接补贴、对城镇贫困人口实行最低生活保障制度等，都属于转移支付。政府转移支付构成个人可支配收入的一部分。由于政府转移支付是政府收入的一项扣除，所以，通常又将税收与政府转移支付之差称为净税收。

2. 财政收入。财政收入主要由税收和国债构成。税收按纳税方式可分为直接税和间接税。直接税是指由纳税人直接负担的税收。如所得税（包括个人所得税和公司所得税）、社会保险税等。间接税是指对商品和服务征收的、可以由纳税人将税收负担转嫁出去的税。如货物税、销售税、消费税、进口税等。

（二）财政政策工具

财政政策工具主要包括税收工具、国债工具、预算工具、财政投资工具和财政补贴工具等。

1. 税收工具。税收是国家凭借政治强制力无偿地从社会产品和国民收入中征收的一种贡赋。在社会主义市场经济条件下，政府可以借助于税收政策对宏观经济实行广泛的影响和调节。税收的影响可以通过价格、产量和收入的变化渗透到经济生活的各个领域。可以说，即使是不纳税或非直接纳税者，也无法摆脱税收的影响。

2. 国债工具。国债是指国家在国内外发行的公债、国库券和在国外的借款。国债是财政政策的一个重要调节工具。国债的调节作用主要表现在：第一，调节国民收入使用结构。通过发行国债，可将居民尚未使用的消费资金转化为积累资金，用于扩大生产以增加供给。第二，调节产业结构。国家可将通过国债形式筹集到的资金投到微观经济效益不高，但社会效益和宏观经济效益较高的项目上，如用于能源、交通等基础产业的发展，促进经济结构的合理化。第三，调节资金供求和货币流通。通过增加或减少国债的发行以及调节国债的利率和贴现率，可以有效地调节资金供求和货币流通量。

3. 预算工具。预算是机关和企事业单位对未来一定时期收入和支出的预计方案。通过预算可对收支加以控制，对经济进行调节和管理。国家预算的调节作用主要体现在财政的收支规模和收支差额上。它从两方面对宏观经济进行调控：一是通过国家预算收支的总规模来调节总供给和总需求的关系。当总需求大于总供给时，可按国家预算收入大于支出的规模进行调节；当总供给大于总需求时，可按国家预算支出大于收入的规模进行调节；当总供求基本平衡时，国家预算应按收支平衡的规模进行调节。二是通过预算支出结构的变动来调节国民经济发展中的重大比例关系。国家通过预算增加或减少某个部门的资金供应，就能促进或限制该部门的发展。这种调节具有直接而迅速的特点。国家预算通过对财政集中的国民收入的分配和对信贷收支的影响，可以决定中央及各地方政府的生产性投资规模和消费基金总额，可以决定银行信贷基金的增拨数量和国家物资储备水平等宏观经济变量，因而对整个社会的总需求及总需求和总供给的关系产生重要的影响。

4. 财政投资工具。财政投资是国家财政安排的预算内投资。它是国家重点建设和其他大中型项目建设的主要资金来源，是实现国家宏观调控的强有力手段。财政投资的主要作用是：第一，财政投资是形成和调整国民经济结构的有力手段。我国的工业体系和国民经济体系，在很大程度上是依靠巨额的财政投资形成的。第二，财政投资是影响经济增长的重要因素。由于财政投资数量大，作用力强，它的投入能大大提高全社会的积累水平，促进整个国民经济的增长。但是，如果财政投资过大，也可能造成社会总供给和总需求的严重失衡。

5. 财政补贴工具。财政补贴是指国家以财政资金的形式，直接资助企业或补助居民。它是国家为实现一定目标而进行的国民收入再分配。从财政补贴与供求平衡关系看，可以把财政补贴看做是负税，它与税收的作用正好相反。减少财政补贴，可以抑制总需求；增加财政补贴，可以刺激总需求。从调节供给看，减少对生产企业的财政补贴，可以抑制生产和供给的增加。

从经济性质划分，财政补贴主要包括生产性补贴和消费性补贴。消费性补贴实际上增加了消费者的收入，鼓励消费者扩大消费，刺激总需求增长；生产性补贴实际上相当于对生产者实行减税，直接增加生产者收入，从而增加其投资能力和供给能力，对于促进总供给增加有着重要的作用。

（三）财政政策的运用

现代发达的市场经济国家在运用宏观财政政策调节经济，进行需求管理时，国家可以根据总需求和总供给之间的关系，采取不同的财政政策。在总需求小于总供给时，采取扩张性的财政政策；在总需求大于总供给时，采取紧缩性的财政政策。

在经济萧条时期，总需求小于总供给，经济中存在失业。政府就要运用扩张性的财政政策即增加政府支出、减少税收来刺激总需求，以实现充分就业。因为政府公共工程支出与购买的增加有利于刺激私人投资；转移支付的增加可以增加个人消费，这样就会刺激总需求；减少个人所得税（主要是降低税率）可以使个人有更多的可支配收入，从而增加消费；减少公司所得税可以使公司收入增加，从而投资增加，这样也会刺激总需求。应当指出的是，这种办法不宜长期地、过分地采用，否则会给经济带来危害。在经济繁荣时期，反之反是。

西方经济学家将这种政策称之为“逆经济风向行事”。即在经济高涨时期抑制总需求，使经济不至于过度高涨而引起通货膨胀；在经济萧条时期，刺激总需求，使经济不至于因为严重萧条而引起失业，这样有助于实现经济的稳定增长。但值得注意的是，在运用财政政策过程中，往往会遇到许多困难，单靠财政政策的内在稳定器作用并不足以平抑经济的波动。因此，政府在将财政政策的扩张功能和紧缩功能合理配合使用的同时，还必须采取其他的政策措施，才能收到预定的效果。

二、货币政策

（一）货币政策及其作用机理

货币政策是国家为了实现一定的宏观调控目标，通过银行系统特别是中央银行系统，调节全国货币供应量和需求量及其相互关系的各种措施和相应规定。从货币政策的内容看，它由信贷政策、利率政策、现金管理政策和汇率政策等构成；从其本身与总需求的关系看，它可以分为均衡性货币政策、扩张性货币政策和紧缩性货币政策。货币政策是保持社会供求总量平衡和结构平衡并校正其偏差的重要宏观经济政策。货币政策的实质是国家依据货币供求量和社会总供求量变动的内在联系，通过货币供求量的调整，以维持社会总供给和总需求之间的平衡关系，促使经济稳定运行。

（二）货币政策工具

货币政策工具是指中央银行为实现货币政策目标、控制和调节金融活动所运用的策略手段。在现代市场经济中，中央银行所运用的主要货币政策工具有公开市场业务、贴现率、法定准备金率等。

1. 公开市场业务。公开市场业务是指中央银行在金融市场上买进或卖出有价证券以调节货币供给量的一种宏观调控制度。中央银行在公开市场上购进有价证券，实际上就是向市场投放货币，增加货币供给量；中央银行在公开市场上出售有价证券，实际上就是回笼货币，使货币供给量减少。公开市场业务是一种灵活而有效地调节货币量，进而影响利息率的工具。因此，公开市场业务作为中央银行的重要政策手段，在西方市场经济国家得到了相当广泛地运用，对平抑经济的周期性波动起到了良好的作用。随着我国证券市场的进一步发展和完善，公开市场业务也已成为我国中央银行的一种重要的宏观调控制度。

2. 贴现率。当商业银行准备金不足时，它可以凭借自身的收益资产，如政府债券或客户借款时提供的票据向中央银行申请借款。贴现率就是商业银行向中央银行贷款的方式。贴现率是指商业银行向中央银行借款时的利息率。它一般低于商业银行向客户贷款的利息率。贴现率政策是指中央银行变动贴现率与贴现条件（其中最主要的是变动贴现率），以调节货币供给量与利息率。中央银行降低贴现率或放松贴现条件，就可以使商业银行得到更多的资金，这样就可以增加它对客户的放款，放款的增加又可以通过银行创造货币的机制增加流通中的货币供给量，降低利息率。反之反是。贴现率政策在西方市场经济国家得到了相当广泛的运用，收到了良好的效果。我国的中央银行（中国人民银行）也曾多次通过调整存贷款利率来调节经济的运行。

3. 法定准备金率。法定准备金率是市场经济国家以法律形式规定的商业银行存款准备金的最低比率。商业银行在吸收存款后，必须按照法定准备金率保留准备金，其余部分才可以作为贷款放出。法定准备金率制度是与“派生存款”概念相联系的一种货币制度。中央银行变动准备金率可以通过对准备金的影响来调节货币供给量与利息率。根据货币乘数原理，中央银行规定的法定准备金率越低，货币乘数就越大，银行创造货币的能力也就越大。反之，法定准备金率越高，货币乘数就越小，银行减少的货币就会越多。也就是说，如果中央银行降低准备金率，就会增加货币供给量，降低利息率。如果中央银行提高准备金率，就会减少货币供给量，提高利息率。由于改变法定准备金率作用程度过于强烈，它会引起政策上过大和过分突然的变化，因此，西方国家极少采用。随着我国金融体制改革的深化和各专业银行的企业化经营，法定准备金率政策也正在成为我国中央银行调节经济运行的重要政策工具。

公开市场业务制度、贴现率制度和法定准备金率制度，是国家实施金融宏观调控的三项重要制度，也称为中央银行的三大货币政策。在不同的经济时期，三种政策的联合运用能有力地促进经济增长，缓解经济的周期性波动。

（三）货币政策的运用

在不同的经济形势下，中央银行要运用不同的货币政策来调节经济。

在萧条时期，总需求小于总供给，为了刺激总需求，就要运用扩张性货币政策。扩张性货币政策是指国家放松银根，扩张贷款，使货币供应量大幅度增长，超过货币需要量的政策。即在公开市场上买进有价证券，降低贴现率并放松贴现条件，降低准备金率等。这样就可以增加货币供给量，降低利息率，刺激总需求。反之反是。

应当注意的是，货币政策有很大的局限性，其作用的大小受到多种因素的制约，因此，国家在运用货币政策调节经济运行时，必须考虑到各种政策措施的力度、政策效应的时间差、政策发生影响的范围和政策所受到的阻力大小等因素，针对不同的经济形势，综合运行各种调控措施，才能收到预期的效果。

三、产业政策和收入分配政策

除财政政策和货币政策外，产业政策、收入分配政策等也是市场经济国家实施宏观经济调控的重要政策手段。

（一）产业政策

产业政策是国家规划、调整产业结构和企业结构的经济政策。产业政策主要包括产业结构政策和产业组织政策两个方面。国家实施产业政策的宗旨在于促进产业结构和企业结构的合理化，使之最有效地利用一切资源和挖掘一切潜能，推动国民经济的发展。产业政策的基本内容有：（1）产业支持政策，即鼓励和支持什么产业的发展；（2）产业抑制政策，即限制和紧缩什么产业的发展；（3）产业替代政策，即在产业结构调整中，以新兴和高效的产业，取代某些传统和低效的产业。同时，还要确定重点产业、先导产业、支柱产业，处理好重点产业与一般产业协调发展的关系，生产要素存量调整与增量配置的关系，以及产业总体配置与发挥地区优势的关系等。对于我国当前的产业政策和产业格局的状况，党的十六大明确提出，要“推进产业结构优化升级，形成以高新技术产业为先导、基础产业和制造业为支撑、服务业全面发展的产业格局”。

有选择地在税收、财政拨款、信贷方面对不同产业给予优惠或限制，以及相关的工商管理和市场调节措施，都是实施产业政策的手段。

（二）收入分配政策

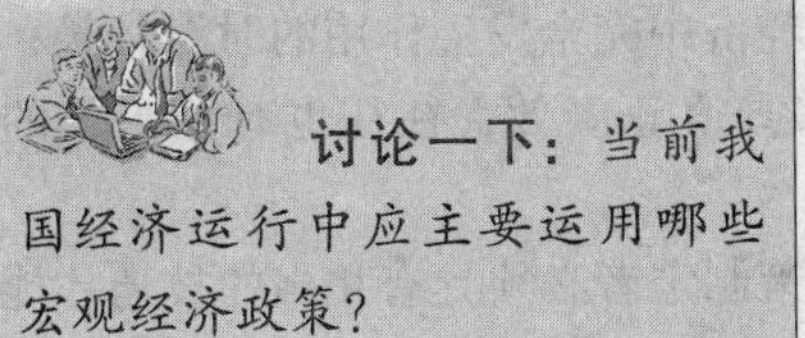

讨论一下：当前我国经济运行中应主要运用哪些宏观经济政策？

收入分配政策又称收入政策，是指国家根据宏观经济调控目标所规定的个人收入总量和结构的变动方向，以及政府调节收入分配的基本方针、原则和政策。我国收入分配政策的主要内容是：（1）坚持和完善按劳分配为主体的多种分配方式并存，按劳分配与按生产要素分配相结合的收入分配制度，确立劳动、资本、技术和管理等要素按贡献参与分配的原则，形成与社会主义初级阶段基本经济制度相适应的分配机制。（2）允许和鼓励一部分地区和一部分人通过诚实劳动和合法经营先富起来。既要注重物质利益，激励人们创业致富，又要提倡回报国家、为人民为社会做贡献，先富帮后富、先富带后富，最终达到共同富裕。（3）收入分配政策应体现效率与公平相结合，把效率与公平统一起来。既要反对平均主义，保持合理的分配差距，使社会成员的收入与其投入相适应，又要防止收入过分悬殊和两极分化。当前要更加注重社会公平，特别要关注就学、就业机会和分配过程的公平。（4）规范个人收入分配秩序，强化对分配结果的监管。要着力提高低收入者收入水平，逐步扩大中等收入者比重，有效调节过高收入，努力缓解行业之间、地区之间、社会成员之间收入分配差距扩大的趋势。对公务员和国有企事业单位的工资分配制度要加以规范和监管，控制和调节垄断性行业收入。建立健全个人收入申报制度，大力整顿不合理收入，坚决取缔各种非法收入。

在市场经济宏观调控的政策体系中，除上述宏观经济政策外，还有投资政策、消费政策和对外经济政策等。各项宏观经济政策各有长短和特点，各自调控的主要对象和对同一调控对象的调控力度也各不相同，每项政策的具体操作又有不同的选择方案。进行宏观经济调控必须从国民经济运行的具体实际出发，将各项宏观经济调控政策结合起来，才能使它们取长补短，相互配合，达到最佳调控效果。

第三节　宏观经济政策的局限性及其综合运用

一、宏观经济政策的局限性

1. 政策的时滞问题。政策时滞是指任何一项政策，从制定、执行到最后实现预期目标的传导时间，是大不一样的，存在时间的长短差异，即有一个“时间差”，这个“时间差”便称为政策时滞。这种时滞大体可分为以下三类：

（1）认识问题的时滞。发现和深入认识宏观经济运行中的问题，存在时滞差异。如财政中的收与支，不是黑字就是赤字，问题一般容易显露，认识时滞短；而货币问题比较复杂，认识时滞则较长。

（2）政策决策的时滞。不同的经济政策所需要的决策时间长短是不一样的。如财政收支的调整，涉及各方面的利益，国家预算还须经过全国人民代表大会讨论通过，财政政策从决策到批准实施，中间有许多环节，所以决策时滞长；而货币政策只要问题清楚了，就可以由中国人民银行决定，决策时滞短。

（3）政策作用的时滞。政策颁布后到真正发挥作用，不同的政策所需的时间也不一样。如货币政策的作用较为间接，所以从政策实施到政策在经济中完全发生作用的时滞较长；财政政策作用直接，见效快，所以时滞较短。而产业政策要真正奏效，往往也有相当长的时滞，但价格政策对某些商品的调价，时滞却很短。

由于政策时滞的客观存在，无法消除，这就要求政策制定者必须具有相当的技巧才能在解决原有问题的同时避免出现新的问题。

2. 非经济因素对政策的影响。经济政策常常要受到许多因素，特别是国内外各种政治因素的影响。这就要求决策者在制定政策时不仅要考虑经济因素，而且还要考虑政治因素，甚至在某个时期政治因素比经济因素更为重要。由于政策在实施过程中受各种因素的影响，因而难于达到预期的目标。如国际政治关系的变动，某些重大政治事件的发生，以及意想不到的自然灾害等，都会影响政策的效果与实施。

3. 私人经济主体的预期和反应。预期因素也会对政策的效应产生影响。因为私人经济主体对政策本身形势的预期也常会影响政策的效果。只有当私人经济主体认为政府的政策是一种长期政策，并且他们对经济的预期和政府的预期大致接近时，他们才会与政策相配合。但要让私人经济主体能够作出正确的预期，并且能自动地去配合政府的政策，又相当困难，这就使政策难以达到预期的目标。

二、宏观经济政策的综合运用

以上分析表明，运用宏观经济政策来调节经济并非易事。在现实的经济生活中，政府不能单纯采用某种宏观经济政策来调节经济运行，而应根据不同的经济形势和各项具体调节措施的特点，结合实际情况协调综合地运用各种经济政策，使之能更好地达到预期的目标。

1. 相机抉择。相机抉择是指政府应当根据不同的经济形势和各项政策的特点，灵活地选择适当的政策措施。

由于经济繁荣或萧条的原因与程度各不相同，各项政策措施各有自己的特点，因而，在不同的经济形势下就要采取不同的对策。例如增加税收和减少政府支出，二者都有抑制通货膨胀的作用。究竟应采用哪一项政策，则必须考虑二者中哪一项政策所遇到的阻力更小一些。

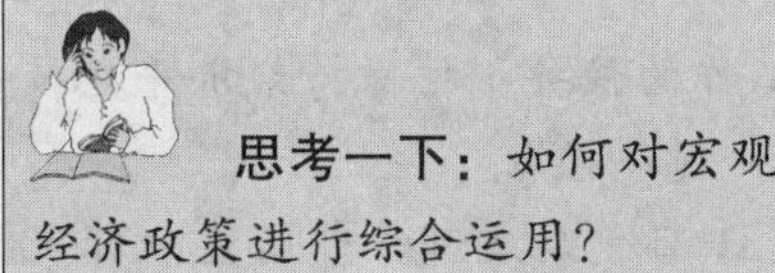

思考一下：如何对宏观经济政策进行综合运用？

2. 政策搭配。政策搭配是指在宏观经济的调控过程中将各种政策配合起来使用，以便取得更好的效果。比如，在经济萧条时期，可以同时采用扩张性财政政策和扩张性货币政策，这样双管齐下，对经济的刺激就会更为强烈、更加有效。此外，还可以将扩张性的财政政策与紧缩性的货币政策搭配起来使用，以便在刺激总需求的同时，又不至于导致严重的通货膨胀。同样，对内与对外经济政策也要进行协调，在实行对内均衡的有关政策时，要注意其对外均衡的影响；反之，在实行对外均衡的政策时，也要注意其对内均衡的影响。

阅读材料

透视2008年中国宏观经济政策重大调整

2008年12月8日，继美国、欧元区、日本等西方主要经济体确认经济陷入衰退之后，国际货币基金组织发表报告称，今明两年中国经济增速仍有望达到9.7%和9.3%。尽管出口增长放缓，但受投资和消费稳定增长推动，中国经济仍将保持活力。

在经受国际金融海啸冲击和国内特大自然灾害影响的大背景下，中国作为外贸依存度超过60%的国家，能够保持经济平稳较快发展，足以说明国家一系列宏观调控政策的调整及时有效。

面对错综复杂的国内外形势，一年来，中国宏观调控政策经历了迅速而大幅度的调整：从“双防”转向“一保一控”，再转向“保增长、扩内需”。

年初“双防”政策：确保经济可持续发展

2008年年初，中国经济已连续5年以高于10%的速度加速增长，并在2006年突破11%，2007年达到11.9%，经济增长有由偏快转为过热的风险。

为消除经济运行面临的风险和存在的不健康、不稳定因素，2007年12月初召开的中央经济工作会议确定了2008年的宏观调控任务：防止经济增长由偏快转为过热、防止价格由结构性上涨演变为明显通货膨胀。

正是着眼于“双防”的目标，我国实施了稳健的财政政策和从紧的货币政策，财政支出要重点用于加强经济社会发展的薄弱环节，着力促进结构调整和协调发展。

由于采取了上述宏观调控措施，中国物价水平从2008年5月份开始呈现出涨幅走低的趋势，保证了经济的可持续发展和大局的稳定。

年中“一保一控”：保增长抑通胀

2008年年初，南方地区出现严重的雨雪冰冻灾害，给中国经济发展带来了不利影响。5月12日，四川汶川发生特大地震，造成人员重大伤亡，基础设施大面积损毁，工农业生产遭受重大损失。

与此同时，大洋彼岸的次贷危机不断加深，对中国出口、金融领域的影响逐步显现，国内许多外向型出口企业经营出现困难，出口持续出现下滑势头。

2008年上半年中国经济增长开始放缓，GDP同比增长10.4%，比2007年同期回落1.8个百分点；居民消费价格水平上涨7.9%。这表明“防过热”已见效，但物价涨幅较高仍未得到有效控制。

7月25日召开的中央政治局会议明确了下半年经济工作的任务：把保持经济平稳较快发展、控制物价过快上涨作为宏观调控的首要任务，即“一保一控”。

为缓解纺织企业的困难、稳定出口、保障就业，7月31日，财政部等部门宣布自2008年8月1日起将部分纺织品、服装的出口退税率由11%提高到13%。

8月初，央行调增了全国商业银行信贷规模，以缓解中小企业融资难和担保难问题。随后，央行又决定从9月16日起下调人民币贷款基准利率和中小金融机构人民币存款准备金率，以解决中小企业流动资金短缺问题。

2008年中国经济前三季度同比增长9.9%，保持了平稳较快发展。改革开放以来，中国经济年平均增速为9.8%，如果考虑到2008年中国经济遇到的前所未有的困难和挑战，这一成绩的取得是来之不易的。

“保增长”成为当前宏观调控的首要任务

随着美国次贷危机升级为世界金融危机，西方主要经济体陷入衰退的风险不断加大，国内房地产、钢铁、汽车等重要支柱产业产销大幅度下滑。保证中国经济保持平稳较快增长成为当前宏观调控的首要任务。

2008年10月17日，国务院常务会议指出，采取灵活审慎的宏观经济政策，尽快出台有针对性的财税、信贷、外贸等政策措施，继续保持经济平稳较快增长。

此后，国家出台了一揽子保持经济稳定增长的措施：

——为稳定粮食生产，增加农民收入，刺激农村消费，扩大内需，国家发展改革委10月20日宣布，继续加大强农惠农政策力度，其中包括全力组织开展主要农产品收购，较大幅度提高2009年生产的粮食最低收购价格，较大幅度增加对种粮农民的补贴。

——为增加投资，扩大内需，10月21日，国务院常务会议研究加强基础设施建设，核准了公路、机场、核电站、抽水蓄能电站等一批建设项目，决定加快南水北调中、东线一期工程建设进度。

同日，为稳定出口，财政部、国家税务总局宣布，从2008年11月1日起，适当调高纺织品、服装、玩具等劳动密集型商品和高技术含量、高附加值商品的出口退税率。次日，为改善民生，扩大内需，财政部宣布，将加大资助困难学生、优抚救济、住房保障等方面的支持力度，加大保障民生投入力度，切实保障低收入群众和特殊群体的基本生活。

为稳定房地产市场，财政部、国家税务总局宣布对个人住房交易环节的税收政策作出调整，降低住房交易税费；中国人民银行宣布下调个人住房公积金贷款利率和扩大商业性个人住房贷款利率的下限。

10月25日，温家宝总理表示，中国已经调整了宏观经济政策，把保持经济稳定增长放在了首要位置，同时兼顾抑制通货膨胀和保持国际收支平衡。

资料来源：http：//www.sina.com.cn，2008－12－08，新华网。

思考分析：（1）2008年中国宏观经济政策重大调整的理论基础是什么？（2）为什么要进行这种调整？

重要概念

宏观调控　直接宏观调控　间接宏观调控　经济手段　法律手段　行政手段　财政政策　货币政策　相机抉择

实训练习

（一）判断分析

1. 对国民经济实行宏观调控是社会主义优越于资本主义的重要表现。（　）
2. 间接宏观调控的基本模式是“国家调节市场，市场引导企业”的模式。（　）
3. 对市场经济运行进行宏观调控的主要手段是经济手段和法律手段，计划手段是可有可无的。（　）
4. 在有效需求不足的情况下，可以采取紧缩性货币政策。（　）

（二）问题解答

1. 间接宏观调控的主要方式有哪些？
2. 宏观调控的主要手段是什么？
3. 宏观调控的主要目标有哪些？
4. 宏观经济政策包括哪些内容？

观念运用

结合我国近年来的具体情况，说明财政政策和货币政策在不同时期的具体运用。

参考文献

1. 高鸿业．西方经济学．第四版．中国人民大学出版社，2007

2. 逄锦聚．政治经济学．第三版．高等教育出版社，2007

3. 张维达．社会主义市场经济导论．第二版．吉林大学出版社，2007

4. 张士军，施立奎．现代经济学基础．北京大学出版社，中国农业大学出版社，2008

5. 杨干中．社会主义市场经济概论．第二版．中国人民大学出版社，2008

6. 江勇，袁和平．宏观经济管理学．第二版．武汉大学出版社，2007

7. ［美］曼昆著．梁小民等译．经济学原理（宏观经济学分册）．第5版．北京大学出版社，2009

8. ［美］斯蒂格利茨，［美］沃尔什著．黄险峰，张帆译．经济学．第三版．中国人民大学出版社，2005

9. 张五常．中国的经济制度．中信出版社，2009

10. 曾煜．社会保障概论．中国劳动社会保障出版社，2008